PURPOSIVE INTERPRETATION IN LAW

Aharon Barak

法律的
目的解释

[以色列] 阿哈龙 · 巴拉克 —— 著

文学国 等 —————— 译

上海社会科学院出版社
SHANGHAI ACADEMY OF SOCIAL SCIENCES PRESS

献给艾丽卡，我生命中的最爱

目录

第
二
部
分

目
的
解
释

导　论

　　一位法官曾有句名言："我从不读这两类书，一类是关于灵性的书，一类是关于法律解释的书。"[1] 持这种观点的人是不幸的。近年来，法律学者们发表的法律解释著作甚多，文章数百篇，其中不少文章颇有价值，值得阅读。事实上，问题不在于是否应该阅读关于法律解释的书，而在于是否还有学术空间再写一本关于这个主题的书。本书与前人著述有何不同？有什么理由值得人们去阅读呢？

　　这个问题问得恰到好处，我希望我的回答能令人满意。本书与其他有关法律解释的书相比，主要有两个创新。第一个创新，本书试图构建一套适用于所有法律文本（包括遗嘱、合同、法律、宪法以及它们之间关系的一切）的全面解释理论。目前，法律解释领域被划分为适用于不同类型法律文本的解释体系。一种解释体系适用于宪法解释，另一种解释体系适用于其他法律解释；一种解释体系适用于合同解释，另一种解释体系则适用于遗嘱解释。法律解释专家通常最多只能解释一种或者两种法律文本（如宪法和其他法律），他们并没有真正尝试学习其他法律文本的解释方法。本书提出将目的解释作为适用于所有法律文本的一般解释体系。它创造了一种通用的、统一的解释方法，认识到

---

① J. Landis, "A Note on Statutory Interpretation", 43 *Harv. L. Rev.* 886 (1929–1930).

每一种文本的独特性和它的解释重点与特征。然而，这种统一的方法与每个法律文本的独特性之间存在矛盾。第二个创新，目的解释通过目的概念的创新解决了这种矛盾。这种解释体系认为目的是解释者在目的解释性规则的指导下塑造的一种法律建构。目的是文本的具体作者的意图（主观意图）和理性作者的意图（客观目的）之间的内在关系（根据文本的类型而变化）的表达。因此，目的解释不同于许多学者所倡导的目的论，后者实际上只是一种高度抽象的作者意图。我的目的是让读者相信，以色列成功地采用的目的解释体系优于普通法国家使用的其他解释体系。我希望，即使读者不同意为所有法律文本建立一个统一、全面的解释体系的想法，也会发现这种解释体系对每一种特定类型的法律文本——宪法、法律、合同和遗嘱——都是最好的。

除了介绍这两个创新之外，本书中提出的目的解释至少有四个方面的独特性。第一个独特性是其解释概念。研究法律解释的学者很少对这一概念进行界定。有些人关心的问题可能超出了解释的概念（狭义定义）。本书试图定义解释的概念，并确定其边界。它界定了各种解释体系运作的领域，界定了不解释性学说的不解释性领域，如填补法律文本中的空白的学说，纠正错误的学说，或修改文本以避免荒谬的学说。

第二个独特性是其解释视角。目的解释是整体性的。它把每一文本作为整个法律制度的一部分来解释。谁解读了一篇文本，谁就解读了所有文本。每一个单独的文本都与法律体系中所有文本的整体相联系。此外，解释者与文本之间不存在任何障碍，无论是时间还是可容许性都不能将二者区分开来。文本与解释者之间，解释者与文本之间都是自由移动的。纯文本和含义不纯的文本之间没有重大区别。任何文本在被解释之前都是不清楚的，而就解释过程得出的结论来看，对于所讨论的解释问题的目的来说，每一个文本都是清楚的。

第三个独特性是其解释"法则"的结构。大多数目的解释的法则既不基于规则也不基于准则，而是基于立即适用和始终适用的假设。这些假设既反映了文本的具体作者的意图，也反映了理性作者的意图，理性作者在抽象的最高层次上代表了法律制度的基本价值。解释过程渴望相关假设之间的统一和一致，并解决它们之间的任何冲突。与卢埃林教授所描绘的一对对冲突规则的图像不同，目的解释基于反映文本作者意图和法律制度价值的目的假设。解决这些假设之间的冲突是目的解释的核心。它是解释不同种类法律文本的差异背后的驱动力。解决这些冲突有时需要法官行使解释的自由裁量权。

第四个独特性是其公开承认司法自由裁量权的作用。许多现存的解释体系——最显著的是意图主义和文本主义——认为解释规则无情地指导解释者解决每一个解释问题，而不需要他或她行使自己的自由裁量权。我发现这些系统存在根本性的缺陷。如果不承认司法自由裁量权是一个关键的组成部分，就不可能建立一个有效的解释体系。现有的大多数解释体系的缺点是，它们使用司法自由裁量权而不承认这一点。目的解释讲的是事实。它承认司法自由裁量权的存在，认为它与语言和目的一样，是该体系的一个关键组成部分。然而，与完全建立在解释者自由裁量权基础上的自由解释体系不同，目的解释通过建立其运作框架来限制自由裁量权。

现在回到问题的核心：什么是目的解释体系？它与其他解释体系有何不同？为什么它优于其他解释体系？

目的解释的出发点是，解释是在文本的语义范围内确定文本的法律意义。语义决定了解释的限度。解释者不能赋予文本语言所不能承载的意义。解释系统为确定文本在语义范围内的法律意义确立了标准。在目的解释中，这个标准就是文本的目的。它是根据上下文来解释文本的。目的是文本试图实现的目标、利益和价值。这是一个法律概念。解释者根据有目的解释所确立的标准来确定目的。这个目的有两个组成部分：主观目的和客观目的。

目的的主观部分是文本的作者试图实现的目标、利益和价值——在不同的抽象层次上。它包括遗嘱人的意图、合同当事人的共同意图、立法机构成员的意图，以及宪法的创立者和修改者的意图。主观部分反映了文本的作者在创作文本时的真实意图。目的解释将这一方面转化为关于法律文本目的的假设。解释者从文本本身和围绕文本创作的环境中了解主观目的。从文本到创作环境的移动是自由的，不受技术限制的。解释者不需要确定文本是不是清楚的，以证明参考上下文是合理的。

目的的主观部分是目标、利益和价值——在不同的抽象层次上——文本的作者试图实现的目的。这与文本作者的真实意图无关。相反，作者的假设意图决定了客观目的。它反映了当时流行的社会价值，包括道德和正义的价值，社会目标（如公共利益），适当的行为模式（如合理和公平），以及人权。这些价值以目的假设的形式出现在解释者面前。解释者从文本本身和法律体系的价值观中获取有关这一目的的信息。比较法有助于这一过程的实现。

文本的最终目的——解释者利用文本的语义范围来确定文本的法律意义——取决于主观目的和客观目的之间的关系。当这两个目的及其假设指向同一个方向时，这种关系很容易确定。当这两个目的以及由此产生的假设发生冲突时，目的解释通过根据文本的类型建立主观目的和客观目的之间的关系来表达其独特性。

就遗嘱而言，唯一值得保护的利益是立遗嘱者的意图。因此，解释者对主观意愿给予决定性的重视，这是他或她从遗嘱的语言和周围环境中学习到的。然而，客观目的仍然存在，在许多没有关于主观目的的可信资料的情况下，客观目的对解释遗嘱是有帮助的。

就合同而言，最值得保护的利益是当事人的共同意图。因此，在达成合同目的时，这是决定性的因素。但是，就像遗嘱一样，有时没有关于当事人共同意图的可靠信息，有时这种共同意图与解决法官面临的解释问题无关。在许多无法了解当事人共同意图的情况下，客观目的决定了合同的目的。当第三方有信赖利益时，或者当合同类型需要特别注意客观目的时，客观目的也会得到增强。例如，关系合同或格式合同的解释者会非常重视客观目的。

法律解释变得更加复杂。立法至上的考量将有利于使主观目的成为决定性因素。对价值和人权至上的考量会有利于客观目的。目的解释考虑到这两方面的问题，将主观目的和客观目的之间的关系与有关规约的类型相适应。例如，以下类型的法律的解释者对主观目的给予了很大的重视：新颁布的法律，特别法律，以规则形式表示的法律。相比之下，解释旧法律、一般法律或法律汇编，以及以标准形式表示法律时，都非常重视客观目的。不同立法类型之间的区别还在继续扩大。当哪一个目的占主导地位没有足够的指南时，解释者会酌情决定。

对于宪法来说，客观目的具有决定性的重要性。宪法的性质和特征保证了这一点。话虽如此，解释者应该始终考量主观目的，在相互冲突的客观目的中进行选择时，这种考量可能是有用的。

根据目的解释理论，除非你知道解释的目的是什么，否则你不可能知道如何解释。在我看来，一般而言，解释的目标是实现法律的目的，特别是作为法律的一部分的个别法律文本的目的。法律是有目的的。它是一种社会工具。解释的目标是实现法律的社会目标。这就是目的解释中目的中心论的理论基础。目的解释的主观和客观方面之间的关系取决于对政府各部门，包括司法部门，对于人权的宪法考量。对于私法文本来说，决定因素是意思自治。因此，在解读这些文本时，主观目的处于中心地位。相比之下，对法律的解释必须考量宪法的规定，包括立法至上和基本价值至上，特别是人权至上这些宪法律定。这些考量构成了对法律进行合宪性司法审查的核心理由，也构成了对法律进行目的解释的核心理由。这些考量之间的冲突决定了主客观目的之间的关系，以及解释自由裁量权的范围。在宪法解释中，与宪法的本质及其在社会生活中有广泛作用的相关考量占了上风。这种角色——在几代人的历史过程中引导公众行为——证明了在宪法解释中更倾向于客观目的。

当然，上述命题都不是不言自明的。在本书中，我逐一分析了我所讨论的每个命题。① 我讨论了每个问题的正反两面，并就哪个命题合适表达了我的意见。我的方法基于三个基本假设。第一个基本假设，不存在真正的解释，因为读者只有在解读完文本后才能进入文本。一切理解都源于解释。不存在解释之前的理解。因此，研究的目的不是寻找真正的解释体系，而是寻找最好的、最适当的解释体系。在一个民主国家中，这种体系比其他任何体系都更能解释个

---

① 附录以可视化的形式展示了一般的论点，在分析的过程中可以提供快速帮助。

别文本，以使其达到其目的，并在此过程中帮助实现整个体系的目标。我将讨论这个体系及其解释体系之间的关系。

第二个基本假设，人类是复杂的生物，没有任何一种解释、任何一种理论或任何一个体系能够涵盖人类状况的全部复杂性。我的理论是折中的。它从每一种法律和社会哲学中挑选出最好的东西，适当地平衡不同的考量因素，并认识到在平衡尺度出现时需要解释的自由裁量权。

第三个基本假设，选择适当的解释体系——一项通常分配给司法部门的任务——应该体现出民主政体中法官的作用。这一角色包括缩小法律与不断变化的社会现实之间的差距，以及保护民主宪法。

本书讨论了各种解释体系的优缺点。我广泛地分析了建立在作者意图基础上的意图主义的解释体系，并对其进行了批判。我还讨论了各种文本主义的方法——新的和旧的——及其优缺点。我将阐述新文本主义的旗手斯卡利亚大法官的解释体系及其优缺点。我还讨论了德沃金教授和其他实用主义者的解释方法，其中最著名的是波斯纳法官。目的解释与德沃金的解释体系有许多共同之处。目的解释与波斯纳等实用主义者的翻译体系一样，在语用上使用解释自由裁量权。目的解释与埃斯克里奇教授的动态方法也有共同之处。客观目的对于目的解释是非常重要的，因此系统达到了动态的结果。然而，这种动态性本身并不是一种解释体系，而是目的解释的偶然结果。在比较了目的解释和其他解释体系后，我认为，总的来说，目的解释是最优的。

认识到目的解释是正确的解释体系，并不是解释之旅的结束，而是解释的开始。目的解释开辟了新的思想途径，也提出了必须解决的新困难。不同目的的解释者会在我的解释方法的一个或另一个方面与我意见不一致。事实上，在某种意义上，有许多不同的目的解释方法，或者更确切地说，是目的解释的子方法。一方面，目的解释试图为所有法律文本制定一个统一的、全面的理论，另一方面，目的解释渴望表达每一个法律文本的个性，自然产生了不同的目的方法，对其进行检验，将在未来丰富法律思想，推进法律目标的实现。

本书分为三个部分。第一部分探讨了解释的本质及其局限性。我在第一章中定义了解释活动，将其与类似解释但与解释不同的活动区分开来，如填补法律文本中的空白或纠正其中的错误。基于我所分析的不解释性学说，我认为后一种活动是不解释性的。这一章分析了法律解释的基本视角，包括文本与语境的关系以及相关语境的本质。我考察了法律解释的主要系统，与法律相关的主要解释学视角，以及与后者的相关程度。我阐述了解释性规则的来源，它们的法律地位，以及背离它们的可能性。我分析了法官作为解释者的角色，以及他或她的解释与社会上其他人（无论是政府的其他部门还是私人团体）之间的关系。本文讨论了解释性规则的重要性及其批判。我承认对解释性规则的一些批评是有道理的。然而，这并不否定解释性规则作为指导解释者并赋予其活动必要合法性的规则的作用。在我的分析中，包括了所有的法律文本，不管它是什么类型的。第二章讨论不解释性学说，它与解释有关，但又与解释不同。主要对论证的规范核心感兴趣的读者可能希望略读第一部分，以便更仔细地阅读第二部分和第三部分，这两个部分概述了我的目的解释理论及其如何具体实施。

本书第二部分的内容主要用于分析第三章中介绍的所有类型的法律文本的目的解释。我深入讨论和分析了目的解释的三个组成部分：语言、目的和解释自由裁量权。在第四章第一部分中，我分析了语言的交际性及其局限性（歧义，模糊）。我讨论了与法律解释相关的不同类型的语言，特别是公共语言与私人语言、显性语言与隐性语言、普通语言与特殊语言的区别。我讨论解释的准则（例如独特的表达和排除的差别），把它们看作语言的规则而不是法律的规则。

第二部分大部分内容专门讨论目的的概念。第五章探讨了法律文本的主客观目的。在第六章中，我强调了主观目的的实际的、静态的性质，注意了抽象目的和具体目的（后果主义目的或解释目的）之间的区别，并解释了为什么我们应该只考虑抽象目的的原因。在该章第三节专门讨论在制定主观目的时多数作者（如立法机构或制宪会议的成员）的问题。我承认，要确定一个拥有大量成员的机构的主观意图是多么困难。然而，这一困难并非不可克服，在解释一部法律的创制时不能忽视每位创制者的意图（如立法机构成员的意图）。在该章第四节中，我把主观目的分析的实质性部分用于解释者了解主观目的的来源。当然，从总体上说，主要的资料来源是文本本身。然而，解释者也可以参考围绕文本创制的环境，将之作为主观目的的来源。解释者可以参考这些环境条件，解释者这样做时可以不管是否存在一些特殊条件，如解释的文本表述是否清楚。

我在第七章中花了相当多的篇幅来阐述客观目的，反映作者的合理意图和法律制度的基本价值。我强调了这一目的的动态方面。我的大部分分析集中在解释者如何了解客观目的。这些来源包括整体的文本，文本的自然环境，一般法，文本的历史，文本的一般社会和历史背景，判例法，法理学和法律文化，制度的基本价值（深入分析）和比较法。我详细地讨论了从客观目的推导出来的假设。在这里，我将讨论一些所有法律文本都具有的假设，如文本旨在实现人权和道德、正义和公共利益等价值观的假设。我分析了目的假设的本质、目的假设的地位以及假设之间的冲突关系。这种关系是由假设的权重决定的，其权重是这些假设的社会重要性的反映，以及这些假设之间取得平衡的反映。在这部分内容中，我讨论了平衡理论及其优缺点。

在考察了主观目的和客观目的之后，我在第八章讨论了最终目的的形成及两者之间的平衡。解释者通过寻求综合和整合来达到这种平衡。如果不能达到这种平衡，解释者必须决定哪一个目的优先。在这里，我发展了目的解释的内在核心。目的解释不是建立严格的优势规则，而是评估每一种法律文本的类型、特点以及其主观偏好或客观偏好目的的合理性。基于规则创制者的身份，该解释体系区分了文本的类型：遗嘱、合同、法律和宪法。目的解释实际上创造了一系列情境。一个极端情况是遗嘱，主观目的是决定因素；另一个极端情况是宪法，客观目的是决定因素。合同和法律处于中间。解释者评估不同类型的合同和法律，为每种类型的合同和法律在主观目的和客观目的之间的平衡中找准各自的位置。

在第九章中，我继续分析了目的解释的第三个组成部分——司法自由裁量权。在我看来，如果不承认司法自由裁量权的存在，就不可能建立一个解释体系。但是，这种自由裁量权必须受到限制。我讨论了这些限制，包括程序限制（公平性和客观性）和实体限制（理性、一致性、连贯性和合理性）。在司法自由裁量权存在的范围内，目的解释者必须采取实用主义的立场，以达到他或她所认为的文本目的为目标。在这方面，我建议根据正义行使自由裁量权。

第二部分第十章是目的解释的理论基础。我注意到，解释的目标必须是表达法律文本核心的目标。为此目的，我强调的是法律作为一种社会工具的性质和对各种社会因素的考量。我通过分析主要的法律哲学理论，包括现实主义、实证主义、法律程序、法律和经济学，以及德沃金的理论和实用主义者的理论来支持这一方法。我试图表明，每一个理论都包含了目的解释的核心要素。我也求助于法律领域之外的解释学学者（如伽达默尔），试图为目的解释的各种要素奠定基础，主要是对规范统一性的探索及其整体方法的一般解释学。最后，我阐述了目的解释的核心——宪法因素。我分析了民主的概念，指出民主是多数意志与基本价值和人权之间的微妙平衡。主观目的反映多数人的意志。客观目的是基本价值和人权的体现。目的的不同要素之间的平衡反映了民主的不同要素之间的平衡。在此背景下，我将讨论法治、三权分立和法官在民主制度中的作用。在我看来，这些原则表明目的解释是最合适的解释体系。

在第二部分第十一章中，我讨论了目的解释与相互冲突的解释体系之间的争论并以此结束了第二部分的内容。我分析了基于作者意图（意图主义）、对文本的理解（新和旧文本主义）以及德沃金教授和各种实用主义者的方法的解释系统。我注意到，目的解释与其他解释体系虽然存在着一些相似之处，但也存在着实质性的差异。我讨论了这些差异，并认为目的解释更具有优越性。

最后，第三部分评价了目的解释如何作用于法律文本的主要类型。这些内容包括遗嘱（第十二章）、合同（第十三章）、法律（第十四章）和宪法（第十五章）。我将每一种类型划分为子类别，以勾勒出主观目的和客观目的之间更微妙的关系。

我不是法律哲学家。我是一名法官，对司法活动的理论基础感兴趣，试图为自己建立一种司法哲学。本书表达了我的司法哲学。它虽以哲学写作为基础，偶尔也对哲学写作进行批评，但并没有达到哲学研究的高度。这本书主要是为法官和律师，以及法律教师和学生准备的。它不试图描述对特定问题的具体讨论，而是提供一个通用的理论，为读者提供独立思考的工具。虽然我的大部分经验是以色列的司法实践，但这本书不是一本关于以色列法律解释的书。这是一本关于各种法律制度目的解释的书。不过，我的资料来源主要是普通法系（英国、美国、加拿大和澳大利亚）。

本书的主要内容来自希伯来文，本书所引法律和学术文献截至 2002 年。

我要感谢我的好朋友欧文·费斯，是他鼓励我出版本书。我还要感谢耶鲁法学院托尼·克鲁曼院长，是在他的帮助下将本书翻译成英语。我还要感谢迈尔·丹·科恩、梅尼·莫特纳、伊格尔·默塞尔、安德烈·马尔莫尔、尼尔·凯达尔和罗伊·克莱特纳，他们阅读了本书手稿，并提出了有用的和重要的意见。我要感谢雅艾尔·伊兰，她出色地完成了本书的希伯来文版本的打字工作，我也要感谢萨里·巴希，她奉献了时间和才华，作为本书英文版的译者和编辑，将希伯来文版翻译成英文版。最后，我要感谢艾丽卡，她用智慧帮助我完成了本书。

第一部分

解释

第一章

什么是法律解释？

一、法律解释的定义

（一）论法律解释的概念

　　法律中的"解释"一词有不同的含义。[1] 事实上，"解释"这个词本身也是需要解释的。[2] 我对法律解释的定义是：法律解释是为法律文本赋予意义的理性活动。[3] 其中，理性的要求是关键——抛硬币不是解释活动。解释是一项智力活动，[4] 涉及如何确定从文本中产生的规范信息。[5] "文本是什么"，以及"文

---

[1] 见 A. Barak, *Parshanut B'mishpat* [*Interpretation in Law*] 29 (1992)。参见 W. Twinning and D. Miers, *How to Do Things with Rules* 166 (4th ed. 1999); G. Gottlieb, *The Logic of Choice* 95 (1968); A. Barnes, On Interpretation 7 (1988); A. Marmor, *Interpretation and Legal Theory* 13 (1992); A. Marmor, *Positive Law and Objective Values* 71 (2001)。

[2] 见 M.S. Moore, "Legal Interpretation," 18 *Iyunei Mishpat* 359 (1994), and G.L. Williams, "Language and Law," 61 *Law Q. Rev.* 71, 392 (1945)。

[3] 见 C. Ogden and I. Richards, *The Meaning of Meaning* (10th ed. 1956); M.S. Moore, "The Semantics of Judging," 54 S. Cal. L. Rev. 151 (1981); R. Cross, *Statutory Interpretation* (J. Bell and G. Engle eds., 3d ed. 1995); H. Hart and A. Sachs, *The Legal Process: Basic Problems in the Making and Application of Law* 1374 (W. Eskridge and P. Frickey eds., 1994); A. Dickerson, *The Interpretation and Application of Statutes* 34 (1975)。

[4] 见 H. Kelsen, *Pure Theory of Law* 348 (Knight trans. from German, 2d ed. 1967)。

[5] 见 K. Larenz, Methodenlehre der Rechtswissenschaft (5th ed. 1983); R. Zippelius, Einführung in die Juristische Methodenlehre (1971)。

本是否有效"，是两个与解释有关的问题，但它们又不同于解释。假设存在一个有效的法律文本，解释所要解决的问题是该赋予这一文本什么样的意义。根据我的定义，解释塑造了被"困在"文本中的规范的内容。作为解释对象的文本可以是一般的（如宪法、法律、判例法或习惯法）也可以是个别的（如合同或遗嘱），可以是书面的（如成文宪法或司法意见）也可以是口头的（如口头遗嘱或默示合同）。"文本"一词不限于书面文本，从解释的目的出发，任何创造了法律规范的行为都是"文本"。

（二）法律解释的狭义定义

作为本书核心的法律解释的定义并非唯一的定义，一些理论家对解释的定义更狭窄，另一些则更为宽泛。在更狭窄或紧缩的定义下，只有在文本不明确以至于存在意见分歧的地方才有解释的空间。[①] 同样，狭义的定义可能会将法律解释限制为一种寻找最贴合文本作者真实意图的含义的活动。[②] 因此，我并未采用此类定义，根据我的理论，每个法律文本都需要解释。文本的简单性并不能消除解释的需要，因为这种简单性本身就是解释的结果。即使是一个含义无可争议的文本也是需要解释的，因为其无可争议本身便是解释的产物。实现作者的写作意图是一种解释体系（主观解释）的目标。然而，解释也可以赋予法律文本实现客观标准的意义（客观解释）。解释的定义（与该定义中的解释体系相反）不能被简化成仅仅为作者的意图赋予意义。

（三）法律解释的广义定义

法律解释也可能比我的定义更宽泛。比如，德沃金将法律本身定义为一个解释过程：

[①] 见 J. Wróblewski, *The Judicial Application of Law* 88 (1992)。

[②] 见 F.V. Hawkins, "On the Principles of Legal Interpretation," 2 *Jurid. Soc'y Papers* 298, 307 (1860)。

不仅在律师解释文件或法律时，就是在一般情况下，法律实践都是一种解释练习。法律命题既不是简单地以直截了当的方式描述法律历史，也不是简单地以某种方式脱离法律历史的方式进行评价，他们是对法律历史的解释，结合了描述与评价，而又与两者不同。[1]

虽然德沃金的此番论述一直备受批判[2]，但对其评价或批评并不在本书的写作范围之内。德沃金的这种定义是以他的哲学研究为基础的，我对此表示尊敬。然而，我对法律解释的定义则更狭窄，建立在一种与德沃金不同的研究的基础之上，其关注的是为法律文本赋予意义。两种研究虽然不同，但又相互联系。从德沃金对法律解释的定义中，人们可以推导出一个理解法律文本（如宪法或法律）的体系。从这个意义上说，德沃金的（扩展）解释理论也属于各种解释体系（如上所述）之一。

（四）法律解释的范围

我对解释的定义引出了一些关于分类的问题。如何回答这些问题决定着解释文本的标准是否可以适用于其他法律活动。首先，解决特定法律文本中的矛盾（自相矛盾）能否构成解释活动？在我看来，答案是肯定的。给某一特定文本赋予意义，必然需要解决文本内部存在的矛盾。第二个问题，解决同一类型（如两部法律、两份合同、两份遗嘱）或不同类型（如宪法与法律、法律与合同、合同与遗嘱）的不同法律文本之间的矛盾，是否构成解释活动？当然，给这些文本赋予意义无疑构成解释活动，但是基于所被赋予的意义解决文本之间的矛盾是否当然构成解释活动呢？这个问题没有明确的答案，只能说这取决于特定法律制度的传统。然而，在我看来，根据所涉的法律传统的特殊性，解决

---

[1]　R. Dworkin, "Law as Interpretation," 60 *Tex. L. Rev.* 529 (1982).

[2]　见 M.S. Moore, "The Interpretive Turn in Modern Theory: A Turn for the Worse?" 41 *Stan. L. Rev.* 871 (1989); D. Patterson, "The Poverty of Interpretive Universalism: Toward the Reconstruction of Legal Theory", 72 Tex. L. Rev. 1 (1993)。参见 C.A. 3798/94 Anonymous v. Anonymous, 50(3) P.D. 133, 174。

不同文本产生的规范之间的矛盾是一种不解释性活动。诚然，在解决不同文本之间的矛盾时，我们会给法律制度赋予意义，但是这种意义的赋予只构成德沃金所说的那种广义上的解释活动。根据我对"解释"一词的定义，这种活动不构成法律解释。例如，宪法至上原则——违反宪法的法律是无效的——是解决法律文本之间的矛盾的规则，但并不属于法律解释性规则。第三个问题，填补法律文本中的空白是否构成解释活动？德国法律传统会区分普通解释（einfache Auslegung）和补充解释（ergänzende Auslegung）。事实上，这个问题（第三个问题）的答案也取决于所讨论的法律传统。我个人会区分狭义的法律解释（给法律文本赋予意义）和广义的法律解释（包括给不完整的法律文本填补空白）。将第二种活动称为法律解释（仅在广义的定义上）的理由是填补空白确实最终也算是为文本赋予了意义，并且决定了由此产生的规范性信息。关于在合同中添加隐含条款，霍夫曼写道："根据法律解释的定义，当一个条款没有被用文字表述时，讨论如何解释这个条款似乎是很奇怪的，但是这其中唯一的区别是，当我们解释隐含条款时，其实是在解释作为一个整体的合同"[①]。基于这个原因，我把矫正文本，比如修改一个用词错误，也看作广义的法律解释的一部分。

为什么我坚持区分狭义的法律解释和广义的法律解释？因为规制这两种活动的标准是不同的。两个分离且迥异的体系规制着对现存文本的解释和对不完整文本的补全。有时，法官有权解释法律文本，但却无权填补法律文本的空白，比如对刑事法律规定。当然，只要能对我所提到的区分保持敏感，那么笼统地将这两种活动都称为解释活动也没有错。关键是要避免给法律解释（狭义的）增加其无法承受的负担。正如我们将要看到的，我认为解释（狭义的）的范围源自语言的范围。试图为文本赋予一个其语言无法承受的意义是非解释性的。试图将这种做法强塞进狭义解释的范围中，将会歪曲解释本身，并破坏司法活动的合法性。

---

① L.H. Hoffman, "The Intolerable Wrestle with Words and Meanings", 114 *S.A.L.J.* 656, 662 (1997).

（五）法律意义与语义

法律解释是我们理解法律文本的理性过程。通过法律解释，我们能理解文本中的规范性信息。这是一个从文本的语义中"提取"文本的法律意义的过程。[①] 解释者将"人类"语言翻译成"法律"语言，把"静态的法"变成"动态的法"，把法律条文带入司法实践中。法律解释将语义上的"文本"转化为法律规范——因此，文本的语义和其法律（或规范性的）意义之间也是存在区别的。文本的语义是文本语言可能被附加上的所有含义的总和，可能是使用相关语言的人的范式词义，或者也可能是文本作者的私人词义（私人附加的含义）。解释一个文本就是从众多可能的语义中选择其中带有法律意义的意思，从而决定哪些语义可以构成文本的正确法律意义。文本的语义决定着其潜力或者说所能涵盖的活动的范围（ *the Bedeutungsspielraum* ）。[②] 法律意义将这种潜力付诸实践。通常，文本在特定事件的语境中具有独特且唯一的语义，并且该语义也充当文本的法律意义。在这些典型情况下，文本的语义和法律意义完全一致。无论使用何种解释体系，都将从文本中得到相同的含义。然而，由于语言可能是模糊或模棱两可的，因此在特定的事件上文本可能会具有多重语义，这些语义中只有一种可以作为文本的法律意义，遇到这种"棘手"的情况，解释的规则就变得至关重要。

（六）解释与语义

语义决定着一个文本的语言（公共和私人）对于各种潜在的事实模式可能蕴含的所有意义。我们通过语言来理解整体。我们理解文本是因为它所使用

---

① *C.A. 708/88 Shefes & Sons, Ltd. v. Ben Yaka Gat, Engineering and Building Co., Ltd.,* 40(2) P.D. 743, 747:"合同解释的基本规则是，解释者必须从合同'文本'的语义意义中选择实现当事人意图的法律解释。"(Barak, J.) 参见 F.A.R. Bennion, *Statutory Interpretation* 14 (3d ed. 1997) (区分语法意义和法律意义)。

② Zippelius, *supra* p. 3, note 5 at 25. 参见 Bydlinsky, discussing the "courtyard of the expression" (*Begriffshot*): F. Bydlinsky, *Juristische Methodenlehre und Rechtsbegriff* 438 (1982).

的语言是我们所熟知的。事实上，语言学家根据潜在的整体语境来探究文本在其语言中可以"负担"的意义。原则上，确定法律文本的语义和确定其他（非法律）文本的语义之间没有区别。语言学家在对文本的语义可能性范围进行细致分析时，需要了解这种语言的语法律则以及句法习惯，并且根据逻辑查阅典籍，以帮助他们理解这种语言。

法律解释者在语言学家所确定的语言范围之基础上开展工作。解释者通过精准提炼文本中独特的法律意义，将语言翻译成法律。由此，我们可以得出结论，每个法律解释者都是语言学家，[①] 但不是每个语言学家都是法律的解释者。我认为解释不仅仅是语言学，而是要求我们去寻找文本中的规范性信息。[②] 语言学家根据潜在的语境范围来确定文本能够承载的意义。在这样做的过程中，他或她设定了解释的界限。法律解释者在与法律解释有关的语境中确定文本所必须具有的意义。很多解释性规则仅仅是语言规则，旨在确定文本可能被赋予的（语言的）意义，他们并不能帮助确定文本的法律意义。因此，例如，表达或者包含一件事物意味着排除另一件事物的这一解释性规则（expressio unius estexclusio alterius）就只是一种语言规则。这告诉我们，从文本的"是"，可以推断出另一事件的"否"。这是一种可能但并不必然的语言推理。这并未确立"解释"规则，而只是确立了"语言"规则。[③]

（七）解释、解释体系与法律解释的原则

法律解释的体系决定着解释者从不同的语义中提取法律意义的标准。解释原则，简单地说就是"提取"或"脱离"原则，衍生于解释体系。解释原则部分是语言原则，语言原则划定了语义可能性的范围。解释原则也是——这对我们的目标至关重要——规制着如何确定文本法律意义的原则。法律解释决定着法律文本的意义，而这种意义又根据解释系统的差异而有所不

---

① 　见 L.M. Solan, *The Language of Judges* (1993)。
② 　H.C. 846/93, Barak v. National Labor Court, 51(1) P.D. 3, 10.
③ 　见后文第 108 页。

同。基于作者意图的解释系统解释出来的法律意义不同于询问一个理性的读者如何理解文本的体系所得出的解释。每个解释体系都有自己的解释原则。这些原则用哈特教授的话[①]说就是次要原则。作为次要原则，他们决定着从（主要）文本中提取出的规范的范围。需要注意的是，我们尚未就如何确定文本的意义这一问题表明立场。如何回答这一问题取决于解释体系和从中衍生而出的解释原则。解释体系可能因时间和法律制度而异。到目前为止，我们只能确定解释的定义，我们还未明确什么是合适的解释体系，以及从体系中衍生出的解释原则。例如，我并不将解释定义为对文本作者意图的探究。[②]这种探究构成了一种特殊的解释体系，属于从文本中提取法律意义的一种方式，但是这种探究并不能定义解释本身。我们必须区分解释的概念与解释体系（包括从中产生的解释原则）。只有一种解释的定义，即给文本赋予意义的理性活动[③]，而解释体系和体系衍生的解释原则则是多种多样的。

（八）"真正的"解释与"恰当的"解释

许多法学家做了一些徒劳[④]的探索，希望发掘出文本"真正的"法律意义。文本其实并不存在所谓"真正的"意义。我们没有能力通过关注文本的"真正"意义来比较其解释前后的意义。所有的对文本的理解都是解释的结果，因为只有通过解释才能进入一个文本，不存在先于解释的理解，我们最多

---

① 见 H.L.A. Hart, *The Concept of Law* 94 (2d ed. 1994)。

② 对于这方面的定义，见 B. Rüthers, *Rechtstheorie* (1999)。另见 P.S. Atiyah, *Essays on Contract* 272 (1988)。

③ 见 A. Corbin, *2 Corbin on Contracts: A Comprehensive Treatise on the Rules of Contract Law* (1960)："解释是一个人赋予另一个人使用的表达符号意义的过程。"参见 E.W. Patterson, "The Interpretation and Construction of Contracts," 64 *Colum. L. Rev.* 833 (1964)。

④ 见 H. Kelsen, *General Theory of Norms* 130 (M. Hartney trans., 1991)："就实在法而言，根本没有这样一种方法，根据这种方法，对规范的几种解读中只有一种可以被区分为'正确的'。"参见 J. Wróblewski, "Outline of a General Theory of Legal Interpretation and Constitutional Interpretation", 32 *Folia Iuridica* 33, 71 (1987)。

可以比较针对特定文本的不同解释。① 我们最渴望的其实是找到一个最"恰当的"解释，而不是"真正的"解释。因此，我并不认为目的解释是真正的解释。我的主张是，在民主国家的各种解释体系中，目的解释是最优的。但我也决不会否认其他解释体系的解释性。我认为不存在所谓"真正的"意义，但是，与菲什的主张② 不同，我不认为不存在文本，同时也不认为文本不能决定其解释的界限。恰恰相反，文本的范围决定了解释的范围，在文本的范围内，所产生的规范性信息是通过对文本的解释来确定的，而这并不能被"证实"或"证伪"。

（九）解释与效力

为了减弱大家对解释的关注，请让我在此处区分意义问题和有效性问题，前者也是本书的主题。③ 规范的有效性是指该规范在法律上的效力。④ 因此，如果文本的作者不能满足在特定法律制度下构建一个规范的要求（如合同或遗嘱的形式要件）时，该规范就不具有法律上的效力。同样，当位阶低的规范与位阶高的规范相矛盾时（如法律与宪法矛盾，合同与公共政策矛盾），位阶低的规范无效。这同样适用于制定在先的规范（和一般法）与制定在后的规范（和特别法）相矛盾的情况。在这些情况下，我们就需要评估某种规范在法律世界中的力量，我们假定特定范围内的一个规范，并探究其有效性。

相反，涉及文本意义的问题则需要去探究文本的规范性内容。内容问题涉及文本应具有的含义，而效力问题则涉及经解释后的文本中提取出来的规范

---

① 见 P.G. Monateri, "Legal Doctrine as a Source of Law: A Transitional Factor and a Historical Paradox," *Rapporti Italiani, Academie Internationale de Droit Compare* 19, 25 (1986): "这个过程是由各种解释性规则的应用形成的……因为没有这个过程，解释是未知的，因此，最终我们只能比较或反对通过应用不同的构造规则得出的不同结果……不可能将结果与解释本身进行比较或反对。只能比较许多解释性的结果。"参见 B. Bix, *Law, Language and Legal Determinacy* (1993)。

② 见 S. Fish, *Is There a Text in the Class? The Authority of Interpretive Communities*, 330, 338 (1980).

③ 见 W. Twining and D. Miers, *How to Do Things with Rules: A Primer of Interpretation* 186 (4th ed. 1999) 155。

④ 见 H. Kelsen, Pure Theory of Law 3 (Knight trans. from German, 2d ed. 1967).

的地位。法官既有权决定效力也有权决定解释，但他们在每个案件中的行动在性质上有所不同，因为每个行动都在回答不同的问题。效力规则侧重于规范，回答的是"X 规范在这一制度中是否有效？"这一问题。而意义规则侧重于文本，回答的是"X 文本的内容（涵盖的范围）是什么？"这一问题。然而，这两种探索又是相关联的，且区分它们并非易事。例如，一种解释推定要求文本具有保留其所包含规范的效力的含义（效力推定）。此外，每种文本都需要解释，且对文本所作的解释是探究从文本中提取出的规范效力的先决条件。关于规范效力的探究是在特定范围的（该规范脱胎于的）文本的背景下进行的——这种范围又是解释活动的产物。每个关于效力的问题都必然涉及意义问题，但并非每个意义问题都会引起效力问题。作为经验问题，大多数法律传统都将效力问题与解释问题混为一谈。例如，英美法官将位阶相等的规范之间的矛盾——如新法效力高于旧法（lex posterior derogat priori），视作解释问题。这种做法无可置疑，因为一旦法官确定了两种矛盾的规范中每个规范的意义，那么解决它们之间矛盾的规则就是效力规则，而不是意义规则。

（十）解释与政体

不存在"真正的"解释，相反，我们必须寻找的是恰当的解释。因此，民主政体下恰当的解释体系不一定是其他政体下恰当的解释体系。[①] 每一种政体都有着适合它的解释体系。例如，当我断言目的解释就是最恰当的解释体系

---

① 我认为，在极权主义政权中，不应使用解释来表达该政权的基本极权主义原则。人们也应该避免根据极权主义者的意愿来解释法律。在这种制度下，解释者应享有文本解释权。纳粹时代的德国法官在解释法律时引入当时政权的基本极权主义价值观，受到了大量批评。见 I.Müller, *Hitler's Justice* (D. Schneider trans., 1991); B. Rüthers, *Die unbegrenzte Auslegung: Zum Wandel der Privatrechtsordnung im Nationalsozialismus* (1973); M. Stolleis, *The Law under the Swastika* (T. Dunlop trans., 1998)。南非法官受到批评，因为他们表达的是立法意图（赞成种族隔离），而不是反映普通法基本价值的制度的基本价值。见 D. Dyzenhaus, *Judging the Judges, Judging Ourselves: Truth, Reconciliation and the Apartheid Legal Order* (1998); D. Dyzenhaus, *Hard Cases in Wicked Legal Systems: South African Law in the Perspective of Legal Philosophy* (1991)。参见 C. Sunstein, "Must Formalism Be Defended Empirically? 6 U. Chi. L. Rev. 636 (1999)。

时，我的论断是在限于民主制度的背景下的。相比于目的解释，其他政体中的异见者可能理所当然地会更青睐文义解释。解释体系取决于现行有效的宪法的要求，而这两点都与政体的类型密不可分。在特定的法律制度下，当政体类型发生变化时，解释体系也会随之变化。

（十一）解释的对象

解释的对象是文本。文本是解释项。宪法和成文法、判例法和习惯法、合同和遗嘱都是如此。解释活动从文本的语义中提取出法律规范（宪法、判例法、合同等）。然而，我们应该区分作为规范的基础的语言和从语言中提取出的法律规范。[1] 从文本中提取出的规范是解释的产物，它不是解释的对象。文本才是解释的对象。举例来说，试想鲁本和西蒙签订了一个出售资产的合同，合同未规定标的物的交付时间。文本可能产生的一些规范包括：履行立即交付、一年内交付或在合理时间内交付的法律义务。通过解释，我们确定文本产生的规范是履行在合理时间内交付标的物的义务。合同（作为文本）和合同（作为规范）不是一回事。解释融入文本，并最终得出规范。在解释者解释完文本之后，规范便会呈现在解释者眼前。作为解释者，法官并不关心规范的地位、规范的效力或规范之间的关系。例如，解释性规则不规制上位法（如宪法）与下位法（如法律）之间的关系，解释的对象仅是宪法文本和法律文本。一旦解释者从文本中提取出了规范，那么解释工作就宣告结束，进而确定规范的效力和地位这样的不解释性工作就开始了。更准确地说，为了解释每个文本，解释者必须考虑其他相关文本以及从中提取出的规范。法官对宪法文本的解释会影响对法律文本的解释。然而，一旦法官对不同的文本进行了解释，并从中提取了规范，那么他们就会面临额外的问题，比如法律的效力以及法律与宪法之间的关系，而这些都不属于解释所应该解决的问题。尽管在特定的法律传统下，这些问题可能会被视作解释问题，我们仍应该区分这

---

[1] 见 G. Hassold, "Strukturen der Gesetzesauslegung," *Festschrift für Karl Larenz* 214 (1983).

些不同类型的问题。此后，当我提到法律解释时，我指的就是对法律文本的解释。

（十二）"明文无需解释"

每个文本都需要解释。文本不经解释就无法理解。正如威格莫尔教授所言："解释的过程虽然通常很简单且经常不被察觉，但它总是存在，本质上是不可或缺的。"① 我们只有在有意或无意地解释完一个法律文本之后才能真正走进它。文本没有先于解释的意义。② 泰德斯基教授指出：

> 明确的规则不需要解释（In claris non fit interpretatio）：这句话可能不是古典罗马语，但由于其历史悠久而被认为是神圣的，且为世界各地的法学家所熟知。然而，当代的学者越来越认识到它所暗示的概念的幼稚性——即使是不"明确"的规则，也可以表达自身所承载的意义。除非我们自己理解了，否则他人的思想不能作用于我们本身。正是我们为这种理解而进行的合作构成了解释的过程，无论解释是困难且枯燥的还是容易且无意识的。在这里，在后一种情况下，解释终将会得出，正是这种轻松和自信的方式使我们能够总结道，问题所涉及的文本或行为确实是清晰的。③

事实上，确定一个意义明确的文本是简单的，因此这个过程并不需要解

---

① 见 J.H. Wigmore, *Evidence* §2459 (Chadbourn Rev., 1981)。

② 见 C. Sunstein, "Interpreting Statutes in the Regulatory State," 103 *Harv. L. Rev.* 405, 411 (1989)。

③ G. Tedeschi, *Masot B'mishpat* [*Essays in Law*] 1 (1978). 参见 H.C. 47/83 *Air Tour (Israel) Ltd. v. Chair of the Council for Antitrust Oversight*, 39 (1) P.D. 169, 176: "每一部法律，包括那些语言'清晰'的法律，都需要解释。法律只有在解释澄清后才是'明确的'。不作解释就不清楚。词语本身并不'清晰'。事实上，没有什么比断言这些词是'清楚的'更不清楚的了。"（Barak, J.）参见 Cr.A. 928/80 *Gov Ari Ltd. v. Netanya Local Planning and Construction Council*, 35(4) P.D. 764, 769: "即使是最简单、最清晰的教导，也只有在我们有意识或无意识地通过我们的解释力的大熔炉传递了它之后，才会以其简单的形式出现在我们面前。"（Barak, J.）

释，这种确定是一种解释性的确定，它是解释的承继，而非先于解释的行为。将文本定性为"不明确"是解释过程的结果，而不是开始解释这一文本的原因。① 在某些情况下，法官会无意识地通过解释来决定文本的清晰程度，讽刺的是，因此得出的结论是该文本清晰明确，不需要解释。② 对于其他文本，这一过程是在有意识的情况下发生的，因此得出的结论是文本不清晰，必须解释。断言"明文"不需要解释，不仅是不正确的，而且是危险的，因为这掩盖了无意识的解释行为。事实上，真正的问题并不在于"明文"是否需要解释，而是我们需要什么样的解释性规则才能得出文本的明确含义。尽管判例法和法律文献中的一些学说坚持认为并非每个文本都需要解释，但它们的支持者对解释的定义都比我所作的定义更为狭隘。那些认为并非所有文本都需要解释的人将解释定义为"从可能与文本一致的众多可能性中进行选择，以此来解读不明确的文本"③。若他们如此定义解释，那么我与他们的分歧便是语义学上的问题了。我可能认为他们的定义是不恰当的，但这种争论是次要的。

（十三）是否存在"明文"？

即使是所谓的"明文"也需要解释，只有通过解释，我们才能下结论——这一文本是否是明确的。然而，这并不意味着任何文本都不是明确的。④ 相反，绝大多数法律文本在大多数情况下，都具有明确的含义。只有在少数情况下，文本才是不清晰的，换句话说，在经过初步的解释过程（有意识的或无意识的）后，文本仍然存在着不止一个正确答案。法院审理的大多数案件都属于

---

① 见 R. Dworkin, *Law's Empire* 352 (1986)："'不清楚'的描述是赫拉克勒斯解释法律文本的方法的结果，而不是原因。"

② 见 F. Schauer, *Playing by the Rules* 207 (1991)。

③ Friedmann, "On the Interpretation of the Phrase 'Interpretation,' and Notes on the Apropim Decision," 6 *Hamishpat* 21 (2002).

④ 弗里德曼认为"没有合同是清晰的，合同只能通过它们不同的清晰度来区分"。这不是我使用的翻译方法。我只是在分享弗里德曼的解释定义时，才用此解释不清晰的文本。实际上，如果解释是解密不清晰文本的过程，并且每个文本都需要解释，那么就会得出每个文本都不清晰的结论。然而，我不同意弗里德曼对解释的定义。

后一类。事实上，拟定一个在任何情况下都清晰明确的文本是不可能的，我们尚未找到能够涵盖所有可能情形的语言公式。然而，我们可以拟定一个仅在极少数情况下不明确的文本。我坚持所有文本，包括"明确的"文本，都需要加以解释，并不是意在减轻文本起草者因力求精确而承担的压力。我同意弗里德曼的观点，即：

> 虽然没有起草者能够预测和解决每一个潜在的发展方向，但事实上，那些令人意想不到的发展是例外，而不是普遍的。在没有这种发展的情况下，当事人应求助于那些了解其所做的工作并能清楚表达其意图的起草者。当事人有权期待，当他们的文件提交给法官时，法官能够理解他们的意图。①

（十四）解释现有文本与创造新文本

大多数法律制度都授予法官解释现有文本的权利，但法官无权创造新文本（也不能修改旧文本）。法官的工作是解释宪法或法律，而非立法（或修法）。法官被"授权"解释当事人订立的合同，但无权起草新合同。法官有权解释立遗嘱人的遗嘱，但无权为其立新遗嘱。从本质上讲，这种做法是正确的。修改文本的权利应该属于作者而不是解释者。文献中关于法院判决或法院判决的变化导致文本本身发生变化的说法，其实只是一种比喻。②法律规定了修改文本的各种方式，但司法解释并不是其中之一。然而，法官确实可以凭借其不解释性的能力，超越简单地解释文本的限制，创建一个新的文本。就合同来说，各方当事人可以协商，若一方当事人缺乏诚意，则无法协商订立合同。在某些案件中，由于其中一方当事人在协商中违反了诚实信用原则，法官有裁定权，在

---

① Friedmann, "On the Interpretation of the Phrase 'Interpretation,' and Notes on the Apropim Decision," 14 *Hamishpat* 22 (2002).

② 见 L. Tribe, *American Constitutional Law* 90 (3d ed. 2000)。

这种情况下，法庭将视为当事人已经订立了合同。填补文本空白的法官所做的也是类似的行为，填补空白也会涉及新文本的创造。当法官修改合同中的错误时，他或她自然会对合同进行更改。正如阿蒂亚教授所指出的：

> 法院不为当事人订立合同已是老生常谈。但是……这其实是一种误导。在实践中，很多合同是在当事人并没有订立意图或没意识到自己正在订立合同的情况下，就被法院认定为已经订立了。①

遗嘱也是如此。在填补遗嘱的空白②或修改遗嘱中的错误时，法官事实上已经被"授权"了偏离遗嘱的文意。在此类情况下，执行的遗嘱与立遗嘱人所写的遗嘱并不相同。法官为立遗嘱人"立"了遗嘱。法官在法律领域也进行着类似的创造性活动。法官有权填补法律的空白，有权修改法律的错误，在此过程中，他们实际上创造了新的文本。尽管如此，解释文本和创造文本还是有区别的。在法官被授权创造新文本或修改现存文本的每个案件中，他或她实际上都是在以不解释性规则为依据，进行不解释性的活动。

二、解释的范围

（一）问题的重要性

什么是解释的范围？一项活动什么时候被称为"解释"，什么时候不再被称为"解释"？什么时候可以通过解释文本得到特定结果——无论是通过原始解释还是通过改变在先解释的新解释？为了达到相同的结果，什么时候需要改变文本——例如，什么时候必须修宪，而这是解释无法回答的——什么时候重

---

① 见 P.S. Atiyah, *An Introduction to the Law of Contract* 96 (4th ed. 1989). 参见 E. Zamir, *Perush V'Hashlama Shel Chozim [Interpretation and Completion of Contracts]* 57 (1996)。

② 见 Barak, 5 *Parshanut B'mishpat [Interpretation in Law]* 386 (2001)。

新解释现有文本就足够了? [1] 以佩切尼克所举的例子 [2] 为例:非营利组织的组织章程规定"每个棋手都有资格成为组织的成员",那么,任何下过棋的人都有资格加入该组织就是一个解释性的结论。我们也可以对该组织章程进行更狭义的解释,即成员资格仅限于在象棋比赛中享有正式排名的人。禁止没有排名的棋手加入组织是一种狭义的解释,但它依然是解释。同样,我们也可以将范围拓宽到把所有了解象棋比赛规则的候选人都包括在内,即使从未参加过比赛的人也可以加入组织。这种解释是非常宽泛的,但也依然属于解释。然而,若限定仅冠军可以加入,这是否依然属于(狭义的)解释? 若允许桥牌玩家也加入,这是否依然属于(广义的)解释?

这些问题的答案十分重要, [3] 原因有二:首先,解释的界限确立了解释活动的合法性。法官有权解释法律文本。事实上,作者通过创建一个法律文本而将解释它的权利委托给法官。三权分立原则授予法官裁决争议的权力,同时也使得前述委托行为合法化。基于裁决的需要,法官必须对作为争议焦点的文本进行解释。[4] 法官作为解释者,不可以创造新的法律文本。当他们完成了解释活动,司法活动的合法性——源自权力分立以及作者对法官的委托和授权——也就结束了。在解释的界限外行事的法官必须为其行动找到另外的合法性来源,解释体系将不能再为此提供合法性。例如,法官有权解释刑事法律,但他们无权通过定义新的犯罪来填补法律的空白。因此,重要的是,要能够识别法官何时是在(恰当地)解释刑事法律,何时是在(不恰当地)填补刑事法律的空白。我们应该区分解释性和不解释性活动的第二个原因是指导每项活动的不同标准所固有的。解释法律、合同或抑制涉及不同的标准,而并非填补各自的空白。

---

[1] 见 *Responding to Imperfection: The Theory and Practice of Constitutional Amendment* 3 (S. Levinson ed., 1995)。

[2] A. Peczenik, *On Law and Reason* 388 (1989).

[3] 见 R. Pound, "Spurious Interpretation," 7 *Colum. L. Rev.* 379, 380 (1907)。

[4] H. Hart and A. Sachs, *The Legal Process: Basic Problems in the Making and Application of Law* 1375 (W. Eskridge and P. Frickey eds., 1994). 这就是契约和遗嘱的规则。法官必须尊重当事人的自主权。提到遗嘱的解释,马斯蒂尔勋爵在 *Charter Reinsurance Co. Ltd. v. Fagen* (1997) A.C. 313, 318 案中写道:"法院应该提醒自己……给词语强加一种它们无法公平理解的含义就是代替了法院认为本来可以更好地达成的交易。这是法院的非法角色。"

（二）确定解释范围之困难

要确定解释的范围并不容易。[1] 解释性活动和不解释性活动之间的界限是模糊的，取决于特定的法律传统和法律制度的文化背景。例如，普通法认为解决两个同位阶的规范之间的矛盾属于解释性活动，相反，解决不同位阶的规范之间的矛盾被认为是宪法或行政法的一部分，而不属于解释性活动。此外，有些法律原则既可以适用于解释性活动也可以适用于不解释性活动。例如，普通法在解释合同和填补合同空白上都可以适用诚信原则。法官们倾向于将自己的所有行为都视作解释性的，从而加剧了混乱。他们假定，通过这样做，可以享有解释赋予司法活动的合法性。法官有时会将不解释性的活动"塞进"解释性活动的范围内，从而模糊了给文本赋予意义和超越文本之间的区别。当立法禁止狗进入市政公园时，将这一禁令延伸到禁止狮子进入市政公园，就属于不解释性活动。赋予"狗"一词以狮子的含义，模糊了解释性活动和不解释性活动之间的区别，因为根据解释性活动，"狗"这个词不包括"狮子"，而根据不解释性活动，禁入市政公园的禁令可以扩大到狮子身上。更令人困惑的是，法官有时表现出相反的倾向，即通过将本质上是解释性的活动定性为不解释性活动来规避解释性规则。例如，在解释立法中出现的原则（如"道德"或"正义"）时，就会出现这种情况。有观点认为，将这些原则解读为不解释性活动，是因为原则应当受法律制度关于如何填补立法空白的一般规则的制约。但这种观点模糊了解释法律和填补法律空白之间的区别。

（三）语言与解释范围

那么，解释的范围到底是什么？特赖布说，由于解释体系的多样，只能说解释的范围是由解释过程的诚意所确定的。[2] 在他看来，并不存在额外的标准，

---

① 这是解释学中的一个普遍问题，而不是法律解释所独有的问题。见 E.D. Hirsch, Jr., *Validity in Interpretation* (1967); E.D. Hirsch, Jr., *The Aims of Interpretation* (1978); *The Politics of Interpretation*, (W.J.T. Mitchell ed., 1982); S. Fish, *Is There a Text in This Class? The Authority of Interpretive Communities* (1980)。

② 见 L. Tribe, *American Constitutional Law* 92 (3d ed. 2000)。

因为我们没有可以在各种解释体系中进行选择的标准。我承认解释体系有很多，其中大多数我不认为是非法的。当我声称大多数（如果不是全部的话）解释体系——除目的解释外——是不恰当的时，我并不是认为他们超出了解释的范围。在我看来，一个体系想要具有解释性——归属于法律解释的家族——那么它就必须遵守一个关键原则：解释是一种给法律文本赋予其语言（公共的或私人的）可以承载的意义的理性活动。对于解释体系来说，这一条件既必要又充分。解释过程的诚意以及其应用于法律界的方式——其存在本身就限制了解释性答案的性质——在特定的解释体系内部运作。它们没有界定解释的外部界限。事实上，我的立场是，文本的界限决定了法律解释的界限，而语言的界限又决定着文本的界限。如果一项活动以文本（公共或私人）语言为文本赋予与其本身（明示或暗示）含义相一致的意义的话，那么该活动就是解释性的。赋予文本超出其语义的意义不是解释行为，且这种行为必然会依靠不解释性的原则。在语言结束的地方，解释也随之结束。[1] 此外，解释可以赋予文本更广义或更狭义的意义，可能是语言天然具有的，也可能是创新性的。但是，我们必须强调，解释给文本赋予的意义，必然是其作为表达的语言所能够承载的。

解释者给法律文本赋予的每个意义都必须在文本语言中有一个阿基米德式的立足点。诚然，解释者并不是语言学家。但是，语言学确实发挥着为法律解释划定边界的作用。解释者无法为文本赋予一个语言学家无法给出的意义。法兰克福大法官也表达了同样的看法，他写道："虽然法院不再局限于语言，但他们仍然受其约束。"[2] 我承认语言并不是最重要的，我以语言开始，但并不以语言终结。然而，每一个解释过程都必须结束在语言的范围内。语言设定了解释的界限这一说法并不是关于解释学的。我并不是说对每一个文本的解释都必

---

[1] J. Steyn, "Interpretation: Legal Texts and Their Landscape," in *The Coming Together of the Common Law and the Civil Law* 73, 81 (B. Markesinis ed., 2000)："法官必须把注意力集中在文本能够表达的不同含义上。超出这一可能含义范围的东西是无法通过解释获得的结果。约束所有法官的机构诚信原则为法官设定了这些限制。"

[2] F. Frankfurter, "Some Reflections on the Reading of Statutes," 47 *Colum. L. Rev.* 527, 543 (1947).

须局限于文本的语言，在某些学科中，比如文学，解释者可能会为文本赋予其语言无法承载的意义。每个学科都要自己决定解释是否"合法"。解释学理论不需要这种或那种的解决方案。我所主张的语言限定了解释的范围，这是宪法的要求，我只是将其限制在法律文本上了。

根据三权分立原则，法官作为解释者的宪法角色是解释由授权者拟定的文本。作为翻译者，法官无权创造新文本。任何这样的权威都被限制在解释性规则之外了。法官无权为立遗嘱人订立遗嘱，而仅有权解释现存的遗嘱。遗嘱所使用的语言（公共的或私人的）为法官在解释遗嘱中所扮演的角色划定了界限。这一结论源于宪法的个人意志自治原则。订立遗嘱的法官必须将其权力建立在不解释性规则的基础上，例如允许法官通过承认立遗嘱人想要订立但由于错误而未能订立的遗嘱，来修改遗嘱中的错误。在解释合同时也是如此。赋予合同其无法承载的意义（以私人或公共的语言）将会侵犯合同当事人的自主权，并违反了法院作为现有文本的解释者而不是新文本作者的宪法角色。想要拟定新合同文本的法官必须将其活动建立在不解释性原则的基础上，如填补合同空白或修改合同。类似的方法也适用于对法律的解释。法官无权赋予法律其语言无法承受的意义。里德勋爵采取了这种立场，他认为：

> 这是一项适用于各种法律的基本原则，任何人不得以任何理由赋予一项法律规定以该条款的措辞无法合理承载的意义，除非条款本身具有不止一种意义，那么人们可以在这些意义中进行选择，否则就不能这么做。①

宪法基于对民主、法治以及权力分立的考量，禁止法官给法律赋予其语言无法承载的意义。正如哈特和萨克斯所言：

> 法院不应赋予法律的文字以它们所不承担的意义，这是法院履行尊

① Jones v. Director of Public Prosecutions [1962] A.C. 635, 662.

重立法机关的宪法地位和立法制度的宪法程序的义务的必然结果。[1]

立法机关使用特定的语言制定法律。这种语言为任何可能的解释划定了外部界限。民主立法机关使用特定的表达工具制定法律，这些表达工具必须被赋予意义，人们不能从其中解读出其不包含的内容。作为解释者的法官无权重新编写法律，他们必须解释立法机构所制定的法律。如果法官改变了法律文本——无论删减还是增添——他们都必须依靠不解释性的理论，比如填补法律空白的规则。

这些原则同样适用于宪法文本。宪法不是隐喻。分权、民主和法治作为宪法原则限制着解释者不能随意给宪法文本赋予他们想要的意义。诚然，宪法以经常出现含糊不清的术语和短语为特征，这些术语和短语可能有许多意味，就像可以朝不同方向打开的气阀。然而，语言仍能继续限制宪法文本。开放式语言的可塑性并不是无限的，即使是模糊的短语也有语义边界。宪法文本的语言划定了宪法解释的边界。宪法文本没有特殊的解释地位。宪法文本的语义与它的法律意义必然至少存在一种最低程度的语义联系。法律解释活动受制于文本的语言，文本语言结束的地方，法律解释也随之终止。

凯尔森恰当地将文本的语言比作图画的画框。[2]正如我们所注意到的，解释活动赋予了画框内的图画以意义，但它不能超出画框之外。[3]解释者不能通过解释得到一种在语义上不以文本的明示或暗示的语言为基础的意义，因为这必须要依靠不解释性学说才能得到。当遗嘱规定，在立遗嘱人去世后，他的财产归"我的妻子迪娜"，这时法官裁定迪娜是否有资格继承遗产的行为就是解释行为，尽管这对夫妇已经在遗嘱订立后、立遗嘱人死亡前的这段时间分居

---

[1]　H. Hart and A. Sachs, *The Legal Process: Basic Problems in the Making and Application of Law* 1375 (W. Eskridge and P. Frickey eds., 1994).

[2]　见 H. Kelsen, *Pure Theory of Law* 348 (Knight trans. from German, 2d ed. 1967)。

[3]　见 C.A. 6339/97, *Roker v. Solomon*, 55(1) P.D. 199, 283："我当然同意，在解释成文法（狭义上）时，人们只能使用其语言来实现立法的目的。语言必须能够实现目的……单词是一种交流的手段，使用它们的人必须赋予它们在所写语言中可接受的意义。"

了。但是，如果法官裁定遗嘱指定的继承人是南希（被继承人在与迪娜离婚后又与南希再婚）的话，那么法官将超出解释的范围。没有什么解释能将"给我的妻子迪娜"解读为"给我的妻子南希"。当然，如果立遗嘱人将其继承人指定为"我的妻子"，情况就会有所不同。在这种情况下，根据所使用的解释体系的不同，将会得出继承人是迪娜（立遗嘱时的妻子）或南希（被继承人死亡时的妻子）的不同结论。所有解释体系都必须尊重语言在建立框架方面所起的作用，法官作为解释者要受框架的约束。①

（四）文本的语言与结构

通过允许文本的语言为其解释划定边界，我们关注的不仅仅是文本表达出来的意思，我们还关注文本所暗示的意思。② 这种"隐含"的意思可以从单个条款或文本的结构及其全部条款中推断出来。③ 正如特赖布在提到美国宪法时所说的：

> 宪法的"结构"（借用维特根斯坦的著名区分）是文本显示但并未直接说明的。举例来说，用词、单词重复和文件组织形式（例如，将文本分为条款，或序言与修正案单独列名的地位）都有助于理解宪法的内容，显然宪法的措辞都是"宪法性的"。④

这段话适用于所有的法律文本。文本的语言不仅仅是可以在字典中查到的单词，文本的语言包括我们可以从文本中推断出的内容、结构、组织方式以及

---

① G.H. Taylor, "Structural Textualism," 75 B.U.L. Rev. 321, 325 (1995). 当然，法官可以运用不解释性的原则超越文本的语言。

② 关于隐含语言，见下文。又见 F.A.R. Bennion, *Statutory Interpretation* 14（3d ed. 1997）（区分语法意义和法律意义）。

③ 见 C. Sunstein, "Interpreting Statutes in the Regulatory State," 103 *Harv. L. Rev.* 405, 411 (1989); C.L. Black, *Structure and Relationship in Constitutional Law* (1969)。参见 M.O. Chibundu, "Structure and Structuralism in the Interpretation of Statutes," 62 *U. Cin. L. Rev.* 1439 (1994); A. Amar, "Intratextualism," 112 *Harv. L. Rev.* 747 (1999); A. Amar, "Foreword: The Document and the Doctrine," 114 *Harv. L. Rev.* 26 (2000)。

④ 见 L. Tribe, *American Constitutional Law* 40 (3d ed. 2000)。

不同条款之间的关系。特赖布写道:

> 宪法的文本不仅仅是文字,还包括空间,通常是以表述的方式排列出的那些空隙,不仅仅是边页周围的模糊空间,可以说,这些空间填充起了结构,且定义了结构。①

但是,连结构考量也不能跨越的语义边界是什么? 我们不应该将结构论证当作绿灯,向文本引入其本不包含的内容。有时,我们可以从文本的结构中判断出哪里存在缺陷或是空白。文本结构不能填补空白,因此我们需要依靠不解释性规则。结构论争不能超越文本的隐含的内容,隐含的意义与文本空白之间是存在区别的。通过分析文本的结构,我们可以提取出字里行间的内容,但不能为其添加内容。为此,我们需要不解释性学说。

(五)语言与"不解释"学说

在 20 世纪七八十年代,美国宪法学者发展出了一种解释理论,该理论允许给宪法中的语言赋予意义,而不需考虑其语义。在他们看来,宪法的语言只具有推定的约束力。布雷斯特教授支持"不解释主义"的观点②,即宪法文本是开放的,以至于其中没有什么能给解释划定界限。这种理论误解了即使是开放的文本也是有界限的。事实上,"不解释"技术在各个方面都是解释性的。正如格雷所言:"我们都是解释主义者,真正的争议不在于法官是否应坚持解释,而在于他们应该解释什么以及应采取什么样的解释态度。"③

语言为每一种解释技术都划定了边界和范围。任何解释都不能不受语言的

---

① 见 L. Tribe, *American Constitutional Law* 47 (3d ed. 2000), p.15。
② P. Brest, "The Misconceived Quest for the Original Understanding," 60 *B.U.L. Rev.* 204 (1980).
③ T. Grey, "The Constitution as Scripture," 37 *Stan. L. Rev.* 1 (1984). 一般归类为非解释性的理论在任何事实而非的意义上都是解释性的。G. Leedes, "Critique of Illegitimate Noninterpretivism," 8 *U. Dayton L. Rev.* 533(1982–83); L. Alexander, "Painting without Numbers: Noninterpretive Judicial Review," 8 *U. Dayton L. Rev.* 447 (1982–83).

语义限制。"不解释的解释技术"这一短语在措辞上是矛盾的。[①] 文本天然的约束力不是推定性的，而是强制性的。

（六）解释的附加限制：合理性

语言是限制解释的唯一决定因素吗？这是充分且必要的条件吗？文本的每个潜在的语义都同时也是解释意义吗？那么在众多意义中掷硬币来选择也属于解释行为吗？我们能说掷硬币是解释性的，即使它是一种笨拙且有缺陷的解释行为吗？这个问题很贴切。很多人会说笨拙且有缺陷的解释仍然是解释，即使其被特定的法律制度所禁止。另一些人则不同意这一观点，认为解释仅限于为了理解文本所付出的理性智力尝试。我同意第二种观点。解释过程中的理性活动与解释的结果之间是存在区别的。解释者在看待文本时必须调动自己的认知和智力。掷硬币不仅仅是笨拙且有缺陷的解释——它甚至根本就不是解释。我们不能将解释过程的规范性理解与解释的任意性相协调。

是否所有尝试解读文本的理性活动都属于法律解释？难道法律界的公约没有规定解释的范围吗？我们能不能说任何不被特定解释共同体所接受的解释体系都超出了解释的范围？在我看来，应当区分理论层面的解释研究（解释的理论本质）和特定法律体制下有法律效力的解释体系（特定解释体系的合法性）。当我说语言划定了解释的界限时，我指的是解释的本质，而不是法律系统下某种解释体系的合法性。法官即使适用了在他或她所处的法律制度下无效的解释体系，他或她所进行的依然是解释活动，尽管这种解释活动是非法的。

（七）语言有界限吗？

既然解释受到语言的限制，那么什么会限制语言呢？语义理论告诉我们，语言并不是精准的工具。汉德法官说"语言是有自己的脾气的"[②]，语言在每个

[①]　P. Hogg, "The Charter of Rights and American Theories of Interpretation," in *Canadian Perspectives of Legal Theory* 376 (R. Devlin ed., 1991)："非解释主义是无稽之谈。"

[②]　L. Hand, *The Spirit of Liberty* 173 (I. Dilliard ed., 3d ed., 1960).

听者的意识中并非保持着唯一的意义。正如霍姆斯大法官所言:"一个词语并不是透明且不变的水晶,它是一个活生生的思想的皮肤,根据环境和使用时间的不同而不同。"① 然而,语言的可塑性并不是无限的,它可能模糊,可能模棱两可,并且在不同的语境中表示不同的含义,但是语言也并不是能够承载解释者所希望的任何意义的。② 如果说语言能承受解释者所期望的任何意义,那么这个说法会自行崩溃。如果语言没有意义,那么语言没有意义的这种说法也是没有意义的。③ 正如斯卡利亚大法官在谈到文字时所说:"它们有足够的意义,这一点学术批评家们一定确信,因为他们选择用文字表达观点而不是用音乐。"④

生活经验告诉我们,人们可以相互沟通,人们可以相互理解。当法律规定限速每小时 55 英里时,它发出的指令通常是非常明确的。我们不会认为限速55 英里意味着议会选举受平等原则的约束。如果每个语境中的每条规范都是模棱两可的,那么无论是在社会上还是在法律上,人们都无法过正常的生活了。我们所使用的词语至少在某些时候传达着明确的信息。⑤ 事实上,信息并不总是清晰的,这并不意味着在任何情况下,语言都无法传达清晰的含义。如果一项法令禁止"车辆"进入公共公园,我可能不清楚没有轮子的福特是否是"车辆"。然而,我知道,有轮子的福特是"车辆",而它的司机不是。说语言没有界限是没有意义的,或者用汉普蒂·邓普蒂(Humpty Dumpty)的名言来说:

> "当我使用一个词时,"汉普蒂·邓普蒂用相当轻蔑的语气说,"它的意思正是我选择的,既不多也不少。""问题是,"爱丽丝说,"你能否让单词表达这么多不同的意思。""问题是,"汉普蒂·邓普蒂说,"哪个是主要的,仅此而已。"⑥

---

① *Towne v. Eisner*, 245 U.S. 418, 425 (1918).

② M. S. Moore, "The Semantics of Judging," 54 *S. Cal. L. Rev.* 151, 310 (1981).

③ H. Putnam, Reason, *Truth and History* 119 (1981).

④ A. Scalia, "Originalism: The Lesser Evil," 57 *Cin. L. Rev.* 849, 856 (1989).

⑤ F. Schauer, "Easy Cases," 58 *S. Cal. L. Rev.* 399, 408 (1985).

⑥ L. Carroll, *Alice's Adventures in Wonderland and Through the Looking Glass* 169 (Bantam Classic ed. 1981, quoted by Justice Cheshin in C.A. 6339/97, *supra* p. 20, note 54 at 254).

汉普蒂·邓普蒂可以随心所欲地使用单词，并自己编单词。但如果他想将语言作为交流手段，他必须根据词语在特定语言中被公认的含义来使用它们。哈特和萨克斯对于汉普蒂·邓普蒂的此番论述有这样的看法：

> 在胡说八道的世界里，他可能是对的。但在真实世界中，他错了。语言是一种社会制度。它的成功运作取决于人们对特定语境中所使用的特定语言符号的（被普遍接受的）反应。这些反应是社会事实。一个特定的语言使用者可能会玩弄语言，并给其中的特定符号赋予自己的私人含义。但他不能单方面改变所有人对于语言的反映这一社会事实。如果有可能的话，他仅能够在人们普遍理解并接受他当初为某个语言符号赋予的私人含义的情况下，影响公众对这一语言符号的反应。①

语言既不是有限的，也不是无限的。② 它可能包含一系列可能性，但这个范围是有限的。语言有最大限度和最小限度。③ 用切申法官的话来说，语言有界限，就像一个被拉扯得太过就会撕裂的包装袋。④ 解释者不能想为文本赋予什么意思就赋予什么意思。语言的界限决定了解释的界限。众多解释体系在语

---

① H. Hart and A. Sachs, *The Legal Process: Basic Problems in the Making and Application of Law* 1188 (W. Eskridge and P. Frickey eds., 1994).

② 美国法律文献中有一些关于"总统至少年满 35 岁"的宪法要求是否允许选举 24 岁的总统的争论。见 G. Spann, "Deconstructing the Legislative Veto," 68 Minn. L. Rev. 437, 532 (1984); G. Peller, "The Metaphysics of American Law," 73 *Cal. L. Rev.* 1151, 1174 (1985); M. Tushnet, "A Note on the Revival of Textualism in Constitutional Theory," 58 *S. Cal. L. Rev.* 683, 686; A. D'Amato, "Aspects of Deconstruction: The 'Easy Case' of the Under-Aged President," 84 *Nw. U. L. Rev.* 250 (1989); J. Soiker, S. Levinson, and J.M. Balkin, "Taking Text and Structure Really Seriously: Constitutional Interpretation and the Crisis of Presidential Eligibility," 74 *Tex. L. Rev.* 237 (1995); M.B.W. Sinclair, "Postmodern Argumentation: Deconstructing the Presidential Age Limitation," 43 *N.Y.L. Sch. L. Rev.* 451 (1999)。这场毫无意义的辩论令人遗憾。见 K. Hegland, "Goodbye to Deconstruction," 58 *S. Cal. L. Rev.* 1203, 1207 (1985); S. Levinson, "Law as Literature," 60 *Tex. L. Rev.* 373 (1982); D. Farber, "Statutory Interpretation and Legislative Supremacy," 78 *Geo. L.J.* 281, 288 (1989)。

③ M. Radin, "Statutory Interpretation," 43 *Harv. L. Rev.* 863, 866, 879 (1929–30).

④ C. A. 6339/97, Roker v. Solomon, 55 (1) P.D. 199, 283.

言的范围内运作，我们必须使用其中最好的那个。因此，我们拒绝允许解释者随意为文本赋予他或她想要的任何含义的自由"解释"体系。那些用虚无主义取代基本语言学原则和法理原则的体系是没有任何解释性的。

三、解释的基本问题

（一）文本的"形式"与"实质"的关系

为什么会有不同的解释体系存在？为什么文本的语义与其法律意义不一致？语言和文本作者的局限性 [①] 造成了解释的这些特征。文本的作者确立了一条一般规则，就其性质而言，该规则主要处理一些典型的情形。解释者必须决定如何将规则应用于特定实例。这种一般规则可以适用的情形总是比作者预期的更多，否则，他或她就需要单独列出每种具体的情形了。这是解释的挑战——确定一般规则在特定事实下的含义。正如亚里士多德所说：

> 法律具有普遍性，但在某些事情上，不可能得出一个普遍正确的标准。那么，在一些需要普遍性但不可能保证正确性的情况下，法律会采取普遍的做法作为规则，尽管法律并非不知道其中存在错误的可能。而法律依然是正确的，因为错误不在于法律，也不在于立法者，而是在于事物的性质，因为实践中的事物从一开始就有着这样的特性……因而当事物不明确时，规则也是不明确的。[②]

作为人类，我们依赖于解释。[③] 语言和作者的缺点使文本不可能在任何情

---

① 见 H. W. Jones, "Statutory Doubts and Legislative Intention," 40 *Colum. L. Rev.* 957, 961 (1940)。

② Aristotle, Ethica Nicomachea, bk. 5, ch. 10 (W.D. Ross trans., 1925).

③ H.L.A. Hart, *The Concept of Law* 128 (2d. ed. 1994). 哈特强调，语言具有开放的结构，应当赋予解释者自由裁量权。在解释自由裁量权的理由时，他说："这种自由裁量是必须的，因为我们是人，不是神。"

况下都表达相同的意思。这些缺点迫使解释者超越文本，去寻找理解文本的标准。为了理解文本，他们需要考虑文本的语境。① 不难看出，他们还需要找到文本的实质作为理解文本的手段。解释的基本问题——每种法律文本的解释学说的标志②——是文本与语境、文本与上下文之间、"形式"与"实质"之间③、言辞与意志之间④ 的恰当的关系。

有的学者认为，原始法律体系倾向于形式（语言，文本）而非实质，现代法律体系倾向于实质而非形式。⑤ 实际上，早期的法律体系很多时候会表达文本的实质，而不仅仅是表现形式（语言），现代体系也有强调形式（语言）而不注重实质的时候。⑥ 大多数关于解释的观点都介于这两点之间，试图在"形式"和"实质"之间取得适当的平衡。这种二分法不仅对解释理论来说十分重要，同时也存在于法律的其他领域中，并且从一开始就属于法律的一部分⑦："形式主义"或"文字主义"与"现实主义"或"实质主义"的区分；"形式"与"内容"区分；"形式正义"与"实质正义"区分。在进行解释的时候，我们是应该采取"形式主义"的方法，完全从文本内部推导意义，还是应该采取"现实主义——实质主义"的方法，在从文本内部推导意义的同时也从文本所处的语境及上下文中推导其意义——如果采取这种方法的话，如何确定应被纳入考虑范围的语境和上下文呢？主张"实质正义""实质"与"现实主义"的哲学观念通常会转

---

① 见 C. Sunstein, "Interpreting Statutes in the Regulatory State," 103 *Harv. L. Rev.* 405, 416 (1989)。[核心问题是，单词的意思（无论"平淡"与否）取决于语境和文化。]

② W. Blatt, "The History of Statutory Interpretation: A Study in Form and Substance," 6 Cardozo L. Rev. 799 (1985).

③ F.E. Horack, "Statutory Interpretation—Light from Plowden Reports," 19 *Ky. L.J.* 211 (1932).

④ J.F. Perrin, "Pour une Théorie d'Interprétation Judiciale des Lois," in *Les Règles d'Interprétation: Principes Communement Admis par les Jurisdictions* (J.F. Perrin ed., 1989).

⑤ 例如，罗马法律要求商人在执行有效交易时使用特定语言，而现代趋势是允许有效合同采取任何形式。

⑥ 根据犹太法律——最古老的法律体系之一，婚姻合同可以通过多种方式建立，包括通过书面合同、新郎给新娘至少一便士的物品或百年好合的承诺。参见 Babylonian Talmud, Tractate Kidushin [Marriage], ch. 1 (c. third to fifth centuries C. E.)。相反，现代欺诈法的理论要求某些合同具有书面形式才能有效。

⑦ 关于该问题的讨论，参见 R. Posner, *The Problems of Jurisprudence* (1990)。

化为一种侧重文本"实质"的解释体系，或是使这种精神贯穿其中。大多数的现代 ① 解释理论介于"形式"与"实质"两者之间，就像大多数哲学思想流派介于两者之间一样。在本书中，我不想简单地寻求文本的形式或实质，我想做的是找到一种理解文本形式的方法，并根据其实质来发展它。解释者不能只处理形式，因为脱离了实质，形式就失去了生命力。解释者也不能只处理实质，因为脱离了形式，实质就无法实现。解释者以文本的实质为指导，在文本的形式上展开工作。罗马法谚有言，"想要理解法律，不仅要掌握文字，还要掌握神圣的力量"（scire leges non hoc est verba earum tenere sed vim ac potestatem）。解释的基本问题是形式在多大程度上控制着实质，或相反实质在多大程度上控制着形式。要回答这个问题，必须先回答三个次级问题，下文详述。

（二）（主观）意图还是（客观）目标

第一个次级问题是：给形式赋予意义的实质是什么？是文本作者的主观意图还是作者理性上的客观目标？如果是后者，那么目标又是什么？我们是根据宪法制定者的意图，还是根据现代价值观来解释宪法？我们是根据立法者的意图，还是根据当代的需要来解释法律？我们是根据双方的共同意愿来解释合同，还是根据理性的目标？我们是根据立遗嘱人的意图，还是根据法律制度的（客观）价值观来解释遗嘱？一般来说，主观和客观的实质是重叠的，因此作者的内容和文本的客观目标指向相同的方向。然而，在主观意图和客观需要之间存在矛盾的罕见情况下，哪一种更为重要呢？我们如何在法律文本的实质层面解决这种分裂？是否有唯一的公式来决定哪种实质优先？这种优先顺序对每一个法律文本都具有同等效力吗？还是说主观实质与客观实质之间的关系因不同类型的文本而异或因不同的文本而异？哪些类型的文本是相关的？如果我们

① 有趣的是，布莱克斯通显然支持法律精神。参见 W. Blackstone, 1 *Commentaries on the Laws of England* 59 (3d ed. 1884)：" 当一项法律的措词含糊不清时，发现其真正含义的最普遍和最有效的方法是考察其理由和精神；或者是促使立法机关颁布它的原因。因为当这种理性停止时，法律本身也应当随之停止。" 另见 L. H. LaRue, "Statutory Interpretation: Lord Coke Revisited," 48 *U. Pitt. L. Rev.* 733 (1986–87)。

假设合同各方的共同意愿优先于合同的客观目的，那么我们是否必然得出一个
结论，即宪法缔造者的意图胜过当代社会公众的需求？如果我们说，结论不需
要在各个文本或各类文本之间保持一致，那么哪些规则适用于哪种情况，以及
什么能够合理化这些不一致？

（三）"真实"意图还是"表达"意图

第二个次级问题假设作者的意图与理解他或她创作的文本有关。问
题如下：文本作者的（主观）意图是他或她的"真实"意图吗（以及解
释者是否能够从什么渠道了解到这种意图）？还是说（主观）意图是作者
的"表达"意图，并且译者可以从法律文本本身中了解到？学术界在意志说
（Willenstheory）和表达说（Erklärungstheorie）的支持者之间存在分歧。真正
的意图是法律文本作者的心理上的、具有历史性的意图：宪法的缔造者、法律
的立法者、合同的当事人 [1]，以及遗嘱的立遗嘱人。意志说认为，在每一种情
况下，解释者都必须考虑文本作者的"真实"意图，可能是从文本本身了解到
的，也可能是从文本之外的来源中了解到的。这种意图可以通过文本实现。解
释者理解文本的语言是根据作者的"真实"意图来理解的，而不是仅通过阅读
文本来推断。问题不是阅读文本时获知的意图，而是文本作者（主观上）想要
通过文本传递的信息。当我们试图探寻的意图来自一个多成员机构，如制宪会
议或立法机构时，解读文本作者主观上想要传递的信息就变得更复杂了。

意志说的支持者为这些问题提供了各种各样的答案，我们将对此展开讨
论。相反，表达说的支持者则不关心法律文本中未表达出来的意图，而只关心
作者用文本语言表达出来的意图。问题不在于文本作者想要什么，而在于文本
写了什么：non quod voluit sed quod dixit。当然，表达说的支持者也必须面对作
者的意图在文本中不清楚的情况。解释者是否可以超越文本？如果可以的话，

---

[1]　见 A. Gordley, "Contract in Pre-Commercial Societies and in Western History," *Contracts in General: International Encyclopedia of Comparative Law* 30 (A. Van Mehren ed., 1997); D. Kennedy, "Form and Substance in Private Law Adjudication," 89 *Harv. L. Rev.* 1685 (1976)。

又是在什么情况下可以超越？大多数表达说的支持者会允许解释者参考相关法律文本，如同立法机构制定的法律。但是，表达说是否也允许解释者考虑立法和宪法历史？解释者什么时候可以考虑合同或遗嘱订立时的环境？此外，这两种理论都在语言的范围内运作，若采取（积极的）方法，则应该根据意图来解释语言，若采取（消极的）方法，则单词不应该被赋予它们在语言中无法承载的含义。但是，这些理论对于解释者可以采用的推断法律文本作者意图的来源存在分歧。一种理论允许解释者从任何来源推断意图，但使用可信度测试来限制来源的范围。另一种理论通常将解释者限制在文本的语言范围内，但允许解释者参考相关法律文本（如关于同一问题的法律）。在这两种理论之间存在一个中间地带，这表明了两种理论的差异。

（四）文本的客观目的

第三个次级问题涉及法律文本实质的客观方面。什么是文本的"客观实质"，如何确定它？解释法律文本所依据的价值、利益和客观目的是什么，解释者又如何确定它们？当宪法价值、利益和目的相互矛盾时，解释者会怎么做？法官根据什么价值来解释宪法？宪法价值观存在于宪法之外吗？当这些价值相互矛盾时会发生什么？解释法律、合同或遗嘱也会引起同样的问题。是否可以对这些价值、利益和目的作出假设？这些假设的地位如何，我们应该给予它们多大的权重？

四、法律解释体系

（一）法律解释体系的多样性

解释体系是法律的核心，在社会中占有重要地位，因此必然会有很多解释体系。法律史也是不同法律解释体系兴衰的历史。例如，我们了解到，[①] 在古

---

① 　见 J.H. Wigmore, *Evidence* § 2405 (Chadbourn Rev., 1981)。

代法律体系中，主要的理解重点是文本的语义，而不是其实质。随着法律制度的现代化，人们越来越重视文本规范的实质。最近，我们在美国看到了一种"新"趋势——"文本主义"解释方法的回归。19 世纪晚期，解释体系在发展中逐渐给予解释者更多自由，在这一背景下，欧洲为各种解释体系的兴衰提供了又一例证。那些推崇"自由法律研究"[①]的制度最终失宠。20 世纪 60 年代，"批判性法律研究"[②]在美国发展起来，几十年前已被接受或拒绝的东西又回归了。而钟摆并没有停下。那些有时被看作是新的或现代的解释体系，其实只不过是新瓶装旧酒，时间仿佛突然回流了，但潮流必然会再次过去。

在任何特定的时间和地点存在多种解释系统是很自然的。法律是人类创造的。人类环境的复杂性渗透在我们理解周围环境的方式中，包括我们理解法律文本的方式。此外，由于解释源于并反映了特定的法律制度，法律制度的多样性必然会导致解释体系的多样性。英美法系国家的解释体系不同于大陆法系国家的解释体系。[③]除此之外，每一种解释体系都反映了哲学上法律所扮演的角色，也反映了从宪法的角度看，法律文本（宪法、法律、合同和遗嘱）在法律制度中所扮演的角色以及法官在该法律制度中作为解释者所扮演的角色。解释体系反映了司法、立法、行政和该体系内个人意愿之间的相互关系。影响选择解释系统的其他因素包括法律制度中使用的证据制度以及该制度中形式与实质之间的关系。所有这些因素必然导致解释体系的多样性。尽管如此，在大多数情况下，所有解释体系和所有法律体系都会得出相同的解释结果。[④]只有在极少数情况下，解释体系的差异才会导致不同的解释结果。现在，我将介绍三种解释理论。紧接着，我将试图说服读者，目的解释是所有解释体系中最优的。

[①] 见 J. Stone, *The Province and Function of Law: Law as Logic, Justice, and Social Control—A Study in Jurisprudence* 158 (1961).

[②] M. Kelman, *A Guide to Critical Legal Studies* (1987); *Critical Legal Studies* (A.C. Hutchinson ed., 1989); *The Politics of Law: A Progressive Critique* (D. Kairys ed., 3d ed., 1998).

[③] 关于法定解释方法的比较调查，参见 D.N. MacCormick and R.S. Summers (eds.), Interpreting Statutes: A Comparative Study (1991); K. Zweigert and H. Kötz, Introduction to Comparative Law 400 (T. Weir trans., 3d ed. 1998).

[④] D. Farber, "Do Theories of Statutory Interpretation Matter? A Case Study," 94 *Nw. U. L. Rev.* 1409 (2000).

（二）主观法律解释体系

第一类解释体系是主观解释体系。根据这些体系，文本作者的心路历程（主观目的）赋予了法律文本意义。解释的目的是给文本赋予能够实现作者意图的意义。这些解释体系适用于所有法律文本。根据这些体系，解释者必须遵循与文本作者相同的路径，只不过是逆向而行。作者以意图开始，以语言结束。解释者以语言开始，以意图结束。规范的作者和解释者沿着相同的轨迹移动，但方向相反。主观解释体系试图给法律文本赋予与其被起草（extunc）时相同的意义，在解释时不会把客观存在的现实纳入考虑。时间的流逝不能改变作者的意图，它被固定在彼时彼刻。

（三）主观法律解释体系概述

主观解释体系有很多。区分它们的一种方法是通过它们描述主观意图的方式。一些人试图实现文本作者的具体（"法律"或"后果性"）意图、作者给语言赋予的（法律）意义，以及作者在解释者之前为法律问题设想的解决方案。其他人试图理解文本作者的抽象（"一般"）意图，即规范作者所期望的（一般）目的。第二个区别涉及法官为了了解文本作者的意图而可能使用的来源。有些理论认为法官只能从文本本身了解文本作者的意图。这是主观文意解释体系的极端版本，禁止法官超越文本的范围，以掌握文本作者的（历史）意图。[①] 其他理论认为，如果文本的作者的意图可以从文本本身推断出来，除非所得出的结果是荒谬的，否则解释者就不应该超越文本。[②] 作者之间的对话不应该超越文本。我们可以将这种体系称为主观文意体系的适中版本。这种适中的版本承认存在一种额外的情况，在这种情况下，解释者为了找到文本作者的意图可以超越文本：如果文本的语言模糊或模棱两可，解释者可以越过

---

① 相关文献如 Lord Wensleydale, in *Abbot v. Middleton*, 7 H. L. C. 68, 114 (1858)。

② 这是英国的黄金法则，不仅适用于解释法律，也适用于解释所有法律文本。见 Grey v. Pearson, 10 *E.R.* 1216, 1234 (1857)。在美国，这条规则被称为"普通词义规则"（plain meaning rule）。在欧洲大陆，它被称为"清晰的感觉"（sens clair）。

文本，以理解文本作者的意图。[1] 在相对应的极端理论中，我们找到了一个允许解释者从任何可信的来源了解文本作者的意图的综合的主观体系。这似乎是 [2] "法律程序"运动支持者的做法。当我们讨论文本的主观目的时，我们将讨论这种做法，这种做法是目的解释的组成部分。第三个区别与作者形成其主观意图的时间有关。作者的主观意图通常在拟定文本时形成，但有时我们也应当考虑作者意图的变化。例如，立遗嘱人的意图可能会在他或她立遗嘱时和死亡时之间发生变化。在（长期）合同的整个期限内，缔约各方的意图可能会发生变化。制定法律的时机更为复杂，我们可能需要同时考虑法律被制定时的立法机构的意图和当代立法机构的意图。问题是，多年来，那些使自己的意图变成立法意图的人已经发生了变化。主观解释体系必须面对这些问题。

（四）客观法律解释体系

第二类解释体系是客观解释体系。之所以说这些体系是客观的，是因为它们试图在不考虑文本作者意图的情况下理解文本的含义。它们的观点与前文所述主观体系截然不同，它们认为文本一旦完成，文本与其作者之间的联系就被切断了。作者已经完成了他或她任务，其意图不再具有帮助。文本是独立的，解释文本不应涉及对其作者意图的探究。作者的意图不构成法律文本的一部分，也不具有解释性地位。法官对文本的理解可能与作者不同。法官甚至可能比作者更了解文本。法官没有追溯文本作者的足迹，解释也不会重新思考过去所考虑的内容。相反，解释是针对尚未被思考的问题的全新思考。[3] 根据客观解释体系的学者们的说法，文本一旦写成，就应当走自己的路，就像枪口射出

---

[1]　这是英国、美国和欧洲大陆国家习惯的"损害规则"（mischief rule）。

[2]　怀疑源自其模棱两可的立场。见 Hart and Sachs, H. Hart and A. Sachs, *The Legal Process: Basic Problems in the Making and Application of Law* 1378 (W. Eskridge and P. Frickey eds., 1994)。目前尚不清楚他们的方法是主观的还是客观的。

[3]　这是拉德布赫勒的比喻，被哈约兹引用，见 M. Hayoz, 1 *Berner Kommentar* 137 (Vol. I, part 1, 1966)。

的子弹、弓射出的箭 ①，或是一艘起锚离港、扬帆驶向狂风暴雨的大海的船。②

（五）客观法律解释体系概述

客观解释体系有很多。有时，它们之间的差距大于客观体系和主观体系之间的差距。客观解释体系支持者的争论焦点是文本的客观含义，以及解释者应该如何确定它。根据其中一种体系的做法，解释的目的是赋予文本一种能够实现其作者意图的意义。然而，与"真"的主观体系相反，客观体系的解释者寻求的并不是文本作者的真实意图，而是作为一个理性人能够理解的意图。解释者用一种假设的意图来取代文本作者的真实意图，然后又将其归因于作者。英国黄金法则——同样适用于遗嘱、合同和法律——就是这样使用的。类似的原则也适用于美国的平义规则。这种方法看似主观，但实际上是客观化了作者的意图。③ 有人称这种方法为"旧文本主义"。

第二种客观体系通过忽略文本作者的意图抛弃了解释的内在方面，从而进一步远离了主观性。根据这种解释技术，文本的（客观）含义是一个一般理性读者在文本被起草的时代阅读文本时会将其归因于文本语言的含义。这种技术是"新文本主义"，它源于被称为原旨主义的体系。④ 根据新的文本主义，法官应根据文字被创作的时代，阅读文本的普通人所理解的普遍且自然的意义来解释文本。这种体系的支持者不惜超越文本的范围，愿意通过查阅涉及类似问题的典籍或文本的方式，来理解文本的普遍自然意义。

第三种客观体系认为文本的客观意义来源于文本想要实现的客观目的。这一目的可能存在于不同的抽象层面，其中最高的是实现法律制度基本价值的意

---

① Cowen, "Prolegomenon to a Restatement of the Principles of Statutory Interpretation," 1976 *T. S. A. R.* 131, 137.

② A. Aleinikoff, "Updating Statutory Interpretation," 87 *Mich. L. Rev.* 20 (1983).

③ 斯卡利亚正确地指出了这一点。见 A. Scalia, A Matter of Interpretation: *Federal Courts and the Law* 17 (1997)。

④ 关于这种方法的讨论，见本书后面的讨论。一些原旨主义者也是意旨主义者，他们要么坚持主观的解释体系，要么坚持旧的文本主义。然而，我们这里讨论的是原旨主义者，而不是意旨主义者。

图，正如在解释时所存在的那样。基于这种观点，法律制度的意志取代了文本作者的意志。由于这种观点属于目的解释的组成部分，因此我将在讨论文本的客观目的时，再详述我对这种观点的看法。

第四种客观体系否定任何对目的（客观或主观）的探索，并允许解释者给予语言他或她认为文本应该实现的意义。解释者既不是根据文本本身也不是根据作者的意图来确定这一意义，而是根据解释者自己对文本意义的理解来确定。解释者的主观性取代了作者的主观性。根据这类"自由"的方法，文本语言始终是模糊和模棱两可的；理解始终要依靠语境，但即使语境也是模糊和不明确的，语言也不会对解释者认识他或她自己的想法构成障碍。解释性规则并不约束法官，因为规则本身需要法官的解释。归根结底，法律变成了政治，不存在能指导法官的客观标准。自由解释认为任何试图呈现客观法律教义的行为都是在掩饰法官根据他或她的政治观点解读文本的现实。我将这种方法归类为客观的，因为它侧重于解释者的主观性，忽略了作者的主观意图，而作者的主观意图是主观解释体系的重点。

（六）主观-客观法律解释体系

第三类解释体系是一种中间类型：主观-客观解释体系。它们的统一特点是，每一种都以不同的方式结合了主观方面和客观方面，但从来没有试图综合或整合不同的原则。我们将讨论三个这样的非综合性体系。另一种类型是基于客观原则和主观原则的"复合"，由这些原则合成或整合出一个新的解释体系。我们将讨论其中两个综合性体系。

（七）非综合性主观-客观法律解释体系

主观-客观体系的运作是一个两阶段的程序，解释者从使用一种主观解释体系开始，如果从中产生了明确的解释，则解释过程结束，但如果由此产生的解释是模棱两可的，解释者就会转而使用一种客观解释体系。这种方法在大陆

法系 [①] 中很受欢迎，在普通法系的司法实践中也有浮现。例如，波斯纳的"想象性重构"就采用了这种方法，并且与这种两个阶段的解释程序有着共同的历史根源。[②] 根据波斯纳的说法，解释者必须根据作者的意图解释文本。解释者充当作者的代理人（"代理人模式"）。根据这种观点，法官解释法律文本就像下属必须解读上级官员的命令。下级必须按照上级的意志执行命令，但又由于通信系统的故障导致他们之间联系中断，不能向上级提问。然而，波斯纳也承认，这一解释标准并不能为所有情况提供足够的指导。通常，有关作者的意图的信息对解释者来说是不够的，有时作者的意图甚至是模棱两可的。由于这些或其他原因，在某些时刻，文本作者的意图不再能控制规范的含义，解释者必须进入解释程序的第二阶段。在这一阶段，法官应该赋予文本作者本想要为其赋予的意义，如果作者曾考虑过这一问题的话——换句话说，法官在此时为文本赋予的意义是一个理性的作者本应持有的意图。

在第二种主观-客观解释体系中，解释者解释文本是为了实现作者的（抽象）意图。然而，如果文本的作者希望文本具有客观意义，解释者必须切换到客观的解释体系中。这种解释方法的一部分支持者所依据的假设是，通常情况下，文本的作者期望客观的解释。那些想要反驳这一假设的人必须指出可信的历史来源，以表明文本作者希望他或她的（抽象）意图能够引导解释者。许多美国学者 [③] 将这种解释法进行改变，试图表明美国宪法的立宪者们希望宪法被赋予客观的意义。

帕尔曼教授提出了第三种解释立法的主观-客观方法。[④] 他的出发点是主观的，即解释者必须根据立法机关的意图解释法律。然而，解释者很难理解多年前颁布的法律的立法意图。此外，将法律的含义冻结在其过去的立法意图上会使法律变得静止，并有碍其为当代问题提供解决方案。根据帕尔曼的说法，法

---

① 见 K. Larenz, *Methodenlehre der Rechtswissenschaft* 192 (5th ed. 1983); K. Engisch, *Einführung in das Juristische Denken* 85 (7th ed. 1977)。

② W. Lehman, "How to Interpret a Difficult Statute," 1979 *Wis. L. Rev.* 489.

③ H.J. Powell, "The Original Understanding of Original Intent," 98 *Harv. L. Rev.* 885 (1985).

④ Ch. Perelman, *Legal Logic* 131 (1984).

律的含义随着时代的变化而变化。帕尔曼的解决方案是，让解释者根据立法机关的意图来解释法律，不是根据当时通过法律的立法机关的意图，而是根据解释者赋予文本意义时的现代立法机关的意图。帕尔曼写道：

> 法官只能猜测从前的立法机关真正想要的是什么，因为该立法机关已经无法对被归属于它的解读表达意义。这种做法可能只是给从前的立法机关虚构了一个意图，法官用它来掩饰自己对法律的个人解读，就好像它符合通过该法律的立法机关的意图一样。另一方面，当法官提到当代立法的意图时，他表达的是一种可以被检验的猜想，因为如果当代立法机构不同意这种猜想，它可以表达自己的意见，并创制一项法律来规定解释法律的方式。①

（八）综合性主观-客观法律解释体系

在综合性主观-客观解释体系中，解释者可以在主观（作者意图）和客观（理性作者的意图或体系的意图）之间自由移动，试图将两者结合起来。语用解释、德沃金的解释体系和目的解释都属于这一范畴。我们将在后面讨论这些体系。

五、解释性规则的优点与缺点

（一）解释的重要性与解释性规则

每个文本都需要解释。理解就是解释。我们只有在对法律文本进行解释后才能理解它。但解释的规则对法律有影响吗？我们能不能说法官在没有解释性

---

① Ch. Perelman, *Legal Logic* 131 (1984). *In France, Ballot-Beauque, President of the Cour de Cassation, takes a similar view.* 见 R. David, "Sources of Law," in 2 *International Encyclopedia of Comparative Law* 92 (Int'l Assoc. of Legal Science ed., 1984)。

规则的指导下，以自己的方式得出了关于文本意义的结论？解释性规则是否只是为法官在没有解释性规则的情况下得出的结论提供了一个掩护？解释性规则是否不是指导原则，而是正当性规则？

这种怀疑是没有道理的。解释性规则很重要。它们指导法官，引导法官进行解释工作，并教法官像法学家一样思考。它们是解决未决问题的关键。虽然解释性规则本身也需要被解释，但它们仍然是一种指导力量。的确，自由裁量权有时会在解释中发挥作用。事实上，没有司法自由裁量权，法官就无法解决任何需要解释的问题。① 然而，自由裁量权不会使解释性规则变得多余。司法自由裁量权在解释性规则的框架内运作，而不是存在于解释性规则之外。它反映的是法官所处的② 法律共同体的观点，这是法律共同体共享相同的解释法律文本的方法。

1. 解释性规则与法律共同体

我反对这样一种观点，即法律就是政治，解释活动只是政治活动，解释者根据自己的政治意愿行事，不受解释性规则的指导。③ 法律语言自有其指导人的行为的力量，如果没有，就不可能有社会生活。一个有组织、稳定的社会的存在和人们对法律规则的遵守表明，在绝大多数情况下，法律语言足够清晰，足以指导人们的行为。尽管价值观和原则多种多样，但不存在一座法律的巴别塔。对于如何平衡相互冲突的价值观，每个法律共同体都有自己的看法。如有疑问，指定机构将解决冲突。法律共同体的法律观点来源于其社会文化和法律传统，而解释法律文本的规则构成了这种文化和传统的一部分。如果这些规则

---

① R. Alexy, *A Theory of Legal Argumentation: The Theory of Discourse as Theory of Legal Justification* 4 (R. Adler and D.N. MacCormick trans., 1989).

② 见 O. Fiss, "Objectivity and Interpretation," 34 *Stan. L. Rev.* 739 (1981–82)。

③ 批判性法学研究的学者持这种观点。见 G. Peller, "The Metaphysics of American Law," 73 *Cal. L. Rev.* 1151 (1985); J.W. Singer, "The Player and the Cards: Nihilism and Legal Theory," 94 *Yale L.J.* 1 (1984). 值得注意的是，实证主义者凯尔森认为，虽然解释不能直接使解释者对单一的解决方案作出反应，但解释性规则创造了一个解释者不能偏离的框架。从这个角度来看，解释性规则发挥指导作用，而不仅仅是在"消极"方面。H. Kelsen, "On the Theory of Interpretation," 10 *Legal Stud.* 127 (1990).

足够强大，足以将一个法律共同体与其他法律共同体区分开来，那么它们就足以指导在法律共同体内部工作的解释者。[1] 然而，我们必须承认，这些规则并不能总是导向唯一的解决方案。司法自由裁量权是存在的，但它不会破坏法律解释的基础。相反，自由裁量权是法律解释的一部分。解释性规则对法律至关重要。在缺乏解释性规则的情况下，法官手中的法律文本就成了一把供其随意挥砍的斧子。法官的意图取代了文本作者的意图。文本失去了独立性，法理学沦为解释者的心理学或社会学练习。法律将变成自身的讽刺画。任何承认法律存在的人都必须承认法律规则的存在，这些规则约束着对法律文本的解释。

2. 解释与直觉

从经验上看，解释性规则显然十分重要。首先，作者通常在解释文本的规则的背景下创作文本，并知道法官将根据这些规则解释文本。在撰写宪法或法律，订立合同或遗嘱时，情况都是如此。虽然解释者有时确实通过直觉得出解释结论，但将整个解释过程仅仅视为直觉是错误的，原因有二：第一，在许多情况下，直觉根本不起作用；[2] 第二，解释者会检测其直觉的有效性。直觉必须是合理的。[3] 如果不加以控制，就会导致武断。我还没有见到哪位法官，认为直觉是司法活动的必要和充分的工具。每一位法官都试图挑战自己的直觉，[4] 如果直觉与解释性规则相悖，就会对直觉进行修改。[5]

解释性规则保证了解释者思维的合理性。它们划定了解释者不得跨越的认知界限。它们为法律思维引入了秩序。它们有助于对解释者的行为进行批判性评估。它们为法律辩论创造了可接受的渠道。借助解释性规则，律师尝试用适当的论据说服法官。如果没有解释性规则，律师在法官面前争论什么呢？他或她如何知道哪些论点能够或应当说服法官呢？解释性规则是一个法律共同体的辩论规

---

①   O. Fiss, "Conventionalism," 58 *S. Cal. L. Rev.* 177 (1985).

②   W. Parent, "Interpretation and Justification in Hard Cases," 15 *Ga. L. Rev.* 99 (1980–81).

③   R. Wasserstrom, *The Judicial Decision: Toward a Theory of Legal Justification* 22 (1961); H.J. Friendly, "Reactions of a Lawyer—Newly Become Judge," 71 *Yale L.J.* 218, 230 (1961–62).

④   I. Kaufman, "The Anatomy of Decisionmaking," 53 *Fordham L. Rev.* 1, 16 (1984–85).

⑤   W. Schaefer, "Precedent and Policy," 34 *U. Chi. L. Rev.* 3 (1966).

则。它们被认为是合适的论点的容器。有时它们甚至会影响法官使用的直觉。直觉是法官的性格、天性以及法律和司法世界观的产物，而司法世界观是教育、学习、思考、生活经验和历史传统的产物。法官的基本解释观念塑造了他或她的世界观。因此，解释性规则并不能简单地证明解释者在没有规则的情况下得出的结论是正确的。解释性规则是为解释者在复杂的法律世界中导航的指南针。①

3. 作为合法性规则的解释性规则

解释性规则除了具有实用价值外，还具有重要的理论功能。他们使解释活动合法化，即使"历史上"法官是基于直觉做出决定的。即使那些不同意解释结论的人也承认其合法性，因为司法判决是通过遵循已知并公认的规则作出的。根据公认的解释性规则解决争议似乎是合法的，即使对那些认为解释结论是错误的人来说也是如此。这种合法性对于解释不仅陈述法律而且创造法律的情况尤为重要。在这些情况下，人们总是担心司法机构会被指控侵入文本作者的领地。解释性规则通过使司法活动合法化来缓解这种担忧。解释性规则有助于保持法官的公信力。它们还保证了司法程序所必需的"客观性"。它们保证法官不会将自己的主观意见强加给公众。它们维护司法程序的独立性和自主权。解释性规则确保了法律的平等适用，不仅保证了司法部门的公信力，也保证了法律的公正适用。除此之外，解释性规则使二审法院更容易对解释进行批判，使解释者有义务参照其系统内的解释性规则解释其决定。解释性规则是法学家所说的语言，他们通过这种语言相互说服。解释性规则充当了法律共同体认为具有说服力的论点的容器，为法律带来了安全性和确定性。

为了忠于被解释的文本，解释者必须遵守解释性规则。法治和宪法至上原则取决于解释性规则的存在和适用。没有对国家和个人具有约束力的解释性规则，就没有法治国家和法治规则。如果每个人都可以按照自己的意愿随意解释宪法和法律，那么如何保证人们会遵守宪法和法律呢？遵守稳定的解释性规则体系对民主社会至关重要。

---

① 　D. Harris, "The Politics of Statutory Construction," (1985) *BYU L. Rev.* 745.

4. 作为法律发展工具的解释性规则

解释性规则对法律的发展也发挥着重要的辅助作用。[①] 法律规范适用于（未知的）未来，在法律和不断变化的社会现实之间造成了不可避免的差距。法律和社会之间的差距过大，会损害法律的公信力，也损害法律本身，同时这对社会公众来说也是一种伤害。立法机构是弥合这种差距的主要工具，但立法行动并不总是可行的或可取的。解释性规则与诚实信用等其他规则一起构成了法官发展法律的工具，从而弥合了法律与社会现实之间的差距。通过解释，法官给旧的法律规则拓展了广度和内容以适应当代需求。正如庞德教授所说，法律解释在法律发展中发挥着重要的作用。以"活的宪法"的比喻为例，现实生活的不断变化在旧宪法和当代需求之间造成了差距。解释可以在不修改宪法的情况下缩小这一差距。或以动态解释理论[②]为例，该理论认为，法律"总是在说话"[③]。法官对一项立法作出现代解释，以适应现代需要。该法律的语言没有改变，但其含义已经发生变化，使其能适应当代环境。一个典型的例子是非民主政权通过的法律，在政权更迭成民主政权后，民主制度下的法官根据民主价值观来解释法律，以缩小法律与社会之间的差距。理解文本的（客观的）目标将为法律体系注入新的基本原则。司法中也有类似的做法，法官使用解释性规则来解释合同法中的默认规则。[④] 不可抗力、弃权和误解等规则同样有助于法官将法律制度的基本价值观融入合同法中。正如阿蒂亚教授

[①] J. Raz, "On the Authority and Interpretation of Constitutions: Some Preliminaries," in L. Alexander (ed.), *Constitutionalism: Philosophical Foundations* 152, 177 (1998)（"法律解释也是法律发展、修改和改革的工具"）。

[②] W. Eskridge, *Dynamic Statutory Interpretation* (1994).

[③] 见 F.A.R. Bennion, *Statutory Interpretation* 14 (3d ed. 1997) p. 6; *Fitzpatrick v. Sterling Housing Association Ltd* [1999] 4 All E.R. 705, 711; *R. v. Hammersmith and Fulham London Borough Council, ex p. M* (1997) Times 19 February; *Victor Chandler International v. Customs and Excise Commissioners and Others* [2000] 2 All E.R. 315, 322。

[④] 见 Lord Denning, in Mitchell (George) (Chesterhall) Ltd. v. Finney Lock Seeds Ltd. [1983] 1 All E.R. 108, 113："面对这种强者对弱者的权力滥用，通过使用条件的小字，法官们尽其所能加以遏制。在他们面前仍然有'契约自由'这个偶像。他们仍然跪下来崇拜它，但他们在斗篷之下隐藏了一件秘密武器。他们过去常常在偶像背后捅刀子。这种武器被称为'契约的真正构造'。他们巧妙地运用了它。"

所说：

> 到目前为止，解释已经成为解决合同法中几乎所有问题的最流行的技术，这种技术不依赖于成文法的坚定规则，例如能力、违法性和对价要求。[1]

刘易斯将这种现象称为操纵。[2] 然而，这是一种解释性的操纵，使解释者能够改进法律并弥合法律与社会需求之间的差距。没有理由忽视它，这是一种自然现象。法律必须稳定，但不能停滞不前。[3] 变革是必要的，而解释是实现这一目标的合法且关键的工具。

（二）对解释的批判

学者们最近对法律解释产生了新的兴趣。过去，特别是在英美法律文献中，普遍的看法是解释作为一个研究主题已经过时了。威尔伯福斯勋爵称解释为"非主题"[4]。有人说，关于解释已经没有好讲的了，甚至不值得进行科学讨论。[5] 那些对解释持仁慈态度的人称其为一种艺术，需要感知而不是理解，通过感觉而不是根据规则来实施。从这一观点来看，解释性规则不是法律规则，而只是对解释者的建议。

这种解释观点得到发展有多种原因。在哲学层面上，那些认为解释性规则不重要的法律理论开始发挥影响。例如，实证主义者凯尔森和现实主义者格

---

[1]　P.S. Atiyah, *Essays on Contract* 267 (1988).

[2]　K. Lewison, *The Interpretation of Contracts* 21 (2d ed. 1997).

[3]　R. Pound, *Interpretations of Legal History* 1 (1923). ("法律必须稳定，但又不能停滞不前。因此，所有关于法律的思考都在努力调和稳定的需要和变革的需要这两种相互冲突的需求。")

[4]　274 H.L. Deb. Ser. 5 Col. 1294, 16 November 1968. 在几年后的一次演讲中，威尔伯福斯勋爵解释了他的评论是什么意思："它实际上是关于生活和人性本身的——太广泛、太深刻、太多样化了，无法用任何理论来概括，也无法真正教授。" *Symposium on Statutory Interpretation* 6 (Attorney General's Department ed., 1983).

[5]　R. Weisberg, "The Calabresian Judicial Artist: Statutes and the New Legal Process," 35 Stan. L. Rev. 213 (1982–83).

雷① 都认为，在意义之间进行选择的解释原则与法律并无关系。批判性法律研究运动批判解释性方法，美化不解释性的法律观点。实用主义者认为，解释性规则并不能引导解释者得出唯一的结论，而且每个问题都受制于相互冲突的解释性规则。卢埃林教授表示："几乎每一点上都有两个对立的准则。"② 根据这种观点，解释性规则是无效且毫无意义的，最多可以证明法官自己得出的结论是合理的（"正当性规则"）。

这种批评有一定的价值。大陆法系③ 和英美法系的解释领域都缺乏明确性。人们会觉得，这两个法系都无法建构起一个恰当的解释概念。④ 戈特利布教授说得好：

> 法律解释的历史记录了欧洲大陆和盎格鲁-撒克逊国家对法律和法律语言的性质的接连不断的误解，且这些误解远没有结束。⑤

谈到 20 世纪 50 年代美国的法定解释，哈特和萨克斯指出："一个残酷的事实是，美国法院并没有明白易懂的，且能被普遍接受并一贯适用的法定解释理论。"⑥ 解释理论在宪法领域尤其混乱。在这个问题上，美国最高法院分成两派，一派认为立宪者的意图或原始意图是解释美国宪法的基础，另一派则认为应该根据社会的现代需要解释宪法。这种分歧似乎无法弥合。

即使在合同和遗嘱的解释中，也没有明确的解释理论。例如，英国法律要

---

① J. Gray, *The Nature and Sources of the Law* 170 (3d ed. 1921).

② Llewellyn, "Remarks on the Theory of Appellate Decision and the Rules or Canons about How Statutes Are to be Construed," 3 Vand. L. Rev. 395, 401 (1950).

③ 见 P.O. Ekelof, "Teleological Construction of Statutes," 2 Scandinavian Studies in Law 75, 78 (1958); K. Zweigert and H.J. Puttfarken, "Statutory Interpretation—Civilian Style," 44 Tul. L. Rev. 704, 714 (1969–70)。

④ J. Witherspoon, "Administrative Discretion to Determine Statutory Meaning: The Low Road," 38 Tex. L. Rev. 392, 397 (1959–60).

⑤ G. Gottlieb, The Logic of Choice 91 (1968).

⑥ H. Hart and A. Sachs, *The Legal Process: Basic Problems in the Making and Application of Law* 1168 (W. Eskridge and P. Frickey eds., 1994).

求对合同进行"客观"解释。问题不是合同双方主观上想要什么，而是一个理性的读者如何理解他们的（客观）意图。[1] 相反，大陆法倾向于在解释合同时尊重主观意图。[2] 美国法律采用客观和主观两种解释方法。[3]

没有哪个系统试图建立一个可以适用于所有法律文本的一般解释理论。尽管多年来一直在从事解释工作，但我们其实对此知之甚少。这在一定程度上是因为解读被视为一种"艺术"，需要被感知。此外，学者们倾向于关注每种情况的特殊性，这使得他们感觉到每个解释问题都是独立的，且解释性规则是不重要的。这方面知识的缺乏也因为解释体系数量太多，以及人们对它们无法建立起在任何情况下都能提供明确答案的规则的失望。普通法的判例技术也发挥了一定的作用，因为它偏离了抽象，并被陷入了诡辩，阻碍了一般解释理论的发展。[4] 对语言哲学及其教导的无知也导致了法律解释的黯淡局面。卢埃林关于解释性规则无用性的理论是完全基于形式和技术规则的解释系统的自然产物，这些规则有时内在矛盾，无法帮助解释者解决问题。

（三）复兴解释的必要性

这种黯淡的局面何时才能离我们远去？与其失望地举手投降，我们应该重新考虑解释及其在社会中的作用。我们应该复兴而不是放弃解释。事实上，在过去的几十年里，学者们重新燃起了对解释的兴趣，以至于今天，他们认识到了解释在法律中的核心作用。许多因素能够解释这一发展。

首先，一般解释学的兴起，激发了人们对文学、宗教和人类创造的其他分

---

[1] *Reardon-Smith Line Ltd. v. Hansen-Tangen* [1976] 3 All E.R. 570; McCutcheon v. David MacBrayne Ltd. [1964] 1 W.L.R. 125.

[2] 见拿破仑法典第 1156 节，德国民法典第 133 节，意大利民法第 1362 节，魁北克法典第 1425 节。

[3] *Restatement (Second) of Contracts* § 201 (1981)（基于主观的方法）。然而，判例法中有明确的客观方法的迹象。 见 C. Goetz and R. Scott, "The Limits of Expanded Choice: An Analysis of the Interactions Between Express and Implied Contract Terms," 73 Cal. L. Rev. 261, 306 (1985)。

[4] F. Pollock, *Essays in Jurisprudence and Ethics* 85 (1882).

支 ① （包括法律）的解释的兴趣。理论家们开始思考，一般诠释学哲学是否能够产生对法律解释有用的规则。随着一般诠释学的发展，法律诠释学也随之兴起。此外，近年来，学者们复兴了语义理论，提高了我们对法理学及其与语义理论的联系的理解。这些发展直接影响了解释，解释的基础是语义理论。

其次，如果不对解释给予一定的关注，就无法理解某些法律理论的最新发展。德沃金的理论和批判性法律研究就是突出的例子。德沃金认为，法律只是一个解释过程，要理解法律，就必须理解解释。因此，解释性规则将解释者引向体系中出现的唯一法律解决方案。相反，批判性法律研究认为，法律是政治，解释性规则并不构成指导法官的客观规则。这些方法在如何正确处理解释方面存在冲突，但围绕着每一种方法的争论都增强了人们对解释及其规则的兴趣。

第三，"法官造法"越来越为人们所理解。人们不再相信法官宣布法律而不是创造法律——这个想法被认为是"幼稚"和不切实际的。② 许多人承认甚至鼓励司法活动的创造力。③ 尽管如此，法学家也认为有必要限制法官造法，以保留解释现有文本和创造新文本之间的界限。因为解释性规则保留了这一界限，所以人们重新对其燃起了兴趣。

第四，第二次世界大战、去殖民化运动以及后来的苏联解体之后政治制度的建立或重建，重新激起了人们对宪法、宪法在社会中的作用，特别是宪法如何保护人权的兴趣。人们现在想知道如何解释宪法，以及如何确保对法律合宪性的司法审查不会成为宪法法官的独裁统治。如何理解解释性规则——适用于宪法和法律的解释性规则——现在已经成为最重要的问题。同样，自第二次世

---

① D. Bell, "The Turn to Interpretation: An Introduction," 51 *Partisan Review* 215 (1984).

② L. Reid, "The Judge as Law Maker," 12 *J. Soc'y Pub. Teachs. L* 22 (1972); B. Laskin, "The Role and Function of Final Appellate Courts: The Supreme Court of Canada," 53 *Can. Bar. Rev.* 469 (1975); A. Lester, "English Judges as Law Makers," (1993) *Public Law* 269; T. Bingham, *The Business of Judging: Selected Essays and Speeches* 25 (2000).

③ G. Calabresi, *A Common Law for the Age of Statutes* (1982).

界大战以来，人们对一般私法，特别是合同法的标准化的兴趣不断增加。① 对解释性规则进行标准化的尝试是这一努力的一部分，欧洲共同体法律的日益强大和全球化的胜利② 更强化了这一趋势。这些因素和其他因素有助于复兴解释，并培养人们对解释研究的兴趣。

（四）对正确解释理论的需求

学术界对解释重新燃起兴趣，许多反对的文章也随之而来，然而，其中却很少有人试图构建一个一般性的理论。③ 大多数著作讨论的都是对宪法和法律的解释，而不是对合同和遗嘱的解释。一般解释学理论在很大程度上影响了这些论文。各国法院也开始对解释理论给予特别的关注。结果是针对解释的具体方面涌现了大量的文献，但在总体问题上没有明显的进展。我们仍然缺乏一个足以适用于所有法律文本（宪法、法律、合同和遗嘱）的通用理论，但该理论又足够灵活，能够区分不同的文本，以便对其进行解释。这项任务可行吗？整个法律文本中的统一元素是否强大到足以构建一个通用的解释理论？统一的理论是否允许每个法律文本的独立表达？我的回答是肯定的。我们需要一种不基于矛盾和对立规则的解释理论。我们需要一种解释理论，一方面能够反映解释过程复杂性的理论，另一方面能反映解释理论在日常生活中的运作。我们需要原则而不是规则，需要推定而不是强制性法律。我们需要更好地理解语义理论和上下文中的文本。法律的目的解释——本书的基础——试图将所有这些考虑在内。

---

① 见欧洲合同法原则提案。关于该提案及其解释，见 O. Lando and H. Beale, *Principles of European Contract Law* (2000)。

② W. Twining, *Globalisation and Legal Theory* (2000).

③ 贝蒂对构建一般理论的尝试做出了宝贵贡献。E. Betti, *Teoria Generale della Interpretazione* (1955); E. Betti, "On a General Theory of Interpretation: The *Raison d'Etre* of Hermeneutics," 32 *Am. J. of Jur.* 245 (1987); G. Wright, "On a General Theory of Interpretation: The Betti-Gadamer Dispute in Legal Hermeneutics," 32 *Am. J. of Jur.* 191 (1987).

六、解释性规则的地位和来源

（一）法律规则

　　根据一些法律文献，解释性规则只不过是给解释者的建议。[①] 这类观点从根本上就是错误的。解释性规则是解释者必须遵守的法律体系的一部分。它们不仅仅是选项，正如哈特教授所说，它们是次要规则。事实上，它们有时需要一些艺术性或技巧，并且总是需要敏感性、理解力和经验，但这并不会减损它们的法律约束力。解释是特定社会中社会结构、社会稳定和权力分配的核心。它是每一个法律体系正在运行的法理的一部分，也是宪法的核心组成部分。解释性规则是法律的法律。它们构成了系统规则的"一般组成部分"。它们的法理特征赋予了它们世界性的特质，但每个法律体系都有自己的"地方性"解释性规则。制定解释性规则必须考虑到诸如民主、分权和法治等宪法因素。制定解释性规则的人必须考虑这些因素，以确保解释手段不是个人的，而是制度性的，并且解释系统不是情理问题，而是法律问题。[②]

（二）解释性规则的法律性质的影响

　　解释性规则的法律性质至少引向三个实践性结论。首先，解释性规则本身需要被解释。即使是以文本为基础的解释性规范也必须被解释。[③] 有时，被解释文本的不确定性在较小程度上反映了解释的不确定性。正如哈特教授所说：

[①]　Simlar, "Contracts et Obligations: Interpretation des Contracts," In *Juris Classeur*, Art 1156a, 1164 (1984); F.E. Horack, "The Disintegration of Statutory Construction," 24 *Ind. L.J.* 335, 337, 349 (1948–49).

[②]　Q. Johnstone, "An Evaluation of the Rules of Statutory Interpretation," 3 *U. Kan. L. Rev.* 1, 5 (1954–55).

[③]　S. Fish, *Doing What Comes Naturally* 126 (1989); S. Fish, "Fish v. Fiss," 36 *Stan. L. Rev.* 1325 (1984).

"解释"的规则不能消除这些不确定性,但它们可以减少这些不确定性,因为这些规则本身就是语言的一般使用规则,并使用了本身就需要解释的一般术语。它们不能像其他规则一样规定如何解释自己。[1]

第二,与其他法律规则一样,解释性规则实际上既有原则又有规则。大多数解释性法律是原则而不是规则。[2] 作为原则,解释性规范并不会为它们适用的每种情况提供详细信息。同样,作为原则,即使与其他解释性规范相抵触,解释性规范也不会失效。许多原则通过法律推定来表达自己。在特定的情况下,法律推定会被适用,其中一些推定是矛盾的。法官通过权衡每个推定背后的价值来解决这一矛盾。当然,每个解释体系都有一些基本的规则。例如,禁止赋予法律文本的语言其无法承受的意义是一项"规则",而不是"原则",正如那句格言所说,应当根据法律文本的目的来对文本进行解释,这种目的具有主观和客观两方面。解释性规则中"规则"和"原则"的结合,在保证安全性、稳定性和确定性的同时也表达了每个文本的独特性,并弥合了法律和社会之间的鸿沟。

第三,解释性规则是一个法律问题,而不是事实问题,因为它是实体法的一部分,所以它受制于法律制度的遵循先例原则。因此,下级法院受最高法院关于解释性规则的裁决的约束。

(三)解释的强制规则和默认规则

大多数解释性规则都是默认规则。就文本的作者可以自由决定其内容而言,他或她也可以自由设定解释自己文本内容的规则。因此,宪法可以为自己

---

[1] S. Fish, Doing What Comes Naturally 126 (1989); S. Fish, "Fish v. Fiss," 36 *Stan. L. Rev.* 1325 (1984).

[2] 下面讨论了这一区别,见 R. Dworkin, *Taking Rights Seriously* 22 (1977); M. Bayles, *Principles of Law: A Normative Analysis* 11 (1987); K. Sullivan, "Foreword: The Justices of Rules and Standards," 106 *Harv. L. Rev.* 22 (1992)。关于对这一区别的评论,见 A. Marmor, *Positive Law and Objective Values* 81 (2001)。

制定解释性规则。然而，宪法至上原则禁止法律制定如何解释宪法的规则。[①]
立法机关可以制定解释法律的规则，只要这些规定不与宪法相冲突。例如，一
项法定条款规定，包含该条款在内的任何其他条款的法律，根据总统、立法机
关、立法委员会或任何其他实体的特定人员或权力机构所进行的解释，都是违
宪，违反了三权分立原则。根据该原则，法院有权进行解释。根据这些原则，
合同各方当事人可以制定自己的合同解释性规则，立遗嘱人可以自由制定自己
的遗嘱解释性规则。当文本的作者不能自由地决定文本的内容时，比如在受制
于强制性规则（宪法或其他）的情况下，他或她可能无法通过制定自己的解释
性规则来绕过禁令。[②] 此外，偏离普通解释性规则的解释性规则本身仍将根据
这些普通解释性规则进行解释。[③] 例如，一项合同条款规定，合同应仅根据一
方当事人的意图进行解释，但其本身必须根据双方当事人的意图来解释，因为
只有合意才能成为双方当事人制定的特殊解释性规则的基础。人们必须始终在
文本之外寻找阿基米德式的立足点，以解释文本。

（四）解释性规则的法律渊源

解释性规则的法律来源与其他法律相同：宪法、法律、先例、判例法、习
惯和私人意志自治。宪法一般不包含解释性法律。每个法律体系的立法都包
含解释性法律。大多数民法典都包含如何解释法律[④]、合同[⑤]和遗嘱[⑥]的说明。
在受益格鲁-撒克逊法律管辖的国家，立法通常包括定义术语而不定义术语意
义的一般原则的法律（解释法案）。这些法律与解释性规则无关，而是与解释
结果有关。当然，解释性规则本身必须被解释，有时解释性法律确实包含解释

---

① 因此，像以色列 1981 年《解释法》那样的解释法律不能适用于宪法解释。
② N.Q. Rosenkranz, "Federal Rules of Statutory Interpretation," 115 *Harv. L. Rev.* 2085 (2002).
③ D. Charny, "Hypothetical Bargains: The Normative Structure of Contract Interpretation," 89 *Mich. L. Rev.* 1815, 1819 (1991).
④ 例见意大利民法典第 12 节，奥地利民法第 6 节，智利民法典第 19 节。
⑤ 见法国民法典第 1156—1164 节，意大利民法典第 1362—1371 节，德国民法典第 133 和 157 节。
⑥ 见德国民法典第 2064—2086 节，法国民法典第 908 节和第 1022 节。

性规则（超出了以结果为导向的术语定义）。① 然而，在大多数法律制度中，无论是大陆法系还是普通法系，判例法都是解释性规则的主要来源。有些制度会更偏向由立法机关来制定法定解释性规则，我对这种做法是否明智表示怀疑。经验表明，制定解释性规则的法律对法官实际解读法律文本的方式几乎没有影响，在大多数情况下，因为指导规范过于笼统，以至于并无实用。只有在特殊情况下，法定条款才能规制解释，比如，在解决是否应使用立法历史来解释法律的深层解释分歧的时候。

（五）解释与裁判

我们所有人无时无刻都在进行解释工作。② 个人和国家根据他们（有意或无意的）对法律文本的解释来处理他们的事务。我们生活在一个规范的世界中，在这个世界中，我们的每一项行动都是根据我们对世界的理解而被概念化的。这种理解的意思就是——解释。解释并不是裁判所独有的。每个人、每个实体——国家和个人都在进行解释。然而，司法解释具有特殊性，因为它不仅对当事人具有法律约束力，而且通过遵循先例原则，对整个公众具有法律约束力。在创建规范性文本时，作者授权法官对文本进行有约束力的解释。法院的典型职责是为提交给它的纠纷作出裁决。法院必须查明事实，确定自己在法律上的立场，并根据事实适用法律。确定法律是一项需要对法律进行解释的附带活动。因此，解释是一项对判断至关重要的附带活动。法庭不能在没有解释的情况下作出裁判。事实上，根据三权分立原则，解释是宪法赋予法院的责任。③ 任何剥夺法院解释权的企图都将违反三权分立原则。因此，那些授权法

---

① 见新西兰1924年《解释法》第5节，澳大利亚1901年《解释法》第15AB（3）节，加拿大1967—68年《解释法》第10节和第11节。

② 有些人对每个人都可以做的解释和只有法官才能做的解释进行区分，是为了使法官的决定具有约束力。参见 P.M. Tiersma, "The Ambiguity of Interpretation: Distinguishing Interpretation from Construction," 73 *Wash. U. L.Q.* 1095 (1995)。我不做这种区分，我也不区分这两个表达。

③ 这种方法来源于马伯里诉麦迪逊案，见 Marbury v. Madison, 5 *U.S.* (1 Cranch) 137, 177 (1803)（"明确地说，法律是什么是司法部门的职权和职责。"）。

院以外的任何实体来解释法律的法令都是违宪的。此外，法院不应优先考虑制宪会议对宪法的解释，立法机构对宪法 ① 或法律 ② 的解释，或者在行政事务中行政部门的解释，它们的解释权来源于那些必须解释的法律。③ 在每一个具体的此类情况下，法院必须要问的问题不是立法者、立法机构或行政机构的解释是否是合理的或被许可的，而是它们是否是法院作出的解释。

法院对解释没有垄断权。法院对文本进行解释，但政府的其他部门和个人也是如此。然而，正如我们所指出的，司法解释的独特之处在于它具有约束力。例如，行政部门不能拒绝遵守最高法院对宪法或法律规定的解释，辩称其认为该解释是错误的。

尽管如此，在法院尚未作出裁决的领域，或在其他政府部门给出的解释与法院的解释不同，但在两者并不矛盾的情况下——例如，通过提供比最高法院的解释所要求的更大的个人权利保护——政府的其他部门可以根据自己的解释行事。然而，在一个法律体系中，政府的各个不同部门都采用自己的解释体系是不合适的。任何法律体系都应该有一套唯一的解释体系，所有政府部门和所有个人都应遵守该体系。出于对原则的考虑，法院的解释必须具有约束力，以

---

① 这个问题在美国法律中远远没有得到解决。文献广泛而全面。最新的研究，参见 S. Gant, "Judicial Supremacy and Nonjudicial Interpretation of the Constitution," 24 *Hastings Const. L.Q.* 359 (1997); L. Alexander and F. Schauer, "On Extrajudicial Constitutional Interpretation," 110 *Harv. L. Rev.* 1359 (1997); A. Ides, "Judicial Supremacy and the Law of the Constitution," 47 *UCLA L. Rev.* 491 (1999); E. Hartnett, "A Matter of Judgment, Not a Matter of Opinion," 74 *NYU L. Rev.* 123 (1999); N. Katyal, "Legislative Constitutional Interpretation," 50 *Duke L.J.* 1335 (2001); T. Merrill and K. Hickman, "Chevron's Domain," 89 *Geo. L.J.* 833 (2001); K. Whittington, "Extrajudicial Constitutional Interpretation: Three Objections and Responses," 80 *N.C. L. Rev.* 773 (2002)。

② W. Popkin, "Foreword: Nonjudicial Statutory Interpretation," 66 *Chi. Kent L. Rev.* 301 (1990).

③ *Black-Clawson International Ltd. v. Papierwerke Waldhof-Aschaffenberg A.G.* [1975] 1 All E.R. 810, 828; *Director of Investigation and Research (Competition) v. Southam Inc* [1997] 1 S.C.R. 748; J. Corry, "Administrative Law and the Interpretation of Statutes," 1 U. *Toronto L.J.* 286 (1936). 在美国方法是不同的，见 *Chevron U.S.A. v. Natural Resources Defense Council*, 467 U.S. 837 (1984)。*Extensive literature has developed around the Chevron doctrine.* 见 K.C. Davis and R.J. Pierce, 1 *Administrative Law Treatise* 109 (3d ed., 1994); C. Sunstein, "Law and Administration After *Chevron*," 90 *Colum. L. Rev.* 2071 (1990); T. Merrill, "Judicial Deference to Executive Precedent," 101 *Yale L.J.* 969 (1992); R.J. Pierce, " *Chevron* and Its Aftermath: Judicial Review of Agency Interpretation of Statutory Provisions," 41 *Va. L. Rev.* 301 (1988)。

维护立法至高无上的地位以及价值和原则，特别是人权的至高无上的地位。因为法官与政治家的职责不同，他们可以表达法律体系的基本价值观，其中的核心是人权。出于实用性的考虑，法院的解释必须具有约束力，以避免对系统造成破坏。每个人都是解释者，但法官是最终的授权解释者。因此，本书将重点放在作为解释者的法官身上。然而，请注意，关于法官作为解释者的所有论述都适用于每一位公众和每一个政府部门，因为解释思维必须是一致的。并不是说所有人都必须同意司法解释。相反，法官会犯错误，而且在任何情况下，在特定的解释体系内，对于规则在特定情况下的适用可能存在分歧。我们正在努力就解释体系达成一致，而不是就解释结果达成一致。

（六）司法解释：陈述法律与创造法律

法律学界对司法解释过程的创造性，特别是在法定解释领域，有着广泛的见解。光谱一端的观点认为，通过解释，法官只是在重复法律的语言。用孟德斯鸠的话来说，法官是立法者的"嘴"。[1] 司法解释并没有创造新的规范，它只是在陈述系统中已经存在的内容。这就是"留声机理论"[2]，用拉丁语格言说就是，解释必须从法律规范中提取出指令的含义，而不是将其插入（sensus est efferendus non inferendus）。根据这一理论，合法的解释需要司法服从，即使是"深思熟虑的服从"[3]。解释关注的是"揭开"隐藏在文本中的意义。

光谱上另一端的观点认为所有的解释都是在创造[4]或立法。文本的含义取决于解释者赋予它的含义。解释者掌握着权力。格雷教授引用霍德利主教的话说："谁拥有绝对的权威来解释任何⋯⋯律法，谁才是真正的法律制定者⋯⋯而不是那些最初写下⋯⋯法律的人。"[5] 拉德布鲁赫用两种不同的说法表达了这

---

[1]　C. Montesquieu, *The Spirit of the Laws* 209 (Eng. trans., 1977).

[2]　M. Cohen, Law and Social Order: *Essays in Legal Philosophy* 112, 113 (1933).

[3]　"深思熟虑的服从"（denkender Gehorsam）是赫克倡导的利益法学（Interessenjurisprudenz）认可的标准。

[4]　这是美国现实主义者和批判法律的支持者所采用的方法，见 C. Curtis, It's Your Law 65 (1954)。

[5]　J. Gray, *The Nature and Sources of the Law* 1702(3d ed. 1921).

一立场："司法解释不会重新思考以前已经被思考过的东西，而是思考已经想出的东西"①，和"解释者可能比其创造者更了解法律；法律可能比其作者更有智慧——事实上，它必须比其作者更有智慧"②。

（七）陈述法律与创造法律

我认为真相介于这两个极端之间。孟德斯鸠的方法并没有反映司法经验的丰富性。解释不仅仅是陈述法律。当解释法没有导向一个唯一的意义，并且法官有司法自由裁量权去选择适当的结果时，司法解释行为是创造性的，而不仅仅是陈述性的（interpretatio praeter legem）。司法解释前和经过司法解释后的法律不是同一个法律。有限的司法自由裁量权确实是解释的一部分。③ 霍德利主教的宣言被错误地认为在解释中存在绝对许可。自由裁量权的存在确实将解释行为转变为既陈述法律又创造法律的行为。然而，并非每一种解释行为都涉及自由裁量权。当系统内的解释法律要求被解释的法律文本有一个唯一的解释结论时——在不使用司法裁量权的情况下，只陈述法律但并不创造法律的法律解释就出现了 (interpretatio secundum legem)。

七、解释法则、法理学和一般诠释学

（一）解释法则与法理学

解释法则是可操作法学理论的一部分。④ 哲学理论和解释理论是相互关联

---

① G. Radbruch, "Legal Philosophy," in *The Legal Philosophies of Lask Radbruch and Dabin* 142 (K. Wilk trans., 1950).

② G. Radbruch, "Legal Philosophy," in *The Legal Philosophies of Lask Radbruch and Dabin* 141 (K. Wilk trans., 1950).

③ 见本书后面的论述；M. Cappelletti, "The Law-Making Power of the Judge and Its Limits: A Comparative Analysis," 8 *Monash U. L. Rev.* 15 (1981)。

④ 它们是大陆传统中所称的方法论的一部分，与法律哲学相反。参见 J.W. Harris, *Legal Philosophies* 140 (1980); W. Friedmann, "Legal Philosophy and Judicial Law Making," 61 *Colum. L. Rev.* 821 (1961)。

的。通常，法律哲学通过对解释的处理来"实践地"表达其独特性。例如，现实主义者或新现实主义者强调法官在解释方面的选择自由。[①] 另一方面，拒绝司法自由裁量权的自然主义者相信解释法，他们认为解释法则是指导判断行为的法律。[②] 实证主义者正处于中间地带，因为他们认识到有限的司法自由裁量权和"疑难案件"的存在。在他们看来，解释性规则在一定程度上指导法官对法律文本的解释，超过这一点解释性指导就停止，法官"自己"选择他或她认为最好的解释。[③] 最后一种方法与司法经验相符。[④] 法官在解释法律文本时没有自由裁量权，就像每一个权力的行使者一样，法官的行为是受限制的。这就是法治的意义，法治不是法官统治。新现实主义的观点是一种反法律的观点。认为法律是政治，司法解释只是司法政治的观点是一种虚无主义观点，其结论意味着法律的终结。然而，如果法官没有自由裁量权，他们也不会完全受到约束。解释法则不能消除法律文本中的所有不确定性。有时，但并非经常，法官保留着对解释的自由裁量权。[⑤] 然而，大多数时候，解释法则发挥着作用，无须自由裁量权就消除了文本中的不确定性。目的解释尊重法理学和法律解释之间的这种关系。本书的解释理论是基于对法理学的折中理解。人类经验是复杂的，而法理学应该反映这种复杂性。

---

① M. Radin, "Realism in Statutory Interpretation and Elsewhere," 23 *Cal. L. Rev.* 156 (1935); J. Frank, "Words and Music: Some Remarks on Statutory Interpretation," 47 *Colum. L. Rev.* 1259 (1947); M. Tushnet, "Following the Rules Laid Down: A Critique of Interpretivism and Neutral Principles," 96 *Harv. L. Rev.* 781 (1982); P. Brest, "Interpretation and Interest," 34 *Stan. L. Rev.* 765 (1982).

② 根据一些保留意见，德沃金可以被归到这一类中。见 R. Dworkin, "The Forum of Principles," 56 *NYU L. Rev.* 469 (1981); R. Dworkin, "Law as Interpretation," 60 *Tex. L. Rev.* 527 (1982)。参见 M.S. Moore, "A Natural Law Theory of Interpretation," 58 *S. Cal. L. Rev.* 277 (1985).

③ J. Raz, *The Authority of Law: Essays in Law and Morality* 197 (1979).

④ A. Barak, *Judicial Discretion* (1989).

⑤ 这些情况的发生频率很难估算，根据卡多佐法官的估算，这类案件约占他所有案件的10%。B. Cardozo, *The Law* 60 (1924). 对于传统的估计，参见 A. Tate, "The Law-Making Function of the Judge," 28 *La. L. Rev.* 211 (1968); K. Llewellyn, *The Common Law Tradition: Deciding Appeals* 25 (1960); A. Patterson, *The Law Lords* 190 (1982); H. Edwards, "The Appellate Adjudication," 32 *Cleveland State L. Rev.* 385 (1984).

（二）解释法则与一般诠释学理论

　　法律解释是解释学的一部分。[①] 解释学的历史根源可以追溯到迈蒙尼德和斯宾诺莎[②] 等伟大的思想家。现代诠释学不断发展，其理论包括施莱尔马赫[③]和贝蒂[④]（理论解释学）、海德格尔[⑤] 和伽达默尔[⑥]（哲学解释学）、哈贝马斯[⑦] 和赫希[⑧]（批判解释学）、利科（现象学解释学）、巴拉塔和列维·斯特劳斯（结构解释学）以及德里达（解构主义）。每一个学说都讨论了文本如何被赋予意义，并分析了文本作者、文本和读者之间的三角关系。[⑨] 他们探究文本是否具有可以从文本内部理解的"客观"意义，或者除了解释者赋予的意义之外，文本是否有独立的意义，以至于意义因不同的解释者而异。也许文本的意义就是作者想要表达的主观意义。事实上，作者的意图是各种诠释学理论的核心概念。有人说，这一意图是所有诠释理论的关键。其他人则认为它在解释中没有立足之地（"意图破产"[⑩]）。也有人认为作者的意图是解释时所需要考虑的诸多因素之一。

　　各种诠释学理论的核心问题是，诠释学是否有自己的规则来限制解释者并

---

① 关于解释学的文献非常广泛。利维在《解释学》（1986）中对此进行了清晰的总结。见 J. Bleicher, *Contemporary Hermeneutics: Hermeneutics as Method, Philosophy and Critique* (1980); R.E. Palmer, *Hermeneutics: Interpretation Theory in Schleiermacher, Dilthey, Heidegger and Gadamer* (1969)。

② B. Spinoza, Theological-Political Treatise (S. Shirley trans., 2d. ed. 2001).

③ F. Schleiermacher, *Hermeneutik und Kritik* (1977).

④ E. Betti, Teoria Generale della Interpretazione (1955); J. Buttigieg, "The Growing Labours of the Lengthened Way: The Hermeneutics of Emilio Betti," 34 *Union Seminary Q. Rev.* 97 (vol. 2, 1979). 贝蒂的理论和伽达默尔的理论之间的关系，见 G. Wright, "On a General Theory of Interpretation: The Betti-Gadamer Dispute in Legal Hermeneutics," 32 *Am. J. of Jur.* 151 (1987).

⑤ M. Heidegger, *Being and Time* (J. MacDuome and E. Robinson trans., 1962).

⑥ H.G. Gadamer, *Truth and Method* (J. Weinsheimer and D. Marshall trans., 2d rev. ed. 1989) (1960); H.G. Gadamer, *Philosophical Hermeneutics* (D. Linge ed. and trans., University of California Press, 1976). 关于伽达默尔的方法，见 Levy, *Hermeneutics* 137(1986).

⑦ Levy, *Hermeneutics* 137(1986); H. Baxter, "System and Lifeworld in Habermas's Theory of Law," 23 *Cardozo L. Rev.* 473 (2002); H. Baxter, "Habermas's Discourse Theory of Law and Democracy," 50 *Buff. L. Rev.* 1 (2002).

⑧ E.D. Hirsch, Jr., *Validity in Interpretation* (1967); E.D. Hirsch, Jr., *The Aims of Interpretation* (1978).

⑨ D. Miers, "Legal Theory and Interpretation of Statutes," *Legal Theory and Common Law* 254 (W. Twining ed., 1986).

⑩ E. Margalit, "Al Pi Hacavana [According to Intent]," 27 *Iyun* 216 (1986).

引导其做出正确的解释。一些学者认为这样的规则是存在的，应当遵守；另一些学者则认为，既没有规则的空间，也没有规则的必要，解释者在其解释共同体中的成员资格足以为其开拓解释空间。有人认为，解释者比作者更能理解文本；另有人则认为，解释者与作者的理解不同，但并不比作者的理解更好。各种诠释学理论都认可文本被创造时的理解与被解释时的理解之间的时间差距所造成的问题。解释者的视角是基于当下的，这使其很难理解存在于过去视角下的文本。各种诠释学理论都强调了语境在解读文本中的重要性，以及解释文本对于理解文本的必要性。因此，出现了"解释学循环"的悖论，即不理解部分就不能理解整体，但不理解整体也不能理解部分。

（三）一般诠释学与法律解释的相关性

我认为这些解释学理论与法律解释是相关的。[1] 法律是一种人类现象，以旨在指导现在和未来的行为的文本为基础。解释学哲学涉及对文本的理解，因此其与法律解释相关，这是很自然的。在我看来，研究诠释学理论可以获得以下经验，这些经验对法律解释十分重要。

首先，解释要求解释者对文本采取客观的态度。即使解释是创造性的，它也不同于文本作者的活动。解释者必须尊重这一区别。即使是创作型的作品不经过解释也无法被理解，尽管它可能以不同的方式被解释，解释一个作品和创作一个作品也不是一回事。解释者的工作是从作品中提取它所包含的所有内容，但又不能加入作品语言所不能承载的东西。文本的语言划定了它的语义界限：赋予文本语言其语义上无法承载之意义，这不是理解活动，而是在创造一

---

[1] K. Abraham, "Statutory Interpretation and Literary Theory: Some Common Concerns of an Unlikely Pair," 32 *Rutgers L. Rev.* 676 (1979); D. Hermann, "Phenomenology, Structuralism, Hermeneutics and Legal Study: Applications of Contemporary Continental Thought to Legal Phenomena," 36 *U. Miami L. Rev.* 379 (1982); S. McIntosh, "Legal Hermeneutics: A Philosophical Critique," 35 *Okla. L. Rev.* 1 (1982); T.J. Phelps and J.A. Pitts, "Questioning the Text: The Significance of Phenomenological Hermeneutics for Legal Interpretation," 29 *St. L.U.L.J.* 353 (1985); P. Goodrich, *Reading the Law* 140 (1986); Law, Interpretation and Reality: *Essays in Epistemology, Hermeneutics and Jurisprudence* (P. Nerhot ed., 1990). 早在 19 世纪，学者们就试图将一般诠释学引入法律领域。参见 F. Lieber, *Legal and Political Hermeneutics* (1839)。

个新的文本。

第二，理解文本需要将文本作为一个整体来理解。要理解整体，就需要理解其各个部分，找到各部分之间的内在联系，以及各部分与整体之间的联系。为了理解这些部分，解释者拼凑出对整体的初步理解或预测。这种预测的意义是融合了解释者掌握他或她生活的现实的方式，以及解释者所属共同体的基本概念，包括其价值观和原则的产物。同样，这种预测的意义也包括对文本创作周围环境的理解，对文本的历史以及文本所属的传统的理解。解释者永远不能站在作者的立场上，因为他们生活在不同的时代，属于不同的解释共同体。然而，解释者预测的意义必须包含其法律共同体所接受的文本解释性规则。解释者通过这些预测的意义来处理文本。在解释的过程中，解释者又会修改他们预测的意义，并创造新的理解来反映他们对自己所处环境的理解。任何初步的理解，无论它来得早还是晚，都受到解释共同体的社会概念的限制。解释是解释者与文本之间的对话，是试图在现在和过去之间建立联系的一部分。尽管文本创造于过去，但它所回应的是现在的问题。这是一种既有静态方面也有动态方面的对话。有时，一个文本所包含的意义是作者没有预料到，或作者没有意识到的。文本和解释者之间的对话永无止境。解释者的主观性必然会在对话中留下印记。解释者不能脱离他们所处的环境，也不能脱离自己的个性。所有解释都是社会环境、结构和个人背景的产物。即使当解释者使用"客观"的解释标准时，他们也是在围绕着他们的"主观"事实的背景下工作。文本本身并不能说明问题，它只能回答解释者提出的问题。这些问题是外在于文本的，它们是当下的产物，与我们在过去背景下理解当下文本的能力有关。

第三，在诠释学研究中，不存在单一的解释体系。不存在一个检验哪种解释体系是"正确的"或"不正确的"的诠释学上的试金石。文本没有"内部"标准来回答这个问题。有多种方法和观点可供比较。诠释学研究表明，解释现象极其复杂，不同的解释系统——不仅仅是对立和矛盾的表达——是对同一复杂现象的不同观点，或对单一整体的不同组成部分。埃斯克里奇关于诠释学对法定解释的启发的观点是恰当的：

　　解释学强调法定解释的多维复杂性，更强调解释者态度而非方法的重要性。诠释学的态度是开放的而不是教条的，是批判的而不是顺从的，是探究的而不是接受的。①

　　因此，解释者以不同于解释文学文本的方式来解释法律文本。他们可能会采用不同的方法解释宪法、法律、合同或遗嘱，甚至对于不同种类的法律文本，都可能有不同的解释方法。最后，解释学研究证明了解释者有自由裁量权。解释学思想为解释者创造了许多选择，解释者必须运用自由裁量权从中进行选择。解释是选择，但不是无限制的选择。法官们会发现，他们的选择受到解释学思想的限制，其中的核心是文本本身以及法律共同体对如何理解文本的看法。②

（四）法律诠释学的独特性

　　一般诠释学是围绕对文学和历史文本的解释而发展起来的一个领域，由于法律的特殊性质，它对法律诠释学做出的贡献有限。③法律因具有强制力而与众不同。法律规范规定了一项义务，违反该义务就会受到处罚。法律文本的解释是"规范性"解释。它规定了什么是被允许的，什么是被禁止的。④法律解释性规则反映了法律的这一独特性质。没有人可以宣称过去对文学文本的解释是具有约束力的。相比之下，通过遵循先例原则，过去对法律文本的解释对未来具有约束力。在法律上，我们不能接受让读者可以根据自己的主观感受随意理解文本的解释理论。我们不能认为每一个法官都具有解释的自由。为了维持正常的社会生活，我们必须承认具有约束力的解释性规则以及调整解释性规则

---

① W. Eskridge, "Gadamer/Statutory Interpretation," 90 *Colum. L. Rev.* 609, 633 (1990).

② W. Eskridge and P. Frickey, "Statutory Interpretation and Practical Reasoning," 42 *Stan. L. Rev.* 321, 383 (1990).

③ R. Posner, *Law and Literature* 211 (rev. and enlarged ed. 1998).

④ S. Levinson, "Law as Literature," 60 *Tex. L. Rev.* 373, 386 (1982); S. Strömholm, "Legal Hermeneutics—Notes on the Early Modern Development," 22 *Scan. Studies in Law* 213, 219 (1978).

的规范等级制度。① 完全的解释自由会歪曲法律，并使法律变得不再合理。正如费斯教授所言，法官是"文学评论家和道德哲学家的结合体。但这只是其中的一部分，法官还以教皇的权威发言"。对《哈姆雷特》的解释即使正确，也没有约束力。相反，对宪法、法律、合同或遗嘱作出具有约束力的解释则是必须的。《哈姆雷特》的解释者试图揭示文本的多重意义。法律文本的解释者则必须解决这些意义含糊不清的问题。② 文学文本和法律文本在社会中扮演着不同的角色，③ 发挥着不同的功能，解释的结果具有不同的后果。我们不指望法律文本具有美学、神秘、美或灵感。文学文本的解释者不会将他或她的意见强加给我们，但法律文本的解释者正是这样做的，法律文本的解释者将影响强行施加给我们。因此，给予文学文本解释者的解释自由不能给予法律文本的解释者。④

法律解释有两个作用：陈述现有法律和制定阐明社会成员的权利和责任的新法律。我们不能认可一个无视现有权利的解释体系。法律解释在一个现有的规范世界中运作，它必须融入这个世界。当然，解释者也面临"疑难案件"，在这些案件中必须使用司法裁量权。在这些情况下，解释创造法律。虽然这种类型的司法立法对于疑难案件是合法的，但总体来说，司法解释行为并不成立。解释活动大多是在陈述现有法律，很少涉及制定新法律。当然，即使司法解释行为涉及制定新法律，也不能将这种创造权交给解释者的绝对个人自由。塑造法律解释的必须是社会和宪法原则，而不能是个人的考虑或个人的审美偏好。

---

① J. Kohler, "Judicial Interpretation of Enacted Law," *Science of Legal Method* 190 (E. Brunken and L.B. Register trans., 1917).

② W.J. Brennan, "Construing the Constitution," 19 *U.C. Davis L. Rev.* 2 (1985) ("与文学评论家不同的是，法官不能仅仅是品味文本的紧张或陶醉于文本中固有的模糊——法官必须解决它们。")

③ J. Gray, *The Nature and Sources of the Law* 2 (3d ed. 1921); W. Michaels, "Against Formalism: The Autonomous Text in Legal and Literary Interpretation," 1 *Poetics Today* 23 (1979).

④ R. Posner, "Law and Literature: A Relation Reargued," 72 *Va. L. Rev.* 1351, 1370 (1986); West, "Adjudication Is Not Interpretation: Some Reservations about the Law-as-Literature Movement," 54 *Tenn. L. Rev.* 203, 277 (1987). 关于不同的方法，见 S. Levinson and J. Balkin, "Law, Music and Other Performing Arts," 139 *U. Pa. L. Rev.* 1597 (1991); J. Balkin and S. Levinson, "Interpreting Law and Music: Performance Notes on 'The Banjo Serenader' and 'The Lying Crowd of Jews,'" 20 *Cardozo L. Rev.* 1513 (1999).

第二章

不解释理论

一、法律中不解释理论的本质

（一）超越语言的边界

解释在语言的范围内进行。它赋予了文本（公共或私人）其语言所能承载的意义。不解释理论超出了文本的语言范围。它们根据文本创设了权利，即使该权利并不是以文本的语言为基础。试想一份指定理查德和琳达为继承人的遗嘱，其中理查德和琳达分别是立遗嘱人的儿子和女儿。在遗嘱订立之后、遗嘱人去世之前，第三个孩子卢克出生了。事实表明，立遗嘱人希望卢克也能继承遗产，但他未能修改遗嘱。那么遗嘱允许卢克继承其父亲的遗产吗？

单纯地解释遗嘱不能使卢克成为继承人。这种解释不"能够"将卢克"塞进""理查德和琳达"的范围内。我们需要一种不解释的理论，比如关于填补遗嘱空白的理论，根据遗嘱，可以将卢克作为额外的继承人。我曾表达过这一观点：

> 在某些情况下，法律允许立遗嘱人的意图得以实现，即使这种意图没有文本依据。在这些特殊情况下，法律允许遗嘱具有某种意义……甚至与遗嘱语言没有最起码的字面联系。此类情况偏离了狭义的遗嘱解释，

但却是在广义遗嘱解释的范围内的。①

对合同的解释也是如此。试想一份理查德向西蒙出售一匹马的合同。合同双方没有自己的专门词汇。在解释范围内行事的法官不能判定出售的标的是一头牛。同样，法官不能通过解释来使一个规制马的买卖的法律用来规制牛的买卖。为了决定如何处理这头牛，法官必须能够运用不解释的理论。例如，可能作者错用了"马"一词，法院有权纠正（合同或法律中的）错误；也可能"马"这个词会导致一个荒谬的结论，为了避免这种荒谬，法院可以赋予合同或法律中的词语其文本语言本不含有的意思。在这种和其他情况下，法官偏离了当事人的解释角色。在不解释理论的授权之下，法官有权增加或删减合同或法律的语言。

（二）不解释活动的合法性

只有在法律体系授权的情况下，通常是通过法律和判例授权，法官才能使用不解释理论。许多大陆法系的法典明确授予法官填补立法空白的权力。许多法典中的诚信原则也允许法官填补合同中的空白。判例法补充了对不解释活动的法定授权。例如，英美判例承认法官有权对法律的语言进行增减，以避免出现荒谬的结论。

判例在授权不解释活动方面可以走多远？卡拉布雷西法官建议授权法官废除已经过时的法律。② 这当然不是解释行为，且法官在没有立法授权的情况下不应该这样做。卡拉布雷西本人也意识到他的主张在宪法上存在问题，他并没有暗示法官的这种权威应该源自普通法规则。我们可以说的是，每个法律体系的传统都规定了不解释司法创造性的界限，以及其在何种程度上属于解释活动的范围。例如，大陆法系传统（德国和法国）很容易就认定法官可能填补立

---

① C.A. 1900/96, Talmachio v. General Guardian, 53(2) P.D. 817, 829.

② G. Calabresi, *A Common Law for the Age of Statutes* (1982).

法空白，而普通法传统尚未授权。然而，一般而言，法官从事不解释活动的自由度低于解释活动。原因显而易见：在解释活动中，法官扮演着他们的经典角色，即赋予他人创作的文本以意义；而在不解释活动中，法官偏离了这一角色，法官创建一个新的文本来纠正其他人创建的文本。法官的不解释活动引出了权力分立（在宪法或立法的情况下）和私人意思自治（在合同或遗嘱的情况下）的宪法问题。我们认为司法参与上述不解释活动是合理的，因为它们与解释活动密切相关。从广义的角度来看，我们可以将这种活动视为文本解读的一部分。因此，我认为不解释活动是广义上的解释，相比之下，普通的解释活动是狭义上的解释。

（三）不解释理论的重要性："蓄意谋杀继承人"

不解释理论在实践中和理论上都很重要。在实践层面上，它们允许法官在不借助解释规则的情况下达成适当的解决方案。这对于以普通方式使用解释规则无法达成合适解决方案的情况非常重要。在理论层面上，它们赋予司法活动合法性，而无须试图将适当的解决方案强行纳入解释法则的框架——这一尝试最终会打破规则。

举一个熟悉的例子，继承人谋杀了父亲，然后试图继承父亲的财产。我们的正义感告诉我们，凶手不应该继承遗产，正如《圣经》所说："你杀了人，还要占有他的财产吗？"[①] 但凶手是受害者的儿子，根据继承法，他是继承人。法律没有规定针对蓄意谋杀继承人的例外情况。解释法则似乎不能提供令人满意的答案。德沃金教授声称，可以通过解释的方式否认谋杀被继承人的儿子的继承权。庞德教授——他绝非形式主义者——认为解释法则不能否定凶手的继承权。使杀人儿子的继承权无效的解释是"虚假解释"。不解释理论可以导向

---

① "耶和华的话临到提斯比人以利亚说，你起来，下去迎接住撒玛利亚的以色列王亚哈。他下去要得拿伯的葡萄园，现今正在那葡萄园里。你要对他说，耶和华如此说，你杀了人，又得他的产业吗？你要对他说，耶和华如此说，狗在哪里舔拿伯的血，也必在哪里舔你的血。" 1 Kings 21: 17–19.

恰当的解决方案，而不会陷入解释困境。相关的理论是空白或漏洞。[①] 继承法对于杀人的继承人这种例外情形存在立法空白。填补这一空白也就创造了一个新的规则来处理蓄意谋杀的继承人的案件。怀疑论者会争辩说，解决方法是解释的还是不解释的并不重要，只有结果才重要。他们错了，结果很重要，但法官必须凭理性而不是凭命令得出结论。他们必须在不违反现有解释规则的情况下，有条不紊地得出结论，以便类似的案件能够得到类似的解决。

（四）狭义和广义的解释：解释与建构

不解释理论，顾名思义，超越了解释的范围，尽管一些法律体系传统上可能仍会将其视为解释的一部分。例如，在英美法系中，法官为了避免出现荒谬结论而修改文本的权力是解释规则的一部分。英美传统将解决两个同等地位的法律文本之间的矛盾的法律视为解释规则的一部分，比如两个法律或两个合同之间的矛盾。在德国的解释传统中，填补空白构成广义上的解释活动（ergänzende Aulegung，"补充解释"）。英国传统观点将填补空白的隐含条款视为合同内容的一部分，有时甚至视为解释需要解决的问题。当然，每个法律体系都有自己的传统，不存在科学意义上的"真理"。然而，区分普通解释（或曰狭义解释）和特殊解释（或曰广义解释，由不解释理论授权）是十分重要的。狭义的解释是解释文本"是什么"。广义的解释是（通过填补空白）将"是什么"添加到"不是什么"中或（通过纠正错误）纠正"是什么"来解读文本。

狭义和广义的解释取决于不同的标准。例如，民法典中关于解释合同或遗嘱的规定不能用来填补空白或纠正错误。同样，关于隐含条款的普通法实践也不同于普通的解释规则。为刑事法律赋予意义的法官必须将自己限制在狭义的解释范围内，他们不可以通过填补刑事法律中的空白来解读法律。同样，法官也不可能被授权填补宪法中的空白。而使用不解释理论的法官是在赋予（新的）文本以

---

① 这似乎也是波斯纳的做法："法院所做的是将一个例外嫁接到法律上，更好地适合亚里士多德时尚……如果立者预见到这个问题，他们也会这样规定。"参见 R. Posner, *The Problematics of Moral and Legal Theory* 140 (1999)。

意义。这就是为什么在美国的法律体系中，解释（狭义的解释）和建构（广义的解释）之间存在如此紧密的联系。科尔宾教授在讨论合同时也提到了这一点：

> "解释"一词通常用于语言本身——用于表达的符号（言语和行为）。在差不多相同的程度上，我们谈到合同的构建，通过"语言的解释"，我们确定语言在其他人中引起了什么想法。通过"合同的构造"，我们确定了合同的合法操作——合同的效力对法院和行政官员行为的影响。①

当然，广义的解释对不解释理论的运用依赖于狭义的解释。一个法官如果想要使用不解释理论，那么他必须先用"普通"解释确定运用不解释理论的前提条件。以两部似乎相互矛盾的法律为例，狭义的解释确定每项法律的含义，广义上的解释则负责在矛盾存在的情况下，确定如何解决两部法律之间的矛盾。基于广义和狭义解释之间的密切关系，我将简要讨论广义解释，更全面的讨论不在本书的研究范围之内。

（五）不解释理论的多样性

不解释理论的队伍正在不断扩大。它们的来源主要是判例法，而不是成文法。我们将讨论其中五个理论：（1）填补文本中的空白，（2）解决两个独立文本之间的矛盾，（3）纠正文本中的错误，（4）改变文本的语言以避免荒谬结论，（5）通过修改文本（"近似原则"[cy pres]）来实现文本的目的。

（六）是否存在通用的不解释原则？

每个不解释原则都有自己的规则，但是否存在一个通用的不解释原则呢？比如，法官是否可以增加法律文本不包含的条款，或从文本中删除其本包含的

---

① A. Corbin, 9 *Corbin on Contracts: A Comprehensive Treatise on the Rules of Contract Law* (1960).

条款，又或者赋予它不同于其文本语言的含义？法官们这样做是为了实现文本作者的意图、文本的目的，还是出于其他原因？我认为并不存在一个通用的不解释原则。在现代法律体系中，这样一种普遍而全面的不解释理论是罕见的。指导原则是法官必须在语言范围内工作。偏离语言框架的不解释司法活动是一种例外，需要特殊理论来证明其合理性。如果没有这些理论，法官可能无法赋予文本其语言无法承载的意义。这样做将违反关于法官在民主国家中的作用的宪法原则。如果我们给予法官广泛的权力来修改每一个法律文本，以实现其作者的意图或文本的目的，我们将过度侵犯三权分立原则（对于公共立法）和私人意志的自主性（对于私人文本）。

二、填补法律文本中的空白

（一）解释与填补空白

解释规范性文本（狭义的解释）和填补文本中的空白（广义的解释）是两种独立的、不同的规范性活动。[①] 解释给文本赋予意义，即使这个意义将文本的语言拓展到其语义极限的外缘。相比之下，填补空白是给文本增添语言。正如梅里曼所说，"解释的问题是为规范提供意义，而空白的问题是提供规范"[②]。因此，解释（即使是广义性的解释）与填补空白之间存在重要区别。例如，为了理解刑法，法官可能会进行广义性的解释，但他们不会填补空白。[③] 这两者之间的区别有时很细微，但区别仍然存在。在解释中，存在一个文本是由法官来赋予意义的；而在填补空白时，文本是缺失的，法官将创建新的文本。

试想一个法律体系，其法律规定，当出售资产的两项合同义务发生冲突

---

① W. Canaris, Die Feststellung von Lücken im Gesetz: Eine Methodologische Studie über Voraussetzungen und Grenzen der Richterlicheu Rechtsfortbildung Praeter Legem (1983); Ch. Perelman, Le Probleme des Lacunes en Droit (1968); A. Von Overbeck, "Some Observations on the Role of the Judge under the Swiss Civil Code," 37 *La. L. Rev.* 681 (1977).

② J.H. Merryman, "The Italian Legal Style III: Interpretation," 18 *Stan. L. Rev.* 583 (1966).

③ 禁止用类比或平行推理的方法来填补刑事法律中的空白（并因此创造新的罪行）。但解释的类比是被允许的。Cr.A. 3622/96, Chacham v. Kupat Cholim Macabi, 52(2) P.D. 638, 650.

时，在先的义务优先。这些法律没有涉及法定赔偿义务和合同义务之间的关系。这是这一法律体系的法律中的一个明显的空白。[①] 或者以规制代理的法律为例，法律规定如果代理人与其委托人开展业务，则违反了忠实义务。但该法律没有提到代理人试图给委托人送礼的情况。这是代理法律中的一个（隐藏的）空白。[②] 合同规定在某个期间结束后返还押金，但未具体规定押金是按照实际价值还是票面价值返还，这属于合同中的空白。遗嘱没有明确规定，如果继承人或遗产的构成在遗嘱签署后发生变化该怎么办，这属于遗嘱中的空白。这些情况引发了三个核心的问题：[③] 首先，规范性文本在某一特定问题上的沉默何时构成解决该问题的空白？第二，法律体系是否允许法官填补空白？第三，应采用什么标准来填补空白？我们将对这些问题进行简要的讨论。

（二）当文本的沉默构成空白

规范性文本的沉默可能意味着许多事情，有着不同的表达。只有其中一种表达文本的空白。[④] 法官在通过其对文本的解释来确定文本的沉默是否构成空

---

① 标准的例子如下：理查德签订合同，将出售一件动产给西蒙并已经完成交付，同时西蒙有义务将动产出售给卢克，但尚未交付。因合同存在瑕疵，理查德合法地终止了合同。西蒙面临两项相互冲突的权利：理查德要求返还原物的权利，以及卢克购买动产的权利。谁的权利优先？

② 卡纳里斯用过这一例子。另一个例子是，继承法未规定蓄意谋杀被继承人的继承人的例外情况。W. Canaris, Die Feststellung von Lücken im Gesetz: Eine Methodologische Studie über Voraussetzungen und Grenzen der Richterlicheu Rechtsfortbildung Praeter Legem (1983); Ch. Perelman, Le Probleme des Lacunes en Droit (1968); A. Von Overbeck, "Some Observations on the Role of the Judge under the Swiss Civil Code," 66, 63 La. L. Rev. 681 (1977). 当文本似乎适用于待解决的情形时，文本就存在隐藏的空白，但一旦对文本进行解释，那么显然，重新识别缺失的例外情况或限制是合乎常理的。

③ 法律中的空白问题是 19 世纪和 20 世纪被广泛讨论的一个主题。例如，J. Stone, *Legal System and Lawyer's Reasonings* 188, 536 (1964). 这个文献讨论了两个问题：第一，特定的规范性文本是否包含空白，或者是否每个法律问题都可以通过引用否定空白存在的一般原则（积极或消息）来解决？E. Zitelmann, Lücken im Recht (1903); F. Atria, On Law and Legal Reasoning 76 (2002). 第二，法律体系是否可以包含一个没有答案的问题（非问题）？M. Eisenberg, *The Nature of the Common Law* 159 (1988).

④ 见 A. Barak, *Parshanut B'mishpat [Interpretation in Law]* 465 (1992); G. Tedeschi, "B'aayot Halekuim Bachok (Lacunae) Visief 46 Lidivrei Hamelech Bimoatzato [The Problem of Lacunae]," Mehkarim B'Mishpat Artzeinu, 132 (2d. expanded ed. 1959).

白时应当保持谨慎。原则上，文本在某一特定问题上的沉默可以通过以下四种方式来解释：第一，文本没有明确地为特定问题提供解决方案，但对文本的解释暗含解决此问题的方法。例如，加拿大宪章有明确的条款规定了政府的组织结构与人权。加拿大最高法院认为，这些条款意味着法官享有独立性。[①]澳大利亚高等法院认为，宪法律定的有关政权结构的规定中隐含了言论自由的权利。在此类情况中，如果文本暗含解决办法，则会存在一个（积极的）规定。第二，文本对某一特定问题保持沉默，是因为该问题是文本根本没有涉及的情况。以一份合同为例，该合同对违约行为的补救问题保持沉默，但这并不意味着合同对此问题的规定存在不足，事实上关于补救措施，（任意性）规则中已存在违约补救措施的规定。第三，文本对其明确涉及的问题的规定不适用于其未涉及的问题。这是一种"有声的沉默"或"有意识的沉默"。沉默意味着，文本的规定不适用于它没有涉及的问题。以一份合同为例，理查德租给西蒙两套公寓，其中一套公寓被指定是配备家具的。言下之意是，租的第二套公寓不配备家具。第四，也是我们感兴趣的，规范性文本中的条款不完整的情况。该文本或明或暗地解决了某些问题，但未能解决其本应解决的其他问题，也未能通过有意识的沉默排除这些问题。关于这些问题，文本中存在空白。当文本致力于打造一个全面的规定但该规定却并不完整的时候，文本中的空白就出现了。[②]人们可以将这样的文本想象成一面缺失了砖块的墙壁。我们可以将这一空白称为遗漏或"空余的区域"。文本本应解决某个问题，但因文本的不完整而无法做到。无论如何，请注意，不合理或不公正的规定是有瑕疵的规定，却不是有缺失的规定。不确定的规定并非没有规定，因为解释的过程最终会解决不确定性。只有在解释过程结束时（狭义上），我们才能确定文本是否包含空白。使用公正、诚实和理性等表达方式的文本不一定包含空白。解释将确定这

---

① *Beauregard v. Canada* [1986] 2 S.C.R. 56; *Provincial Judges Reference* [1997] 3 S.C.R. 3.

② 见 C.A. 3622/96，禁止用类比或平行推理来填补刑事法规的空白（从而创造新的罪行）。然而，解释性类比是允许的。Cr.A. 3622/96, *Chacham v. Kupat Cholim Macabi*, 52(2) P.D. 648："空白是指法定安排不完整，与其目的相抵触"。对整体的渴望是空白存在的一个条件。见 F. Schauer, *Playing by the Rules* 225 (1991).

些概念的含义。同样，授予某人自由裁量权的文本也不一定包含空白。包含填补其自身空白的说明的文本并非不完整，因为这样的文本可以自己完善自己，不需要外部帮助。

（三）法官可以填补空白吗？

如果对法律文本的解释揭示出文本存在空白，那么法官是否可以填补空白？各种法律体系一致认为，法官可以填补合同空白，但共识到此为止。关于立法，民法中的普遍观点是，法官有权填补法律规定中的空白。大多数大陆法系国家在其民法典中明确提到了这一问题。[①] 意大利民法典第 12 节是一个典型的例子："如果争议不能通过明确的条款来解决，则应考虑规范类似案件或类似事项的条款；如果案件仍然存在疑问，则应根据国家法律秩序的一般原则进行裁决。"[②] 在其他大陆法系国家（如德国和法国），法典在这一问题上保持沉默。这些法律体系并非必然地将文本的沉默视为故意缺乏安排（有意识的沉默），它们承认法官有权填补立法空白。[③] 盎格鲁-撒克逊法律体系采取的立场不太明确。根据 19 世纪盛行的制定法衡平精神 [④]，法官被授权填补立法空白。今天，当法律的语言不足以实现其目的时（法无明文规定时），法院无权填补空白。[⑤]

[①] Sec. 4 of the Venezuelan Civil Code (1942); sec. 7 of the Austrian Civil Code (1811); sec. 1 of the Swiss Civil Code (1911).

[②] The Italian Civil Code 2 (M. Beltramo et al. trans., 1969).

[③] S. Herman, "Quot judices tot sententiae: A Study of the English Reaction to Continental Interpretive Techniques," 1 *Legal Studies* 165, 180 (1981). 在大陆法中，成文法将其规则和原则投射到法律体系中。人们可以从一项立法中得出类比，以填补另一项立法的空白。See I. Zajtay, "Reasoning by Analogy as a Method of Law Interpretation," 13 *Comp. Int. L.J. S. Afr.* 324 (1980).

[④] 关于法律公平性的讨论，见 F. J. de Sloovere, "The Equity and Reason of a Statute," 21 *Cornell L.Q.* 591 (1936); R. Marcin, "Epieikeia: Equitable Lawmaking in the Construction of Statutes," 10 *Conn. L. Rev.* 337 (1978); J. Manning, "Textualism and the Equity of the Statute," 101 *Colum. L. Rev.* 1 (2001).

[⑤] 禁止填补空白并不一定导致禁止狭义解释或广义解释。法律原则的公平性是独一无二的，因为它授权法院赋予法律一种法律语言无法承载的含义。随着理论的衰落，这种权威也消失了。然而，该理论的另一个方面——允许从广义或狭义上解读文本——依然有效。这与填补空白无关，但与解释有关。

在这种情况下，法官诉诸普通法的"安全网"。① 在遗嘱的背景下德国法传统允
许法官填补空白，② 但英美法系未能解决这一问题，显然法官只能诉诸通用的
继承法来解决这一难题。以色列法院明确认为，法院可以填补遗嘱中的空白。

关于填补宪法空白的学术研究很少。瑞士的法律体系允许填补宪法空
白，③ 澳大利亚高等法院承认了一项默示的权利法案 ④，该法案反过来承认政治
言论自由等。法院填补宪法空白的权力是理解默示权利的一种方式，但不是唯
一的方式。在美国宪法中，有一种趋势是承认现有权利的界限不明部分隐含或
创造的人权。这就是美国最高法院如何承认隐私权是美国宪法第一、第四、第

---

① S. Herman, "*Quot judices tot sententiae*: A Study of the English Reaction to Continental Interpretive Techniques," 1 *Legal Studies* 179 (1981). 见 N. Marsh, *Interpretation in a National and International Context* 67 (1974); R. Cross, *Statutory Interpretation* (J. Bell and G. Engle eds., 3d ed. 1995); E. Driedger, *On the Construction of Statutes* 122 (R. Sullivan ed., 3d ed. 1994); 2B Sutherland, *Statutes and Statutory Construction* 273 (N. Singer ed., 5th ed. 1992); R. Pound, "Common Law and Legislation," 21 *Harv. L. Rev.* 383 (1907); J. Landis, "Statutes and the Sources of Law," in *Harvard Legal Essays* 213 (1934); W. Page, "Statutes as Common Law Principles," 1944 *Wis. L. Rev.* 175; R. Traynor, "Statutes Revolving in Common Law Orbits," 17 *Catholic U. L. Rev.* 401 (1968); R.F. Williams, "Statutes as Sources of Law beyond Their Terms in Common-Law Cases," 50 *Geo. Wash. L. Rev.* 554 (1982); G. Calabresi, A Common Law for the Age of Statutes (1982); P.S. Atiyah, "Common Law and Statutes Law," 48 *Mod. L. Rev.* 1 (1985). 普通法通过松散地使用"空白"一词来模糊这个问题。例如 , in *Magor v. New port Corp.* [1950] 2 All E.R. 1226, 1236, 丹宁勋爵承认英国法官填补空白的权威。然而，在向上议院上诉后，裁决发生了变化 : Magor v. Newport Corp. [1952] A.C. 189. 我怀疑丹宁勋爵和上议院法官使用的"空白"一词与我在本章中讨论的"空白"是相同的。In *Western Bank Ltd. v. Schindler* [1977] ch. 1, 18, 法官斯卡曼 (L.J.) 承认法官在立法中完成不作为理由的有限权力。然而，该法官强调，英国法院不具有瑞士民法典第 1 条赋予瑞士法院同样的权力。见 F.A.R. Bennion, *Statutory Interpretation* 682 (3d ed. 1997)。

② A. Gerhards, *Ergänzende Testamentsauslegung wegen postmortaler Ereignisse* (1996); D. Leipold, Erbrecht 271 (10th ed. 1993).

③ 1 J.F. Aubert, *Traite de Droit Constitutionnel Suisse* 126 (1967); J.P. Müller, Grundrechte: Besonderer Teil 287 (1985).

④ *Nationwide News Pty Limited. v. Wills* (1992) 177 C.L.R. 1; *Australian Capital Television Pty Limited v. Commonwealth* (1992) 177 C.L.R. 106; *Theophanous v. Herald & Weekly Times Limited* (1994) 182 C.L.R. 104; *Stephens v. West Australian Newspapers Limited* (1994) 182 C.L.R. 211; *Cunliffe v. Commonwealth* (1994) 182 C.L.R. 272; *McGinty v. Western Australia* (1996) 186 *C.L.R.* 140; *Lange v. Australian Broadcasting Corp.* (1997) 189 C.L.R. 520; *Kruger v. Commonwealth* (1997) 190 *C.L.R.* 1; *Levy v. Victoria* (1997) 189 *C.L.R.* 579.

五和第十四修正案的界限不明部分。^① 填补空白的理论能够解释这些情况吗？那些在分析性讨论中不涉及处理空白或填补空白的法律体系通过解释的视角来审查这些问题。这种方法给解释带来了沉重的压力，将解释扩展到超出其适当范围的领域。对于这样的法律体系来说，承认能够填补空白的不解释理论，并在不解释理论的框架内进行社会法律的讨论，是否更有益？

（四）填补空白的标准：法律空白

法官根据什么标准填补法律文本中的空白？正如我们所看到的，大陆法系国家广泛讨论过这一问题，因为它与法律和合同相关，而英美法系只在合同的背景下讨论这一问题。我们将重点关注这些问题，从法律的空白开始。法官在填补法律的空白时可能会受到同质或异质规则的约束。根据同质补充规则，法官必须以保持完整法律和补充规则之间内部和谐的方式填补空白。在运用同质补充规则的时候，法官将诉诸类推^② 和法律制度的一般原则，将其作为发展法律并在实践中发挥法律作用的工具。意大利民法典的规定是一个例证，它规定

---

① 道格拉斯的观点见 *Griswold v. Connecticut,* 381 U.S. 479 (1965)。参见 G. Reynolds, "Penumbral Reasoning on the Right," 140 *U. Pa. L. Rev.* 1333 (1992). *Roe v. Wade*, 410 U.S. 113 (1973) also belongs in this category. 参见 J. Rubenfeld, "The New Unwritten Constitution," 51 *Duke L.J.* 289 (2001)。

② 大部分大陆法系的文献都讨论过类比：N. Bobbio, "Lacuna del Diritto," in 9 *Novissimo Digesto Italiano* 419 (1963); A. Peczenik, "Analogie Legis, Analogy from Statutes in Continental Law," in *Legal Reasoning* 329 (H. Hubien ed., 1977); I. Zajtay, "Reasoning by Analogy as a Method of Law Interpretation," 13 *C.I.L.S.A.* 325 (1980); C. Sunstein, "On Analogical Reasoning," 106 *Harv. L. Rev.* 741 (1993); J. Murray, "The Role of Analogy in Legal Reasoning," 29 *UCLA L. Rev.* 833 (1982); C. Sunstein, Legal Reasoning and Political Conflict 62 (1996); S. Brewer, "Exemplary Reasoning: Semantics, Pragmatics and Rational Force of Legal Argument by Analogy," 109 *Harv. L. Rev.* 923 (1998); L. Alexander, "Bad Beginnings," 145 *U. Pa. L. Rev.* 57 (1996)。 关于此类文章，见 *Legal Knowledge and Analogy: Fragments of Legal Epistemology, Hermeneutics, and Linguistics* (P. Nerhot ed., 1991)。平等原则是类比的基础：相似的情况应一视同仁。案例之间的相似性必须是实质性的。此外，必须区分填补空白类比和解释类比。见 R. Schlesinger, H. Baade, M. Damaska, P. Herzog, *Comparative Law* 578 (5th ed. 1988)。这种区别在刑法中很重要，刑法允许解释类比，但禁止定义新罪行的填补空白的类比。见 W. Naucke, "Interpretation and Analogy in Criminal Law," 1986 *B.Y.U. L. Rev.* 535。

法官应使用类比法填补立法空白，如果没有适当的类比，则应诉诸国家对于法律所规定的一般原则。另一方面，异质补充规则运用系统外部的原则来填补空白。因此，现行法律和新的补充规则之间不存在内部的和谐。在过去，大多数英联邦法律制度都使用异质的补充规则。英联邦法官参照英国法律填补空白，①至少在涉及某些一般原则的问题上是如此。补充规则通常具有"混合"性质，既依赖于同质基础（类比），也依赖于异质基础（正义、自然法、比较法）。瑞士人创造了一个他们现今仍在使用的补充规则，原始版本为：如果法律和习惯都没有为法官面对的问题提供解决方案，并且法律文本是支持使用类比的，那么法官必须像立法机构一样，根据法理学和特定的法律传统来决定这个问题。

（五）填补空白的标准：合同空白

当缺失对某些问题的规定将导致合同目的不能实现时，合同空白就出现了。当对合同的解释揭示出合同的不完整时，我们就意识到了空白的存在：因为合同被截断了，因为合同"迫切需要完成"，或者因为合同双方未完成合同的订立。法官如何填补合同中的空白？使用任意性规则、习惯和惯例来填补合同空白是大家都认同的做法。当然，这些补充来源并不总是有效的，因为与问题相关的补充规则并不总是存在的。即使有相关的补充规则，这些补充来源的内部层级也并不总是清晰的。还有一个问题是，当没有可用的任意性规则、习惯或惯例时，上述类型的补充源与可能适用的另外的、二阶层的补充源之间的关系。在英美法系中，这种第二层级的补充规则采用"默示条款"的形式。当填补空白对于合同双方承担的合同义务之商业效力是必要的，法院便会解读合同中的"默示条款"。②然而，法院采用善意第三人标准③测试，即路人瞥了一眼合同是否会说："当然，这是合同双方的意思"。在过去，美国法律经常使用

---

① W. Burge, *Commentaries on Colonial and Foreign Laws* (1907).

② *The Moorcock* (1889) 14 P.D. 64; *Luxor (Eastbourne) Ltd. v. Cooper* [1941] A.C. 108.

③ *Shirlaw v. Southern Foundries* [1939] 2 All E.R. 113.

默示条款理论，但过去的几十年里，美国法律逐渐将该理论 ① 替换为今天所使用的"补充公式"，正如《美国合同法（第二次重述）》中所言：

> 如果双方当事人经磋商足以缔结一个合同，但是还没有就对双方权利义务的确立至关重要的条款达成一致，则在此特殊情况下，法院可以将这一合理的条款补充到合同中去。②

《美国合同法（第二次重述）》的检验标准是合理的。③ 一些司法意见将诚实信用作为填补合同空白的标准。④ 一些大陆法系的法律制度，如德国 ⑤ 和葡萄牙 ⑥，也使用诚实信用原则来填补空白。在法国，法官可以基于《民法典》的诚实信用原则 ⑦，使用诚信的原则 ⑧ 填补合同空白。瑞士的法律制度授权法官按照客观目的填补合同的空白，这一客观目的是诚实且公正的双方当事人在公正原则的指导之下会赞同的。⑨ 国际协定也采用类似的方法。例如，根据国际统一私法学会 ⑩ 的原则，如果当事方未就对其权利和义务重要的条款达成一致，法院将以适合相关情况的条款补充合同。当事人的意图、合同的性质、公平性、诚实性和合理性都在确定这样的条款中发挥作用。同样，在欧洲合同法

---

① 法恩斯沃斯对这一变化做出了贡献。参见 E.A. Farnsworth, "Disputes over Omission in Contracts," 68 Colum. L. Rev. 860 (1968); E.A. Farnsworth, "Some Considerations in the Drafting of Agreements: Problems in Interpretation and Gap-Filling," 23 *Record of N.Y. City B. Ass'n* 105 (1968)。

② *Restatement (Second) of Contracts* § 204 (1981).

③ R. Speidel, Restatement Second: Omitted Terms and Contract Method," 67 *Cornell L. Rev.* 785 (1982).

④ M. Van Alstine, "Of Textualism, Party Autonomy, and Good Faith," 40 *Wm. & Mary L. Rev.* 1223, 1224 (1999).

⑤ § 157 B.G.B.

⑥ 葡萄牙民法典第 239 条。

⑦ 1 H. et L. Mazeaud, J. Mazeaud, F. Chabas, *Leçons de Droit Civil* 320 (8th ed. 1991).

⑧ C. Civ. § 1134–35.

⑨ E. Bucher et al., *Schweizerisches Obligationenrecht* 160 (1979).

⑩ Article 4.8 of Unidroit, *Principles of International Commercial Contracts* 284 (1994).

中，合同可以包含基于当事人意图、合同性质及其目的、诚信和公平的默示条款。近年来，许多文章——主要由美国法学者撰写的文章——都谈到了使用"默认规则"填补合同空白的问题。只有在某些情况下，这些文章讨论的空白才是我所指的"空白"。通常，这种空白是其他类型的沉默，例如对文本并非旨在解决的问题保持沉默。因此，这些学者所讨论的默认规则也适用于我所理解的没有合同空白的情况。

三、规范地解决冲突

（一）法律规范之间的冲突

规范之间的和谐要求同一法律制度内的规范不能相互冲突，相互矛盾的规范违背法治原则。它们与法律体系井然有序的结构不一致。如果法律体系既允许 X 又禁止 X，这会破坏其自身的稳定性和法律的公信力。这就是为什么每个法律体系都必须建立一套解决规范之间冲突的规则。大陆系统对规范之间的冲突问题给予了特别的关注。[①] 这是有关矛盾的问题——两个规范相互冲突，其中每个规范本身都有效，但两个规范不能同时适用于同一问题。英美法系也注意到了规范之间相互冲突的现象，但尚未给予该问题应有的科学上的关注。[②]

（二）法律规范何时会相互冲突？

当两个或两个以上的规范不能相互适应时，就会出现法律规范之间的冲突。当一种规范允许或授权另一种规范禁止的行为时，在两种法律规则之间就

[①]　见 H. Kelsen, *Pure Theory of Law* 205 (Knight trans. from German, 2d ed. 1967)；G. Radbruch, "Legal Philosophy," in *The Legal Philosophies of Lask Radbruch and Dabin* 43 (K. Wilk trans., 1950)；*Les Antinomies en Droit* (Ch. Perelman ed., 1965)；A. Baratta, *Antinomie Giuridiche e Confitti di Coscienza* (1963)。

[②]　但书见 I. Tammelo, *Modern Logic in the Service of Law* 126 (1978)。

会产生冲突。冲突的解决方法通常是使其中一项规范失效。原则或价值之间不可能存在类似的绝对的矛盾，因为冲突可以在保持系统中每个原则或价值的有效性的同时得到解决。相互竞争的价值和原则之间的矛盾是不可避免的，这是正常且适当的反映。另一方面，规则之间的冲突则暴露了法律体系中的错误。

规则之间"真正"的冲突在解释过程的末端才出现。在此阶段之前，冲突可能仅存在于"想象"中。在解释规则的帮助下——包括对冲突之存在的推定——法院通常设法解决矛盾。只有在穷尽可能解决冲突的解释之后，我们才能看到真正的冲突之所在。当然，特定的法律体系可能将解决"真正"冲突的规则视为解释法则。但是，我们应该区分确定每个规范有效性的（解释）过程和确定一个规范与另一个规范之间（规范性）关系的不同过程。我个人认为，解决不同文本中的规范之间冲突的规则是不解释法则。

（三）同一文本中的规范之间的冲突

第一种（真正的）冲突出现在同一文本中的两个规则相互冲突时。冲突可能是先天的，这意味着它在文本被创建时就存在了。冲突可能是后天的，这意味着它是由于文本创建后所做的更改而产生的。在这两种情况下，问题都是哪个规范在冲突中享有优先效力？每个法律体系都有自己的答案。例如，在英国普通法中，当同一法律中的两条规定发生冲突时，在后的规定优先。另一方面，当合同中的两项条款发生冲突时，在先的条款优先。这种方法看起来是机械的，且没有说服力。应优先考虑能更充分地实现文本核心目的的条款（在宪法、法律、合同、遗嘱中都是如此）。解释者应优先考虑主要规范而非次要或从属规范，优先考虑特备规范而非一般规范。

（四）同位阶的不同文本中的规范之间的冲突

当处于同一法律位阶的不同文本中的两个规范相互冲突时会发生什么？典型的例子是两部法律或两部法律中的规定之间的冲突，但也可能发生在相同当事人之间的两份合同或同一立遗嘱人的两份遗嘱中。当然，法官应该首先穷尽一切解释的可能性，以证明冲突仅存在于"想象"之中。但如果冲突是真实存在的，又会发生什么？被普遍接受的规则是，在后的规范优于在先的规范。新法优于旧法，新合同优于旧合同，新遗嘱优于旧遗嘱。这一规则反映了规范的创造者的自主性。正如他或她有权创建一个规范一样，他或她也有权创建一个使原始规范无效的（默示或明示）冲突规范。然而，这一规则有一个重要的例外，在后、一般性的规范并不能优于在先的、特定性的规范。在先的特定规范具有优先效力。如果这条规则只是一条解释法则，规定在后的一般规范的范围不延伸到在先的特别规范所涵盖的区域，则不会产生任何困难。在这种情况下，冲突是虚构的，而解决方法是解释的。然而，当冲突是真实的，又会发生什么？我们如何证明在先的、特定的规范的优先性是合理的？①

（五）不同位阶的规范之间的冲突

当高位阶与低位阶的规范相冲突时会发生什么？规则是，高位阶的规范优先。用于确定哪种规范优先的考虑是外在于此规则的。一旦规范 X 被宣布为具有优先效力，它就优先于低位阶的规范，无论是一般规范还是特殊规范。因此，当宪法与普通法律相冲突时，宪法就占了上风。当法律与次级法律相冲突时，法律就占了上风。

这不就是同义反复吗？我们是否在说一个优先的规范就是优先的？答案是否定的，因为在某些情况下，上级规范（宪法）不会使相冲突的下级规范（法律）失效。例如，荷兰的情况就是如此，其宪法是法律体系中的最高规范，禁止法官审查法律的合宪性。② 对于像荷兰这样的法律体系，规范的优先性是政治性的，而不是法律性的，这要求立法机关的行为与规范的要求保持一致。对于允许对法律的合宪性进行司法审查的制度来说，当我们说一个高位阶规范优先于一个低位阶规范时，我们的意思是该规范的高位阶的优先性具有实际的法

---

① 无论怎么解释，都不能适用于遗嘱，因为订立在后的、一般性的遗嘱在法律效力上优于订立在先的、特别性的遗嘱。

② 《荷兰宪法》第 2 条规定："议会法案和条约的合宪法不应由法院审查。"

律后果。这种优先性不仅是政治上的，也是法律上的，它有权使一个低位阶的规范失去法律效力。[①] 因此，我们可以看出，高位阶规范相对于低位阶规范的优先性并不是一个解释问题。任何怀疑解释和不解释活动之间区别的人都必须承认，确定宪法与法律或法律与次级立法之间关系的标准并不是解释标准。在此，法官不是给不同的文本赋予意义，而是确定它们的法律效力。为此，他们不使用解释法则来理解文本的规则，而是使用源自宪法的法律效力规则。

四、纠正文本语言中的错误

（一）法官有权纠正文本中的错误吗？

文本的作者通常被"授权"纠正其中的错误。立法机关可以纠正法律中的错误，合同当事人可以纠正合同订立中的错误，立遗嘱人可以修改遗嘱。然而，法官可以纠正并非他们所写的文本中的错误，比如法律、合同或遗嘱吗？[②] 只要允许法官在文本语言的框架内进行纠正，而不必对其进行增减，那么肯定的答案将是无争议的。这种活动只是一种普通的解释，在这种解释中，法官考虑的是围绕文本的正确现实，而不是错误现实。当然，特定的法律体系可能不允许法官将文本视为错误。这个问题是一个内部问题，每个法律体系都有自己的答案。

然而，当法官必须更改文本以纠正错误时，会发生什么？法官可以改变文本吗？以法国法律为例：一项法律规定，"禁止在列车未运行时上下车"。[③] 解释者必须根据文本的语义确定文本的法律含义，还是他们可以通过删除"未"一词来改变法律的语言？第二个例子是：美国的一个州禁止在公共道路上使用武器，"除非是为了杀死一些有毒或危险的动物或者使用武器者是执行公务的

---

① 这是马伯里诉麦迪逊案的基础，5 U.S. (1 Cranch) 137 (1803)。
② F.A.R. Bennion, *Statute Law* 14 (2d ed. 1983).
③ 在其他例子中，P.A. Côté 用了这个例子。*The Interpretation of Legislation in Canada* 326 (2d ed. 1991).

官员"。法院是否应当裁定允许在公共道路上使用武器者是在执行公务的官员，或者法官可以纠正错误，裁定"或者"一词之后加上"身为"两字，以明确行为主体是执行公务的官员？

这些可能是极端的例子，但在普通的情况下也会出现问题。问题是法官是否可以纠正文本的语言。我们可以说，对他人创造的文本进行司法修改侵犯了行为人作为私主体的自主权（在遗嘱或合同的情况下），也侵犯了三权分立原则（在宪法或法律的情况下）。关于纠正法律中的错误，埃舍尔勋爵有这样一句话："如果一项法律的措辞是明确的，你就必须遵守它，即使它们会导向明显的荒谬结论。法院与立法者是否犯了荒谬的错误无关。"①

埃舍尔的说法很严厉。以遗嘱为例，立遗嘱人误将理查德的名字写成了西蒙。纠正错误允许法官揭示立遗嘱人的意图。合同中的错误也是如此。更正错误能够实现双方的共同意愿。类似的解释似乎适用于法律中的错误。法律中的错误使得立法机关的立法意图或法律的目的无法实现。为什么法官没有权力纠正法律的错误并实现立法意图或法律的目的？纠正错误不会干扰公众对法律的合理预期，因为大多数阅读文本的人都能意识到它包含错误。无论如何，纠正错误对合理预期（如果有的话）造成的损害并不大于任何解释行为对合理预期造成的损害。考虑到这一点，我们将讨论纠正错误的问题。

（二）纠正法律中的错误

英国法律传统授权法官纠正已颁布文本中的明显错误。据推测，立法机构希望法官能够纠正法律中的明显错误，特别是为了实现立法意图的情况下。②

---

① *R. v. Judge of City of London Court* [1892] 1 Q.B. 273, 290.
② 见 F.A.R. Bennion, *Statutory In terpretation* 676 (3d ed. 1997)，声称法官可以给一个文本一个"纠正结构"。本尼翁在那句话中包括下列类别："（1）粗俗的文本（语法不完整或在其他方面是不完全的文本）；（2）含义不正确的文本；（3）载有遗漏案件的文本；（4）包含错误原因的文本；（5）有文本冲突的情况。"见 R. Cross, *Statutory Interpretation* 36 (J. Bell and G. Engle eds., 3d ed. 1995); A. Samuels, "Errors in Bills and Acts," [1982] *Statute L. Rev.* 94。

正如里德勋爵所说：

> 据我所知，可以将一个词从契据或法律中删除并替换成另一个词的情况可分为三类：如果不进行这种替换，该条款便是不可理解的、荒谬的或完全不合理的；不具有可行性的；与契约或法律的其他部分表现出来的明确意图完全不可调和。[1]

美国法律也采用了类似的方法。[2]

（三）纠正合同中的错误

大多数法律制度都允许法官纠正合同中的错误。出于这些目的[3]，错误是合同当事人所欲达成的"真正"合意与他们实际上订立的合同之间的差距。为了证明错误的存在，法官可以超越合同文本的范围（比如，通过口头证据规则）。

（四）纠正遗嘱中的错误

法官可以纠正遗嘱中的错误吗？出于这些目的[4]，错误是立遗嘱人的主观意愿与他或她以遗嘱语言表达的方式之间的差距。大多数法律制度都允许法

---

[1] *Federal Steam Navigation Co. Ltd. v. Department of Trade and Industry* [1974] 2 All E.R. 97, 100. 参见 *Western Bank Ltd. v. Schindler* [1977] ch. 1, 18。

[2] 2A Sutherland, *Statutes and Statutory Construction* 284 (N. Singer ed., 5th ed. 1992).

[3] 另一种类型的错误出现在合同的语言与合同当事人中的一方的主观意愿存在差距的时候，但这个问题超出了本书的讨论范围。

[4] 另一种类型的错误出现在客观现实与立遗嘱者的主观视角存在差距的时候。在大多数法律制度中，这种类型的错误会使遗嘱失去效力。然而，以色列的法律制度却授权法官更改遗嘱。见 Succession Law, 1965, 19 *L.S.I.* 58, 63, sec. 30。美国法律在这个问题上发生了转变，现在美国法律承认法院有权纠正遗嘱，见 Restatement (Second) of Property § 34.7 (1983)。澳大利亚的法律也采取了类似的规则，见 M.B. Voyce, "Statutory Reform of Rectification of Wills in New South Wales," 8 *Austl. Bar Rev.* 49 (1991)。

官纠正这种错误 [①]。根据该规则，如果遗嘱对一个人或事物的描述具有足够的特定性，使人可以根据遗嘱人的意图确定其身份，那么法官可以忽略（并纠正）遗嘱对该人或事物的错误描述。以这样一份遗嘱为例，遗嘱写明将遗产赠与"我的表妹，瑞秋"，而瑞秋实际上是立遗嘱人妻子的表妹。瑞秋继承了遗产，因为法院有权纠正遗嘱。同样，假设立遗嘱人将财产遗赠给他的侄子理查德，但他并没有侄子叫理查德，他的侄子叫西蒙。法官可以纠正错误，让西蒙继承遗产。以色列法律明确赋予法官这一权力："如果遗嘱在对人或资产的描述、日期、数字、计算等方面存在笔误或错误，并且可以明确确定立遗嘱人的真实意图时，法院应当纠正该错误。" [②] 当从遗嘱的语言和其所处环境中可以清楚推知立遗嘱人的真实意图时，法官有权纠正错误。但如果他或她的真实意图含糊不清，法院就不能纠正错误，通常情况下，必须放弃该条款。

五、偏离文本语言以避免荒谬结论

荒谬在普通法中扮演着两个角色：第一，如果语言的原始或通常的含义会导致荒谬的结论，法官有权偏离文本语言。适用于所有法律文本的平义规则或文义规则认为，解释者应该基于文本语言的原始的、通常的含义理解文本。然而，"黄金法则" [③] 是一个重要的例外，它允许偏离原始的和通常的含义，以避免荒谬的结论。荒谬的这一方面是解释的。它指导解释者从文本语言可以承受的少数语义中选择文本的法律含义。它告诉解释者选择一个不荒谬的语义。荒谬的第二个方面超越了语言的界限，它允许法官纠正语言，增加或减少语言，以避免荒谬。

---

① U. von Lübtow, *Erbrecht: Eine systematische Darstellung* 270 (1971); T. Feeney, The Canadian Law of Wills vol. 2, 103 (3d ed. 1987); P. Piotet, Erbrecht 208 (1978); Restatement (Third) of Property § 12.1 (Tentative Draft no. 1, 1995).

② Succession Law, 1965, 19 *L.S.I.* 58, 63, sec. 32.

③ 这句话是文斯利代尔勋爵造出来的，见 *Grey v. Pearson* (1857) 10 E.R. 1216, 1234。

六、类似原则

（一）实质性原则

普通法承认合同法和不动产法中的类似履行原则。[1] 如果合同或单方法律行动（信托或遗嘱）将资产用于公共目的，而该目的无法实现，法院可裁定将该资产用于可替代的、实质上类似的用途。一些法律制度已将该原则扩展到特定履行领域，将该原则普遍适用于所有合同和遗嘱。该理论今日之版本包含了诚实信用原则的要素。那么，类似原则和文本解释之间的关系是什么？

下面的例子将阐明：理查德创建了一个信托基金，指定资金给一家医院，用于治疗疾病 X。多年过去了，科学家们根除了这种疾病。医院可以用这笔钱治疗疾病 Y 吗？对设立信托的文本的任何解释都不能得出这种结论。对"疾病 X"的任何解释都不能延伸到"疾病 Y"。解释活动不能改变信托的使命，但不解释理论类似原则可以。法官可以裁定原始的信托基金允许将资金用于治疗另一种疾病。对文本的解释不能使法官得出这样的结论——解释已经达到极限，必须停止。没有必要试图将解释本身无法承受的东西塞进解释活动中。假装疾病 X 某种程度上包括疾病 Y 是违反解释规则的行为。相反，只要新用途的目的接近信托的原始目的，类似原则就允许法院改变资金的用途。因此，信任的最初目的可以在不诉诸解释法则且不"撕裂"文本的语义外壳的情况下得到实现。

---

[1] E. Fry, *A Treatise on the Specific Performance of Contracts* (6th ed. 1921); J. McGhee, *Snell's Equity* (30th ed. 2000); R. Sharpe, *Injunctions and Specific Performance* 420 (1983); E. Fisch, *Cy Pres Doctrine in the United States* (1950); C.R. Chester, "Cy Pres: A Promise Unfulfilled," 54 *Ind. L.J.* 406 (1979); F. Schrag, "Cy Pres Inexpediency and the Buck Trust," 20 *U.S.F.L. Rev.* 577 (1986); R. Sisson, "Relaxing the Dead Hand's Grip: Charitable Efficiency and the Doctrine of Cy Pres," 74 *Va. L. Rev.* 635 (1988); A.M. Johnson and R.D. Taylor, "Revolutionizing Judicial Interpretation of Charitable Trusts: Applying Relational Contracts and Dynamic Interpretation to Cy Pres and America's Cup Legislation," 74 *Iowa L. Rev.* 545 (1989); R. Atkinson, "Reforming Cy Pres Reform," 44 *Hastings L.J.* 1112 (1993).

（二）立法中的类似原则

法院能否将类似原则应用于立法？拉丁法谚有言，当法律背后的理由过时，该法律即失效（cessante ration e cessat ipsa lex），但已这不是现代法律观的一部分。习惯性的不遵守法律并不会使法律失效（废除），但法律是否可以用于实现与原始法律类似的目的？为此，法院能否使已过时的法律重新焕发生机？

主流法理学不会允许这样的结果出现。卡拉布雷西认为，允许法院废除过时的法律[1]需要明确的法定授权。法院不会自己争取这一权力，同时卡拉布雷西也没有建议法院这样做。

七、从解释理论到目的解释

在第一部分中，笔者对法律解释进行了定义。对解释活动和不解释活动进行了区分。在此过程中，探讨了不同的解释体系，但并没有对其中某一种解释体系表现出偏好。接下来将进入下一个阶段的研究，笔者将回答以下问题：最恰当的解释体系是什么？研究将不仅仅局限于调查所有解释体系及其对不解释活动的处理，还将研究笔者认为最好的解释体系：目的解释。第二部分将讨论目的解释的本质和组成部分。

---

[1] G. Calabresi, *A Common Law for the Age of Statutes* (1982). 关于卡拉布西方法的批评，见 R. Weisberg, "The Calabresian Judicial Artist: Statutes and the New Legal Process," 33 *Stan. L. Rev.* 213 (1983); S. Estreicher, "Judicial Nullification: Guido Calabresi's Uncommon Law for a Statutory Age," 57 *N.Y.U. L. Rev.* 1126 (1982)。

第二部分

目的
解释

第三章

目的解释的本质

一、"目的解释": 概念界定

（一）目的解释概念溯源

对于普通法系传统而言，法律文本解释中的"目的"一词并不新颖。[①] 它常与"意图"一词相并列或替换。对比之下，"目的解释"（或者"目的建构"）这一短语组合的出现相对较晚。这一概念直到 20 世纪 60 年代末与 70 年代初，才在普通法系的惯例中被使用。"目的解释"几乎同时出现在美国[②]、英国[③]、

[①] 关于目的的讨论，见 J. Corry, "Administrative Law and the Interpretation of Statutes," *1 U. Toronto L.J.* 286, 292 (1936); M. Radin, "A Short Way with Statutes," *56 Harv. L. Rev.* 388, 400 (1942)。关于历史分析，见 W.D. Popkin, *Statutes in Court* 131 (1991)。波普金认为汉德法官和法兰克福特法官是美国采用目的解释方法的核心人物。本质上—与语义相反—海顿案 (1584) 3 *Co. Rep.* 7a; 76 E.R. 637 可能是历史来源的目的解释。见 Cross, supra p. 3, note 3 at 17。参见德尔霍恩子爵的观点，in Stock v. Frank Jones (Tipton) Ltd.[1978] 1 W.L.R. 231, 234。

[②] 例见 People v. Rodney, 21 N.Y. 2d 1, 4 (1967); *Commonwealth v. Valentine*, 419 A.2d 193 (Pa. Super.) (1979)。霍姆斯法官早在 20 世纪初就使用了"目的"一词。U.S. v *Whitridge*, 197 U.S. 135, 143 (1904) (Holmes, J.) ("一般目的比语法或形式逻辑可能规定的任何规则对意义的帮助都更重要")。美国现实主义者也主张将目的作为解释的标准。

[③] 例见 *Kammins Ballrooms Co. Ltd. v. Zenith Investments (Torquay) Ltd.* [1971] A.C. 850, 879; *Kennedy v. Spratt* [1972]A.C. 83; *Carter v. Bradbeer* [1975] 3 All E.R. 158, 161; *Notham v. Barnet* Council [1978] 1 W.L.R. 220, 228; *Jones v. Wrotham Park Settled Estates* [1980] A.C. 74, 105: *Gold Star Publications Ltd. v. Director of Public Prosecution* [1981] 2 All E.R. 257。

加拿大 ①、澳大利亚 ② 和新西兰 ③ 的普通法律之中。同一时期，以色列的法律中也突然出现了这个短语。④ 虽然目的解释最初由解释成文的法律内容发展而来，但在实践过程中，它也会被用以解释其他的文本。⑤ 英国法令解释委员会 ⑥ 通过推广法律解释的目的方法，成功地普及了这一新短语。英美的法学学者也逐渐在他们的理论著作中谈及法律的目的解释。在冯·萨维尼 ⑦ 和冯·耶林 ⑧ 的影响下，大陆法系已然将目的解释 ⑨ 视作法律解释的一个标准——并且

---

① 同样地，迪克森法官使用了"目的分析"一词，见 Hunter v. Southern Inc. (1984) 11 D.L.R. (4th) 641, 649。参见 sR. v. *Big M Drug Mart* [1985]1 S.C.R. 295, 344; Re B.C. Motor Vehicle Act [1985] 2 S.C.R. 486, 499; L. Walton, "Making Sense of Canadian Con-stitutional Interpretation," *12 Nat'l J. Const. L.* 315, 340 (2000–2001)。

② *Mayne Nickless Ltd.v. Federal Comm'n of Taxation* [1984] VR 863. 参见 Kingston and Anor v. Keprose Pty Ltd. (1987) 11 NSWLR 404。

③ *Donselaar v. Donselaar* [1982] 1 NZLR 97, 114. 见 J. Allan, "Statutory Interpretation and the Courts," *18 New Zealand U. L. Rev.* 439 (1999)。

④ C.A. 277/82 Nirosta Ltd. v. State of Israel, 37(1) *P.D.* 826, 832; C.A. 65/82 Land Betterment Tax Administrator v. Hirshkowitz, 39(4) PD. 281, 288.

⑤ 见 Antaios Cia. Naviera S.A. n. Salen Rederierna A.B.[1985] A. C. 191。

⑥ Law Comm'n, The Interpretation of Statutes (1969). 这种影响也可能因为英国是《欧洲保护人权和基本自由公约》的缔约国和欧洲共同体的成员国，这两个公约都采用了"目的解释"。

⑦ F.C. von Savigny, *System des heutigen römischen Rechts* 213 (vol. 1, 1840).

⑧ R. von-Ihering, *Der Zweck in Recht* (vol. 1, 1877; vol. 2, 1883). 第一卷有翻译版本：R. von-Ihering, *Law as Means to an End* (I. Husik trans., 1913).

⑨ 关于目的论解释的讨论，见 P.A. Côté uses this example, among others, in *The Interpretation of Legislation in Canada* 313 (2d ed. 1991); K. Larenz, *Methodenlehre der Rechtswissenschaft* (5th ed. 1983); R. Zippelius, *Einführung in die Juristische Methodenlehre* (1971). 关于斯堪的纳维亚语目的解释的讨论，见 F. Schmidt, "Construction of Statutes," 1 *Scandinavian Studies in Law* 157 (1957); P.O. Ekelof, "Teleological Construction of Statutes," 2 *Scandinavian Studies in Law* 77 (1958); H. Thornstedt, "The Principle of Legality and Teleological Constructions of Statutes in Criminal Law," 4 *Scandinavian Studies in Law* 211 (1960); S. Strömholm, "Legislative Material and the Construction of Statutes: Notes on the Continental Approach," 10 *Scandinavian Studies in Law* 175 (1966); A. Peczenik and G. Bergholz, "Statutory Interpretation in Sweden," in Interpreting Statutes 311 (D.N. MacCormick and R.S. Summers eds., 1991). In James Buchanan & Co. Ltd. v. Babco Forwarding & Shipping (UK) Ltd. [1977] 2 W.L.R. 107, 112, 丹宁勋爵写道，欧洲法官"采用了一种他们用奇怪的词在英语中称之为'严谨的和目的论'的解释方法——无论如何，这些词对我来说都很奇怪。这并不像听起来那么令人担忧。它的意思是，法官不去看单词的字面意思或句子的语法结构。它们取决于设计或目的。"

这一标准的重要地位是数一数二的 [①]。

（二）何为目的解释？

短语"目的解释"在法院判决与法学著作等文本中频繁出现。[②] 而贯穿目的解释的一个较为普遍的威胁，是人们认为"目的"这一术语具有一定的主观性。[③] 目的解释会在一定程度的抽象意义（并非极端的抽象程度）[④] 上反映文本创作者的主观意图。班尼恩曾为法律的目的解释贡献过大量文章 [⑤]，他认为从历史上讲，法律的目的解释源于一起名为"海登案"中的论理解释。[⑥] 埃斯克里奇在法律解释的"考古学"系统背景下分析目的解释方法，他认为目的解释要以立法者的意志作为基础。[⑦] 德瑞奇 [⑧]、克劳斯 [⑨]、泰卫宁和麦尔斯 [⑩] 都持有相似观点。[⑪] 哈特和萨克斯也似乎倾向于把"目的"视作一种主观概念。笔者之所以说"似乎"，是因为哈特和萨克斯如是宣称过：解释者应当将其自身立于立法者的相同处境下。为此，他们引入了法律解释的两大客观性

[①]　R. Zippelius, *Einführung in die Juristische Methodenlehre* (1971). 见 K. Zweigert and H.J. Puttfarken, "Statutory Interpretation—Civilian Style," 44 *Tul. L. Rev.* 704 (1970)。

[②]　见 Lord Diplock，"目的解释"一词是最常用的短语之一，In Sweet v. Parsley [1970] A.C. 132, 165（"'目的是指某人有意达到他所期望的结果'"）。

[③]　见 Lord Diplock，"目的解释"一词是常用的短语之一，in Sweet v. Parsley [1970] A.C. 132, 165（"'目的'意味着某人有意达到自己想要的结果"）。

[④]　A. Dickerson, *The Interpretation and Application of Statutes* 88 (1975)："律师倾向于用'立法意图'来识别当前的立法目的，并将'立法目的'一词保留给任何更广泛或遥远的（'隐蔽的'）立法目的"。见 Sunstein, supra p.13, note 31 at 428; M. Redish and T. Chung, "Democratic Theory and the Legislative Process: Mourning the Death of Originalism in Statutory Interpretation," 68 Tul. L. Rev. 803, 815 (1994)。

[⑤]　F.A.R. Bennion, Statutory Interpretation14 (3d ed. 1997) .

[⑥]　*Id*. at 732, citing to Heydon's Case (1854) 3 Co. Rep. 7a, 7b.

[⑦]　W. Eskridge, Dynamic Statutory Interpretation (1994).

[⑧]　E. Driedger, On the Construction of Statutes 122 (R. Sullivan ed., 3d ed. 1994).

[⑨]　R. Cross, Statutory Interpretation (J. Bell and G. Engle eds., 3d ed. 1995).

[⑩]　W. Twining and D. Miers, *How to Do Things with Rules: A Primer of Interpretation* 186 (4th ed. 1999).

[⑪]　H. Hart and A. Sachs, The Legal Process: Basic Problems in the Making and Application of Law 1374 (W. Eskridge and P. Frickey eds., 1994).

要素。第一，解释者要坚信，立法机关是理性的人以理性的方式为追求理性的目标而组成的。第二，解释者要坚信，立法机关的成员已真心诚意地努力履行了自身的宪法职责。① 这一提法不允许解释者质疑立文本创作者的主观意图，更确切地说，文本创作者的创作意图与创作者创作行为的合理性问题不在法律解释人员的调查研究之列。在一些其他的领域中，普通法系的某些著作在客观术语的范畴中构建目的一词。但各类文本内容里"客观目的"一词的诞生创造了一种不确定性。我们是更倾向于研究生物心理学上的主观意图，还是客观目的？为何要用"意图"一词的主观意义来暗示"目的"一词的客观概念？大陆法系尚未找到这个疑问的答案。上述做法的问题正在于，主观目的的解释方法与客观目的的解释方法，二者之间的关系没有得到清晰的阐述。

（三）目的解释的定义

在上述问题的背景下，笔者希望阐明自身有关目的解释的观点立场。笔者对于目的解释的理论构建既区别于英美法系中的标准用法，也不同于大陆法系的文献观点，即它并非彻底的主观性或客观性目的论解释方法。就如产权、权利和义务一样，笔者将目的构建为一种法律术语。目的既包括诸如主观目的、创作者意图、主观目的论学说的主观因素，也包括包含客观意图、创作者理性、立法机构价值观、客观目的论学说在内的客观因素。这些因素是同时作用的，而非作用于解释过程的不同阶段中。尽管笔者关于"目的解释"的定义不同于其字面含义与公认含义，但笔者仍旧坚持自身观点，且不会像功能性解释那样将该含义替换。② 原因是该含义最贴切地表述了笔者的立场。笔者将就此展开自己关于目的解释的理论论述。

---

① H. Hart and A. Sachs, The Legal Process: Basic Problems in the Making and Application of Law 1374 (W. Eskridge and P. Frickey eds., 1994).

② 这个短语已经被使用过了。见 D.N. MacCormick and R.S. Summers (eds.), Interpreting Statutes: A Comparative Study (1991)。

二、目的解释的基本原理

（一）目的解释的基本方法

任何解释学说的关键性问题都在于：这一解释方法的目标何在？笔者认为，在法学领域内，法律解释学的目标在于实现一种目的，该目的正是该法律文本所被设计要实现的目的。这是目的解释的起点。该解释方法具备一定的目的性，因为其意在实现的目的正是法律文本本身所设定的目的。何为目的？我们应在立法者意图与法律系统的意图之间建立何种关系？问题的答案就在宪法所确定的准则之中。有关私权自治的宪法规定以及该规定与社会结构的关系是私法法律目的的决定性因素。有关民主、分权、法律原则、民主中的审判地位的宪法规定是公法法律目的的首要决定性因素。这些宪法规则构建了法律的目的，目的解释运用这些规则，解决了法律解释的基础性问题。

（二）目的解释的语义性内容

目的解释基于三个部分而构成：语言、目的和自由裁量。语言构建了语义可能存在的范围，在此范围内，解释者更像是一个语言学家。一旦明确了这个语义范围，解释者就会在或明示或暗示的语义可能性中选择贴近文本的法律含义。因此，语义性内容通过在法律含义的范围内限制解释者的方式来设置解释的界限，不论公法还是私法，唯有在此法律含义以内，文本方能在语言上接受该解释。

（三）目的解释的目的性内容

第二个，也是目的解释最核心的要素，便是探究文本的终极目的（telos）。[①]
从法理上说，法律目的是法律文本的核心（法律文本既包括遗嘱、合同，也包

---

① 目的解释属于目的论解释范围。

括法律、宪法）。这里的目的指的是价值观、目标、投资风向、政治政策以及法律文本所被设计要实现的根本目的。实现法律文本的目标是法律文本的一大功能。[①] 文本目的同时也是一个规范性概念，作为一个法律术语，它同权利和法人人格一样，都是由解释者所构建。法律目的既非一个形而上学的心理学概念，也非一种看得见摸得着的事实。文本的创作者构建了文本本身，而文本的解释者构建了文本的目的。

（四）目的的基础性要素

一项行为规范的目的由两方面构成：规范的主观目的和规范的客观目的。规范的主观目的又由创作者所意图文本实现的价值观、目标、利益、政策、法律目的以及功能构成。主观目的主要反映的是文本作者的目的，如解释宪法文本时宪法缔造者的意图、解释法规法令时立法者的意图、解释遗嘱时订立遗嘱者的意图以及解释合同时合同各方订立者的合意。主观目的强调文本作者的内心真意，而非一般的、理性的人的内心意图。主观目的是文本作者的内心意图的主观层面，具有不同程度的抽象性。

解释者从文本语言的角度对文本作者的内心意图作整体认识，了解创作文本时的外部环境，也能帮助解释者了解文本作者的意图，比如学习创造文本时的历史背景。

解释者倾向于从文本的外部创作环境中找寻文本含义。通常来说，不同来源的外在信息都会指向相同的含义，但也存在各种信息指向不同含义的时候。在这种情况下，解释者就要找寻最符合作者原意的文本含义。用以解释的其他信息越可靠，解释者就须对该信息给予越多的重视。

客观目的由民主政体中的价值观、目标、利益、政策、法律目的以及功能构成。这一目的也在不同程度上呈现抽象的特质。在最低的抽象程度上，客

---

① 见 L. Fuller, *The Morality of Law* (2nd ed. 1969); G. Gottlieb, *The Logic of Choice* 105(1968): J. Wroblewski, *The Judicial Application of Law* 103 (1992); Moore,supra p.24, note 67 at 265。

观目的反映了特定文本作者的创作意图以及该意图的有无。抽象程度不确定的情况下，探究客观目的便要将文本作者理性化，并考量这一理性作者的创作意图。抽象程度较高的情况下，就要考虑到对特定问题做出过何种法律安排以及这种安排的特征。最高的抽象程度下，须考虑客观目的是否实现了法律体系所确立的各类基本价值。笔者将上述这些客观目的称作法律的意图或法律的意志。

解释者通常能够从各种"客观"数据中了解到这种客观目的。然而某些数据特殊性过强，无法反映特定文本的客观目的，或是因为语言不同，或是因为所参照的数据信息具备着不同的法律特征。解释者也可以从类似的数据信息中发掘文本的客观目的，当然也存在一些普遍性较强的数据信息，这些信息可以自然地适用于所有的法律文本。这些具有普遍性的数据信息为所有法律文本提供了规范性支持，反映了法律体系的基础性价值观念。当这些价值观念相互冲突时，解释者可以在冲突的价值观念间建立适当的平衡，以此确定法律文本的客观目的，在这一新平衡里，法律体系中不同价值的地位得到了调整。立法者在做决定时，要考虑到不同价值观之间的重要地位，而上述这种平衡正是建立在这类考量之上的。

一个行为规范的目的是一个较为抽象的概念，有主观目的和客观目的之别。前者反映了文本创作者的内心意图，后者反映的是绝对理性的作者意图与法律体系内的基础价值；前者在不同程度的抽象上体现了个体的确切意图，后者在不同程度的抽象上体现了一种假定的意图；前者是历史事实，后者构建了当下的行为规范。

（五）目的假设的中心性特征

目的解释的一个鲜明特征，在于解释者会以设置可撤回的假设的方式来对比分析文本主观目的（作者意志）与客观目的（法律体系的意志）的材料，而这些假设本身，会不同程度抽象地反映这两种目的。法律解释的主要任务，便是在各类假设冲突时，在发生冲突的假设间进行平衡。诚然，有关目的的各类假设正是目的解释的根本所在。各类假设是灵活的，正因如此，僵化的解释规则为假设所替换。建立这些假设的前提有助于将主观目的与客观目的鲜明地带入解释过程的每一个环节之中，也强调了法律文本是客观环境的产物这一观点。不论现在还是将来，目的解释的方法都将是适用的。

（六）终极目的的构建

行为规范的主观目的与客观目的，综合地构建了该行为规范的终极目的。解释者通常将这两种目的视为统一的假设前提。一方面，解释者假设行为规范的目的是实现规范创造者的意图，另一方面，解释者假设行为规范的目的在于实现法律体系的意志。为了达成这一终极目的，解释者将主观目的与客观目的共同分析考量，依据二者的重要性程度进行排序。不同文本以及不同类型的文本的重要程度往往是不一样的。举例来说，在遗嘱中，立遗嘱者的主观真实意思是绝对的决定性因素，但在宪法中，相较于宪法文本创作者的内心意思，法律的整体意志是更为重要的。相比较之下，公众群体的整体意愿应予以相当的重视，但法律体系的意志也应给予强调。在一个法律中，客观目的与主观目的各自具备相当的重要性，而究竟孰轻孰重，则取决于不同种类法律的第二性差别（法律的新或旧、特别或一般、规则或原则等）。但不论主观目的与客观目的孰轻孰重，每种假设的前提都会在解释的过程中持续地发挥作用。

（七）目的解释的自由裁量部分

自由裁量是目的解释的第三个组成部分。自由裁量部分指解释者在少部分解释可能性中斟酌而出的判断抉择，当然了，所有可能的解释内容都要受合法性原则的约束。当可供法官自由裁量选择的可能的解释内容较为有限时，目的解释的自由裁量可以帮助法官依据法律文本的核心内容构建该文本的法律目的。因此，目的解释的自由裁量部分是决定行为准则终极目的必要因素。这种自由裁量权在目的性解释过程的不同阶段发挥作用。例如，解释者可能在语言表达受限时可能需要行使自由裁量权，评估作者意图的信息来源的可靠性，研究解决解释性问题的意图的相关性。同样，解释者可能需要运用自由裁量权来解决构建客观目的的价值观和原则之间的冲突。在为每个假设确立重要性比例，并解决其中的矛盾后，自由裁量权的主要作用即确定最终目的。当然，随着最高法院越来越多地使用目的解释，他们将用判例法来解决解释提出的一些问题，从而缩小司法自由裁量权。然而，自由裁量权在目的解释中始终占有一席之地，因为没有解释自由裁量权时，不可能构建解释理论。无论是否承认，每个解释系统都存在自由裁量权。当然，自由裁量权不应成为解释的主要因素，而应在特定情况中作为次要因素加以考量。

（八）目的和语言：目的和手段

目的解释沿着法律文本的语义范围，明确了实现规范目的的法律含义。目的是结果，语言是手段。解释者可以从手段中了解目的。目的解释承认一种假设，即规范的语言提供了有关目的的信息。当然，解释者也可以从其他来源了解目的。他或她可以寻找文本之外的任何事实或法律来源，以找到目的。他或她可能会超越手段（语言）的限制，去了解目的。

然而，解释者可能无法实现这样一个目的，至少在手段上没有最小的语义基础。目的必须在语言范围内。解释者不一定需要从阅读文本的语言中了解目的。文本的语言可以是通用的，可以有很多种表达的方式。它并不总能充分地阐明目的。然而，为了满足语义基础的要求，目的——解释者从语言以外的来源了解的目的——必须通过文本语言实现。语言作为语义媒介，必须能够承载规范的目的。

（九）目的解释的顺序

目的解释有三个组成部分：语言、目的和司法自由裁量权。解释起来并没有顺序。每个解释者都从较为合适的部分开始解释。同时，不可避免的是每个解释者的解释文本都融合了自己的性格和特点。但是，解释者不一定只用一种组成部分进行解释。他们必须依靠语言和目的。当遇到较为困难的案件时，他们还必须行使司法自由裁量权。目的解释不分阶段进行；它是一体化的。目的解释不是先研究语言再了解目的；也不是先了解一种目的，再了解另一种目的。解释概念是整体的。解释者在解释开始时，主观和客观的解释假设立即适用，并伴随着解释过程得出结论。事实上，目的解释是一个循环过程。只要解释者评估所有数据并返回出发点，那么出发点是相关的，最重要的是，目的解释并没有为解释和不解释性理论的适用设定顺序。解释者可能从不解释理论开始，然后再开始解释。

（十）法律解释中目的解释的基本问题

法律解释的根本问题是文本与语境、形式与实质之间的关系。目的解释将目的视为语境，在上下文中文本应该被赋予意义。目的是赋予文本意义的物质。目的解释对解释核心的三个次要问题中的每一个都有立场。首先，目的解释对作者的意图和法律体系的意图进行综合看待。目的解释通过假定规范的目的是实现作者意图和法律体系的"意图"，从而表达这两种意图。当两者之间存在内部冲突时，目的解释确立了解决冲突的标准。这些标准基于宪法考虑。在某些情况下，有行使自由裁量权的空间。

第二个次要问题聚焦在文本作者的意图，即到底是关注"真实"意图还是关注"表达"意图。目的解释需要注意的是文本作者的真实意图，而非作者表达的意图。解释者可以从文本语言与其他任何可信的来源中，了解作者的主观目的。尽管如此，从文本语言中所探求的主观目的通常比文本外部来源所探求的客观目的更可信。目的解释认为这个原则是可反驳的前提，这有利于从文本探求意图。此外，一旦解释者认定了作者的"真实"意图，他或她就能在作者所用的语言范围内进行解释。

第三个次要问题侧重于客观目的。这一目的揭示了文本的"客观实质"。这是法律体系的意图，同有目的的假设表达，反映了该体系的各种特征和要素的客观目的。解释者根据这些假设的相对重要性来平衡它们，从而重新解决这些假设之间的内部矛盾。

（十一）目的解释的范围：法律文本类型

尽管有大量关于解释各种法律文本的文献，但很少有学者尝试适用于所有类型法律文本的普遍性解释理论。目的解释渴望实现这一目标。它假定所有法律文本（宪法、法律、合同、遗嘱）的解释都有共同的要素，同时承认每种文本的特性。它为每一个法律文本提供了它需要的"呼吸空间"，以证明它的特性，通常表现在文本的主观目的和客观目的之间的平衡。次要区别，则根据文本的具体类型而定，然后形成这种平衡。这些区别考虑了文本的年代（对待新旧文本的方法是不同的），文本规制的问题范围（对法典的解释与特定文本不同），政权及其本质（以不同于民主政权的方式对待极权政权所创造的文本），以及每个文本的基于内容的因素会影响作者意图与法律体系意图之间的关系。

在宪法解释中，客观目的是决定因素，主观目的（立宪者的意图）起次要作用。在合同和遗嘱解释中，主观目的是首要的，客观目的起着次要和补充作用，但当没有关于立遗嘱人意图或双方共同意图的可靠信息时，客观目的就变得更加重要。在解释某些类型的合同时——例如附则、消费者合同或集体协议——法官应该更加重视客观目的。在法律解释中，主观目的（立法内容）和客观目的（合理立法者或法律体系的意图）之间的平衡取决于成文法的类型。对旧法律的解释更注重客观目的，而对新法律的解释更注重主观目的；对一般法律（如法典）的解释强调客观目的，对具体行政立法的解释则倾向于主观目的。这些区别使得有目的的解释在保留每个法律文本的个性的同时保持其解释一致性。

（十二）综合与统一

目的解释因其整体、普遍的方法而具有独特性。法官根据文本的目的，在法律体系的背景下解释文本。文本是环境的产物。两者共存。在解释某一部法律时，法官需要解释所有法律。在解释文本的过程中，解释者需要在文本与法律体系之间以及法律体系与文本之间不断游走。当解释者将每个文本的独特目的与法律体系的原则（所有文本的共同原则）相平衡时，就会出现这种情况。不同层次的抽象促进了个体和通用之间的自由流动。因此，有目的的解释寻求形成一种目的，在赋予文本的意义与围绕文本的法律制度之间创造和谐。不同程度的抽象级别有助于部分和整体之间的自由流动。因此，目的解释希望追求一个目标，即在文本的意义和围绕它的法律体系之间创造和谐。目的是文本与法律体系之间的综合和整合。当然，这并不总是可能的。有时，文本的语言会成为阻碍。有时，主观目的——某些文本的决定因素——阻碍这种综合。有时，法律体系的价值观本身相互矛盾。但是，即使这个目标无法实现，法官仍必须继续追求这种和谐统一。

（十三）目的解释的多样性

我在本书中讨论目的解释为解释的原则创造了一个总体框架。它开辟了一个解释空间。我用自己对目的解释的观点填补了这一空白。不同解释者和不同法律体系在这一领域的应用可能有所不同。例如，他们可能会对各种目的的推定内容以及它们之间的关系产生分歧。因此，我们应该区分目的解释的本质、特征和限制的总体框架，以及在该框架内，其不同而微妙的组成部分之间的相互关系。

第四章

目的解释的语义部分

一、解释理论和语义理论

（一）交际文本

　　每一种解释理论都是以语义理论为基础的，法律解释的对象是以语言为媒介表达的文本，[①] 无论是否被制定为法律。文本是交际性的，它的目的是建立一个人们将遵守的法律规范。解释是理解文本的语言。因为语言的局限性决定了解释的局限性，所以我们必须理解语言的本质及其引发的问题。困难在于没有一种理解语言的理论，每种理论都是从自己的角度来评价语言。主观理论和客观理论在这个问题上有分歧。[②] 客观理论包括外延理论和意向性理论，[③] 每一种理论都结合了本体论和认识论的方法。

[①]　见 M. Landau, "Hamishpat B'mishpat: Balshanut Mishpatit—Habalshan B'sherut Hamishpatan [Linguistics and Law]," 22 Iyunei Mishpat 37 (1999); G.L. Williams, *Language and the Law*, 61 Law Q. Rev. 71, 179, 293, 384, (1945); 62 Law Q. Rev. 387 (1946); P. Goodrich, *The Role of Linguistics in Legal Analysis*, 47 Mod. L. Rev. 523 (1984); Goodrich, *Law and Language: An Historical and Critical Introduction*, 11 J. Law & Soc. 173 (1984)。威廉姆斯在本系列的第四篇文章中讨论了语言和解释之间的联系。参见 *Law and Linguistics Conference*, 73 Wash. U.L.Q. 785 (1995)。

[②]　F. Palmer, *Semantics: A New Outline* (1976); D. Taylor, *Explanation and Meaning* (1970).

[③]　*The Theory of Meaning*, G. Parkinsoned, 1968，做出了这种划分。

（二）语言是一种符号系统

语言是一种符号系统，我们通过它来思考和交流。自然语言是一种符号或符号系统，通常被特定社会的成员用来相互交流。生活经验告诉我们——每一种法律或语义学理论都必须考虑到这一点——人们会交流。巴别塔的语义是个例外。语言是有意义的，虽然这些词本身没有内在意义，但在说同一种语言的人中间有一个公认的意义，[①] "文字，作为单纯的符号，只不过是一个没有意义的空壳" [②]。

然而，语言不仅仅是无实体符号的集合，单词在给定的语言中是有意义的。在一个语言共同体的框架内，说"汽车"和说"香烟"是两个不同的东西。"汽车"和"香烟"意味着不同的东西，即使这两个词本身并没有内在的含义。我们可以称会叫的四足动物为"猫"。但在给定的语言中，在给定的时间中和给定的语境中，单词有给定的含义。它的意思来自这样一个事实：如果我们呈现这个符号（一个会吠叫的四条腿的生物），和这个单词（dog），讲英语的人会把两者联系起来。当一个说英语的人听到或读到"dog"这个词时，他或她就会想到这种会吠叫的四足动物——狗，这就是语言的力量 [③]——那些使用它、分享它的人允许人们传递附加在不同符号上的意义。当然，任何人都可以通过私人代码表达自己的想法，但为了与他人分享这些想法，这个人必须提供一个破译代码的钥匙。

（三）语言意义的变化

语言中单词的意义不是一成不变的。[④] 语言是变化的。扎尔法蒂根据不同

---

①   A. Ross, *On Law and Justice* 112 (M. Dutton, 1959).

②   Sussman, "Miksat Mitaamei Parshanut [Interpretation]," *Sefer Hayovel L'Pinchas Rosen* 148 (1962).

③   Ogden and Richards, supra p.3, note 3 at 11. 对于这种方法的简单阐述的批评，见 A. Dickerson, "Referentia Meaning: The Static Aspects", 10 *Jurimetrics*, J. 58 (1969–70)。

④   见 Justice Holmes's comments in *Towne v. Eisner*, 245 U.S. 418, 425 (1918)。

学者的著作，列举了五个改变语言的因素：历史因素、语言学因素、社会因素、心理因素和外语的影响。[①] 当评估语言的交际能力时，我们会考虑到语言本身之外的假设系统。当然，关键的问题是，解释者应该参考语言的哪一种含义：是文本在写作当天的含义，还是在翻译当天的含义？语言本身不能给出答案。这两种意义共同确定了语义可能性的范围，它们之间的选择是由解释系统的标准指导的。目的解释赋予语言最能实现规范目的的法律意义。它可能是文本创建时语言的意思，也可能是文本被解释时的意思，这取决于手头的具体情况。[②]

（四）语言的界限与作者的责任

汉德法官的那句"言语是喜怒无常的生物"[③]，在今天和他第一次说这句话时一样正确。语言是喜怒无常的，因为人们基于语言达成的协议既不固定也不精确。自然语言不是数学。语言没有单一的、没有争议的意义，意思随上下文而变化。[④] 就像塞耶教授在 19 世纪末说的，

> 我们不在律师的天堂，在那里所有的词都有一个固定的，精确确定的意思……而且，如果写信人足够小心的话，一名律师可以拿着一份交给他的文件，坐在他的椅子上，检查文本，不抬眼回答所有的问题。[⑤]

事实上，最优秀的作者也不可能写出一篇文章，在任何情况下阅读时，都能向所有读者传达同样的意思。对于语言意义的理解总是存在着模棱两可的

[①]　G. Zarfati, *Hebrew Semantics* 118 (2d. ed. 1968).

[②]　当然，其他的解释方法得出了不同的结论，主观解释法侧重于文本创作时语言的意义，客观解释法侧重于翻译时语言的意义。

[③]　L. Hand, *The Spirit of Liberty* 157 (I. Dilliarded.3d ed. 1960). 参见 Z. Chafee, "The Disorderly Conduct of Words," 41 Colum. L. Rev. 381 (1941)。

[④]　B. Bix, *Law, Language, and Legal Determinacy* (1993). 参见 J. Steyn, "Written Contracts: To What Extent May Evidence Control Language?" 41 *Current Legal Probs.* 23 (1988); Slim v. Daily Telegraph Ltd. [1968] 2 Q.B. 157, 171。

[⑤]　J. Thayer, *A Preliminary Treatise on Evidence at the Common Law* 428 (1898).

"回旋余地"。这对于一般语言来说尤其如此，它指的是文本中没有指明的人和事。语言确实有助于人与人之间的交流，但它的局限性使交流无法接近完美。即使在一个上下文中，语言也可能意味着不止一件事，语言可以是模棱两可的，语言可以是模糊的。如果一位好作者愿意的话，他或她可以尽量减少歧义，有时候，创建一个模棱两可的文本是有原因的。① 当作者不想要歧义时，他或她所能做的最好的事情就是选择一些词语，在特定的上下文中，赋予这些词语单一的含义。②

（五）模棱两可的语言

当一个单词或句子有一种以上的语义时，语言就是模棱两可的。歧义可能是语义学或句法学的功能。当一个词在句子中有歧义时，就会出现语义歧义。一个常见的例子是使用单词 "and" 和 "or"。通常，"and" 意味着连接，而 "or" 意味着分开，但我们有时用 "and" 表示替代，用 "or" 意指联合。③

当一个句子的意义由于单词的结构或顺序而产生歧义时，就会出现句法歧义。"公用事业单位或公司"（institutions or corporations for public use）一词是含糊不清的，因为它可以指以下两种情况：（1）"公用事业单位" 或者 "公用公司"；（2）"公用事业单位" 或者 "公司"。

歧义对自然语言来说是不可避免的，也是自然的。通常，我们可以通过上下文的语言表述来解决歧义问题。然而，上下文中有许多潜在的语境，一种解释理论必须确定相关的语境。目的解释将规范的目的建立在文本的基础上作为

---

① 关于故意模棱两可的立法，J. Grundfest and Pritchard, "With Multiple Personality Disorders: The Value of Ambiguity in Statutory Design and Interpretation", 54 Stan.L.Rev. 627 (2002)。

② *Seaford Court Estates v. Asher*, 1949, 2 All E.R. 155, 164. 韦里德曼认为 "不存在纯文本" 这一观点出自我。D. Friedmann, "Liparshanut Hamunach 'Parshanut' Vihearot Lipsak Din Apropis［关于 approis 决定的说明］," 7 *Hamishpat* 21 (2002). 事实上，我认为没有一种文本在所有可能的情况下都是清晰的。然而，我很自然地认为，在文本作者试图解决的大多数情况下，文本可以是简单的。当然，只有在对文本进行了解释之后，才能确定文本是否为纯文本。

③ A. Dickerson, *The Fundamentals of Legal Drafting* 76 (1965).

相关的语境，但这种语境并不总是能解决歧义问题。在这些情况下，司法自由裁量权就是必要的。

（六）模糊的语言

当一个词或句子在细节上的应用存在不确定性时，它就存在模糊性。[①] 不确定性可能有几种情况：首先，单词或句子可能不包括其应用的充分必要条件。例如，对道德败坏相关的犯罪表述就是模糊的，因为"道德败坏"不是自我定义的。[②] 第二种模糊发生在不清楚某一特定条件是否必须适用该条款时。例如，"意图"一词是模糊的，因为不清楚它是否延伸到一种情况，即一个人不希望通过他或她的行为达到特定的结果，但他或她知道，在合理的程度上确定他或她的行为将导致该结果。第三种模糊发生在当一个词或句子用于那些没有明确定义的范围或自然终点的事物时，例如像"白天""夜晚""远""近""森林""灌木丛""山""小山"这样的词都是模糊的。它们提出了一个没有语义解决方案的边界问题。有时，[③] 但并非总是如此，从上下文可以清楚地看出一项规定属于可能性范围的一端还是另一端。然而，上下文本身可能是模糊的。在任何情况下，都需要一种解释理论来决定哪个上下文是相关的。根据目的解释，相关语境就是所讨论规范的目的。然而，在特殊情况下，这一标准并不能澄清模糊性，解释者必须进行自由裁量。

（七）相关上下文

语境有可能解决文本的歧义和模糊问题。[④] 但是什么才算是"上下文"呢？

---

① J. Waldron, "Vagueness in Law and Language: Some Philosophical Issues," 82 Cal. L. Rev. 509 (1994); G. Christie, "Vagueness and Legal Language," 48 Minn. L. Rev. 885 (1964).

② W. Alston, *Philosophy of Language* 88 (1964).

③ *Hobbs v. London & S.W. Ry. Co.* (1875) L.R. 10 Q.B. 111, 121. 参见 Lavery v. Pursell (1888) 39 Ch. D. 508, 517; Mayor of Southport Corp. v. Morriss [1893] 1 Q.B. 359, 361; Attorney-General v. Brighton & Hove Cooperative Supply Ass'n [1900] 1 Ch. 276, 282。

④ 关于两者之间的区别，见 2 E.A. Farnsworth, *Farnsworth on Contracts* 239 (1990)。

有文献区分了内在语境和外在语境。[①] 内在语境是文本语境，即被解释的句子周围的其他句子。它包含被解释的句子的章节，或包含该章节的整个文件（宪法、法律、合同、遗嘱）。外部环境更广泛，它包括文本之外的所有上下文。它包括文本的历史，文本编写前后法律的地位，法律在特定法律体系中的总体框架，以及法律体系的社会背景和基本原则。正如萨斯曼大法官在提到法律文本时所说："法律中的词语是其环境的产物，它具有表述上下文功能的特征。"[②]

关于上下文（内部或外部）的关键问题是：解释者从上下文中寻求什么？通常有很多不同的语境，我们应该把重点放在与解释活动相关的语境上。为了找到这种语境，我们应该评估解释的目的。阐释的目的决定了语境的相关性，例如，如果解释的目的是找到最令人赏心悦目的意义，[③] 如果解释的目的是实现被解释文本的核心价值，那么相关的语境将是不同的。目的解释是基于这样一种观点，即法律解释的目的是实现被解释文本的目的。目的是相关的语境。内在语境和外在语境只是我们揭示文本核心目的的手段和工具。当我们研究语境时，我们不是在寻找美，而是在寻找目的。我们需要知道解释应该使用哪种不同的上下文，以及该上下文的含义。解释理论是提供答案的必要条件。根据目的解释，相关语境是指为文本提供核心目的信息的语境。在选择可能的上下文范围时，法律解释者应侧重于提供有关法律文本核心目的信息的上下文。

（八）语言的"承受能力"

语言的本质是这样的，法律文本往往有一个以上的语义。然而，语义的数量并不是无限的，人们确实能成功地沟通。语言承载意义的能力有限，它不能维持超出特定法律共同体或当事人私法典所接受的意义。文本不是词典所能攻克的堡垒，但它确实有围墙，越了围墙就失去了意义。正如雷丁教授所指出的

---

① A. Dickerson, The Fundamentals of Legal Drafting 103 (1965).

② H.C. 65/58, Shalit v. Interior Minister, 23(2) P.D. 477, 513. 参见 Attorney General v. Prince Ernest Augustus of Hanover [1957] A.C. 436, 461。

③ 关于法律美学，见 P. Schlag, "The Aesthetics of American Law," 115 Harv. L. Rev. 1047 (2002)。

那样：

正如霍姆斯法官明智而恰当地警告我们的那样，词语当然不是水晶，但它们也不是混合词。我们不能把任何我们喜欢的东西都放进去。[1]

法官必须赋予文本语言一种不会"撕裂"单词或句子的"表面外壳"的含义。[2] 超越文本语言的解释失去了解释的功能，必须从不解释理论中获得合法性。

二、语言类型

（一）私人表述和公共语言

私法文本表达了私人意志的自主性。[3] 合同当事人可以按照自己的意愿订立合同。它们可能使用私有代码。他们可能会决定在他们的合同中，马是驴，驴是马。同样，遗嘱人可以在他或她自己的私人法典中制定他或她的遗嘱。他或她可能把酒窖称为"图书馆"，而把装酒的瓶子称为"书"。在这种情况下，语义可能性的范围既包括给定语言中的私有意义，也包括所接受的意义。法官运用相关的解释标准在这些含义之间进行选择。根据目的的解释，决定因素是遗嘱人的意思（遗嘱）和当事人的共同意思（合同），所以他们的意思通常会占上风。当然，私有代码或语言不能完全保持私有。那些使用私有代码的人必须给解释一把理解它的钥匙。一旦他们这样做了，解释者应该使用钥匙根据意思（遗嘱）或作者（合同）的意图来解释文本。

在法律或宪法的背景下，这个过程变得更加复杂，这些都是公共文件，[4]

---

[1] M. Radin, "Statutory Interpretation," 43 Harv. L. Rev. 866 (1929–30).

[2] D. Payne, "The Intention of the Legislature in the Interpretation of Statutes," 9 *Current Legal Probs.* 96, 104(1956); G. Williams, "The Meaning of Literal Interpretation," 131 New L.J. 1128 (1981).

[3] J.H. Wigmore, *Evidence in Trials at Common Law* 223 (J.H. Chadbourn ed., 4th rev.ed. 1981).

[4] W.J. Brennan, "Construing the Constitution," 19 U.C. Davis L. Rev. 2 (1985).

供公众整体使用。一项立法不是一个语言或逻辑上的谜。它是用来传递信息的。因此，它必须使用目标受众能够理解的语言，也就是说，使用公共语言。[①]一个立法机构如果说话含糊其辞，或者用不清楚的语言说话，就会错过立法的要点和本质。它通过编写目标受众无法理解的法律指令，却对违反这些指令的受众成员实施制裁，从而玷污了法治。立法机构和法律体系有一项基本义务，那就是用特定社会成员能理解的语言制定法律。[②] 话虽如此，在宪法的约束下，解释者必须考虑语言的私人意义和公共意义，两者的结合决定了语义可能的范围。这些含义之间的选择取决于相关的解释标准，目的解释以文本的目的为核心进行选择。

（二）显性和隐性意义

当文本的意义通过语言的词典意义传递给读者，并在相关的（内部和外部）文本语境中被理解时，文本的意义是明确的。当文本传递给读者时，它的含义是隐含的，而不是语言词典意义的一部分。隐含的语言是用看不见的墨水写在文本里的，它写在字里行间。迪肯森使用了下面的例子去论证隐形含义。一个儿子问他的母亲："我可以先去游泳池，然后去看电影吗？"妈妈回答说："你可以去游泳池。"她的回答中暗含了儿子不能去看电影的意思（暗含否定或"否定安排"）。她的儿子不是从语言的字典意义中，而是从显性语言的使用中，在其外在和内在的语境中获得这个意义。克罗斯教授举了另一个例子：理查德告诉西蒙："作为礼物，我要把我在伦敦的公寓、纽约的公寓和伦敦公寓里的家具送给你。"理查德的话中隐含的意思是，他没有给西蒙纽约公寓里的家具。这些都是明显的例子，但在不太明显的情况下也可以隐含意义。考虑一部宪法，它的各种条款确立了政府部门的权威和对人权的保护。可以说，宪法含蓄

---

① 当文本的作者使用私有代码而不是公共语言时，他必须附加一个额外的文本来破译代码，这样的文本在各种成文法中被视为解释性条款，甚至在英美法系国家被视为"解释性法案"。

② 见 L. Fuller, *The Morality of Law* 63 (rev. ed. 1969)。

地确立了三权分立和司法独立的原则。①

文本（宪法、法律、合同和遗嘱）的语义含义同时具有显性和隐性含义。隐含的意思也被称为"别有用心"②，或隐性③含义等。它是语义范围的一部分，就像外显意义一样。解释者通过逻辑、智力和推理来学习隐含的意思。问题不在于隐含意义是关键的还是必要的，是清晰的还是明显的，而在于隐含的含义是否合理、合乎逻辑、有根据。④

读者可能会对"暗示"的界限产生分歧。宪法中关于民主和平等选举的规定是否意味着承认政治言论自由的宪法权利？澳大利亚最高法院的判决是肯定的。这个结果是隐含的吗？我们是否越过了"隐含"意义和法院填补的文本空白之间的界限？无论定义是什么，原则上，经文都是明示或含蓄地告诉我们的。如果这两种含义之间有冲突，则显性含义占上风。更确切地说，当一篇文章具有与某一特定问题相关的明确意义时，就没有空间推断出与同一问题相关的矛盾的隐含意义：明示事实（expressum facit cesare tacitum）。的确，和明示意义一样，隐含意义决定了文本所能承受的意义。它不决定文本的法律含义。解释者从文本的语义范围（显性和隐性）中提取文本的法律意义，将规范的目的作为他或她选择的标准。

（三）寓意

"隐含意义"有两种含义。一方面，它可以是文本中隐含的意思。另一方面，隐含意义可以填补文本的空白。这两个意思有很大的不同。隐含意义作为隐含意义并不会在"不是什么"上加上"是什么"。隐含意义是文本的一部分：verba illataest inesse vinentur（隐含的词被认为是包括在内的）。就法定语言而言，本尼说，这是语言的一个事实，实际上是生活的一个事实，每一个陈述不

---

① 关于省级法院法官薪酬的参考资料，［1997］3 S.C.R. 3。
② G.L. Williams, "Language of the Law IV," 61 Law Q. Rev. 384, 400 (1945).
③ *Restatement (Second) of Contracts* §97 (1981).
④ 另一种不同的方法，见韦斯特伯里的观点 Parker v. Tootal (1865) 11 H.L. 143, 161。

仅由所表达的内容组成，而且由所暗示的内容组成。这两种说法都不比另一种更有说服力。

确定文本的隐含意义（作为隐含意义）是解释文本的一部分。另一方面，当文本包含间隙时，则存在隐含意义（或术语）。法院通过添加暗示语言填补了这一空白——将"是什么"添加到"不是什么"中。根据我的理论，这种补充是广义解释的一部分，受不解释学说的支配。

（四）自然和普通的语言，例外和特殊的语言

语义可能性的范围包括语言意义的总和。它包括自然的、普通的意义，和例外的、特殊的意义。当然，假设规范的目的是用其自然和普通的语言来表达的。这一假设源于创造法律文本是一种交际活动。然而，这种假设是可以反驳的。有时，解释者应该赋予文本语言一种特殊的意义，如果这是实现文本核心目的所必需的。在语义层面上，应像对待自然意义和普通意义一样对待例外意义和特殊意义；不同之处在于一个可反驳的假设，即规范的目的将通过自然和普通的语言来实现。

（五）字典

解释可以使用字典 [1] 作为文本所能承载的意义的来源。一本字典，无论是普通的还是法律的， [2] 可以帮助解释者（作为语言学家）确定语义可能性的范围。它不决定文本的法律含义。哈特和萨克斯指出：

> 重要的是要注意，字典从不说明一个词在特定的上下文中必须具有什么意思。它也从来没有打算这么说。一本未删节的词典仅仅是一个历

---

[1]　见 S. Thumma and J.Kirchmeier, "The Lexicon Has Become a Fortress: The United States Supreme Court's Use of Dictionaries," 47 *Buff. L. Rev.* 227 (1999)。

[2]　见 D. Mellinkoff, "The Myth of Precision and the Law Dictionary," 31 UCLA L. Rev. 423 (1983)。

史记录，不一定包括所有的含义，根据编辑的判断，在著名作家的作品中单词实际上具有的含义。

词典决定文本的含义，它不能决定特定文本的含义。它是一种语言工具，而不是理解文本法律语言的标准。法律的文字不是词典所能攻克的堡垒。所有类型的法律文本都是如此。

三、解释准则

（一）经典揭示非法律语义

大多数法律体系都有理解法律语言的规范。[①] 例如，一个词或短语的意思取决于它所处的环境，这是一个公认的准则：noscitur a sociis。法律制度也通常从语言的"是"的整体中假定语言的"否"（表述统一即排他性替代）。类似地，如果法律文本包含一串细节，后面跟着一个一般短语——比如关于"卡车、公共汽车、私家车或其他交通工具"的法律——人们可以假设这个一般短语"其他交通工具"包括了同类型的附加项目（在陆地上移动的交通工具，而不是轮船和飞机）：ejusdem generis。这些教规的法律地位是什么？有些人将它们视为法律规范，认为解释者应该使用它们来确定文本的法律含义。我不同意这种观点。教规反映的是语义规则，而不是法律规则。它们不是法律所特有的，而是理解语言时普遍适用的规则。它们是基于经验、逻辑和语言的正确使用。它们是所有法律体系和解释体系所共有的。它们属于语言领域。[②] 它们有助于确定法律文本语义可能性的范围。它们决定了文本所能承载的意义。[③] 但

[①]　关于语言规范和文本规范的区别，见 W. Eskridge and P. Frickey, "Statutory Interpretation as Practical Reasoning," 42 *Stan. L. Rev.* 321 (1990)。

[②]　法官 M. Cheshin 区分了"弱"和"强"解释规则，前者来源于语言、逻辑和理性，后者源于社会的基本原则。H.C. 5012/97 Matach Health, Support, and Welfare Services Ltd. v. Ministry of Health, 52(1) P.D. 49, 61.

[③]　法律通讯中心（编号：21），章程的解释。

是它们不能决定文本所具有的法律意义。正如哈特和萨克斯所说：

> 格言不应该像字典一样被当作一个词或一组词在给定的语境中必须具有的含义。它们只是简单地回答一个问题，即某一特定含义在语言上是否被允许。

规范很重要，因为它们决定了在没有私有词汇的情况下，解释无法发挥作用的界限。它们是确定文本法律意义这一更大工程中的工具。

一些学者反对语言规范，理由是它们相互矛盾，以至于它们变得无用。这些学者反对用教规来确定文本的法律意义是正确的，但是用经典来理解文本的语义并没有错。① 这些法典是语法和语言规则的汇编。② 作为帮助理解文本在其语言中所能承载的意义的工具，经典是有一定用处的。

（二）"否"源自"是"的语言

语言的结构和逻辑使我们能够从文本的"是"中推断出文本的"否"：表达的唯一性和排他性。③ 这是一个隐含语义的例子，它可能是消极的，也可能是积极的。当我们可以从文本的"是"中推断出否定意义时，我们就可以排除间隙的存在，承认否定安排的存在。正如克罗斯所写：

> 值得怀疑的是，这条格言是否仅仅引起了人们对一个相当明显的语言学问题的注意，即在许多上下文中，提到某些事项，就可以推断出其他同源事项被故意排除在外。

---

① W. Lattin, "Legal Maxims and Their Use in Statutory Interpretations," 26 *Geo. L.J.* 1 (1937); G. Miller, "Pragmatics and the Maxims of Interpretation," 1990 *Wis. L. Rev.* 1179, 1202.

② 不同的准则可能相互矛盾。解决冲突是根据准则本身之外的标准来完成的。在目的解释中，根据的是文本的目的。

③ E. Mureinik, "Expressio Unius: Exclusio Alterius," 104 S. Afr. L. J. 264 (1987).

当然，逻辑支配着这个经典的范围。如果我说人是会死的，你就不应该推断动物是永生的。即使有可能从"是"中推断出"否"，这种选择也不一定成为文本的法律含义。也许"是"本身只是作为一种预防措施，以消除怀疑（ex abundance anti cautela），也许这只是一个例子，也许这反映了写作的草率。[①]

（三）从具体到一般

另一个公认的经典说，如果文本包含一串细节，后面跟着一个一般的、补充的表达，人们可以把一般的表达扩展到文本中列举的其他类型的细节。例如，如果合同规定承租人在发生火灾、洪水、风暴或其他意外事件时不承担租金责任，那么"其他意外事件"一词可能就不能理解为包括由于建筑问题而无法使用所租房屋的情况。[②] 这一语言学经典指出，一组细节可能会限制一个一般的补充短语。经典运用逻辑推理，基于常识和生活经验，达到隐含意义。然而，它不是确定文本法律意义的标准，法律意义取决于规范核心的目的。

[①]　见 A. Samuels, "The Eiusdem Generis Rule in Statutory Interpretation," [1984] *Statute L. Rev.* 180。

[②]　*Saner v. Bilton* (1878) 7 Ch. D. 815.

第五章
目的解释的目的部分

一、目的的本质

（一）目的的规范性概念

根据目的解释，文本的目的是一个规范的概念。它是一种法律结构，有助于解释者理解法律文本。文本的作者创造了文本。文本的目的不是文本本身的一部分。法官根据文本作者的意图（主观目的）和法律制度的"意图"（客观目的）等信息来制定目的。

根据目的解释，解释是对文本的分析，而不是对作者的精神分析。法官使用基于主观和客观来源制定的解释标准来分析文本。[①] 遗嘱的目的不是实现立遗嘱人的意图，而是分配遗嘱人的财产。遗嘱人的意图是一种阐明他或她的财产将如何分配的手段。合同也是如此，合同的目的不在于实现当事人的共同意图，而在于实现合同的目标。当事人的共同意图是理解合同目标的一种手段。同样，法令的目的是带来某种社会变革，解释者从立法机构成员的意图等方面了解这一变化，但立法意图与目的是不同的。法兰克福法官很好地表达了这一

① *Cf.* H.C. 246/81 *Respect Association v. Broadcast Authority*, 35(4) P.D. 1, 17: "必须根据法规做出决定，而不是立法者的心理。" (Barak, J.).

观点：

> 立法是有目的的，它试图消除一些危害，弥补不足，实现政策的变
> 化，制定政府的计划。这个目标，这个政策，不像从空气中抽取氮气那
> 样；它在规约的语言中得到证明，并根据其他目的的外在表现加以解读。
> 这是法官必须寻求和实现的，他不应该被带有主观设计意味的测试所
> 误导。

宪法的目的不是实现立宪者的意图，而是为社会结构及其基本价值提供基础。解释者可以从其他来源中了解到这一目的，其中包括创始人的意图。目的是一个目标，意图（作者和"系统"的意图）是解释者了解目标的来源。文章目的的确定通常是客观目的和主观目的的结合。

（二）作为相关语境的文本目的

一个词的意思取决于它上下文语言的语境，由不同语境的重叠圈组成。上下文的数量是无限的；每个上下文都有自己的上下文，依此类推。举几个例子，上下文可以是语义的、社会的、历史的和／或依赖于价值的。法官必须从这无限的列表中选择相关的上下文。相关的背景是什么？法律文本的相关语境与文学或音乐文本的相关语境有何不同？我认为法律文本的相关上下文是提供关于文本目的的信息的数据。为了了解文本的目的，我们研究文本的语言、其他文本、文本的历史和系统的一般价值。法律文本的目的是解释其作为规范创造的唯一相关语境。

法律解释中的语境并不是从词语的美或发音的角度来说明词语，法律文本的上下文有助于从其目的的角度解释词语的含义。[1] 不同的语境——文本的整

---

[1]　关于美学在法律中的作用，见 P. Schlag, "The Aesthetics of American Law," 115 *Harv. L. Rev.* 1049 (2002)。

体语言、相似的文本、历史和法律体系的基本价值——只有在帮助解释者了解文本的目的时才具有相关性。与目的不相关（直接或间接）的语境可能有助于将文本解释为文学作品，但无助于将文本解释为规范结构。

（三）作者理性意图与作者制度意图的对话

目的解释是合理的，是作者制度的意图与实际作者的意图之间的一种对话。解释者在这种对话中扮演着双重角色。一方面，他们生活在当下，他们的理解（有意或无意）是法律制度当代价值的产物。另一方面，解释者试图理解过去创造的文本。他们试图发现文本核心的意图。解释者不断地在过去和现在之间来回"移动"。他们考虑到文本作者的历史意图和系统的现代意图。在这两种意图的基础上，他们制定了文本的核心目的。

（四）"文本要达到的目的"

有时人们说，有目的的解释是基于规范"设计"要达到的目的。"设计"一词可能会给人一种错误的印象，即它指的是文本作者指定的（主观）目的。文本所要达到的目的是由法官决定的规范性概念。为了作出这一决定，法官要看文本作者指定的目的（作者意图，主观目的）以及系统为该文本指定的目的（系统意图，客观的目的）。这一决定不是由解释者完全决定的。目的解释为确定文本所要达到的目的设定了指导方针。这些准则界定了主观目的的界限，确定了两种目的之间的关系，形成了文本的最终目的。

（五）目的假设的直接适用和缺乏统一的起点

主观目的和客观目的适用于所有法律文本。由此产生的有目的的假设——主观和客观目的的假设——总是适用的。无论文本是否"普通"，它们都立即适用。法官假定的目的法律文本，既要实现其作者的意图，又要实现合理作者的意图和制度的价值（制度的意图）。虽然这两种假设可能相互矛盾，但它们同时适用。法官解决他们之间的矛盾，当这种矛盾存在时，只有在解释过程的最后，法官审查文本及其周围的环境，以了解主观目的的内容以及关于它的信息的可信度。根据文本的类型决定主观意图和客观意图的权重，在制定最终目标时，要考虑到这些因素。

这一过程遵循两个原则。第一，主观目的和客观目的始终伴随着阐释的过程。我们不能说法官根据文本作者的意图来解释一种特定的文本，如合同或遗嘱，而根据制度的意图来解释另一种文本，如宪法或法律。情况总是有可能要求法官在解释遗嘱或合同时重视制度的意图，或在解释宪法或法律时重视发件人的意图。法官在解释过程结束时决定给予主观或客观目的的多少权重。第二，没有主客观目的的原则性出发点。这两个目的都是立即适用的。每个裁判可以选择他或她认为最好的起点。在没有相反资料的情况下，法官可以在此起点结束。然而，当法官发现相反的信息时，他或她必须继续进行解释过程。法官必须评估他或她开始解释过程时的假设——客观目的或主观目的——是否仍然有效，或者新信息是否反驳了原来的假设。

二、多种目的

（一）法律文本的目的不止一个

目的解释假定每个法律文本都有多种客观和主观目的，有时这些目的存在于相同的抽象层次（水平目的）。然而，不同的目的通常存在于不同的抽象层次（垂直目的）。通常，这些目的之间的关系是法官可以表述的，最终目的是在不诉诸司法自由裁量权的情况下确定文本的法律意义。有时，目的是相互矛盾的。在这种情况下，解释者必须解决冲突，同时实现各种目的之间的综合与和谐。有时，他或她必须谨慎行事。

（二）多重主客观目的

多重目的现象存在于主观目的和客观目的的双重语境中。在主观目的语境中，文本的作者往往试图通过他或她所创造的文本实现一些目标。想想立遗嘱的人，在写遗嘱的过程中，他或她可能会有很多想法，从分配财产的抽象概念开始，包括分割的细节。或者，考虑一个试图通过一项立法实现多个目标的立法机构。它可能会通过一项税收法律，以期增加收入并重新调整财富的社会分配。有时，一项法律有若干目的，因为立法机构的成员不能就单一目的达成一致意见，却就单一案件达成一致意见。客观目的也是如此。这可能是作者的目的，如果他或她作为一个理性的人，他或她会渴望实现可能是一个理性的作者所设想的目的；它可能是某种特定规范的自然目的；它可能是实现制度的基本价值的目的，如自由和公共福利。所有的目的都以假设的形式出现在解释者面前，其地位由赋予每个目的的权重决定。

（三）水平的目的

当目的存在于同一抽象层次时，它们是水平的。以一项涉及未成年人法律能力的法律为例。除其他外，该规约旨在实现两个横向目的：第一，保护未成年人并允许他们采取行动；第二，保护与未成年人交易的第三方的利益。同样，强奸法律定在某些情况下与精神残疾者发生性关系的刑事责任，目的是达到两个横向目的：第一，保护精神残疾者不受剥削；第二，允许智障人士发生性关系并组建家庭。为完成法律行为而要求书面的立法，旨在防止鲁莽行为和确保存在证明手段（欺诈法）。我们可以类似地分析任何规范性文本。例如，宪法既保护个人的名誉，也保护他或她的言论自由。这两个基本值存在于同一抽象级别。

（四）垂直的目的

垂直目的存在于不同的抽象层次。两个参数决定抽象的层次：第一，被规范或处理的主题的特殊性或普遍性的层次；第二，规范性安排的核心内容承载价值的程度。这些参数创建了一系列抽象级别。

考虑合同的客观目的。在最低层次的抽象中，客观目的集中在合同各方身上，试图确定他们的意图是什么，就好像他们对这个问题表达了意见一样。在中间抽象层次上，重点不是合同的当事人，而是合理的当事人。它问的是，如果当事人作为理性的人行事，他们的客观目的是什么。在这个抽象层次上，根据现有的数据，不能推测当事人的意图是什么，而是推测合理的当事人的意图是什么。解释者把一个通情达理的人介绍到合同的情况中，而不是介绍实际当事人的特点。在抽象的下一个层次，解释关注于特定类型的合同的典型目的。他们从具体的合同中脱离出来，专注于合同类别或类型的目的。在最高层次的抽象中，解释者脱离了合同的类别或类型，并确定了反映法律体系基本价值的合同的客观目的。最后一项探究将发现，契约的客观目的是实现平等、正义和其他基本价值。

类似的分析也适用于不同抽象层次的立法。在较低的抽象层次上，规约的目的是规约所要实现的个别目标。在更高的层次上，解释者专注于特定类别或类型的法律旨在实现的目标。最高层次是构成所有立法共有的一般客观目的的制度的基本价值。最后一个目的是一种"规范保护伞"，延伸到系统中的所有规范。

（五）不同目的之间的关系：和谐推定

通常，各种各样的目的——以及由此产生的假设——是和谐的。文本作者的主观意图，在其不同的层次上，指出了一个明确的主观目的，指导解释。通常，文本的作者是一个行为合理的人或实体，使个人的主观意图与制度的客观意图相协调，创造文本的群体（如立法机关或多方合同的当事人）的集体意图与社会的集体意图相协调。在这些情况下，各种目的混合在一起，不需要解释自由裁量权。绝大多数的解释实例都属于这一类。解释的结果是明确的，这个问题不会被提交给法院。鉴于这种情况的频繁发生，我们可以承认一种双重假设：一方面，我们假设作者的主观意图与制度的客观"意图"相协调，并力求实现。另一方面，我们认为制度的客观意图反映并力图实现作者的主观意图。当然，这种双重假设是可以反驳的。然而，只要它成立，解释者可以根据自己的喜好将自己置于主观或客观的目的中。在一天结束时，这两个目的，以及解释者从中推断出的最终目的，将导致相同的结果。

（六）不同目的之间的关系：互补与和谐

在大多数情况下，各种各样的目的——以及由此产生的假设——相互补充，相互加强，并有助于相互解释。例如，对发件人的意图进行事实调查可能会对该意图的范围产生怀疑。即使事实毫无疑问，作者主观意图的各个层次（横向或纵向）之间也可能存在不协调。在这些情况下，客观目的可能会帮助解释者。解释者假定文本的作者是一个理性的人，在法律制度及其价值的范围内，他或她试图实现制度的价值。这一假设有助于解决主观目的的疑问：译者在各种不一致的目的中选择与客观目的一致的主观目的。同样，在一组给定的事实中，不同层次的客观目的可能导致不同的结果。在这种情况下，解释者根据规范的目的是实现其创造者的意图这一假设来选择客观目的。

在不同的目的之间有连续的反复，每一个都影响着另一个。解释者寻求完整和统一，而不是冲突。想想一个遗嘱人，她命令把她的财产分给"我的孩子们"。假设不清楚她是将财产遗赠给她写遗嘱时所生的孩子，还是她去世时所生的孩子。解释者可以参照该制度保障遗嘱人子女之间平等的意图来解决这一疑问。如果有关"她的子女"的规定出现在有关继承的法律中，情况也是如此。当对立法意图存在疑问时，解释者根据财产均分的制度"意图"来解决。

（七）目的之间的矛盾

通常，目的的多样性不会造成解释上的困难，要么是因为所有的目的都导致与一组给定事实相同的语义含义，要么是因为一些目的如此不同和远离其他目的，以至于它们对与一组给定事实相关的语义含义没有影响。当然，解释者必须尽一切努力解决不同目的之间的矛盾。这就是目的解释的独特性——它考虑到所有的目的，并试图综合它们。

当这些努力失败时会发生什么？ [①] 在这种情况下，解释者必须在相互冲突的目的中作出选择。有目的的解释并不赋予解释者在所有这类情况下的自由裁量权。它为解释者提供了关于文本目的的假设，并试图建立一种规范安排，以确定解决这些不同假设之间矛盾的标准（以规则和原则的形式）。只有在这些标准不存在的极少数情况下，解释者才保留自由裁量权。其中一些标准可能适用于所有规范性文本，而另一些则适用于特定类型的规范性文本（宪法、法律、合同、遗嘱）。法律文献和法学尚未充分发展这一主题。我们可能会提出一些适用于所有法律文本的标准，一些普通法尚未承认的标准。我在这里的工作是一个进一步思考的建议，其他人可能会采取不同的方法。

我建议解释者应该总是更喜欢低抽象层次（主观或客观）的目的，而不是更高抽象层次的目的。当在给定抽象层次上的冲突目的之间进行选择时，解释应该选择与更高抽象层次上的目的相协调的目的。在给定的抽象层次上，主要目的应该优先于次要目的，特定目的应该优先于一般目的。在主观目的的背景下，这个排名假设关于各种目的的信息是相同的可靠性。当主观目的信息的可靠性发生变化时，解释者应该选择最可信信息存在的目的。当冲突发生在涉及法律制度原则的（高）抽象层面时，解释者应该通过平衡（横向或纵向）冲突的价值观来解决矛盾。在这样做时，他或她应考虑到，除了其他事物，应在作出决定时考虑到相互冲突的价值观的重要性和地位。

（八）主观目的与客观目的的矛盾

目的解释解决的核心问题是主观目的与客观目的的关系问题。解释者应该综合和协调这些目的，使两者相辅相成。但是当不可能和谐的时候会发生什么呢？当主观目的的假设与客观目的的假设相矛盾时会发生什么？最终目的是如何确定的？原则上，目的解释说取决于文本的类型：宪法或成文法，或宪法或成文

---

① 当目的之间的冲突是有意为之时，这种情况最有可能发生，例如立法机构的成员就统一案文达成一致，但不就统一目的达成一致。

法与意志或契约相对立；新的或旧的文本；定义特定问题的文本或试图规范整个领域的文本；在同一法律体系中创造和解释的文本，或在一个体系中创造但在另一个体系中解释的文本；基于规则的文本或基于原则的文本。在解释过程中，文本类型的差异影响着作者意图与系统意图之间的关系，因此，有目的的解释对每个文本的本质和类型都很敏感，试图表达每个文本所处理的社会需求。

（九）在不同的目的中没有"早"或"晚"

在不同的目的中有"早"还是"晚"？解释者必须从假设 X 开始，只有在用尽它之后才能继续假设 Y 吗？目的性解释说对此持否认态度。阐释的过程是整体性的，解释者在一个与出发点无关的圈子里移动，只要他们绕回起点，耗尽整个过程。因此，在解释遗嘱时，解释者可能从客观目的开始，然后才转向主观目的。他们可能走"捷径"，假定制度的意图也是遗嘱人的意图。但是，如果这一假设遭到反驳，他们必须继续进行解释过程，直至穷尽。

（十）缺乏目标

是否有法律文本不包含与解释规范文本相关的目的？我的答案是否定的。总是有一个目的来指导解释者沿着文本的语义范围精确地确定文本的法律意义。在某些情况下，文本作者的意图可能与在特定的事实语境中解释文本无关。这种情况可能发生在作者意图存在于较低抽象层次的情况下，与解决法官面临的解释问题无关。有时不可能知道文本作者的意图，就像全民公决的情况一样。我们怎么知道所有选民的意图？同样，解释者在试图将主观意图定位于习俗的核心时也面临着特殊的问题。在这些和其他情况下，解释者面临的是一种事实情况，在这种情况下，没有关于文本主观目的的信息。然而，就客观目的而言，情况并非如此。它总是存在的，它总是相关的。我们总能回答一个理性的作者会设想什么。我们总是可以构建一个客观的目标来实现制度的基本价值。这些价值观念的普遍性及其运作的高度抽象性，总是使法官能够制定与解决具体法律问题有关的客观目的。我们永远不会面对没有目标的情况。

第六章

主观的目的：作者的意图

一、主观目的的本质

（一）真正的意图

法律文本的主观目的是其作者的主观意图。

当作者是个体时，主观目的是作者的意图。对于遗嘱来说，它是立遗嘱人的意图。当两位作者创作文本时，主观意图是两位作者的共同意图。这是大多数合同的情况，其中主观意图是合同双方的共同意图。当文本的作者是一个集体时，它是该实体（制宪会议的成员，立法机构的成员）的意图。文本作者的意图包括作者试图实现的价值观、目标、利益、政策、目的和功能。主观目的反映了作者在创作文本时的真实意图。这是一个物理—生理—心理—历史的事实。这是一个"考古"事实。[①] 这是一个"遗传"的事实。[②] 这是一个"静态"的事实，它不随时间变化。客观目的不是作者的意图，如果他或她考虑过

[①] 关于"考古"一词在这方面的讨论，见 A. Aleinikoff, "Updating Statutory Interpretation," 87 *Mich. L. Rev.* 20 (1983)。

[②] 德国传统使用"基因解释"一词来指代主观解释，见 R. Alexy and R.Dreier, "Statutory Interpretation in the Federal Republic of Germany," in *Interpreting Statutes: A Comparative Study* 85 (D.N. MacCormick and R.Summerseds., 1991)。

这个问题，也不是理性人的意图；这些类型的意图构成客观目的。主观目的是文本作者的"真实"意图，即作者在创作文本时所具有的意图。客观意图在高度抽象的层面上对所有法律文本基本上是相同的，与之相反，主观意图对每个文本都是特定的，并且在文本创建时就确立了。根据主观目的来解释法律文本是既成解释。它将我们带回到文本原本的含义，如果在它被创造的那天被解释的话。

（二）主观目的：真正的意图，而不是假设的意图

主观目的是文本作者真实的意图，而不是假设的意图。"假设意图"这个短语是模棱两可的。从某种意义上说，它指的是一种情况，在这种情况下，真正的意图是未知的，但解释者对它是什么做出了一个（假设性的）假设。只要这一假设是基于法学界的生活经验，就可以作为对真实意图的推定。它成为证明作者真实意图的一种方式。"假设意图"的第二种含义是文本作者实际上从未有过的意图，但这可以归因于他或她的假设，即如果他或她考虑过这件事，他或她就会有这个意图。这是个人假设的意图。①因为这种意图不是真实的，而是推测的，所以它构成了文本客观目的的一部分，而不是主观目的的一部分，处于较低的抽象水平。"假设意图"的第三个含义是作者没有真正的意图（不是真正的意图），如果他或她考虑过这个问题（不是个人假设性意图），就不能归因于他或她。然而，这是文本作者作为一个理性人所具有的意图（一般假设）②。因为它不是真实意图，所以不构成主观目的的一部分。它是推测的意图，在几个抽象层次上运作，它构成了文本客观目的的一部分。

（三）隐含意图：意志理论与表达理论

隐含意图是主观解释的一部分吗？这取决于如何定义隐含意图。如果隐含

---

① M.L. Fellows, "In Search of Donative Intent," 73 *Iowa L. Rev.* 611, 612 (1992).

② Ibid., 613 (1992).

的意图是指文本作者没有表达的意图，并且隐藏在他或她的心里，那么它不构成主观目的的一部分。这种意图，由于其隐蔽性，永远不可能被解释者所知。那么问题就必然是，我们是否能够考虑到在解释的某个阶段被揭示出来的隐含意图。在这种情况下，如果有关意图的信息来自文本语言之外，那么意图就是隐含的。解释者会考虑这个意图吗？这个问题唤起了人们所熟悉的"意志论"和"表达论"之间的争论，即如果解释者从文本之外的来源了解到作者的真实意图（意志论），解释者是否可以洞察作者的真实意图，或者解释者是否应该只考虑从文本本身能够了解到的意图（表达论）。目的解释反对表达理论。它并不强制要求有关（主观）意图的信息仅来自文本的语言。要求只是通过文本语言实现意图的可能性，即使有关意图的信息来自外部来源。

关于隐含意图的真正问题是：在何种情况下阐述文本作者的意图时，解释者可以考虑从文本外部来源了解到的意图？我的回答是，可以使用外部信息，但其权重要根据每个案例的具体情况来计算。想想立遗嘱的人，在他或她死后，一封解释他或她意图的信浮出水面。这些信息在理解遗嘱人的意图时可能具有重要的分量。考虑到这一点不会伤害任何人，因为没有人有依赖利益。考虑 A 和 B 之间的合同，其相关意图是双方的共同意图。如果 A 在合同成立时就知道 B 的隐含意图，那么这种意图是非常重要的，解释者应该给予应有的重视。① 如果 B 不知道 A 的隐含意图呢？解释者同意他们不需要考虑一个人不知道的意图，也不需要知道另一个人的意图。这是一个隐含的意图，即使根据意志理论，解释者也不需要考虑。不太清楚的是以下情况：一方有另一方不知道的意图，但另一方可以通过采取合理措施了解该意图。在这种情况下，解释者是否应该考虑隐含的意图？遗嘱中不会出现这个问题，因为在没有信赖的情况下，没有其他当事人需要知道。然而，这个问题确实出现在合同法中。合同一方当事人有另一方不知道的意图，但另一方可以通过采取合理措施发现。在

---

① J. Murray, "The Realism of Behaviorism under the Uniform Commercial Code," 51 *Or.L. Rev.* 269, 272 (1972).

这种情况下，一方当事人的意思是否可以视为双方当事人的共同意思？比较法资料认为是的，并且是适当的。

（四）意图推定

主观意图作为一种假设出现在解释者面前，即文本的目的是实现作者的意图。这个意图是一个事实问题，需要以证明任何其他事实的方式来证明。举证责任通常由声称存在某种意图的人承担，并被充分的证据证明。假设有助于确定主观意图，因为其中一些是基于生活经验和常识的事实假设（假设）。其他推定是法律推定，如推定文本的作者是一个理性人，或者推定作者的意图是为了实现制度的意图。形成客观目的的不同假设也可能提供有关主观目的的信息。关于主观目的的法律和事实假设都可以通过证明它们不符合文本作者的意图，或者如果它们指出在文本作者的头脑中作为历史事实似乎不存在的意图来反驳。

（五）主观目的与理性人

英国普通法根据理性人的标准来理解文本作者的意图。[1] 因此，在解释遗嘱时，法官会问一个站在立遗嘱人立场上的理性人的意图是什么。[2] 在解释合同时，法官会问一个站在合同双方立场上的理性人的意图是什么。[3] 对于法律而言，问题在于一个理性的人如何理解立法意图。[4] 目的性解释则持不同观点。在考虑主观目的即作者意图时，它寻找的是作者的真实意图，而不是理性人的

---

[1] J. Steyn, "Interpretation: Legal Texts and Their Landscape," in *The Coming Together of the Common Law and the Civil Law* 73, 81 (B. Markesinis ed., 2000)。

[2] O.W. Holmes, "The Theory of Legal Interpretation," 12 *Harv. L. Rev.* 417 (1899). 福尔摩斯运用客观的方法来解释所有文本，包括遗嘱。

[3] 见 Lord Wilberforce's opinion in *Reardon-Smith Line Ltd. v. Hansen-Tangen* [1976] 3 All E.R. 789: "当一个人谈到合同双方的意图时，他是在客观地说话——当事人自己不能提供他们的意图是什么的直接证据——必须确定的是，如果处于当事人的处境，理性人会有什么意图。" 参见 L K. Lewison, *The Interpretation of Contracts* 2, 8 (2d ed. 1997)。

[4] R. Cross, *Statutory Interpretation* 26 (J. Bell and G. Engle eds., 3d ed. 1995).

意图。目前尚不清楚为什么我们应该考虑理性遗嘱人的意图，而不是实际遗嘱人的意图，后者的遗嘱是解释的主题。① 同样难以理解的是，法院为什么要确认合同当事人的"客观"意图，即合同的合理当事人所具有的意图，而不是他们共同的主观意图。在没有关于遗嘱人主观意图的信息或没有合同各方共同意图的情况下，我们可能会考虑合同或遗嘱的客观观点。然而，在可以发现这些真实意图的地方，为什么要忽视它们呢？客观观点寻求保护信赖利益，但如果双方当事人有共同的主观意图，为什么要忽略它而代之以理性人的主观意图？解释成文法也是如此。我们可以像客观的解释系统那样推断，立法意图是不相关的，解释标准是一个理性的读者会赋予法律的含义。然而，如果我们同意立法意图是一个适当的解释标准，为什么不确定这个（主观）意图呢？继续使用立法意图的术语，而实际上却不认真对待，这难道不是在欺骗公众吗？②

目的的解释道出真相。在一定程度上，它考虑了作者的意图——这个程度随文本类型的不同而不同——它处理的是作者的"真实"意图。它对一个站在作者立场上的理性人的意图不感兴趣。理性人是客观目的的主体，在解释中占有重要地位。然而，作者的（主观）意图是指他或她的实际意图，而不是一个理性人的假设意图。法律学者指出，很难确定这一实际意图。③ 然而，我不同意这样的说法，即我们永远不可能知道这篇文章的作者想要实现什么。④ 法律上对确定性和安全的需要证明了将意图客观化是正当的，⑤ 如果我们能把刑

---

① 见 Justice H. Cohen's comments in C.A. 357/61 *Executor of D. Boger's Estate v.* A. Boger, 16 P.D. 150, 159："我反对这样一种说法，即我们应该从理性人、'公正'人的行为中推断死者的意图……或者，被赐予智慧的人……将会遗赠：也许，当没有明确的事实表明死者以言语或行动表达的意图和愿望时，就会采取这种观点；但当事实证明遗嘱人的意图时，这些假设就没有用了。"

② 关于不同的解释，见 R. Cross, *Statutory Interpretation* 29(J. Bell and G. Engle eds., 3d ed. 1995)。

③ 见 D.W. McLauchlan, "The New Law of Contract Interpretation," 19 *New Zealand U. L. Rev.* 147 (2000)。

④ Steyn, "Interpretation: Legal Texts and Their Landscape," in *The Coming Together of the Common Law and the Civil Law* 80 (B. Markesinis ed., 2000).

⑤ 见 *President of India v. Jebsens (UK) Ltd.* [1991] 1 Lloyd's Rep. 1, 9。

法——其后果对个人和社会都是严酷的——建立在主观的意志和意图（犯罪意图）的观点上，那么我们当然可以把一种解释理论建立在这种主观方法的基础上。大陆法对意图采取主观方法①，它还没有被证明比英国法律享有更少的确定性和安全性。事实上，英国普通法没有足够认真地考虑作者的意图。② 有目的的解释考虑了主观意图，尽管它并不总是使其成为主要因素。它也将推测和假设的意图视为客观目的的一部分。它们是两个独立的、不同的来源，形成并帮助形成（最终）目的。

（六）时间考验中的主观目的：静态目的

主观目的是指在某个时间和地点发生的事件。作者在过去的某个时间点表达了他或她的主观意图。作者的这种（主观的）历史意图在时间上是固定的。它不会改变或移动位置。它不是一个动态的意图，其特征会随着时间而变化。我们可以构建一个考虑到文本作者不断变化的主观意图的解释系统。主观目的所固有的任何东西都不会阻止这一点。例如，我们可以决定遗嘱人的意图包括他或她立遗嘱时的意图以及之后的意图。缔约各方的共同意图也是如此。是否愿意考虑这些主观意图的变化，应由每个法律体系来决定；③ 主观目的论在这个问题上没有立场。④ 然而，目的解释考虑的是作者在创作文本时的主观意图，而不是之后的主观意图。

---

① 见 sec. 133 of the B.G.B.; sec. 1362 of the *Italian Civil Code*; sec. 1425 of the Quebec Civil Code。

② 最近有人呼吁更认真地对待主观意图，特别是在合同解释领域，见 D.W. McLauchlan, "The New Law of Contract Interpretation," 19 *New Zealand U. L. Rev.* 147 (2000)。现在，当合同的一方知道另一方的主观意图时，英国法律授权主观方法，见 J.Steyn, "Contract Law: Fulfilling the Reasonable Expectations of Honest Men," 113 *Law Q. Rev.* 433, 440 (1997)。对禁止承认故意证据的批评愈演愈烈，现在，法官在解释成文法时可以参考《议事录》，见 *Pepper v. Hart* [1993] 1 All E.R. 42。关于对方法变化的抵制，见 J.Steyn, "*Pepper v. Hart: A Re-examination*," 21 *Oxford J. Leg. Stud.* 59 (2001)。

③ 一般做法是不考虑遗嘱人立遗嘱后（遗嘱后）的意思。T. Kip and H.Coing, *Erbrecht* 145 (13th ed. 1978).

④ 然而，说文本产生后形成的任何意图都是客观目的一部分是错误的，我对客观目的的定义并不包括这种不断变化的主观目的。

（七）主观目的的多样性

法律文本通常有若干主观目的。有时，这种多样性是故意的，而在其他时候，它是由作者或作者律师的粗心造成的。当作者是一个多成员主体时，不同的目的很可能是相互冲突的目的之间妥协的产物。有时，成员在文本语言上妥协，同意不就文本设计的目的达成一致。[1] 一篇文章很少，只有一个主观目的。我们区分了水平目的的多样性和一些垂直目的：在解决横向目的时，作者使用文本在同一抽象层次上实现多个目的；在解决垂直目的时，作者使用文本来实现许多目的，其中一个目的比其他目的更一般，更抽象。这种多样性并没有否定主观意图的重要性。然而，它确实表明，主观目的通常不会导致明确的解释性结论。不同的目的导致不同的解释结果。主观目的本身并不是决定它们之间关系的充分框架。主观目的虽然与解释过程有关，但它本身不足以完成解释过程。

二、抽象目的与具体目的

（一）具体意图（"结果主义意图"）

主观目的是文本作者寻求实现的价值、目标、利益、政策、目的和功能。有时，我们可以通过作者创造的文本，识别作者在特定情况下达到特定结果的意图。按照德沃金的说法，我称之为"具体意图"[2]（或结果主义意图）。例如，遗嘱人将她的财产遗赠给"我的孩子们"。事实证明，她只理解

---

[1]　见 J. Grundfest and A.C. Pritchard, "With Multiple Personality Disorders: The Value of Ambiguity in Statutory Design and Interpretation," 54 *Stan. L. Rev.* 627 (2002)。

[2]　R. Dworkin, *A Matter of Principle* 48 (1985); R. Dworkin, *Freedom's Law: The Moral Reading of the American Constitution* (1996). 它也被称为解释意图。关于不同类型的意图的讨论，见 K. Greenawalt, "Are Mental States Relevant for Statutory and Constitutional Interpretation?" 85 Cornell L. Rev. 1609 (2000); K. Greenawalt, *Statutory Interpretation: 20 Questions* (1999)。

"我的孩子"是指她在写遗嘱时所拥有的孩子。同样，合同要求"尽快"采取特定行动。事实证明，双方对"尽快"的含义是有理解的。一项法律对"车辆"造成的损害规定了严格的责任。立法会议员的理解是，"车辆"不包括火车。宪法将"人的尊严"确立为一项宪法权利。制宪会议的成员明白，"人的尊严"不包括平等。在每一种情况下，文本的作者都有一个具体的或结果主义的意图。应该在主观目的的范围内考虑吗？法官是否应该只考虑影响文本含义的作者意图（抽象的主观意图）？[①] 或者，法官是否也应该考虑在特定情况下这种意义的后果的权威意图（具体的或结果主义的意图，具体主观意图）？法官是否应该考虑作者对他或她所写的文本将如何应用于特定情况的期望？[②]

（二）具体意图揭示抽象主观目的

当然，我们应该考虑具体意图作为抽象主观目的的信息来源。了解文本作者的结果主义意图可能会给判断者提供关于作者（抽象）主观目的的信息。在这种情况下，法官遵循作者的道路，但方向相反。作者制定了一个抽象的目的，并给它披上了语义的外衣，同时得出了对其解释结果的结论。法官从作者希望达到的结果出发，从中推断出指导作者的抽象目的。有目的的解释承认这种步骤的回溯是适当的司法活动。

（三）具体意图的重要性

法官在解释法律文本时应给予具体意图多少权重？根据"回溯步骤"方

---

① 见 R. Dworkin, *A Matter of Principle* 48 (1985)。有时，德沃金将其称为语义意图，见 R. Dworkin, "Comment," in A. Scalia, *A Matter of Interpretation: Federal Courts and the Law* 117 (1997)。马莫尔将这些关于文本意义的显性和补充性意图称为"目的和进一步意图"。A. Marmor, *Interpretation and Legal Theory* 166 (1992).

② 有些人把具体的意图称为"意图"，把抽象的目的称为"目的"，见 Manning, "Textualism and the Equity of the Statute," 6 *Colum. L. Rev.* 1 (2001).; A. Cox, "Judge Learned Hand and the Interpretation of Statutes," 60 *Harv. L. Rev.* 370 (1947).

法，他们应该给予抽象意图同样的权重。目的解释是否赋予了它额外的权重？难道我们不能说文本的授权解释者就是文本的作者，因此，法官应该赋予其具体意图在解释中的特殊地位吗？如果解释对文本的解释（考虑其抽象目的）与作者对文本的解释（具体意图）发生冲突，哪种解释更有优势？根据目的解释，法律文本的授权解释者是法官而不是作者。因此，作者的具体意图并不比抽象目的更重要。具体的（结果主义的）意图可能作为关于抽象目的的信息来源影响法官——仅此而已。作为抽象目的决定因素的具体意图的权重取决于文本的类型。考虑一下遗嘱，本着尊重遗嘱人意愿的一般精神，翻译人员将给予遗嘱人的意图以重要的权重，从而也将给予遗嘱人的具体意图以重要的权重。同样，本着尊重私人意志的精神，法官也会对合同各方的共同意图给予相当的重视。因此，法官也会对当事人共同的具体意图给予相当的重视。[①] 如果一方当事人声称法官应赋予合同不同于他或她与另一方当事人所赋予合同的含义，那么他或她就不是在善意行事。

然而，当我们制定法律或宪法时，抽象的主观目的的影响力就会减弱——这意味着立法者和开国元勋的具体意图的影响力也会减弱。这一结果符合三权分立的宪法原则。宪法赋予法院解释法律和宪法的任务。法律或宪法作者的"解释意图"不能绕过这一宪法原则。考虑一项法律：禁止从合法拘留中逃跑。一个被放了几个小时假的囚犯没能按时回来。根据现有资料，该狱规的（抽象）目的是维护监狱秩序和纪律，保护公共福利。假设立法机关的具体意图（结果主义意图）是，一个囚犯如果没有从休假中按时返回，将不会被认为已经逃脱了法律的监禁。然而，解释者认为，为了达到抽象的目的，休假后未返回应被视为逃跑。在我看来，对此人该如何管制，解释者应该优先考虑抽象的目的。他或她应该认识到立法机构的成员可能会犯错误。解释者应该认识到，他或她有义务尽其所能地对法律进行解释，以达到法律的目的——即使这与立

---

① *Restatement (Second) of Contracts* §201(1) (1981); Farnsworth, supra p. 101, note 21 at 245.

法者的解释相矛盾。三权分立原则规定了这一结果。[①] 解释宪法也是如此，制宪会议成员的解释意图只有在它指导他们的抽象意图解释时才有意义。[②]

三、主观目的与多作者问题

（一）一个作者，两个作者和多个作者

法律文本因作者的数量和他们之间的关系而异。从这个角度来看，最简单的文本就是遗嘱。它通常有一个作者，其意图是确定主观目的时唯一要考虑的。二人以上对遗嘱内容订立共同意旨的除外。然而，一般而言，就主观目的而言，遗嘱是最简单的规范性文本。像遗嘱一样，行政命令或法律通常具有单一的意图，即命令的作者意图。这样一来，命令就类似于遗嘱，两者就不同于合同，在合同中法官必须考虑当事人的共同意图。

在双方合同中，意思是双方当事人的共同意思；在多方合同中，它是所有合同当事人的共同意思。在两方合同中，双方的意思是相反的。一个想卖，另一个想买。共同的意思产生于这两种对立的意思之间的冲突。有时，合同中的不同意思——比如构成公司章程基础的股东之间的合同——并不冲突，而是结合在一起。由多个作者创建的行政命令也会出现类似的情况，例如由多个政府官员颁布的法律。在这种情况下，主观目的就是这种共同意图的综合。然而，有时意图属于许多参与者，包括赞成文本的人和反对文本的人、参加表

---

① 见 F.H. 36/84 *Teichner v. Air France French Airlines*, 41(1) P.D. 589, 619，有理由将准备工作作为关于规约总体方向的资料来源。然而，就我个人而言，我怀疑这种参考是为困扰解释的具体问题找到具体解决方案的适当方法。法官必须给出具体的解决方案，而不是将寻找解决方案的权力委托给其他人。重要的是要参考准备工作，主要是了解规约的基本方向，而不是参与者对他们创造的公式的解释（Barak, J.）；H.C. 142/89, *Laor Movement, One Heart and A New Spirit v. Speaker of Knesset,* 44(3) P.D. 529, 544，法官从立法历史中寻找有关立法目的的信息。他没有用它来研究以色列议会成员的解释观点，他们如何理解或解释一个概念或表达，或者他们如何解决法官面临的法律问题（Barak, J.）。

② 见 L. Tribe, *American Constitutional Law* 54 (3d ed. 2000)。

决的人和弃权的人。这就是立法机关的情况。我们如何确定这样一个多成员机构的主观意图？在两院制立法机构中，两院各自意图之间的关系是什么？我们如何在公投中确定主观意图？确定作者的（主观）意图并不像乍一看那么容易。① 参与拟定文本意图的人越多，确定文本意图就越困难。解释有时会意识到不可能识别作者的主观意图，他们应该放弃搜索。这就是解释公投的情况。

作者的多样性并不一定会削弱主观目的的作用。如果解释应该考虑单个作者的主观目的，他们也应该考虑多个作者的主观目的。额外的作者只会使形成集体主观意图变得更加困难。在极端的例子中（如公投），原则上，在解释由多个作者撰写的文本时，考虑到主观信息可能过于困难，但实际困难不能否定主观意图的地位。

（二）解释者（现在）发现（过去）历史意图的能力

我反对不可能发现过去形成的历史意图的论点。这一论点消除了历史研究的任何基础。时间上的差距使当代的解释者无法站在许多年前的作者的立场上。然而，当代的法官仍然可以了解文本作者过去的意图。法官可能无法达到作者创作文本之日所表达的确切意图，但他或她仍然可以做出真正的尝试，以达到最佳的替代。法官可能不是历史学家，但他或她仍然可以试图发现很久以前的历史意图。我们应该在"我们永远不可能知道作者的历史意图"（我反对这种说法）和"作者的历史意图不是解释文本的唯一标准"（我接受这种说法）之间做出明确的区分。

（三）法人作为作者

有时，作者不是有血有肉的人，而是一个（抽象的）法律实体，例如，在

---

① B. Bix, "Questions in Legal Interpretation," in *Law and Interpretation* 137 (A. Marmor ed., 1995).

合同中，一方是公司。法律实体的意图是什么？公司法提供了答案：每个法人实体都有由一个或几个人组成的机构或部门，这些人的意图作为法人实体的意图。[①] 经理或董事（以其官方身份）的意图就是公司的意图。如果我们用这个原则来确定合同法和侵权法中的责任，我们就可以用它来解释。一般来说，这一学说不会也不应该对寻找法律文本作者的主观目的造成特别困难。

（四）单一作者

最简单的单一作者文本是遗嘱，其他类型的单一作者文本包括由单个政府机构颁布的法律，如官员发布的行政命令，或单个作者的单方面法律行为，如当（两方或多方）合同的一方因合同形成中的缺陷而发出终止通知时。在这些和其他案例中，我们寻找的是一个人的意图，他的意志是规范性文本的核心。这次搜寻没有什么特别的困难。这与试图找出任何解释者的主观意图没有什么不同。每个法律体系都有自己的规则来证明这种意图。当然，法律无法穿透作者灵魂的最深处。但是，它可以开发不同的证明方法来了解这个意图。在这种情况下，遗嘱呈现出真正的困难，因为我们只有在立遗嘱人死后才能解释遗嘱。我们不能问他或她的意图。没有别的办法，只能将就着用其他证据。如果文本的作者还活着，这种情况就容易多了，我们可以向他或她询问文本创作时的意图。原则上，没有理由不接受（单一）作者关于他或她在编写文本时的意图的证词。

（五）两位共同作者

下一个案例考察了双方共同的主观目的，如在双方合同或多方合同中，双方共同采取的单方面法律行动（如由于合同形成中的缺陷或由于违约而发出的终止通知）。决定意思是双方当事人的共同意思。[②] 解释不能满足于一方的意

---

① 马莫尔称之为"代表性意图"。见 A. Marmor, *Interpretation and Legal Theory* 159 (1992)。
② S.C. Damren, "A 'Meeting of the Minds'—The Greater Illusion," 15 *Law and Phil.*

思，而必须寻求双方的共同意思。①每个法律体系都有自己的证明手段。例如，英国普通法禁止含有专利歧义的合同当事人就其意图作证。②英国法院对每一方对其意图的断言都持怀疑态度，认为这是一方支持其立场的企图。③英国的立场不能有效地反对接受一方当事人关于其意图的证词。④法院应该非常仔细地审查这类证据，避免仅仅依靠它来确定双方的共同意图。法院大概能够区分合同一方单方面意图的事实和双方共同意图的事实。

（六）议会或其他多成员机构的主观意图

当一个文本的作者是一个多成员团体时，事情变得更加复杂。⑤议会通过的法律或制宪会议成员通过的宪法就是这种情况。文本的作者是抽象的法律实体（立法机关、议会）。我们如何确定像立法机构这样的多成员机构的意图？一些人认为这是不可能的。⑥正如柯蒂斯教授所说："这是一种幻觉，这是对意图的探索。房间里总是很黑，我们要找的帽子通常是黑色的。如果它真的存在，那也是我们自己的责任。"⑦确实，确定像立法机构这样的多成员机构的意愿是一件复杂的事情。我们不能仅仅试图揭露立法机构成员的意图。即使这种尝试成功了，它也不能帮助我们明确本身的意图。

---

① 黑格尔坚持这一点。G. Hegal, *Elements of the Philosophy of Right* 105 (A. Wood ed., H.B. Nisbet trans., 1991) (1821).

② K. Lewison, *The Interpretation of Contracts* 146 (2d ed. 1997).

③ C. Staughton, "How Do the Courts Interpret Commercial Contracts?" 58 *Cam. L.J.* 303, 305 (1999).

④ K. Keeler, "Direct Evidence of State of Mind: A Philosophical Analysis of How Facts in Evidence Support Conclusions Regarding Mental State," 1985 *Wis. L. Rev.* 435.

⑤ W. Twining and D. Miers, *How to Do Things with Rules: A Primer of Interpretation* 187 (4th ed. 1999). 参见 K. Greenawalt, "Are Mental States Relevant for Statutory and Constitutional Interpretation?" 85 Cornell L. Rev. 1609 (2000)。

⑥ J. Waldron, *Law and Disagreement* (1999); J. Waldron, *The Dignity of Legislation* (1999); K. Shepsle, "Congress Is a 'They,' Not an 'It': Legislative Intent as Oxymoron," 12 *Int'l Rev. L. & Econ.* 239 (1992); F. Easterbrook, "Statute's Domain," 50 *U. Chi. L. Rev.*533, 547 (1983). "每位（国会）议员可能有也可能没有自己的计划，可是，作为一个整体，国会只能有一个结果。"

⑦ C. Curtis, "A Better Theory of Legal Interpretation," 3 *Vand. L. Rev.* 407, 409 (1950).

如果我们试图审查像议会这样的集体机构的意图，我们应该制定一个"立法机关理论"，它将制定规则，决定在什么情况下我们应该考虑立法机构中哪些成员的意图是立法机关的意图。[1] 我们可以说，一个负责法案的委员会的报告，反映了当时立法机关投票通过委员会主席提出的法案的立法意图，如果立法机关的成员知道该报告。大多数民主国家都没有这样的规定。

为了理解机构的意图，我们必须了解机构的性质。议会由许多成员组成，每个成员都有他或她自己的动机和意图。议会不像个人那样有单一的意图，[2] 但这并不意味着它没有意图。[3] 议会的意图是其不同成员之间谈判和他们达成的最终协议的产物。正是共同的意图导致了法律的通过。如果这个意图——其本质是在一个高度抽象的层面上运作——不存在，那么法律是如何制定的？议会制定法律。事实上，有一个投票，这种行为是有意设定的。这种意志和意图怎么可能不被发现呢？我们不想把立法程序变成一幅漫画。尽管障碍重重，国会议员们还是达成了一些一致的目标，[4] 法律通过了。我承认这些目标是高度抽象的，有时，很难识别它们，即使被识别出来，它们也可能对解释问题没有反应。法律很可能具有"多重人格"——立法机构的成员对文本的语言达成一致，但对其目的却态度不一致，因此不存在统一的目的概念。[5] 但这些事实与不可能知道任何一项立法的主观意图的教条式结论相去甚远。在具有适当政治结构的民主政权中，立法机构的成员制定一个或多个目标，如果多数人达成一致，[6] 它设法投票并颁布一项旨在实现这些目标的

---

[1] R. Dworkin, *A Matter of Principle* 48 (1985); A. Marmor, *Interpretation and Legal Theory* 166 (1992).

[2] A. Dickerson, *The Interpretation and Application of Statutes* 68 (1975); J. Willis, "Statutory Interpretation in a Nutshell," 16 *Can. Bar Rev.* 1, 3 (1938).

[3] K. Greenawalt, "Are Mental States Relevant for Statutory and Constitutional Interpretation?" 85 *Cornell L. Rev.* 1609 (2000); B. Bix, *Law, Language and Legal Determinacy* 183 (1993).

[4] 马莫尔称它们为"共同的意图"。A. Marmor, *Interpretation and Legal Theory* 126 (1992).

[5] 见 J. Grundfest and A.C. Pritchard, "With Multiple Personality Disorders: The Value of Ambiguity in Statutory Design and Interpretation," 54 *Stan. L. Rev.* 627 (2002)。

[6] G. MacCallum, "Legislative Intent," 75 *Yale L.J.* 754 (1966).

法律。① 有时立法机关故意创造出多重人格。②

　　一项法律的通过通常是立法机构成员之间谈判的结果，③ 因此，法律通过的核心理由和目标是多种多样的。因此，解释者不应寻求促使立法机构成员投票赞成法律的动机，而应侧重于他们寻求实现的一般目标。即使国会议员投票赞成一项法律，以提高他或她在选民中的地位，这并不意味着制定的法律永远不会有国会议员寻求实现的目标。一些（一般的）目标通常存在。这是大多数国会议员都同意的目标。这是他们的共同意图，即使每个成员都有自己的原因。④ 它通常是一个普遍而抽象的目标；它通常是众多目标中的一个（多重目的）；这往往是一个在解释过程中没有帮助的目标，因为法官面临的解释问题从未向立法机构的成员提出。

　　由于上述讨论的局限性，我们应该谨慎地将主观目的视为最终的一切，⑤ 但我们不应该假装在法律的核心问题上没有可识别的意图。⑥ 这样做会混淆"解释系统是否应该完全依赖主观目的？"（否）"法律是否有主观目的？"（是的）

---

① J. Kernochan, "Statutory Interpretation: An Outline of Method," 3 *Dalhouse L.J.* 333, 335 (1976); Cowen, "The Interpretation of Statutes and the Concept of the Intention of the Legislator," 43 *T.H.R.H. Rev.* 374, 378 (1980); R. Posner, "Legal Formalism, Legal Realism, and the Interpretation of Statutes and the Constitution," 37 Case *W. Res. L. Rev.* 179, 195 (1986) （"机构有目的地行动，因此它们有目的。一份文件可以表明一个单一的目的，即使那些起草和批准它的人有各种各样的私人动机和期望"）。

② 见 J. Grundfest and A.C. Pritchard, "With Multiple Personality Disorders: The Value of Ambiguity in Statutory Design and Interpretation," 54 *Stan. L. Rev.* 627 (2002).

③ 公共选择理论指出了一种发散的考虑体系，指导立法机构的成员。见 Eskridge, supra p. 41, note 126 at 26, 157; J.Macey, "Promoting Public-Regarding Legislation through Statutory Interpretation: An Interest Group Model," 86 *Colum. L. Rev.* 223 (1986); D. Farber and P. Frickey, "The Jurisprudence of Public Choice," 65 *Tex. L. Rev.* 873 (1987); D.Farber and P.Frickey, "Legislative Intent and Public Choice," 74 *Va. L. Rev.* 423 (1988). 然而，这一文献并没有反驳成员国之间协议核心中普遍目的的存在。此外，公共选择理论家提供的描述往往不能反映现实，见 A. Mikva, "Foreword," 74 *Va. L. Rev.* 167 (1988).

④ A. Marmor, *Interpretation and Legal Theory* 596 (1992).

⑤ W. Eskridge, *Dynamic Statutory Interpretation* 29 (1994).

⑥ S. Breyer, "On the Use of Legislative History in Interpreting Statutes," 65 *S. Cal. L. Rev.* 845, 866 (1992). （"仅仅因为找不到三四百名立法者声称这是个人目的，就拒绝把制定法定语言的'目的'归于国会，这有点像……拒绝相信牛津大学的存在，因为人们只能看到学院。"）

的问题。尽管困难重重，主观目的——通常是高度抽象的——是存在的，即使有时很难识别它，但也不是不可能的。从单一作者的意图过渡到一群作者的意图，自然会使识别意图的尝试复杂化，但这种转变并没有戏剧性到否定任何共同意图的存在，这是该集团达成妥协的结果。[①] 把意图归于一个作者而否认一群作者的意图是不合逻辑的。[②]

四、主观目的的来源

（一）内部（文本）来源和外部（语境）来源

法官从两个来源了解文本的主观目的（意图、意志）。第一个是内在的——文本本身。要了解作者的意图，没有比文本本身更可靠、更合适的来源了。一般来说，作者以他或她试图通过文本实现的思想（意图）开始。评判者从文本开始，试图以相反的方式了解作者的思想。作者和法官走的是同一条路。作者从他或她用语言表达的意图开始，而法官则从语言作为学习意图的手段开始。[③] 因此，我们假定文本的语言提供了关于其主观目的的信息。

第二个来源是文本外部的，它是创建文本的上下文，它包括文本创建的环境以及与文本创建相关的环境的总体。它也可以包括创建文本之后存在的情

---

① Waldron 对将立法意图考虑在内持批评态度。他强调："在我看来，立法是一个多成员立法机构的产物，由目标、利益和背景不同的人组成。在这种情况下，某一规约的特别规定往往是在表决或一系列表决期间达成妥协的结果。这项法律可能完全不能反映那些共同制定它的立法者的目标和意图。" J. Waldron, "Legislator's Intentions and Unintentional Legislation," in *Essays in Legal Philosophy* 329 (A. Marmor ed., 1995). 即使条件如上所述，它们也不能否定立法者共同意图的存在。

② M. Redish and T. Chung, "Democratic Theory and the Legislative Process: Mourning the Death of Originalism in Statutory Interpretation," 68 *Tul. L. Rev.* 803, 819 (1994). （"认为立法机构漫无目的地通过一种相当于从帽子里随机挑选单词的心理过程来为一项法律选择单词的想法简直是荒谬的"）

③ H.C. 7157/97, *Arad v. Speaker of the Knesset*, 50 (1) P.D. 573, 611："法官走的是与立法者相反的道路：立法者以一个想法、兴趣、目的开始，并以文本结束；法官从文本开始，以文本结束，但也参与其中包含的语言、思想、兴趣和目的。"（Cheshin, J.）

况，只要它们反映了创建文本时的意图。这些是促成遗嘱的订立和合同形成的环境，立法历史及其在立法条文中的地位，以及宪法产生的背景。解释依靠这些外部来源来寻找有关文本作者意图的信息。

这两种来源所产生的主观目的就是文本的主观目的。目的解释利用文本和语境来发现文本作者的（主观）意图。这两种来源的不同之处不在于可接受程度，而在于赋予它们的权重。一般来说，来自内部来源的信息比来自外部来源的信息更可信，但并非总是如此。有时，来自文本本身的信息是不可靠的，例如当文本的语言包含矛盾时，而来自外部来源的信息可能非常可信。这取决于每个具体问题的具体情况。这也取决于文本的内容和特征。主观目的源于文本语言的假设可能会被一些信息所反驳，这些信息表明，作者的意图可以在文本本身之外找到更可信的表达。

（二）内部来源与解释学循环的问题

我们根据文本的目的来解释文本。除其他外，我们从文本本身了解其目的。要做到这一点，我们必须解释经文。这是否造成了一个恶性循环（解释学循环的问题）？答案是否定的。我们不把文本当作空白的石板。正如切申法官所说：

> 当我们接近议会法律时，我们不会空手而来。我们带着语言的包袱，语言和意义的定义，社会习俗和伦理，惯例和公理，正义和正直，原则和教义。[①]

---

① H.C. 5503/94, *Segel v. Speaker of Knesset*, 51 (4) P.D. 529, 562. 参见 F.C.H. 7325/ 95 *Yediot Ahronot Ltd. v. Kraus*, 52(3) P.D. 1, 73："我们尽我们最大的努力来解释，但我们不是按表格来解释。在接近法律之前，我们必须问：我们是谁？答案是，'我们'是正确的价值观、原则、伦理和世界秩序。我们以同样的价值观、原则和教义开始了解释之旅——也许是无意的，也许是无意识的——这些价值观、原则和教义是该法律赖以建立的基础。我们继续。我们不会'理解'一项法律，除非我们用认知工具来分析它，而这些认知工具会引导我们。"（Cheshin, J.）

我们作为法律界的成员来阅读这篇文章。这一成员资格赋予我们法律文本的前义，使我们对文本的意义有了初步的了解。从那里，我们开始了解文本作者的意图（意志）。借助这种对作者意图的初步推断，在初步理解中带着"纠正"和"改进"回到文本。这种更好的理解可能会纠正我们对文章主观目的（意志、意图）的初步印象。有了这个"纠正"的意图，我们回到文本，然后回到意图等等。根据伽达默尔的说法，这个过程结束时，[①] 作者的视界和解释者的视界融合在一起。

（三）内部来源：文本的整体

法官很少被要求解释全文。通常，他们会提到其中一个或另一个部分。然而，文本的每一部分的内在语境都是文本的整体。为了理解一个部分，必须理解全文。整个文本由其明确和隐含的规定组成。文本的结构，它的组成部分，以及它对问题的介绍提供了关于作者意图的信息。这就是在所有法律体系中使用的方法的起源，即法官必须将每个意志、契约、法律和宪法作为一个完整的规范总体来处理。正如西蒙德子爵所说："必须遵守的基本规则是，在阅读全部文件之前，任何人都不应自称理解法律或任何其他文件的任何部分。"[②] 法官必须研究文本的每一项条款，他们必须从整体上处理文本。文本不是规定的联邦（或联盟），而是必须作为一个整体解释的统一文本。随着解释过程的进行，法官了解到各条款之间的内在关系：主要条款和次要条款，有效条款和无效条款，增加文本含义的条款和多余的条款。他们在解释过程的最后得出这些结论。出发点是一个完整的文本，其全部条款提供了关于其主观目的的信息。在解释过程中，起点可能会发生变化。此外，在分析了内部来源之后，可能会明显地发现，该文件整体上并没有导致有助于解决法官解释问题的主观目的。然而，这些结论最好留给以后的阶段。法官在开始解释过程时，应参照整个文

---

①   H.G. Gadamer, *Truth and Method* 238 (G. Barden and J. Cumming, trans., 2d ed. 1986).

②   Attorney General v. Prince Ernest Augustus of Hanover [1957] A.C. 463.

本，试图揭示文本的主观目的。

对全文进行处理的需要并不局限于在解释程序开始时，法官难以揭示主观目的的案件。在每种情况下，对于每种规范文本，不论是否有明显的解释困难，法官必须通读全文。即使在解释一项乍看似乎"清楚"的文本时，法官也必须采取这样的做法，即关于其（主观）目的的信息来自其条款的整体和一个单元。关于文本是否"清楚"的决定是在解释过程结束时作出的，而不是在解释过程开始时。对某一特定条款的初读可能使人对其（主观）目的和意义有一种清晰的感觉。只有继续他或她的解释工作，法官才会遇到引起怀疑和破坏明显清晰度的不同条款。法官只有从整体上阅读整个文本，才能揭示文本的主观目的。

（四）从整体上理解文本的语义惯例、逻辑与和谐

文本的作者设想它的每一部分都是整体中的一个单元。试图揭示文本作者意图的法官采用了同样的观点。他们赋予文本语言自然和普通的意义。他们假定公认的语义约定得到了尊重。他们运用逻辑、理性和常识的规则。他们在文本的整体中寻找规范性的和谐。他们假定，文本的主观目的源于这种公认的、合乎逻辑的探究。

当然，这只是起点。在从文本到上下文（从内部到外部来源）的持续转换中，这些假设可能会被反驳。随着对主观目的探究的继续，它们可能会发生变化。法官可能会发现文本作者使用了自己的词汇；他或她使用语言的特殊和特殊的意义；他或她所创造的文本本身并不和谐，而是包含着不和谐和不合逻辑、不合理的安排；文本具有相互冲突和矛盾的主观目的。这些结论可能在解释过程中形成。然而，这种可能性并不排除有必要首先假设语言是按其自然和可接受的用途作为人们之间的交流手段而使用的。法官应该从假设文本作者的行为合理、合乎逻辑开始，目的是在他或她所创造的文本中实现和谐；经文中相同的表达意味着同样的东西，不同的表达意味着不同的东西；文本条款不相

互矛盾；目的不相互冲突；这种和谐贯穿了整篇文章。[1] 解释者从整篇文章的结构和作者安排各部分的方式中推断出作者的主观意图。他们比较文本的不同条款，从比较中得出作者的意图。他们考虑到每一项规定的位置。他们认为文本是一个有逻辑的、连贯的生命体，作者指定了不同的部分来完成不同的任务和功能，据此判断文本的主观目的。我在一个解释法律的案例中也说过：

> 一种适当的解释方法是将一项立法视为一个有生命的有机体，由各个部分组成，每个部分都有不同的任务，通过相互协调来执行。有机体中这个或那个部分的活动应该在其于整个系统中的作用和指定的背景下进行评估。[2]

这些话适用于每一个规范文本。我们假设文本是一个整体，各部分的不同任务相互联系，交织成一个综合的模式。文本通常不是独立条款的集合。下面这个有用的比喻是富勒提出的 [3]，机器的发明者死了。他留下了一幅他发明的机器的不完整的草图。他没有告诉任何人这台机器应该执行什么功能。从草图的整体来看，发明者的儿子必须理解他父亲设想的目的，并按照他父亲的计划完成这项工作。

就像发明者的儿子一样，解释从文本的整体结构中了解作者所设想的目的。当然，随着解释过程的进行，这些假设可能会改变——法官必须愿意调整他们最初的假设。他们不应固守那些不能反映从全文阅读中得到的现实的假设。法官必须是现实的；文本的作者并不总是作为一个逻辑和理性的人行事，有时他或她所写的文本的规定在逻辑上是不完整的。法官应该考虑到这一

---

[1]　见 H.C. 4031/94, *Bitzedek v. Prime Minister*, 48 (5) P.D. 1, 63："解释的基本规则是解释者尽其所能将一项立法解释为有序、和谐的产物。就像一张由连贯规则组成的网，这些规则的各个部分交织在一起，编织成一件艺术品；作为一个方向一致的规范体系，在自身和平和单一的；作为一个恰当的短语。"(Cheshin, J.)

[2]　C.A. 503/80, *Zafran v. Mozer*, 34 (4) P.D. 831, 835.

[3]　见 L. Fuller, *The Morality of Law* 84 (2nd ed. 1969)。

点，记住他们是在解释另一个人创造的文本。他们不是在为作者写新的文本。然而，法官不应走向分裂或高度一体化的极端。[①] 文本有时是不同和对立观点之间的妥协，每一种观点都可能在文本的不同部分占据突出地位。没有一种观点——政治的、社会的、社会学的、伦理的——必然支配文本的所有部分。

（五）外部来源："环境"

外部来源，如围绕文本创作的环境（上下文），也提供了关于文本作者主观意图的信息。对于遗嘱和合同，它是文本之外的关于遗嘱或合同的数据，它提供了关于遗嘱人的意图或当事人的共同意图的信息。这些情况包括在订立遗嘱或合同之前、期间甚至之后发生的事实情况，只要它提供了有关立遗嘱人的意图或订立遗嘱或合同时双方共同意图的信息。对于一部成文法，上下文包括提供有关立法意图的信息的事实——主要是成文法的历史。这段历史包括制定前的历史（导致法律通过的原因和因素，包括公共委员会的报告）、议会历史（委员会和全体会议听证会和辩论）和制定后的历史（在法律通过后发生的指向其核心意图的事件）。对于一部宪法来说，上下文包括导致宪法建立的事件，及提供有关宪法缔造者意图的信息。它可能包括制宪会议或创始机构的讨论以及后来的事件（如宪法修正案），这些事件可能提供有关宪法作者意图的信息。从已有文本存在的时间来看，比较法可能是另一个信息来源，如果解释者知道文本的作者实际上参考了外国法。[②] 解释应在外国法律影响当地法律的情况下赋予其更大的说服力。[③] 整体情况有助于识别文本作者的主观意图。

---

① 　L. Tribe and M. Dorf, *On Reading the Constitution* 21 (1991).

② 　I. Kisch, "Statutory Construction in a New Key," in *20th Century Comparative and Conflicts Law: Legal Essays in Honor of Hessel E. Yntema* 262 (K. Nadelman, A.T. Von Mehren, J. Hazard eds., 1961).

③ 　外国法律的影响发生在不同的层面上。原创的国内法与从外国制度复制的国内法区别对待，对这个问题的讨论超出了本书的范围，见 Schlesinger et al., *Comparative Law: Cases, Texts, Materials* (5th ed. 1988); K. Zweigert and H. Kötz, *Introduction to Comparative Law* (T. Weir trans., 3rd rev. ed. 1998); A. Watson, "Legal Transplants and Law Reform," 92 *Law Q. Rev.* 79 (1976).

（六）环境问题

形成解释理论的一个关键问题是，法官是否可以将文本产生时的情况作为解释的标准，如果可以，这些情况有多大的分量。在拼凑作者的主观目的时，来自文本本身的意图信息（内部来源）与有关意图的间接信息（外部来源）之间的关系是什么？解释是否应该考虑间接证据？如果是，在什么情况下他或她可以这样做？我们将讨论三种可能的答案：第一，在任何情况下，解释都不能考虑间接证据；第二，只有在满足某些条件的情况下，解释才可以诉诸间接证据；第三，解释可能总是考虑间接证据。

1. 选项 a：可能永远不会考虑间接证据（字面主义或极端文本主义）

在传统的普通法下，只有文本本身才能提供关于作者意图的信息。法官被禁止提及起草文本的情况以了解作者的意图。文斯利代尔勋爵关于遗嘱解释的评论举例说明了这一观点：

> 使用"遗嘱人的意图是作为指导"这一说法，而不伴随不断的解释，即在他的话语中寻找，并严格注意它们，容易使人在不知不觉中猜测遗嘱人可能想要做什么，而不是严格关注真正的问题，即他所写的是什么意思。遗嘱必须以书面形式表达，且仅以书面形式为准。[①]

在同年的另一起案件中，柯勒律治大法官在谈到法定解释时指出：

> 唯一合法的调查是……在该法案的措辞中，明示或暗示的意图是什么；除非通过书面文字或必然暗示的边，因此实际上是书面的文字，意图已被宣布，而我们不能使其生效。[②]

---

① 例见 Lord Wensleydale, in *Abbot v. Middleton*, 7 H.L.C. 68, 114 (1858).
② Gwynne v. Burnell (1840) 7 *E.R.* 1188, 1201.

我们可以称之为文字主观主义或极端文本主义。这种方法是主观的，因为解释标准是文本作者的意图。这种方法是字面的或文本主义的，因为这种意图来自文本内部。这种方法是极端的，因为法官只从文本中了解意图，他或她不得查阅间接证据。

2. 选项 b：在特殊情况下可以考虑间接证据（温和文本主义或两阶段理论）

根据第二种方法，① 如果作者的意图来自文本本身，法官可以不参考间接证据，只要结果不是荒谬的。然而，如果会产生一种荒谬，法官可能会超越文本的四个角落，以便找到文本作者的另一种意图，以消除荒谬。这是英国的黄金法则 ②，在美国使用的平义规则 ③，或大陆法中使用的法官原则 ④。如果文本的语言含糊不清或模棱两可，这种方法还允许法官超越文本的四个角落。法官可以参考外部来源来解决模糊或歧义。普通法国家将这种例外称为恶作剧规则。⑤

即使法官可以参考外部资料了解作者的意图，他或她也不能自由地参考所有情况。不同的法律体系采用不同的规则。例如，直到最近，⑥ 英国法律禁止法官查阅议会历史。在英国制度下，法官仍不得在合同成立前查阅有关谈判的资料，以了解当事人的共同意图。⑦ 我们可以称这种方法为文字主观主义或温和的文本主义。它是主观的，因为它是基于文本应该根据作者的意图来解释的

① R. Cross, *Statutory Interpretation* 10 (J. Bell and G. Engle eds., 3d ed. 1995).

② 参见文斯利代尔勋爵对格雷案的评论。*Grey v. Pearson*, 10 E.R.1216, 1234 (1857).

③ J. McBaine, "The Rule against Disturbing Plain Meaning of Writings," 31 *Cal. L. Rev.* 145 (1943).

④ M.van de Kerchove, "La doctrine du sens clair des textes et la jurisprudence de la Cour de cassation de Belgique," in *L'Interpretation en Droit: Approche Pluridisciplinaire* 13 (M. van de Kerchove ed., 1978).

⑤ R. Cross, Statutory Interpretation 10 (J. Bell and G. Engle eds., 3d ed. 1995).

⑥ 佩珀案是一个转折点。见 J. Steyn, "Contract Law: Fulfilling the Reasonable Expectations of Honest Men," 113 *Law Q. Rev.* 18 (1997)。

⑦ 见 J. Steyn, "Contract Law: Fulfilling the Reasonable Expectations of Honest Men," 113 Law Q. Rev. 18 (1997); L.H. Hoffman, "The Intolerable Wrestle with Words and Meanings," 114 *S.A.L.J.* 656, 662 (1997).

观点。它是文字或文本，因为关于意图的主要信息来源是文本本身。它是温和的，因为与极端的说法相反，在某些情况下，法官可以参考外部来源。他或她可以这样做，以避免明确但荒谬的意图，或者当文本过于模糊或模棱两可，无法产生明确的意图时。这一过程分为两个阶段：首先，法官单独研究文本以找出意图。只有当第一次尝试失败——因为荒谬或不确定——他或她才可以参考间接证据。

3. 选项 c：提及所有情况下的情况（目的解释）

第三种选择是法官在所有情况下提及情况，只要目的解释允许。法官可以在文本和语境之间自由切换。查阅间接证据没有正式的障碍，不需要初步确定文本的语言不清楚或含糊不清，在文本与其创作环境之间没有"中途站"，解释过程没有两个阶段，内部和外部资源之间没有明显的区别。解释的过程是连续的。只有当解释过程结束时，法官在文本和语境之间的自由移动才会结束。正如我在一份关于解释合同的意见中所指出的：

> 合同是根据当事人的意思来解释的。这个意图是各方共同寻求实现的目标、目的、利益和计划。解释者从合同及其外部环境中了解这个意图。两种来源都是可以接受的。他们帮助解释制定双方的共同意图。从内部来源（合同的语言）到外部来源（合同形成的环境）的过渡并不取决于是否满足任何初始条件。没有必要对合同用语是否清楚进行初步评价。这个问题只有在解释过程结束时才能得到回答……外部情况总是要考虑的，而不仅仅是当合同本身未能表明当事人的意图时。①

其他法律文本也是如此。翻译人员可以在遗嘱和遗嘱起草情况之间②，在法律和它的历史之间，在一部宪法和它建立的环境之间自由转换。解释在所有

---

① C.A. 4628/93, *State of Israel v. Apropim Housing and Development*, 49 (2) P.D. 265, 311, 314.
② 以色列判例法与这种做法不同。C.A. 239/89, *Shorash v. Galili*, 46 (1) P.D. 861. 这条规则在阿非他命案之前就被采用了。

这些地方寻找意图。通过这种主观目的，与客观目的一起，他或她制定了文本的最终目的，根据这个目的，文本最终获得了其法律意义。这种方法是优越的，因为它认真对待主观目的。如果解释要认真对待主观方面，它应该在每个可用的来源中寻找它，而不必为搜索设置正式的边界。可信度应该是决定是否咨询消息来源的唯一标准。

（七）参考资料的早期和晚期

目的解释认为，在解释过程中没有早和晚之分。在他或她从文本到上下文的自由移动中，法官不受任何法律规定的"起点"的约束。每个法官都根据他或她的直觉或自然偏好（无论是有意识的还是无意识的，不管是否在他或她的控制之下），有些将从文本开始，并立即转移到它的创作环境；其他人则会从环境开始，然后转到文本。唯一的要求是法官在解释过程结束时结束这个圈子。通常，一次"往返"是不够的，解释将根据他或她认为最好的时间表参考文本及其创作情况。然后解释者回到原文和当时的情况，检查他或她的最初印象是否经得起进一步的评估。它是阐释者与文本、读者与作者、现在与过去之间的持续对话。

（八）内部和外部资源的相对权重

目的性解释允许解释者在文本和语境之间自由地来回移动。内部和外部来源都可以提供关于文本主观目的的可信信息。然而，解释对来自内部和外部的信息并不给予同等的重视。可采性和分量是有区别的。解释应该更重视文本本身的意图信息，而不是意图的间接证据。如上所述，根据其普通和自然的语言来解释，主观目的被认为是由文本本身产生的。这就是"黄金假设"。[①]虽然它是可以反驳的，但它是基于这样一个事实，即一般来说，从文本中产生的关于

---

① 与普通法的"黄金法则"相反。见 F.A.R. Bennion, *Statutory Interpretation* 424, 671 (3d ed. 1997)。

意图的信息比意图的间接证据更可信。因此，一般来说，当来自两个来源的意图信息发生冲突时，解释应该优先考虑来自文本本身的信息。

（九）语言在主观目的中的双重作用

语言在主观目的语境中起着两种作用：第一，语言教会了解释者主观目的；其次，语言限制了实现主观目的的可能性。解释可能无法实现没有语言基础的主观目的。有时，研究文本的语言并没有产生相关的主观目的，但这种目的在研究文本的创作环境后就会显现出来。这种源于间接证据的主观目的是可以接受的。解释甚至可能给予它很大的重视。然而，如果不以文本的语言为基础，他或她可能不会意识到这一目的。这种"立足点"意味着外部来源的主观目的必须通过文本的语言来实现。翻译人员不能考虑无法通过文本实现的主观目的。如果作者选择的语言不允许，他或她达到某种目的的尝试一定会失败。我们一次又一次地回到这个简单的公理：虽然意义不限于文字，但文字限制了意义。

五、主观目的是对文本目的的假设

（一）文本的（最终）目的是其主观目的的推定

目的性解释是基于少量规则和大量关于文本核心目的的假设，这些假设构成了目的性解释的基础。我们将在客观目的的背景下详细讨论它们。然而，这些假设也适用于主观目的。正如我们看到的，我们假定主观目的产生于整个文本。同样，我们假定解释从文本中词语的自然和普通意义中学习主观目的，现在我们将讨论另一个更重要的假设：文本的主观目的被假定为决定其最终目的。这一推定对合意解释有两大影响：首先，与任何推定一样，它将支配主观目的（作者意图）地位的法律从规则变成了推定。当作者的意图与制度的意图发生冲突时，这种冲突不是规则之间的冲突，即一种规则被假定为另一种规则无效，而是假设之间的冲突，即每种假设都可以继续表达自己。第二，将主观目的转化为推定，使其具有解释过程所要求的灵活性。它通过确立它在其他假设中的相对地位来赋予它"分量"。这种"权重"因文本类型而异。目的解释假定所有法律文本的目的都是实现作者的意图，但这种假定的重要性取决于所讨论文本的类型。在某些情况下，比如在解释一份普通的遗嘱或合同时，我们会过于看重这种假设，以至于它获得了一种类似规则的地位。在其他情况下，比如在解释宪法时，这种假设的重要性是如此之小，以至于我们有时几乎忽略了它。在这两种情况下，正确的方法是将主观目的视为对文本最终目的的假设。然而，假设的效力——它的力量——因文本类型而异。

（二）反驳推定

有各种各样的假设，每一种都可以用不同的方法反驳。如果挑战者证明对事实的假设没有事实依据，那么该假设就会被反驳。这一假设来源于事实现实，而事实现实也可以反驳这一假设。法院在解释具体的合同或者遗嘱时，对当事人的共同意思或者遗嘱人的意思进行事实审查和推定。那么举证责任就转移到了试图反驳这一推定的一方，他们必须证明意图是其他东西。这种事实推定是确立特定文本主观目的的一种方式。它与法律推定（preesptiojuris）不同，文本的主观目的是其最终目的。后者不是来自对作者意图的事实假设，而是来自对这种意图在制定文本目的时的解释地位的规范立场。只有在事实基础上证明作者的意图并非如此时，法律推定才会被反驳。

（三）主观目的的推定与客观目的推定的冲突

文本的最终目的是其主观目的的假设是可以反驳的。当它与客观目的的假设相冲突时会发生什么？推定的力量取决于它的权重，而推定的权重取决于它所反映的价值观和原则的权重。因此，主观目的推定的权重取决于作者意图在表述文本目的时所占的权重。它因文本类型而异。例如，在大多数情况下，主观目的推定盛行于解释遗嘱或合同。但是，也有例外，例如共同遗嘱、关系合同和附则合同。就成文法而言，主观目的推定的权重因成文法类型而异。这同样适用于解释宪法，我们将单独讨论。

（四）主观目的推定的理据

为什么要承认文本的（最终）目的是其主观目的的假设？为什么不直接适用在某些情况下主观目的占上风的规则，就像在解释遗嘱和合同时一样？有两个原因。首先，偏好主观目的的"规则"并不是绝对的。它更准确地反映在推定的形式下，其权重根据情况而变化。当然，在一个特定的法律体系内，主观目的的地位可以如此之高，以至于要求根据其主观目的来解释文本的规则可以准确地反映法律。但是，如果可能的话，将该原则反映为一种推定更为准确。其次，这一假设恰当地表达了一种观点，即主观目的——就像客观目的一样——从一开始就伴随着解释过程。这种假设自动地、永远地适用。这并不取决于文本是否"清晰"。它有助于从头到尾的解释。它有助于解决关于客观目的假设之间的矛盾。这一推定也恰如其分地表达了目的解释没有早晚之分的思想。每个解释可以选择他或她的出发点。一个人可以假设文本的（最终）目的是其客观目的，另一个人可以假设文本的（最终）目的是其主观目的。每个解释都可以选择自己的起点，只要每个解释都对所有事实进行评估，并在起点之外继续解释过程。

第七章
客观目的

一、客观目的的本质

（一）客观性测试

　　法律文本的客观目的[①] 是理性作者的意图。在高度抽象的层面上，它是"制度的意图"。制度的意图是文本在民主制度中所要实现的价值观、目标、利益、政策和功能。它是由客观标准所决定的。它反映的不是实际的意图，而是"假设的"意图（个别的或一般的）。它不是一个物理—生物—心理的事实。它不反映历史事件。它不能也不需要用证据来证明。它不能表达作者的"真实"意图。它是一种反映社会需求的法律建构。它是一种社会理想的表达。它在各个抽象的层面上反映了规范在特定民主制度的范围内、在特定时间内应该达到的目的。和主观目的一样，客观目的也必须在文本的限定范围内运作。客观目

[①] 客观性的概念是法律中最复杂的概念之一。见 K.Greenawalt, *Law and Objectivity* (1992); N. Stavropoulous, *Objectivity in Law* (1996)。在"客观目的"一词中，"客观"一词有双重含义。首先，它表示的目的不是主观的，不属于文本作者。其次，它表明了一个非主观的、不属于文本诠释者的目的。见 L. DiMatteo, "The Counterpoise of Contracts: The Reasonable Person Standard and the Subjectivity of Judgment," 48 *S.C.L Rev.* 293 (1997)。至于第二种意思，只要说"客观"一词指的是一种外部于作出裁决的法官的价值判断就足够了。客观性研究的是社会成员共同的价值观，有别于法官的个人价值观。

的是一种只有在手段、文本语言允许的情况下才能实现的目标。文本的语言必须包含一个足够有力的支点，使客观目的得以落地。

（二）个体客观目的与一般客观目的（"规范性保护伞"）

每一个法律文本都有自己的目的——文本的个体客观目的。每一文本背后都有它或它的文本类型所独有的客观目的（"事实上的目的"、个体的目的、理性作者的意图）。涉及买卖的合同或法律的个别客观目的与涉及租赁的合同或法律的个人客观目的不相同。每一份合同都有其各自的目的，这取决于合同的当事人及其类型。除个别的客观目的外，每一法律文本都包含一般的客观目的（"一般目的"、制度的意图）。这些是体系内每一个法律文本都必须达到的目的，是每一个文本都必须表达的基本价值观——或者当它们发生冲突时在它们之间取得适当的平衡，这些一般目的构成了一种"规范性保护伞"，覆盖在法律体系中的每一个法律文本之上。我在一个有关法定解释的案例中也提到了这一点，但这一点适用于对所有法律文本的解释：

> 除了每一项具体立法的特定的、独特的目标之外，还有其他所有立法共同的目标——这些构成了一种覆盖于所有立法之上的"规范性保护伞"。[①]

虽然个体目的对每一文本都是独一无二的，但总体目的对所有文本都是共同的。例如，根据我的目的解释理论，遗嘱、合同、法律或宪法中所包含的每一项规范性条款的一般目的都是保证平等、公平和公正的结果。这表达了一个基本观点，即每一项法律文本都是"其所处环境的产物"。[②]除了直接的规范语

---

① H.C. 953/87, *Poraz v. Mayor of Tel-Aviv-Yafo*, 42 (2) P.D. 309, 329 (Barak, J.). The quote within the quote is from C.A. 165/82, *Kibbutz Chatzor v. Tax Assessor of Rehovot*, 39 (2) P.D. 70, 75: "这些原则不必出现在每一部法规中，应构成一种能够覆盖于所有立法之上的'规范性保护伞'。"(Barak, J.)

② H.C. 58/68, *Shalit v. Minister of Interior*, 33 (2) P.D. 477, 513 (Sussman, J.).

境之外，这种环境还包括更广泛的体系所接受的原则、基本目标和基本标准。

（三）客观目的的抽象层次

客观目的在不同的抽象层次上运作，主要由两个参数决定：第一，文本作者的特殊性或一般性水平；第二，文本的价值观承载程度。考虑到这两个参数，就会产生一系列关于文本客观目的的抽象层次（遗嘱、① 合同、② 规约和宪法）。我们将讨论四种可能的抽象层次。不同抽象层次之间的界限是流动的；我们可以很容易地表达出额外的层次。而且，对于提到各种抽象层次也没有"时间表"。解释者不必从低层次开始，只有在不能解决他／她的问题时，才求助于更高层次的抽象。每个解释者都可以从他或她认为适合自己的抽象层次开始，只要他或她对所有层次进行了评估。我们将仔细研究这些抽象层次。

1. 低级抽象："想象的重建"

第一层也是最低层次的抽象侧重于文本的作者，探究作者——立遗嘱人、合同当事人、立法机关成员和制宪会议成员——如果被要求在法官面前解决法律问题，他们会希望实现的价值、目标、设计和功能。这是一种假设的个人意图。它并不能反映特定作者的"真实"意图。它反映的是对他或她可能有的意图的推测。这就是波斯纳（Posner）的"想象重建"。③ 法官设身处地地站在作者的立场上，寻找文本的作者如果考虑到现在的解释问题，他或她会设想的目的。④ 法官试图找出哪种目的能最合理地实现文本所确立的社会计划。这个

---

① E. Halbach, "Stare Decisis and Rules of Construction in Wills and Trusts," 52 *Cal. L.Rev.* 921, 933 (1964).

② Art. 8 of the United Nations Convention on Contracts for the International Sale of Goods; Art. 4.1 of the International Inst. for the Unification of Private Law, *Principles of International Commercial Contracts* (1994).

③ R. Posner, *The Problems of Jurisprudence* (1990), 270, 273。波斯纳在法律解释和宪法解释的语境中使用该词组。我认为它也可以用于解释遗嘱和合同。

④ 请看汉德法官的评论，*Borella v. Borden Co.*, 145 F.2d 63, 64 (2d Cir.1944)："我们能最好地理解这里的意思，采取的是一如既往地求助于潜在的目的方法，并以此为指导，通过尝试在特定的场合下试图投射到我们认为被这样一个目的所驱使的人，如果当时把它呈现给他们，他们会如何处理它。"

目的并不是主观的，因为它并没有反映出作者真正想要达到的东西。它是处于最低抽象层次的客观目的。法官试图站在文本作者的角度，将自己置于文本创作时存在的历史现实中。在这样做的过程中，法官并没有"发现"过去没有信息的主观意图。他或她意识到，重建对作者提出了问题，如果这些问题事实上是在文本写作时提出的，作者可能无法回答，因为作者的精神世界不同于产生未解决的解释性问题的世界。尽管如此，法官还是尽可能地发挥他或她的想象力。法官并不追问作者在具体案件的语境中会如何解读文本，而是试图重构抽象的目的。

2. 中级抽象层次：理性作者的目的

第二个抽象层次脱离作者的个体性，转向理性人的想象图景。[1] 它探究的是，如果文本的作者表现为一个理性人，他或她所设想的目的是什么。在这一抽象层次上，法官将具体的作者替换成理性的人，[2] 站在作者的立场上思考问题。我们寻求的是一个理性的作者站在真正作者的立场上所设想的目的。"理性的人"一词把我们从个体作者的假想意图，带到了反映体系价值观与原则之间适当平衡的理想作者的假想意图，它正是为处于真实作者角度的人而存在的。

3. 高度抽象：从文本的类型和性质中衍生出的目的

抽象的第三个层次不仅脱离了单个作者，而且也脱离了单个文本。它着眼于文本的类型和性质。法官追问的不是将何种（客观）目的归属于文本的理性作者，而是某种文本具有何种典型目的特征。例如，在解释买卖合同时，法官着眼于买卖合同的目的特征。法官不是去寻找事实上形成了（第二层次的抽

---

[1] P.C.A. 1185/97, *Heirs and Estate of Milgrim Hinda v. Mishan Center*, 52 (4) P.D. 145, 158: "The objective purpose is the hypothetical purpose that the parties would have had, had they behaved as reasonable and fair people." (Barak, J.)

[2] 《联合国国际货物销售合同公约》第 8 条：1. 为本公约的目的，一方当事人所作的声明和其他行为，如另一方当事人知道或不可能不知道其意图，应按其意图解释。2. 前款规定不适用的，一方当事人的声明和其他行为，应当按照与另一方当事人在同样情况下的理解来解释。

参见 Article 4.1 of the *Principles of International Commercial Contracts, supra* p.150, note 7; J. Honnold, *Uniform Law for International Sales under the 1980 United Nations Convention* 165 (2d ed.1991)（"The Convention"）。

象）的具体买卖合同的理性当事人的意图，而是去追问这类合同的理性当事人的典型意图是什么。[①] 同样，在成文法解释中，法官关注的是与土地税收或商业许可或任何其他类型的立法有关的成文法的典型目的。

4. 抽象的最高层次：源自该制度基本原则的目的

在第四个也是最高的抽象层次上，法官追问的是从制度的基本价值中衍生出什么目的。法官参照法律制度的一般价值观，他或她试图从中推导出法律文本的客观目的。当文本是遗嘱时，法官询问法律制度试图通过遗嘱实现什么样的价值观和目标。在我的目的解释理论下，在这个最高的抽象层面上，法律制度力求在分割遗嘱人财产时保证平等、公正和公平。当文本是合同时，客观目的是实现平等的价值，带来公正的结果。对法律的解释也是如此。[②] 法律是"其环境的产物"。正如我所指出的："除了直接的立法环境之外，这种环境还包括更广泛的公认原则、基本目标和基本标准。"每一项立法都是在这些基本价值观和原则的背景下制定的，这些基本价值观和原则构成了所有立法的目的。基本原则充斥着我们的法律"宇宙"，除其他功能外，它们服务于每一项立法的客观目的。正如切申（Cheshin）大法官所指出的：

> 在进行解释工作时，我们配备的不仅仅是一本词典。我们携带着《圣经》和传统，携带着对人类的爱和我们内心对自由的……所有这些信条、价值观和原则看似是法外的，但它们是法律——每部法律的基础——没有它们就不能制定任何法律。没有这个纲领的法律就像没有地基的房子……我们不是空手而来。当我们阅读法律时，我们穿着长袍，背上"一个解释性的箭袋（用来装箭）"。有些人会说这是一个"解释性工具包"。这个箭袋里藏着价值观、原则和教义，没有它们，我们就不会

---

① P.C.A. 1185/97, *Heirs and Estate of Milgrim Hinda v. Mishan Center*, 52 (4) P.D. 156："除了主观目的外，合同还有客观目的。这类或类型的合同是为了实现利益、目标和价值而设计的……这一目的取决于交易的实质及其核心的商业和经济目标。"（Barak, J.）

② K.M. Gebbia-Pinetti, "Statutory Interpretation, Democratic Legitimacy and Legal-System Values," 22 *Seton Hall Leg. J.* 233 (1997).

是现在的我们：制度、道德、公平、正义的基本价值……我们尽最大努力去解释，但我们不是白板。在走近法律之前，我们必须追问：我们是谁？答案是，"我们"就是正确的价值观、原则、伦理和世界秩序。我们以同样的价值观、原则和教义开始解释之旅——也许是不知不觉地——这些价值观、原则和教义是法律所依据的基础。我们从那里继续。我们不能"理解"一个法律，除非我们从我们携带的箭袋中使用认知工具来分析它，并且让这些认知工具指导我们。①

宪法也是如此。围绕宪法的基本价值观和理念构成了宪法本身的客观目的。这些是国家对其价值观和原则的基本构想。它们表达了社会对人权、三权分立和民主的基本立场。

（四）多重客观目的

每一个法律文本都有一些客观目的。其实不然，因为（纵向）客观目的在不同的抽象层次上运作。此外，在一个给定的抽象层次上，可能存在几个（横向）客观目的。这些目的可能有联系，也可能没有联系。有的相辅相成，有的则相互矛盾。在出现矛盾的情况下，没有一个目的可以使另一个目的无效或将其"驱逐"出法律体系。这些目的以假设的形式呈现给解释者。它们反映了价值观，当价值观发生冲突时，法官并不倾向于一种价值观而不是另一种价值观，而是适当地对它们作出平衡。

（五）时间检验中的客观目的

主观目的是静态的，在时间上是固定的。什么是客观目的？在处理最低抽象层面的客观目的（想象性重构）时，我们试图尽可能接近作者的真实意

---

① F.H.C. 7325/95, *Yediot Abronot Ltd. v. Kraus*, 52 (3) P.D. 1, 72, 73, 74 (emphasis in original) (minority opinion).

图。解释者必须回到文本创建的时间，以便阐明其客观目的。在其他抽象层次上，情况就不是这样了。在其他抽象层次上，解释者从作者的假设意图中脱离出来，以便理解理性作者的意图、文本类型或制度的基本价值观。在这些抽象层次上，客观目的的内容取决于解释时的价值观和原则。它不是固定在时间里的。与个体文本一样，制度的基本价值观构成了生活在其环境中的有机体。这种环境包括制度运行的社会生活———一种与制度的价值观和原则一起处于不断变化之中的生活。因此，基本价值观具有随时间变化的动态意义，这取决于文本何时被解释。客观目的因时而变。^①因此，在法律解释中有一种观点，即"法律总是说话的"。^②拉德布鲁赫（Radbruch）教授说得好："法律比立法者更明智"。"解释者对法律的理解可能比其创造者对法律的理解更深刻；法律可能比其作者更有智慧——它一定比其作者更有智慧。"我也在我的一个观点中讨论过这个问题：

> 法律融入了新的现实。旧法律与当代人对话。因此，"法律总是说话"的解释方法……解释是一个自我更新的过程。它将现代内容植入旧

---

① 见 Cr. A. 6696/96, *Kahane v. State of Israel*, 52 (1) P.D. 535, 590。其中我将客观目的称为"在解释时实现制度的基本价值"。这种现象也可以看作目的到目的的过渡。见 S.G. Requadt, "Worlds Apart and Words Apart: Re-examining the Doctrine of Shifting Purpose in Statutory Interpretation," 51 *U. Toronto Fac. L.Rev.* 331 (1993); Sunstein, *supra* p.13, note 31 at 428（"Meaning does not remain static across changes in law, policy, and fact"）。

② C.A. 708/88, *Shefes & Sons, Ltd. v. Ben Yaka Gat, Engineering and Building Co., Ltd.*, 40 (2) P.D. 687："最初制宪者的意图逐渐成为历史。虽然他们的语言可能作为法律而存在，但其当前的臣民可能会发现法律越来越不合适。从该法的立法历史中收集到的起草者的意图必然随着时间的推移而变得不那么相关。然而他们的话仍然是有效的法律。从这个角度来看，当前有效的法律就像一艘从旧世界到新世界的单向航行的船只。这艘船不会返回，船上的乘客也不会。他们只带着出发的东西，尽其所能地应付。这只船驶到现在，他们就在最初没有预料到的条件下展现自己的天赋。"参见 *R. v. Hamersmith and Fulbam London Borough Council, ex p. M* (1997)Times 19 February："该法案取代了已有 350 年历史的《济贫法》，是'永远在说话'的法律的典范。因此，对该法的解释应是不断更新其措辞，以便允许自该法适应制定以来的变化"(Lord Woolf M.R.); *Victor Chandler International v. Customs and Excise Commissioners and Others* [2000] 2 All E.R.315, 322; *Fitzpatrick v. Sterling Housing Association Ltd* [1999] 4 All E.R.705, 725。

语言，缩小法律和生活之间的差距……英国采用了这种方法，赋予法律以升级和更新的解释……法律是一个有生命的有机体。对它的解释必须是动态的。它应该在上下文的语境中被理解，这样才能促进现代现实。[1]

正如埃斯克里奇（Eskridge）教授所指出的：

解释不是静态的，而是动态的。解释不是一种考古发现，而是一种辩证创造。解释不仅仅是对历史意义的解释，而是将历史意义应用于当前问题和环境的解释学。[2]

宪法解释也是如此。宪法是一份"活的文件"，[3] 法官应将当代意义赋予以宪法为基础的价值观和自由。问题不在于"自由"或"平等"在宪法文本撰写时意味着什么，而在于它们在宪法解释时意味着什么。因此，宪法被比喻为一棵活树。[4] 宪法的客观目的反映了当代价值观。它表达了当代国家信条和当代宪法基本观点。

遗嘱与合同是否也同样适用？法官是在较低的抽象层次上，根据遗嘱人或合同当事人在文本撰写时的假设意图来确定文本的客观目的，而在较高的抽象层次上，根据解释时的法律状况来确定文本的客观目的吗？我认为答案是肯定

---

[1] Cr. A. 2000/97, *Lindorn v. Compensation Fund for Traffic Accident Victims*, 55 (1) P. D. 12, 32. 参见 H.C. 680/88 *Shnitzer v. Chief Army Censor*, 42 (4) P.D. 617, 629; H.C. 2722/92 *Elamrin y. Gaza Strip I.D.F. Commander*, 46 (3) P.D. 693, 705。

[2] W. Eskridge, "Dynamic Statutory Interpretation," 135 *U. Pa. L. Rev.* 1479, 1482 (1987). 对于其在加拿大的应用，见 S.G. Requadt, "Worlds Apart on Words Apart: Reexamining the Doctrine of Shifting Purpose in Statutory Interpretation," 51 *U. Toronto Fac. L. Rev.*331 (1993)。

[3] 这个比喻是有争议的。见 W. Rehnquist, "The Notion of a Living Constitution," 54 *Tex. L. Rev.* 693 (1976); A.S. Miller, "Notes on the Concept of the 'Living Constitution,'" 31 *Geo. Wash. L. Rev.* 881 (1963); A. Scalia, "Modernity and the Constitution," in *Constitutional Justice under Old Constitutions* 313 (E. Smith, ed., 1995)。

[4] *Edwards v. Attorney-General of Canada* [1930] A.C.124, 136; *Re Motor Vehicle Act (British Columbia)* [1985] 2 S.C.R. 486, 508.

的。在较低的抽象层次上，我们试图尽可能接近立遗嘱人或合同当事人的实际意图。因此，我们会很自然地站在他们撰写文本时的立场上思考问题。然而，在更高的抽象层次上，我们脱离了个体遗嘱人或合同当事人。鉴于这种脱离，就没有理由去关注这类文件（遗嘱或合同）的典型目的，或者源自文件撰写时存在的基本价值观的目的。在遗嘱或合同中，就像在法律或宪法中一样，法官通过参考解释时存在的基本价值观和原则来确定客观目的。

（六）阿赫奈的烤箱

一个来自古代犹太文献的精彩例子阐明了客观目的与文本作者之间的脱节，并阐明了客观目的的动态的、当代的意义：公元 5 世纪著名的阿赫奈烤箱故事。[①] 拉比埃利泽（Rabbi Eliezer）与拉比约书亚（Rabbi Joshua）及其同僚，关于一个名叫阿赫奈的人的烤箱事件发生了分歧。该短文内容如下：

有人教导说：在那一天，埃利泽提出了所有能想到的论点，但他们都不接受。［埃利泽与他的同僚们争执不下，无法获得赞成票。］他对他们说："如果哈拉卡（halachah）［宗教法］同意我的意见，就让这棵角豆树为证吧。"于是，那棵角豆树从原处被拔了一百腕尺远……他们反驳说："从一棵角豆树上是拿不出证据来的。"［大多数拉比认为人类的理性优于奇迹般的证明。］他又对他们说："如果哈拉卡同意我的话，就让这一股水流来证明吧。"于是，水向后流去。"从水里是拿不出证据的。"他们这样回答。他再次催促道："如果哈拉卡同意我的意见，就让校舍的墙壁来证明。"于是，墙壁倾向于倒塌。但是约书亚斥责校舍的墙壁说："当学者们陷入哈拉卡争论时，你们有什么可干涉的？"他又对他们说：

---

① 关于这个故事的讨论，见 M. Alon, 1 *Hamishpat Haivri [Jewish Law]* 231 (3d revised expanded ed. 1988); Y. Englard, "Tanuro Shel Akhnai-Perusha Shel Haagada [Legend of Akhnai's Oven Interpreted)]," 1 *Shnaton Hamishpat Haivri [Yearbook of Jewish Law]* 45 (1974). 参见 M. Silberg, *Kach Darco Shel Talmud [Talmudic Way]* 66, 68 (1964); M. Silberg, "Law and Morals in Jewish Jurisprudence," 75 *Harv. L. Rev.* 356 (1961).

"如果哈拉卡认同我的话，就让它从天而证吧！"于是天上有声音喊道："哈拉卡在一切事情上都与埃利泽一致，你们为什么要和他争论呢？"但是约书亚起身惊呼："这不是从天而来的。"他指的是什么？耶利米（R. Jeremiah）说："妥拉（Torah）[圣经] 已经在西奈山（Mount Sinai）传授；我们不关注天上的声音，因为你早已写在西奈山的律法里了。在多数之后必有一个倾斜。"①

这个故事很好地表达了作者的神圣意图和解释者赋予作品的意义之间的区别，这种意义与作者的意图无关，甚至可能与作者的意图相冲突。传说并未就此结束：

拿单（R.Nathan）遇见以利亚（Elijah）[先知]，问他："当埃利泽和约书亚讨论的时候，这位受祝福的圣者做了什么？"以利亚回答说："他笑着说：'我的儿女胜过我，我的儿女胜过我。'"②

我们可以根据文本的客观目的来解读文本，这种目的不寻求文本作者的意图，也不回到文本的创作时间。相反，我们赋予作品以当代的客观意义。在一个解释法律的案例中，我注意到：

不止一次的，这位立法者嘴角挂着微笑，不得不说——正如圣者在聆听拉比埃利泽和拉比约书亚及其同僚之间的讨论时所说的那样——"他笑着说：'我的儿女胜过我，我的儿女胜过我。'"③

---

① *Baba Mezi'a* 59b, 352–56 (S. Daiches and H. Freedman, trans., Soncino ed. 1935).
② Qtd. in M. Alon, 1 *Jewish Law* 262 (1988).
③ H.C. 693/91, *Efrat v. Director of Population Registration at the Interior Ministry*, 47 (1) P.D. 749, 764.

二、客观目的的来源：内部与外部

客观目的与主观目的一样，也源于文本和语境。在主观语境中，法官将这些来源作为获取作者意图的手段，而在客观语境中，解释者则转向来源本身，发现文本被创造时所要达到的（客观）目的。法官可以使用任何内部或外部来源，这些来源可以提供关于文本的具体或一般目的的信息。

（一）内部来源：文本整体

法官从文本本身获悉客观目的，兼顾其显性语言和隐性语言。如同主观目的一样，文本在客观目的中发挥着重要的作用，它不仅规定了解释的界限，而且还决定了文本目的的内容。法官利用文本来了解此类文本在民主制度中所要实现的价值观、目标、利益、政策、设计和功能。事实上，文本的主体，其规范性安排的实质，以及它所处理的问题类型提供了关于其（客观）目的的信息。[1] 由文本规定的事项的性质使法官了解到文本渴望实施的政策。例如，合同中规定的交易的实质内容及其核心的经济目标表明了合同的客观目的。[2] 大多数合同从一开始就可以确定属于一个或另一个众所周知的类别。每一类合同都有其自身的趋势和目标。买卖合同不同于租赁合同，两者也不同于服务合同或搬家合同。短期合同不同于长期合同，个别型契约或"交易契约"不同于关系型契约。例如，如果一个文本（合同、法律或宪法）的目标是所有权，我们可以根据我们对所有权法律制度性质的了解中推断出它旨在实现的目标。这一问题的本质及其在文本中的处理方式决定了我们对这一目标的理解。文本的内

---

[1] C.A. 708/88, *Shefes & Sons, Ltd. v. Ben Yaka Gat, Engineering and Building Co., Ltd.*, 40(2) P.D. 765："立法的主题、安排的性质以及它们之间的相互关系构成了推断立法目的的基础……方法结构、处理的问题类型、规约的组织及其条款的位置可能表明法律旨在实现的目的。"（Barak, J.）

[2] H.C. 846/93, *Barak v. National Labor Court*, 51(1) P.D. 3, 10："根据事物的本质，这个目的是根据契约问题的实质和契约的性质和特征来确定的。合同的目的是由'交易的实质'和其核心的'商业和经济目标'决定的。"（Barak, J.）

部结构——它的章节划分以及它们在文本中的位置——可以揭示其核心的客观目的。就像在研究机器及其不同功能时能够提供关于机器所执行的任务的信息一样，研究文本的整体内容能够提供关于该文章旨在实现的（客观）目的的信息。法官寻求的并不是埋藏在文本作者心中的意图，而是文本的规范性安排必须实现的目的。与主观目的的情况一样，在这里，法官也遇到了解释学循环的问题，同样也在这里，他们利用在整篇文章中所运用的前瞻意义解决了这个问题。在同时寻求主观目的和客观目的的过程中，法官首先从语义惯例、逻辑和文本的和谐性入手。逻辑和理性与文本语言的整体结合，有助于解释以文本为基础的规范性安排的目的。

（二）外部来源

1. 外部来源：附近文本（"自然环境"）

法官可以从外部来源了解文本的客观目的，包括相关文本。这些可能是立遗嘱人的另一份遗嘱，也可能是同一当事人之间的附加合同；可能是关于同一问题的法律，或由多个文件组成的宪法的不同部分。[①] 法官试图从这些来源推断文本的目的。除此之外，目的解释试图在文本的"自然环境"中理解文本。这种环境包括所涉文本运作的即时规范性布局。解释者期望用这种方式将遗嘱和合同的（客观）目的加以规定，以便将其纳入涉及遗嘱和合同的法定条款中。切申大法官在谈到遗嘱时指出：

> 从法律角度来看，遗嘱只是确定死者死后其生前财产命运的一种法律工具或手段。与每一项法律规范一样，我们必须在它的"自然环境"中对它进行评估，换句话说，在处理继承的法律规范的社会中，也许我们可以这样说，主要是在《继承法》的规定中评价它。当我们将遗嘱置

---

① 切申（Cheshin）大法官区分了"三个思想圈"：第一，待解释的表述；第二，出现在同一法律内不同地方的同一表述；第三，出现在同一家族法律中的相同表述。F.H.C. 4601/95, *Sarosi v. National Labor Court*, 52 (4) P.D. 817, 834.

于其适当的背景中时，我们将知道如何提出正确的问题，而这些问题将指引我们前进的道路。①

对合同的解释也是如此。在阐述其目的时，解释者应力求使其与合同法相协调。在阐明法律的目的时，解释者应希望解决类似问题的立法能够得到适当的整合。这就是文本所指的"自然环境"。在理解宪法条文时，解释者应该追求与其他宪法条文的和谐与融合。被解释的个别宪法条款并不是孤立的。它是更广泛的宪法布局的一部分。它影响着人们对宪法整体的理解。宪法整体反过来又影响着其中个别条款的含义。拉默大法官在加拿大的一个案件中解释了《加拿大宪章》中有关权利和自由的条款：

> 我们的宪法宪章必须被解释为一个制度，在这个制度中，"每一个组成部分都对整体的含义有所贡献，而整体又赋予各部分含义……"，法院必须解释宪章的每一部分与其他部分的关系。②

因此，在阐述宪法条款核心的客观目的时，解释者应当通过宪法统一性的构想来追求宪法和谐。

2. 外部来源：一般法（"规范和谐"）

立法和判例法的一般体系提供了关于规范性文本目的的信息。作者不是在真空中或荒岛上创造规范性文本的。规范性文本构成了一般规范性框架的一部分，它从中衍生出了权力。个别规范融入一般性法律时，会受到一般性法律的影响，并且也会影响一般性法律。我在一个涉及法定目的的案例中也提到了这一点：

---

① C.A. 1182/90, *Shaham v. Rotman*, 46 (4) P.D. 330, 335.
② *Dubois v.R.* [1985] 2S.C.R350, 365.

一部立法并不是孤立存在的。它构成了立法一致性的一部分。它融入其中，并追求立法和谐。"任何法律都不是孤立存在的……所有法律都构成一个单一的项目，在立法和谐中相互融合。"解释一项法律即解释了所有法律。单独的法律作为一种工具融入到立法一致性中。立法一致性作为一个整体影响着单个法律的立法目的。先前的法律会影响后来的法律的目的。后一个法律会影响前一个法律的目的。①

非成文法的规范性文本也是如此。解释者应阐明遗嘱或合同的（客观）目的，使其融入一般法。遗嘱或合同中的条款和表述受到有关遗嘱或合同的法律中类似条款的影响。法官应力求实现法律文本之间的和谐。

我们可以把法律文本想象成化学实验室中相互连接的烧杯；烧杯中的液体高度变得一致，而这与每个烧杯中液体的初始高度无关。法律文本力求规范和谐。当然，这个目标并不总是可以实现的。这是一种愿望，需要与可能会适得其反的其他注意事项加以平衡。实现规范和谐只是一个愿望。它的重要性不应被夸大，但也不应被低估。无论是超和谐还是不和谐都是不可取的。

3. 外部来源：文本创作的历史

作者在一个特定的地点和时间写一篇文章。文本不仅是生活在环境中的生物，也是从环境中汲取生命的生物。解释者通过研究产生文本的历史和环境来加深对文本及其客观目的的理解。历史不应该控制我们，但我们也不应该试图逃避历史。除了为了作者的意图而考察历史之外，在主观目的的背景下，我们考察历史是为了看看它能教给我们什么，关于文本在现在应该扮演的角色。

4. 外部来源：一般的社会历史背景

作者在一个社会中创造了一个法律文本，这个社会的社会和历史背景影响着文本的目的。法律和宪法尤其如此；社会需求促使人们去制定它们，而考察

---

① H.C. 693/91, *Efrat v. Director of Population Registration at the Interior Ministry*, 47(1) P. D. 765 (internal citations omitted).

这些需求有助于我们理解文本的目的。我们注意到，法律规范是其所处环境的产物。这种环境不仅包括眼前的需求，也包括遥远的环境，就像产生文本的社会和历史背景一样。它是制定文本的基本社会和文化假设、文本运作的社会和思想史、围绕文本概念的文化和知识习俗，以及"国家的生活方式"。阿格兰纳特（Agranat）大法官的一个反问句说得很好："一个人通过一个国家的生活方式来学习这个国家的法律，这难道不是不言自明的吗？"[①] 这种"国家的生活方式"提供了关于法律文本目的的信息。正如霍姆斯（Holmes）大法官所指出的那样："一页历史抵得上一卷逻辑。"[②] 一个制度的历史，包括它的社会和文化史，有助于阐明规范性文本的目的。

5. 外部来源：判例法

司法判例法提供了一个关于价值观和原则的信息宝库，有助于文本的客观目的的传授。构成普通法的司法判例法和解释规范性文本的司法判例法也是如此。[③] 当代法官并非在判例法真空中运作。每个法官都是现代法官时代之前就已经开始的一个连续的判例法链条[④] 中的一环。连续性、对历史的承诺[⑤]、对现在和过去的尊重、对法律传统的理性考量以及保证安全性和确定性的需要，都证明法官查阅判例法是合理的——无论是作为一种选择还是作为一种义务——都是关于每一文本客观目的的各个层次的信息来源。

6. 外部来源：法理学和法律文化

每个法律体系都有自己的法理学，源自其文化和法律传统，建立了一级思想和概念。法理学是法律汲取力量的源泉。它培育了一种共同的法律经验。当诸如"无效""权威""法律行为""意图""公共秩序"等表述以及类似

---

① H.C. 73/53, *Kol Haam Ltd. v. Interior Minister*, 7 P.D. 871, 884.

② *New York Trust Co. v. Eisner*, 256 U.S. 345, 349 (1921).

③ 在宪法中讨论这个问题，参见 D. Strauss, "Common Law Constitutional Interpretation," 63 *U.Chi.L.Rev.* 877 (1996); H.P. Monagham, "Stare Decisis and Constitutional Adjudication," 88 *Colum. L. Rev.* 723 (1988).

④ 这是德沃金提出的一个意象。见 Dworkin, "Law As Literature," 60 *Tex. L. Rev.* 527 (1982).

⑤ 关于历史上的承诺原则，见 J. Rubenfeld, "Reading the Constitution as Spoken," 104 *Yale L.J.*1119 (1995).

的关键法理学概念出现在规范性文本中——尤其是在法律或宪法中——它们反映了一种法律文化和法律传统。这些表述不是等待内容的空容器。它们反映了基本的法律概念，这些概念源自该制度所属的法律"家族"（传统），以及赋予这些表述特定于制度、特定于文化和特定于家族的法理学意义的法律文化①。

每一个文本都是在一个法律共同体内部创造的。法律文化及其法理学的基本观念影响着文本目的的形成。文本的解释者必须假定这些概念是文本意义的基础。正如法兰克福大法官所指出的：

> 法律是其环境中的有机体。并且环境不仅仅是它所处的直接的政治或社会环境，而且是整个传统的法律和执法体系，以及公认的救济办法和程序，这些都是法律的前提。②

解释者在财产权、所有权和占有等基本法理学概念的背景下，理解和解释规范土地使用或商业交易的法律；在法律体系中区分程序与实体的背景下的程序规定；在权利与救济根本区别的背景下，授予救济的法律；在刑事责任基本概念背景下的犯罪；以三权分立和行政部门作用等基本概念为背景的行政立法。法律文本的目的与法律的法理学基础密切相关。法律的概念确立了一个出发点。它们是背景和基础设施。它们是仆人而不是主人。它们"反映了智慧和世代的经验。它们保证了稳定性和确定性。因此它们很重要。它们提炼了我们的思想。"③ 但是，它们不应成为解释过程中的强制性终点。我们不应回到取代价值观和利益中心地位的概念法理学。正如我过去所指出的：

---

①   Zweigert and Kotz, *supra* p. 140, note 64 at 63; R. David and J. Brierley, *Major Legal Systems in the World Today: An Introduction to the Comparative Study of Law* (1978); M. Glendon, M. Gordon, C. Osakwe, *Comparative Legal Traditions* 14 (1985).

②   F. Frankfurter, "Some reflections on the Reading of Statutes," 47 Colum. L. Rev. 367 (1947).

③   F.H.C. 4601/ 95, *Sarosi v. National Labor Court*, 52 (4) P.D. 817, 834. (Barak, J.)

　　我们应该远离将理论概念强加于需要规范安排的利益和价值观之上的概念法理学。我们必须追求某种价值的法理学，根据这种法理学，理论概念是利益和价值观的平衡和规范安排的产物……法律概念（如所有权、权利、违法）并不是我们必须接受的既定现实。法律概念是为了帮助人们而存在的结构。①

这些结构是理解文本客观目的的重要外部来源。我们不需要总是从一张白纸开始。我们可以以法理学为背景，来制定文本的客观目的。

7. 外部来源：制度的基本价值观

制度的基本价值观充斥着我们的规范宇宙。它们证明了法律规则的合理性，也是我们对它们做出改变的原因。我们从中获得权利和责任。它们是赋予形式（文本）以意义的实体。它们是整座房子赖以建立的基础。② 它们是每一个文本的一般目的。这不仅适用于法律和宪法，也适用于遗嘱和合同等私法文本。法律的基本价值观并不局限于公法，如宪法和公共行政法。它们既适用于个人与国家之间的关系，也适用于个人与个人之间的关系。正如我在一个案例中所指出的：

　　整个制度的基本原则，特别是基本人权，并不局限于公法。公法和私法之间的区别并不是那么明显。法律体系不是法律领域的联合体，而是法律与制度的统一体。基本原则是整个体系的原则，而不仅仅是公法的原则。基本人权并不只是针对国家而存在，它们也渗透在个人之间的

---

① F. Cr. H. 4603/97, *Meshulam v. State of Israel*, 51 (3) P.D. 160, 182 (Barak, P.). F. Cr. H. 4601/95, F.H.C. 4601/ 95 Sarosi v. National Labor Court, 52 (4) P. D. 817, 834：“法律不是概念的天堂，而是特定社会在特定时间寻求实现的需求、利益和价值的日常生活。”（Barak, P.）

② 见 W. Eskridge, "Public Values in Statutory Interpretation," 137 *U. Pa. L. Rev.* 1007 (1989); D. Oliver, *Common Values and the Public Private Divide* (1999).

关系中。①

基本原则通过各种法律学说间接地适用于私法，②就像我们解释每一个文本，包括每一个私法文本的学说一样，其客观目的是实现制度的基本价值观。因此，实现制度的基本价值观是每一个遗嘱和合同的客观目的。这些基本价值观是每一个文本的一般客观目的，不是因为它们表达了作者的意图，而是因为文本在一个制度内运作，它从中汲取生命，并依靠这个制度来执行。解释者参照制度的基本价值观，不是因为它们源自于文本的语言，而是因为文本的语言允许它，并且文本运行的法律体系要求它。

（三）什么是基本价值观？

一个法律体系一般不附带一本说明其基本价值观和原则的小册子。③它们散布在整个州的宪法和法律中，它们集中在法律体系的司法意见中。有时，司法意见包含了当时所接受的一系列基本价值观。在下面的案例中，我讨论了基本价值观：

> 这些一般原则包括平等、公正和道德。这些原则还延伸到三权分立、法治、言论自由、集会自由、宗教自由和职业自由、人的尊严、司法制度的完整性、公共和平与安全、国家的民主价值以及国家本身的存在等社会目标。这些原则包括诚实信用、自然公正、公平和合理。④

这份清单并非详尽无遗。当然，不同的法律体系，不同的时代，它都是不同的。其核心是三种基本原则：伦理原则（如正义、道德、公平、诚信、人权

---

① C.A. 294/91, *Jerusalem Community Burial Society v. Kestenbaum*, 46 (2) P.D. 464, 530.

② 这些学说包括"合理""过失""公共秩序"等。

③ 我不区分原则和价值。关于它们之间的区别，见 Peczenik, supra p. 16, note 44 at 74。

④ Cr. A. 677/83, *Borochov v. Yafet*, 39 (3) P.D. 205, 218.

等），社会目标（如维护国家及其民主性质、公共和平与安全、三权分立、法治、司法独立、法律的一致性与和谐、人际安排的确定性与安全、合理预期的实现、人权等），以及行为模式（如合理、公平、诚信等）。这些类别是不固定的。例如，人权既可以被视为一种伦理价值，也可以被视为一种社会目标。我认为二者兼而有之。

这些基本价值观就是德沃金教授所写的一般原则，他指出，即使体系中的某个特定规则与之相矛盾，它们也可以存在。在谈到司法自由裁量权时，德沃金区分了原则和政策，这一区分受到了批评。[1] 我认为，法官在解释文本时，可以同时考虑政策和原则。两者都是每一部法律文本的一般客观目的。一旦法院承认它们，它们就成为法律本身的一部分。[2] 同样，我也不区分价值观和标准。[3]

（四）基本价值观是如何确定的？

法官是如何得出基本价值观的？法官当然不能将自己对基本价值的主观看法强加于社会，[4] 司法裁决不应反映法官自己的价值观，而应反映他们认为由其法律制度的性质和精神特质所刻画的价值观。"问题不在于法官想要什么，而是社会需要什么。"[5] 就像卡多佐（Cardozo）写的那样：

---

[1] J. Raz, "Legal Principles and the Limits of Law," 81 *Yale L.J.* 823 (1972); G. Hughes, "Rules, Policy and Decision Making," 77 *Yale L.J.* 411 (1968); D.N. MacCormick, *Legal Reasoning and Legal Theory* (1978).

[2] 因此，承认这些价值与哈特的承认规则并不矛盾。见 Hart, *supra* p. 26, note 78 at 263。参见 M.S. Moore, "Legal Principles Revisited," 82 *Iowa L.Rev.* 867 (1997)。

[3] 关于此问题的讨论，见 L. Alexander and K. Kress, "Against Legal Principle," in *Law and Interpretation: Essays in Legal Philosophy* 279 (A. Marmor ed., 1995); reprinted in 82 *Iowa L. Rev.* 739 (1997).

[4] H.C. 58/68, *Shalit v. Minister of Interior*, 33 (2) P.D. 580: "这并不意味着法院可以根据法官的个人观点来裁决什么对这些原则观点是好的和有效的，但他必须是他所处的开明公众所接受的观点的可靠解释者。"（Landau, J.）在同一案件中，法院院长阿格拉纳特说："法治的原则难道不是意味着法官必须尽可能地使自己远离对正义要求的个人意见的特权吗？"

[5] Cr.A. 696/81, *Azulai v. State of Israel*, 36 (2) P.D. 565, 574. (Barak, J.)

他们的标准必须是客观的。在这种事情上，重要的不是我认为正确的东西。我可以合理地相信，另一个具有正常理智和良知的人可能会合理地认为自己是对的……我认为，如果法官把自己的行为或信仰癖好作为生活准则强加于社会，那他就错了……他将有义务遵守社会公认的标准和时代的风俗习惯。①

我在之前的一个案例中讨论过这种方法：

法官不会将自己的主观价值观强加给他所处的社会。他必须根据他所生活的社会的需要来平衡各种不同的利益。他必须行使他的判断力，尽他的能力和他的客观认识，以反映社会的需要。②

基本价值观的性质以及两者冲突时的适当平衡，取决于解释时社会的基本观点和立场。在确定这些价值时，法官必须尽可能地保持客观。他们从社会的核心文件（宪法、独立宣言）中获取关于基本价值观的信息。他们从国家的民主特性本身推导出了基本价值观（如人权、三权分立、法治、司法独立等）。诚然，我们的法律体系源于"我们所期望的政治治理体系"，③ 而我们的基本价值观源于法律体系。"事实证明政权是民主的"④ 证明了某些价值观。然而，每个时代，每个法律体系都有自己的基本价值观。在宣布一种既定的基本价值观时，法官们表达的是在其体系中已经形成的社会共识。法官应该只把那些经受过社会认可压力的价值观纳入法律体系。⑤ 正如霍姆斯大法官所指出的：

---

① B. Cardozo, *The Nature of the Judicial Process* 89, 108 (1921).
② C.A. 243/83, *Municipality of Jerusalem v. Gordon*, 39 (1) P.D. 113, 131.
③ C.A. 723/74, *Haaretz Newspaper Publications v. Israeli Electric Co.*, 31 (2) P.D. 281, 195. (Shamgar, J.)
④ H.C. 953/87, *Poraz v. Mayor of Tel-Aviv-Yafo*, 42(2) P.D. 330. (Barak, J.)
⑤ H.C. 58/68, *Shalit v. Minister of Interior*, 33(2) P.D. 602.

由于法律体现了在理念之战中获胜并已转化为行动的信念——尽管仍然存在疑问——但相反的信念仍在与其相互对抗，法律的时代还没有到来，注定要占上风的观念还没有资格参加战斗。如果一个法官过早地把他有意识或无意识的对一方或另一方的同情融入法律之中，而忘记了被他一半的同胞所信仰的、在他看来是基本原则的东西，那将是不幸的。①

法官有时会发现自己持有某种基本的和适当的价值观。这不是一个足够好的理由来承认价值是制度的基础。法官应认识到社会所认为的基本价值观。围绕根本和基本观点的社会共识应当指导法官的司法工作，既要为制度注入新的基本价值观，也要清除已经过时的基本价值观。这种有共识的价值观推崇原则本身就是法律制度的基本价值观。

法官应该在社会既定的中心框架内工作，而不是在社会可能偶尔建立的临时结构中工作。它们不需要表达一个不符合自身的社会的过去趋势。法官应该抵制这些趋势，表达反映其社会基本原则、"深层"价值观和国家信条的社会共识。现代多数人认为某种行为不值得保护，这并不影响同一现代社会对该行为的基本看法。例如，大多数公众不愿听到某些类型的言语攻击，这并不意味着他们不应再享有宪法对言论自由的保护。② 宪法的目标，除其他外，是保护个人（或少数人）不受多数人权力的侵害。对基本价值观的现代考量不必成为赋予多数人宪法所否定的权力的手段。法官必须参考社会的"深层"价值观和成熟民主社会的基本原则。③ 在之前的一个案例中，我也指出了这一点：

我们按照反映我国生活信条的宪法标准和基本法律原则行事。我们以我们作为一个民主国家而存在的基本国家观点为指导，而不是受过往

---

① O.W. Holmes, *Collected Legal Papers* 294(1921).

② 见 Justice Black's opinion in *Chambers v. Florida*, 309 U.S. 227, 241 (1940)。

③ 见 Chief Justice Warren's opinion in *Trop v. Dulles*, 356 U.S. 86, 101 (1958)。

趋势的支配。①

　　法官必须体现的"基本的、原则性的"价值观是现代现实的产物。他们生长在过去的土壤中，并与过去保持着联系，②但他们的视野并不局限于过去。每一代人都创造了他们自己的视野。③这种对基本价值观的处理方式——强调深层视角，而不是昙花一现；强调历史，而不是歇斯底里——也是对以下主张的适当回应：为了保护宪法，尤其是宪法对人权的保护不受多数人权力的影响，根据最初的理解进行解释是必要的。根据这一主张，根据当前"客观的"基本价值观进行解释，恰恰与保护少数人不受多数人暴政的思想相矛盾。④对这一主张的部分答复是，当下的基本价值观不一定是今天大多数人所接受的价值观。它们是社会在历史进程中形成的深层价值观。它们不仅仅是民意调查的结果，也不仅是笼罩着整个社会的民粹主义。它们是能够改变自身形态但经得起时间考验的基本社会视角。法官享有独立性，在大多数体系中，他们不要求定期改选，因此他们处于有利地位，可以无视过去的趋势，表达社会的深层价值观。⑤法官的不问责制是他们最重要的资产。⑥法官——只有既不追求权力，也不渴望统治——才有能力表达社会的基本价值观。

（五）基本原则："重量"和"重力"

　　基本原则反映了价值观或理想。原则和理想是独一无二的，因为它们可以在不同强度的层次上得到实现。当原则发生冲突时，一个原则不会使另一个原则无效。冲突限制了不占上风的原则的适用性，但不会完全摧毁它。这两种相

---

① H.C. 428/86, *Barzilai v. State of Israel*, 40 (3) P.D. 505, 585.

② 见 Justice Holmes's opinion in *Gompers v. United States*, 233 U.S. 604, 610 (1914)，鲍威尔法官的观点 *Moore v. City of East Cleveland*, 431 U.S. 494, 503 (1977)。

③ T. Sandalow, "Constitutional Interpretation," 79 *Mich. L. Rev.* 1033, 1061 (1981).

④ A. Scalia, "Originalism: The Lesser Evil," 57 *U. Cin. L. Rev.* 849 (1989).

⑤ A. Bickel, *The Least Dangerous Branch* 24 (1962).

⑥ P.S. Atiyah, "Judges and Policy," 15 *Isr.L. Rev.* 346 (1980).

互冲突的价值观在法律体系中继续适用，并保持着适当的平衡。原则的一个重要特征是，它们具有反映其相对社会重要性的"权重"，[1] 我们可以根据该权重来平衡它们并解决它们之间的冲突。我们也可以把基本原则想象成一种"万有引力"，其强度取决于原则的本质、来源和重要性。[2] 以宪法为基础的基本原则比以法律为基础的基本价值观"更重"。在为基本价值观分配权重时，法官要考虑这些价值观在过去所拥有的权重，以及该制度的判例法在解决其他问题时赋予它们的权重。法官渴望团结与和谐。他们工作中最困难的部分是确定价值观和原则的权重。[3] 这也是他们作为解释者工作中最重要的部分。

　　比较法有助于法官理解文本的客观目的。[4] 将自己与他人进行比较，可以更好地认识自己。比较法有助于法官"拓展他的视野和解释的视野。比较法丰

---

[1] 拉兹认为规则是有分量的。见 J. Raz, "Legal Principles and the Limits of Law," 81 Yale L.J. 823 (1972); G. Hughes, "Rules, Policy and Decision Making," 77 Yale L.J. 830 (1968)；参见 F. Schauer, "Prescriptions in Three Dimensions," 82 *Iowa L. Rev.* 911, 919 (1997)。

[2] W. Eskridge, "Public Values in Statutory Interpretation," 137 *U. Pa.L. Rev.* 1007, 1018(1989)："物理学给出了一个有用的比喻：引力。公共价值观有一种引力，根据其来源（宪法、法律、普通法）以及我们对这些价值观的历史和当代承诺的程度而变化。"

[3] W. Murphy, "The Art of Constitutional Interpretation," in Essays on the Constitution of the United States 130, 147 (H. Abrams et al. eds., 1978).

[4] 关于在解释中比较法的角色的讨论，见 K. Zweigert and H. Kotz, *An Introduction to Comparative Law* (1987); Schlesinger et al., supra p. 140, note 64; R. Sacco, "Legal Formants: A Dynamic Approach to Comparative Law," 39 *Am. J. Comp. L.* 1(1991); H. Smith, "Interpretation in English and Continental Law," 9 J.C.L. (3d Ser.) 11 (1927); A.A. Schiller, "Roman Interpretation and Anglo-American Interpretation and Construction," 27 *Va.L Rev.* 733 (1941); A. Lenhoff, "On Interpretative Theories: A Comparative Study in Legislation," 27 *Tex.L. Rev.* 312 (1949); A. Lenhoff, Comments, Cases and Materials on Legislation 590 (1949); M. Franklin, "A Study of Interpretation in the Civil Law," 3 *Vand. L. Rev.* 557 (1950); S. Stromholm, "Legislation Material and Construction of Statutes: Notes on the Continental Approach," 10 *Scan. Studies in Law* 175(1966); J.H. Merryman, "The Italian Style III: Interpretation," 18 *Stan. L. Rev.* 583 (1966); K. Zweigert and H. J. Puttfarken, "Statutory Interpretation-Civilian Style," 44 *Tul. L. Rev.* 704(1970); S. Herman, "Quot Judices tot sententiae: A Study of the English Reaction to Continental Interpretive Techniques," 1 *Leg. Stud.* 165 (1981); S. Abrahamson and M. Fischer, "All the World's a Courtroom: Judging in the New Millennium," 26 Hofstra L. Rev. 273 (1997); J. Nofziger, "International and Foreign Law Right Here in the City," 34 *Willamette I. Rev.* 4 (1998) The Use of Comparative Law by Courts（U. Drobnig and S. Van Erp eds., 1999); J. Dammann, "General Issue: The Role of Comparative Law in Statutory and Constitutional Interpretation," 14 *St. Thomas L. Rev.* 513 (2002).

富了我们的选择"①。同一法律制度（比如"诚信"）在不同的法律体系中可能起着相似的作用。就此而言，比较文学可以作为一部地方立法的客观目的的来源（微观比较）。此外，基本民主原则是民主国家所共有的。一个民主可以影响或激励另一个民主（宏观比较）。

不过，这项技术也有其局限性。比较法不仅仅是比较法律。比较解释只能在具有共同意识形态基础的法律体系之间进行。解释者必须对每个法律制度的独特性保持敏感。有时候，比较是不可能的。然而，当解释者被说服，即社会、历史和宗教环境创造了一个共同的意识形态基础时，他或她可能会使用外国法律体系来制定文本的客观目的。

最重要的是，比较法的重要之处在于它能够扩展解释者的视野。它为法官判断文本潜在的解释潜力提供了指导。它向解释者展示了通过文本可能完成和不可能完成的事情。它为法官提供了文本中潜在的不同可能性的成败信息。它使解释者意识到他或她所面临的解释问题的解决方案与其他法律问题之间的联系。比较法是一位经验丰富的朋友。当然，法官没有诉诸比较法的义务，甚至在他们这样做的时候，最终的裁判也必须始终是"地方性的"。比较法的首要重要性在于它能够拓展解释者关于潜在规范安排的类型、趋势和法律结构的视野。比较法并没有为法官提供困扰他的具体问题的答案；法官在更高的抽象层次上参考比较法，以扩大自己的解释视野。然而，法官们应该谨慎，不要让求知欲引导他们以牺牲自我为代价去模仿。参考比较法的目的是更好地理解当地文本。这种比较不能干扰地方法律的规范性和谐。

三、客观目的的推定

（一）一般适用性推定

一个文本有许多客观目的，它们在不同（垂直和水平）的抽象层次上运

---

① Cr. A. 295/81, *Estate of Sharon Gabricl v. Gabricl*, 36 (4) P. D. 533, 542. (Barak, J.)

作。这些不同的目的是如何运作的？桑斯坦（Sunstein）教授将它们视为辅助解释者的"背景规范"。[1] 我认为它们是文本旨在实现的客观目的的一部分。法官将其转化为对这一目的的推定。[2] 这些推定反映了法律制度的本质、愿望和目标[3] 及其宪法观点。因为它们适用于每一个法律文本，我们可以称之为一般适用性推定。它们是关于每个意志的客观目的的推定，用阿特金森（Atkinson）的话说，它们的行为就像"证据法中可反驳的推定"。[4] 类似地，它们构成了关于每一份合同的客观目的的可反驳的推定，正如我在一个案例中所指出的："在客观目的的背景下，我们继续进行推定——这是一个可反驳的推定——当事人寻求实现公正、高效、合理和公平的目的。"[5] 关于法定解释，我在另一个案例中指出：

> 制度的基本价值和基本人权决定了一项立法的目的。推定一项立法的目的是实现该制度的原则，并在其中促进人权……它们贯穿于每一项立法并构成其目的。[6]

本着类似的精神，杜·普莱希斯（Du Plessis）在谈到法定解释中目的推定的作用时写道："目的推定的适当应用有助于与特定法律的规定联系起来……与一般的法律秩序，以及作为其基础的规则、原则和前提有关。"[7] 克罗斯（Cross）教授表达了类似的观点：

---

[1]　J. Siegel, "Textualism and Contextualism in Administrative Law," 78 *B.U.I. Rev.* 1023 (1998).

[2]　见 C. Diver, "Statutory Interpretation in the Administrative State," 133 *U.Pa. L.Rev.* 549 (1985)。

[3]　它们反映了杰比亚-皮内蒂所说的"法律制度价值观"。

[4]　T. Atkinson, *Handbook of the Law of Wills and Other Principles of Succession, Including Intestacy and Administration of Decedent's Estates* 814 (2d ed. 1953).

[5]　C.A. 4869/96 *Maliline Ltd. v. The Harper Group*, 52 (1) P.D. 845, 856.

[6]　H.C. 693/91 Efrat v. Director of Population Registration at the Interior Ministry, 47(1) P.D. 763.

[7]　L. Du Plessis, *The Interpretation of Statutes* 54 (1986).

> 这些一般适用性推定……在更高的层面上，作为规范公民自由以及议会、行政部门和法院之间关系的基本原则的表达而运作。它们在这里作为宪法原则运作，不容易被一个法定文本所取代。

科特（Côté）教授结合加拿大的情况讨论了这一原则：

> 新法律的含义也可能受与法律体系相关的原则（例如，不溯及既往原则）和社会的当代价值（例如，什么被认为是公正的或不公正的、合理的或不合理的）的影响。这样的原则和价值，这种价值体系，在法律解释的过程中以立法意图推定的形式找到了自己的位置：立法者被认为尊重他为之立法的社会的价值观和原则。

目的推定体现了制度的基本价值观。它们是这些价值观的镜像。它们表达了处于法律体系核心的宪法观点。在我之前的一个案例中，我也注意到这一点："一般适用性推定的核心是关于民主政体、三权分立、法治和人权本质的宪法假设"[1]。一般而言，一个制度首先承认无论是在官方文件中还是在判例法中的基本价值观，只有这样，它才能从这些基本价值中推导出关于客观目的的推定。然而，有时一项基本原则渗透法律体系的主要途径是对文本客观目的的推定。直到后来，原则才具有超越文本的生命，成为权利和责任的来源。许多基本权利并非写在任何一本书的书页上，而是通过对法律文本目的一般推定的司法适用而发展起来。这是体现基本原则的目的推定有助于法律发展的一种方式。

（二）目的推定的重要性

目的推定是目的解释的基础，借用杜·普莱希斯关于法定解释的说法，它

---

[1]　H.C. 953/87, Poraz v. Mayor of Tel-Aviv-Yafo, 42(2) P.D. 329.

们构成解释的 ABC 和 XYZ。它们是法律解释的核心。关于法律文本含义的推定正日益取代法律解释的规则。[①] 在它们的帮助下，法律解释失去了其技术特征。它不再依赖于相互交织的规则，而成倍增加成相互冲突的二元关系。[②] 推定取代了这些僵化的规则，反映了法律制度寻求实现的价值观和政策。价值观和政策，就其特征而言，存在于永恒的内部冲突之中，由此衍生的推定也是如此。这种冲突并不反映目的推定的任何弱点，而是它们反映价值观和政策这一事实的自然结果。法律制度越发达，其客观目的的推定越多。随着新价值观的引入和过时价值观的退出，目的推定的数量也随着制度的不同而变化，在单个制度内也会发生变化。目的推定不是僵化的、固定的或静态的。它们随着基本价值观的变化而变化。目的推定没有详尽的清单。它们的类别总是开放的。每一代人都可能从新旧价值观中衍生出新的合目的推定。

（三）目的推定的类别

目的推定有不同的类别，但这种区分在很大程度上是人为的，并可能随着时间的推移和不同法律体系之间的变化而变化。关于目的推定的类别，并没有穷尽性的罗列；它们因被解释的文本类型而异。任何特定的推定都可能符合几个类别。为方便起见，我列出了以色列法律中公认的六组主要推定：

1. 基于保障安全性、确定性、一致性和规范和谐需要的目的推定。这一类别包括保证规范和谐的推定，如防止文本各部分之间的矛盾，将文本规定纳入一般法，以及文本有效的推定（"有效性推定"）。还推定了文本的目的产生

[①] 关于解释"规则"的讨论，见 Sunstein, *supra* p. 13, note 31; K. Llewellyn, "Remarks on the Theory of Appellate Decision and the Rules or Canon about How Statutes Are to Be Construed," 3 *Vand. L.Rev.* 395 (1950); D. Harris, "The Politics of Statutory Construction," [1985] *B.Y.U.L. Rev.* 745 (1985); Rodriguez, "The Presumption of Reviewability: A Study in Canonical Construction and its Consequences," 45 *Vand. L. Rev.* 743 (1992); J. Macey and G. Miller, "The Canons of Statutory Construction and Judicial Preference," 45 *Vand. L. Rev.* 647 (1992); W. Eskridge and P. Frickey, "Quasi-Constitutional Law: Clear Statement Rules as Constitutional Lawmaking," 45 *Vand. L. Re.* 593 (1992); S.F. Ross, "Statutory Interpretation in the Courtroom, the Classroom, and Canadian Legal Literature," 31 *Ottawa L. Rev.* 39 (1999–2000).

[②] Llewellyn describes them as such.

于其自然而普通的语言，文本不会随意地对先前的一般法做出改变，文本的作者不会使用不必要的词语，文本具有动态意义。对这一类别尤为重要的是，所有规范都要符合宪法的规定。

2. 反映伦理价值的目的推定，如推定文本的目的是实现正义、道德和公平；文本的目的是防止不法行为人从其不法行为中获利；制订文本是为了实现自然正义的规则；制订文本是为了防止利益冲突。

3. 反映社会目标的推定，如关于国家的存在、民主性质和公共利益的实现的目的推定。三权分立、司法独立、维护司法权威的推定也包括在内。这一类还可以包括文本促进公共利益的推定。

4. 反映适当行为形式的推定，如文本会导致公平、合理和相称的结果的推定。假定文本不会导致荒谬的结果；保证公平、诚实信用；提高效率。在合同法范围内，这一类别中还包括不利解释原则，即对文本的歧义应进行有利于非起草方的解释。

5. 反映人权的推定，如文本旨在保障人的尊严和自由，实现平等主义的结果，并且不损害政治权利和自由（言论自由、行动自由、宗教自由、财产权、职业自由等）及社会权利（罢工权、受教育权、工作权和其他社会权利）。

6. 反映法治的推定。这些推定包括反对警戒主义和司法遵守法律，以及根据文本的目的解释文本的推定。还包括不应绕过法律规范的推定，国内法符合国际公法的推定，以及地方法域管辖的推定。这一类别中尤其重要的部分是反对文本溯及既往适用的推定。

（四）目的推定是即时且始终适用的法律规范

关于文本（一般）客观目的的推定是法官必须考虑的法律规范。它们只是推定，而且是可以反驳的，这一事实并不否定它们的法律性质。目的推定是法律问题，而不是事实问题（法律推定）。它们不是对文本作者所设想的主观目的的假设。它们并不特定于这个或那个文本。它们反映了适用于每一份遗嘱、合同、法律和宪法的一般价值观和利益。作为法律推定，它们无须证明。责任由受到该推定不利影响的一方承担，以反驳该推定。

目的推定即时且始终适用。解释者可以在解释过程的任何阶段参考它们。无论文本是否"清晰"，它们都适用；即使法官初步感觉到某一文本是"清楚的"，他或她仍然必须参考目的推定。这种最初的清晰感可能会在解释者研究了目的推定后消失，并发现乍一看似乎清楚的东西实际上根本不清楚。目的推定是一种独立适用的法律规范。正如考恩写道，在法律解释的背景下，

> 解释者从一开始就应考虑到各种推定，无论法律条文的内容多么广泛和笼统，也无论条文看起来多么清晰，如果孤立地看法律的文字，就会显得如此。此外，当所有相关的语境考量都得到适当权衡后，解释者应该根据推定再次检验他的结论。①

这些推定同样适用于遗嘱和合同。这些推定反映了事情的自然和普通状态。除非被反驳，否则无论文本表面上是否清晰，它们都适用。

（五）目的推定的权重

每一种目的推定都有一个"权重"，这个"权重"随着推定所依据的基本价值观的权重而变化。一个基本价值观越"重"，由此衍生出的目的推定就越重。当目的推定相互矛盾时，这种权重就会表现出来。

（六）目的推定与文本的语言

反映一个法律制度价值观和利益完整性的目的推定种类繁多。每一种推定都适用于每一种文本吗？答案是否定的。目的推定在文本语言的范围内起作用。如果文本的语言不能承受目的推定，则不适用该文本。事实上，目的推定只有在能够通过文本语言实现的情况下才适用。这就引出了解释学圈子里的一

---

① Cowen, *supra* p. 133, note 46 at 391 (emphasis in original).

个难题。我们想要理解文本的语言。为了做到这一点，我们参考了目的推定。但是，我们不能这样做，除非这种推定能够以案文的语言为根据。

前义原则解决了这一困境。我们用前义来处理文本，它确定了我们的出发点。它构成了——用伽达默尔的话来说——解释者的视域。从那里开始，我们转向目的推定，回到文本，直到我们根据文本的目的找到最终的平衡和对文本的最终理解。我们不需要从文本内部学习推定。我们无需在文本的语言中寻求一种推定的"暗示"。我们从一般法中了解推定。然而，文本仍然是实现推定的手段。如果文本无法承受，则推定不适用于文本。

（七）目的推定的未来

目的推定是目的解释的核心。在大多数情况下，法官通过确认需要考虑的目的推定，并确定它们之间的适当关系来解决解释性问题。有人可能会说，目的推定只是将已经发生的解释活动合理化。事实上，有人可能会说，每一个推定都有一个相互矛盾的对应物，并且这些推定是成对进行的。在这一主张上，过于依赖推定反映了一种机械的解释观。

任何认为目的推定构成决定规范文本唯一法律含义的规则的人都会很快失望。目的推定并不会使解释者总是得到单一的、唯一的解决方案。它们有时会相互矛盾。这种矛盾是它们力量的表现，而不是软弱的表现。它们并不反映规则，它们也不是为了确定一种独特的意涵。它们源于价值观和原则，并指明了方向和趋势。它们相互冲突，不是因为迷失了方向，而是因为它们反映了人类经验的复杂性，以及法律中存在着对立的价值观和原则。目的推定对解释活动至关重要。它们是解释性思维的基础。遗憾的是，法律尚未认识到它们的重要性。法学忽视了它们，法院也没有充分发展它们。目的解释试图改变这种状况。它提供了一种关于目的推定的本质、范围和权重，以及它们之间矛盾解决的成熟理论。目的解释将在其他解释体系中产生矛盾的冲突性解释规则，转化为反映价值观和原则冲突的目的推定之间的冲突。

四、目的推定之间的矛盾

（一）价值观与原则的矛盾及其衍生的目的推定

目的推定反映了价值观和原则，与解决某一特定解释问题相关的价值观和原则往往相互矛盾。一个人的言论自由侵犯了另一个人的名誉权。一个人的行动自由与保护公共利益的需要相冲突。由这些价值观和原则衍生出的目的推定往往也会产生冲突。我们如何解决这种矛盾？答案是，在相互冲突的推定之间进行适当的平衡。[1] 正如里德（Reid）勋爵在讨论目的推定时指出的：

> 它们是结构、推定或建议的辅助工具。通常情况下，一条"规则"指向一个方向，另一条则指向不同的方向。在每一种情况下，我们都必须考虑所有相关的情况，并根据判断来决定赋予某种特定的"规则"何种权重。[2]

目的推定具有"权重"。法官用"天平"来平衡相互矛盾的信息。[3] 正如哈

---

[1] 皮尔德斯对"平衡"理论提出了批评，认为法官是在解释文本，而不是在协调平衡。他提出用解释取代平衡。R. Pildes, "Against Balancing: The Role of Exclusionary Reasons in Constitutional Law," 45 *Hastings L. J.* 711 (1994); R. Pildes, "The Structural Concept of Rights and Judicial Balancing," 6 *Rev. Const. Stud.* 179 (2002). 我同意皮尔德斯的规范框架是解释的观点，但我认为为了解释——为了阐明文本核心的客观目的——法官必须在相互冲突的价值观和原则之间进行权衡。

[2] *Maunsell v. Olins* [1975] 1 All E.R. 16, 18. 其中提到的"规则"是，相互冲突的原则应该得到平衡。

[3] 见 A. Aleinikoff, "Constitutional Law in the Age of Balancing," 96 *Yale L. J.* 943 (1987); P. Kahn, "The Court, the Community and the Judicial Balance: The Jurisprudence of Justice Powell," 97 *Yale L. J.* 1 (1987); F. Coffin, "Judicial Balancing: The Protean Scales of Justice," 63 *N.Y.U.L. Rev.* 16 (1988); K. Sullivan, "Post-Liberal Judging: The Role of Categorization and Balancing," 63 *U. Colo. L. Rev.* 293 (1992); R. NageL, "Liberals and Balancing," 63 *U. Colo. L. Rev.* 319 (1992); S. Gottlieb, "Introduction: Overriding Public Values," in S. Gottlieb (ed.), *Public Values in Constitutional Law* 1 (1993); N. Strossen, "The Fourth Amendment in the Balance: Accurately Setting the Scales through the Least Intrusive Alternative Analysis," 63 *N.Y.U.L. Rev.* 1173 (1988); L.Henkin, "Infallibility under Law: Constitutional Balancing," 78 *Colum. L. Rev.* 1022 (1978); C. Fried, "Two Concepts of Interests: Some Reflections on the Supreme Court's Balancing Test," 76 *Harv. L. Rev.* 755 (1963); L. Frantz, "The First Amendment in the Balance," 71 *Yale L. J.* 1424 (1962); W. Mendelson, "The First Amendment and the Judicial Process: A Reply to Mr. Frantz," 17 *Vand. L. Rev.* 479 (1964).

特教授所说，我们感兴趣的是"在相互竞争的利益之间力求公正的'权衡'和'平衡'特征"①。法官如何确定权重并进行平衡？

（二）"平衡""重量""天平"：隐喻

当然，在解释中没有物理尺度。物质的重量和平衡也不存在。价值观和原则不会带着显示其重量的标签出现在法官面前。也没有按重要性和权重排列的价值观清单。我怀疑这样一份清单能否编制出来。② 解决价值观和原则之间的矛盾——以及由此产生的推定之间的矛盾——的解释过程是规范性的，而不是物理性的。关于平衡、重量和天平的讨论是隐喻性的。③ 我在一个案例中也注意到了这一点：

> 这些表达——平衡、重量——只是隐喻。其背后的观点是，并非所有原则对社会都具有同等重要性，在缺乏宪法指导的情况下，法院必须评估不同价值观的相对社会重要性。正如没有人没有影子一样，不存在没有分量的原则。在这种权重的基础上决定平衡，意味着对不同原则的相对重要性进行社会评估。④

价值观和原则是很重要的。⑤ 我们可以根据它们的相对社会重要性对它们进行排序。"权衡"过程是一个规范的过程，旨在将价值观和原则——以及由此产生的目的推定——置于法律体系之内，并赋予它们相对的社会价值。当这

---

① H.L.A. Hart, *The Concept of Law* 205 (2d ed. 1994).

② W. Murphy, "The Art of Constitutional Interpretation," in *Essays on the Constitution of the United States* 83 (H. Abrams et al. eds., 1978). 关于德国宪法中价值观的平衡，见 G. Hassold, "Strukturen der Gesetzesauslegung," Festschrift für Karl Larenz 31 (1983)。论加拿大宪法中的价值平衡，见 G. La Forest, "The Balancing of Interests under the Charter," 2 *Nat'l J. Const. L* 133 (1992); B. Wilson, "Decision-Making in the Supreme Court," 36 *U. Toronto L.J.* 227 (1986).

③ 论"平衡"隐喻的利弊，见 W. Winslade, "Adjudication and the Balancing Metaphor," in *Legal Reasoning* 403 (H. Hubien ed., 1971).

④ H.C.14/86, *Laor v. Council for Review of Films and Plays*, 41 (1) P.D. 421, 434.

⑤ Dworkin discusses this extensively in R. Dworkin, *Taking Rights Seriously* (1977).

些价值观和原则之间——以及由此产生的目的推定之间——出现矛盾时，法官通过考虑它们的相对社会重要性来解决冲突。权重较轻的价值观既不会被逐出法律体系，也不会被废除。它仍然是法律体系的一部分，但该体系限制了它的适用，或者说限制了它在对手价值观占优势的问题上所提供的保护范围。在其他问题的背景下，法官可能会赋予价值观不同的权重，价值观继续争夺至高无上的地位。在这方面，价值、原则及其衍生的目的推定不同于法律规则。对于后者而言，冲突以生或死告终。另一方面，价值观和原则仍然存在，并在必要时适应冲突。再次，权衡与权衡并不科学，也并不否认司法自由裁量权的存在。但是，它们把自由裁量权限制在法律体系不再为法官提供关于相互冲突的价值观和原则的相对社会地位的指导的情况之下。适度是必要的。这种平衡既没有否定司法自由裁量权的存在，也没有在所有案件中都适用司法自由裁量权。

平衡和权衡构成了法律文本解释的内在基础。以科尔哈姆（Kol Ha'am）一案为例。[①]一项可以追溯到英国委任统治时期的行政命令授权高级专员——今天的内政部长——如果他认为"报纸上出现了任何可能危及公共和平的事件"，就可以关停任何报纸（暂时或永久地）。[②]《科尔哈姆报》（即《人民之声》）发表文章，批评以色列政府表示准备派兵参加朝鲜战争的立场。内政部长决定让这家报纸停刊几天。该报向高等法院请愿，提出了法院应如何解释授权部长关停报纸的命令的问题。口头辩论的重点是报纸上发表的文章与对公共安全的危害之间的"可能"一词所要求的因果关系。阿格拉纳特（Agranat）大法官认为，必要的因果关系取决于维护公共和平的需要与保护言论自由的需要之间的平衡。经过权衡，法院得出结论，因果关系必须是接近确定的（或几乎确定的）。因此，如果几乎可以肯定一家报纸发表的某些内容将对公共和平造成严重危害，部长就可以关停这家报纸。

---

① H.C. 73/53 *Kol Ha'am Ltd. v. Minister of Interior*, 7 P.D. 871.
② Newspaper Ordinance, Art. 19 (2) a, L.S.I.

（三）原则性和临时性平衡

价值观和原则之间的平衡——以及目的推定——可能是原则性的，也可能是临时性的。一个原则性的平衡决定了规范性的权重，而规范性的权重反过来又造就了可以适用于未来案件的法律标准。例如，在以色列，言论自由与公共和平之间的原则性平衡是，公共机构只有在几乎可以确定如果不限制言论自由，公共和平就会受到严重损害的情况下，才可以限制言论自由。另一方面，临时性平衡除了法官应根据每一案件的情况平衡相互竞争的价值观和原则这一一般概念外，并没有一个通用的公式可以适用于类似的情形。一般来说，原则性平衡比临时性平衡更可取。法官应制定一种"理性原则"①，这种原则反映的是"一种以价值观为基础的标准"，而不是"一种无法预测其性质和方向的随机的、家长式的标准"。②

（四）纵向和横向平衡

在相互竞争的价值和原则之间进行原则性平衡，没有单一的"平衡公式"。形势的多样性要求平衡公式的多样性。其中包括两种主要类型：横向平衡和纵向平衡。当言论自由与隐私权、名誉权或行动自由发生冲突时，就会出现价值观和地位平等原则之间的横向平衡。横向平衡表达了每一种价值观或原则在发生冲突时必须做出的相互让步。我在一个案例中指出：

> "横向"平衡发生在两个相互冲突的、地位平等的价值观之间。平衡公式评价各权利相互让步的程度。例如，自由行动权与游行权（自由集会权）具有同等地位。平衡公式取决于时间、地点和范围的条件，以允

---

① H.C. 73/53 Kol Ha'am Ltd. v. Minister of Interior, 7 P.D. 881 (Agranat, J.).
② F.H. 9/77 *Israeli Electric Company v. Haaretz Newspaper Publications*, 32 (3) P.D. 337, 361 (Shamgar, J.). 参见 Aleinikoff, *supra* p. 177, note 109 at 948; T. Emerson, *The System of Freedom of Expression* 16 (1970).

许两种权利共存。[1]

在横向平衡中，法官试图通过在边际上做出相互让步来维护相互冲突的价值观和原则的核心。他们还试图在不同的让步中实现相称性，给予每一个价值观或原则"喘息的空间"。他们不应该让一种价值在另一种价值完全受挫的情况下得到充分表达。他们应该对时间、地点和方式加以限制，使每一种相互竞争的价值观真实而实质性地存在。因此，即使妨碍交通，在主干道上的示威活动也应该被允许，但示威的时间和方式必须受到限制。横向平衡有时会对相互冲突的权利进行限制。

纵向平衡则不同。纵向平衡公式规定了某些价值观或原则优先于其他价值观或原则的条件。例如，在以色列，如果行使言论自由、信仰自由或宗教自由实际上会严重损害国家安全或公共安全，那么国家安全或公共安全可能会限制言论自由、信仰自由或宗教自由。同样，只有在真正严重担心行使行动自由会损害国家安全的情况下，才能以国家安全为由限制出境自由。按照不同的公式进行纵向平衡——反映相互冲突的价值观和原则的相对地位的公式——并不确定受限制权利的范围。它决定了法律体系对其的实现和保护程度。横向平衡与纵向平衡的区分是模糊的，在复杂的情况下，两种平衡共同发挥作用。

---

[1] H.C. 2481/93 *Dayan v. Jerusalem Regional Commander*, 48 (2) P.D. 456, 476.

第八章

目的构成：最终目的

一、主客观目的在确定最终目的中的权重

（一）决定性阶段：阐明最终目的

在目的解释的决定性阶段，即目的解释区别于其他解释体系的特殊阶段，法官必须阐明文本的最终目的，并根据该目的和文本的语义范围确定文本的法律意义，以综合与整合主客观目的。在整合过程中存在如下两组问题：其一，法官如何实现整合？整合的基础是什么？其二，整合的理由是什么？有哪些优缺点？为什么目的解释比其他解释体系更受欢迎？本章和下一章将讨论"如何"，第十章将讨论"为什么"。

（二）构成最终目的的数据

在阐明文本的最终目的时，法官需要检查各种相关数据。一方面，法官要关注与主观目的相关的信息，通过假定文本的最终目的来研究文本创制者试图通过文本实现的目标，并在不同层面上考虑创制者的主观意图。另一方面，法官要考虑与客观目的相关的信息（理性创制者的意图，制度的意图），通过对客观目的的推定来研究文本在社会中的设计目的，并在不同层面上考虑其客观

目的，从而达到法官必须从所有信息中阐明文本最终目的的阶段。一般来说，这项任务是简单且容易的。通常，所有关于目的的信息都会指向同一个方向，因为主客观目的的假定在其内容上是一致的。但有时也存在冲突：主观目的的假定相互矛盾，客观目的的假定相互矛盾，主观目的与客观目的的假定相互矛盾。解释者应该如何回应？

（三）综合与整合

目的解释者试图调和不同的假设。他们青睐融合与整合而非对立，尽其所能减少冲突与矛盾，追求既符合主观目的又符合客观目的的最终目的。目的解释者从文本的概念（甚至在此之前）一直到解释的时刻来审视文本的生命，他们试图阐明一个充分考虑过文本复杂性的最终目的。为此，解释者竭尽全力兼顾主观和客观目的。如果两个主观目的相互矛盾，他们就选择与客观目的相适应的主观目的；同理，如果两个客观目的相矛盾，他们就选择与主观目的相适应的客观目的。目的解释反对在解释过程中只存在单一维度的视角，而认为对于任何文本而言，其解释都是一个涉及创制者意图以及制度意图的复杂过程。然而，话虽如此，这种方法却并不总能够促使在解释过程中得出结论。有时，解释者别无选择，只能决定主观目的和客观目的的哪个更占上风。目的解释如何应对此种棘手的情况？

（四）根据文本类型确定最终目的

面对这些难题，目的解释没有简单的答案，答案取决于所解释文本的实质内容。目的解释并非基于单一、明确的标准来解决问题，其没有明确的"裁决规则"或原则，无论是文本历史创制者的意图，还是理性创制者的意图抑或是制度的意图，都并非完全、绝对的正确。目的解释区分不同类型的文本，在此基础上确定分配给每种不同类型的主客观目的假定的相对权重。目的解释属于何种类型的法律文本？每种类型的主客观目的之间是什么关系？

（五）不同类型的文本

在阐释最终目的时，目的解释要区分不同类型的法律文本，其区别源于解释的理论基础，即以哲学、解释学和宪法依据为核心的目的解释。其一，需要考虑文本的法律性质，旨在理清遗嘱、合同、法律和宪法之间的区别。法律文本存在于一个连续统一体中，遗嘱和宪法分别位于两端，合同、法律以及与这四个主要文本具有共同特征的其他文本则位于遗嘱和宪法之间。例如，共同遗嘱处于遗嘱与合同之间，附合合同或集体协议处于合同和法律之间。与之相对的则是行政命令、行政法律和司法裁决，法典位于成文法和宪法之间。其二，需要考虑文本的期限，旨在区分新旧文本之间的区别。尽管法律文本基于连续统一体而非分散的阶段来衡量，该区分仍是必要的。其三，需要考虑文本所涉及内容的范围以及文本对完整性的要求。在此，进一步区分出规范小部分问题的具体文本和试图规范系列广泛问题的综合文本——例如，规范具体问题的法律和规范综合法律体系的法典编纂，抑或具体合同与总括协议。其四，需要考虑制度的性质、创设文本的社会基本假设以及这些性质与假设的变化。该区分对所有文本而言都非常重要，尤其是法律和宪法。其五，需要考虑文本的设计，无论文本是由规则、原则还是由标准所构成。其六，需要考虑文本规范的内容。普通遗嘱不同于共同遗嘱，普通合同不同于附合合同或消费合同，"民事"文本亦不同于"刑事"文本。

上述列示并不完全，随着目的解释的发展，我们能够识别并确定与最终目的相关的其他类型文本之间的区别。此外，如果这些类别之间出现重叠，亦可以根据其最终目的对文本进行分类。实际上，相同的文本可以放置在不同的文本类别中，不过，不同的文本分类可能会造成相互矛盾的结果。

二、文本类型：遗嘱、合同、法律和宪法

（一）文本最终目的的统一性与多样性

文本的类型——遗嘱、合同、法律和宪法——影响着我们理解它的方式，

我们对宪法的解释不同于对遗嘱的解释。弗洛因德（Freund）恰如其分地指出，法院必须谨慎，"不要把宪法条款当作最后的遗嘱来读，以免它们真的成为一体"①。

每种文本都独具特色，每种文本都背负着需要其实现的目标，这些因素会影响文本的意义，但体系解释往往会将其忽略。目的解释适用于所有法律文本，能够根据文本的不同性质区别对待每一类文本，并允许文本的自我发展和表达。正是目的这一概念促进了文本的发展和表达，目的是一个由特定法律制度塑造的规范性概念，包括主观目的和客观目的。在此概念（"最终目的"）的最终表述中，解释者考虑到文本的类型，确保解释系统和解释观点一致地适用于所有文本，同时表明每种文本的特性及其可能引发的任何特殊问题。目的解释的假定前提为法律解释的实现提供了必要的灵活性保障，主观目的和客观目的作为假定，其二者之间的平衡即为最终目的。目的解释一方面基于法律体系内部的法律统一与和谐，另一方面则基于其灵活性，即以文本的目的为中心。

目的解释具有整体性。文本创制者的意图和制度的意图一旦开始适用，就会如同假定那般在适用的过程中相互影响，只有当它们发生冲突时，解释者才必须做出选择。我现在将讨论目的解释的基本观点，即根据法律文本的类型（遗嘱、合同、法律和宪法）来阐释法律文本的最终目的。

（二）遗嘱的最终目的

如同其他任何文本一样，遗嘱是根据其目的来进行解释的，包括遗嘱的利益、目标、价值及其旨在实现的社会功能。遗嘱建立在意志的基础之上，是分割遗嘱人财产的"计划"。正如其他任何法律文本的目的一样，遗嘱的目的是一个规范性概念，是一种法律解释，由主观目的（遗嘱人的意思表示）和客观目的（理性创设者的意思表示，制度的意思表示）构成。对于解释者而言，主

---

① Freund, "The Supreme Law of the United States," 29 *Can. Bar Rev.* 1080, 1086 (1951).

客观目的作为对最终目的的推定，当矛盾出现时，这两种目的和由此产生的推定之间是什么关系？答案源于遗嘱的独特性。遗嘱表达了个人意愿的自主性，是在对死亡（死亡原因）深思下做出的单方法律行为，遗嘱人可以修改或终止遗嘱，其生效并不取决于另一方的接受与否，即不存在信赖利益。尽管继承人对遗嘱内容可能会存有期望，但在遗嘱人死亡之前，法律并不保护继承人对遗嘱的期望，即遗嘱仅基于遗嘱人的单方面意愿。

因此，在阐释遗嘱的最终目的时，解释者普遍侧重遗嘱人的意愿（主观目的），从遗嘱内容到现实情况，基于遗嘱本身及其起草过程来了解遗嘱人的真实意愿。遗嘱人的意愿是遗嘱的首要、中心目的，它如同北极星一般指引着解释者，对遗嘱人主观目的的假定决定着遗嘱的最终目的。

对于客观目的的推定则是次要的或者说仅起到补充的作用。不过，客观目的始终有其存在和适用的价值，法官应在遗嘱解释的每个阶段对客观目的进行评估。当不存在关于遗嘱人意愿的可靠信息时，或者已知遗嘱人的意愿但其并不能解决解释者的问题时，客观目的就显得尤为重要，因为这是在立遗嘱和解释遗嘱之间遗嘱人所没有预料到的变化。在此情况下，法官便需要参考客观目的，即理性遗嘱人的意图和制度的意图，实际上，客观目的在多种抽象程度上都反映了法律制度的价值。基于此，遗嘱的目的应当遵循平等和正义原则，以实现公共利益为目标，合理地分配财产。遗嘱人绝不会在荒岛上立遗嘱，遗嘱是法律制度的一部分，遗嘱集成于法律制度体系，并从中汲取生命力，同样，其也赋予法律体系生命力。

举例来说，有一位遗嘱人立了一份遗嘱，将财产分割给她的孩子，但遗嘱中没有具体说明每个孩子将得到哪些财产，且无法获取遗嘱人关于这份遗嘱真实意愿的可靠信息，此种情况下，法官便会非常重视遗嘱的客观目的。法官首先会考虑（在较低的抽象层面）是否有足够的信息来表明遗嘱人的真实意愿，即当她立遗嘱时，她会如何分配财产，每位继承人能够得到多少钱。在缺乏此类信息的情况下，法官便会转向下一个更高的抽象层面——理性的遗嘱人通常会如何回应，在平等的民主社会中，每位继承人理应得到平等的财产分配份额。这意味着，在制度价值存在矛盾的情况下，解释者需要在二者之间获取平衡，在抽象层面上，价值和原则作为适用于所有遗嘱的假定，法官需要利用其来阐释遗嘱的最终目的。但是，如果法官能够确定遗嘱人的真实意愿，包括来源于内部（即遗嘱本身）的意愿或者来源于外部（起草遗嘱的情况）的意愿，那么关于遗嘱的假定都将不适用。在此情况下产生的与遗嘱相关的可信赖意图——如遗嘱人试图对其继承人的可信证词进行反驳——不再适用于以继承人之间平等分配财产为核心的客观目的。

（三）合同的最终目的

合同根据其目的来进行解释，合同的目的是一个规范性概念，包括主观目的（当事人共同的意思表示）和客观目的（理性当事人的意思表示，制度的意思表示），旨在实现合同所涉及的利益、目标、价值、政策和社会功能。在合同解释的过程中，如果这些目的相互冲突，它们之间的关系应如何来界定？答案在于合同的性质。合同体现了当事人私人意志的自主性，合同为双方当事人创造了合理且受法律保护的预期，以及对合同结果的依赖。另外，合同还可以为第三人提供信赖利益。与目的解释的特征一致，法官主要根据合同订立时当事人的共同意思表示来确定合同的最终目的。因此，在以色列，对合同最终目的具有决定性影响力的假定即主观目的假定。需要说明的是，该意思表示并非当事人一方的意思表示，而是合同双方共同的意思表示或者至少是一方的意思表示为另一方所知。此外，该意思表示也并非一般意义上所理解的共同意图；而是合同当事人"真正的"共同意思表示，产生于合同本身以及合同订立时的具体情况，从而促使法官能够不受任何形式限制地在合同文本和现实情况之间尽可能确切地解读合同的最终目的。

当解释者不知道合同双方的共同意思表示是什么时应该怎么办？如果合同当事人的共同意思表示不能解决法官所面临的解释问题该怎么办？如果在合同的订立与解释之间发生了当事人没有考虑到的事态，法官应如何对合同进行解释？当合同与不知道当事人共同意思表示的第三人有关时，法官应赋予合同什么含义？在这些日常实践频繁发生的案例中，法官应参考合同的客观目的。申言之，法官需要假定合同当事人是理性人，理性的当事人旨在寻求合理的结果、公平以及效率的实现；法官还需要进一步假定合同的目的是实现相关制度在解释时存在的基本价值，如正义、公共利益和人权。事实上，对于法官而言，客观目的如同主观目的一样，均属于解释最终目的的一种假定前提，始终具有适用性。但是，如果合同当事人的共同意思表示与客观目的相矛盾，客观目的便不再适用。同理，在合同当事人共同意思表示与理性人意思表示相冲突的情况下，合同当事人的共同意思表示优先，法官亦应据此解释合同，提出抗辩的一方当事人则违反了诚实信用原则。

从合同以外来源收集获取的关于双方当事人共同意思表示的可靠信息优先于合同的客观目的。在确定客观目的时，解释者应根据不同的客观目的假定所反映的系统价值和原则的各自权重来解决假定之间存在的冲突。但是，在合同解释中，主观目的往往占据主导地位，只有当解释者不知道主观目的时，客观目的才起到决定性作用。当然，即便是主观目的，也可能会随着合同的性质而改变。越是偏离一般合同的当事双方模式，主观目的及其假定的影响力就越小，客观目的及其假定的作用就越大。

（四）法律的最终目的

法官基于法律实现的目的对其进行解释，旨在实现法律所涉及的利益、目标、价值、政策和社会功能，体现了法内在的理性（ratio legis），亦是成文法对现行法律进行的社会变革。如同其他所有法律文本的目的一样，法律的目的是一种法律解释，包括主观和客观两个部分。法律的主观目的是立法机关在制定法律时的意图，表现为一种抽象的（而非具体的）意图，即法律是在高水平的抽象层面运行的。法律的主观目的表明了立法机关落实法律的大政方针，反映了人们所期盼的社会变革。法官从文本的语言和其创制环境中对文本进行了解，只要与文本相关的情况和信息是确定的、可靠的，法官即可参照并考虑这些具体情形。概言之，法官通常会侧重考虑主观目的的假定，即法律的最终目的是其主观目的。

法律的客观目的是在对其进行解释的过程中，法律旨在实现的关于民主政体的特殊目标，于法官而言，法律的客观目的即对立法目的的具体推定。在较高的抽象意义上，客观目的假定作为所有法律的规范性基础，反映了制度的基本价值、原则和预期。

明确法律最终目的的关键在于厘清主客观目的之间的关系以及各种客观目的之间的内在关系。当这些目的发生冲突时会发生什么？解决冲突需要对所讨论的立法类型进行更具理论性的调查。民主本身就要求进行理论性调查，因为立法至上是民主概念不可或缺的一部分。为此，法官在解释一项法律时，力求实现立法机关的（抽象）意图，因为它源于法律本身及其所产生的环境。然而，法律不仅仅是立法机关对个人发出的命令，其也是一种规范性安排，在民主法律制度的范围内运作，决定了什么是允许的，什么是禁止的。除了立法至上之外，民主还要求维护制度的基本价值，包括人权。法官的解释必须实现制度的基本价值，即对立法（目标）目的的不同假设，当法官获取的关于目的的信息存在冲突时，其必须在实现制度基本价值的同时保证立法机关主观目标的实现。在某些情况下，文本的类型——其期限、所涉及问题的类型、规范这些问题的方式以及规范的内容——有正当理由去排除立法的意图，从而为解释者带来了解释法律所特有的困难，故解释者必须调整其解释方法。实际上，并不存在万能的公式来确定（抽象的）主观目的和（个人或一般的）客观目的之间的关系，主客观目的之间的关系取决于文本的类型，正如我们在进行法律解释时所强调的那般。

（五）宪法的最终目的

法官根据宪法的目的——宪法文本旨在实现的目标、价值和原则，来解释宪法。与任何法律文本一样，宪法的目的包括主观目的和客观目的。主观目的是制宪会议在制定宪法时试图通过宪法实现的目标、价值和原则，此系开国元勋们的初衷，目的解释将该意图转化为主观目的假定，即文本的最终目的是实现制定者的（抽象）意图。而客观目的则旨在于现代民主的框架下解释宪法文本并实现其目标、价值和原则，目的解释将其转化为宪法的最终目的即客观目的假定。

确定宪法最终目的的关键在于厘清主客观目的之间的关系以及各种客观目的之间的内在关系，目的解释根据宪法文本的性质和特点对此进行了回答。宪法位于所有规范的顶端，其作用旨在长期地指引人们的行为，[①] 宪法不易修改，并且使用了许多开放式的表达，[②] 是为实现国家塑造的长期特征，亦为国家的社会价值观和社会理想奠定了基础。在体现宪法的独特性时，解释宪法的法官必须重视宪法的客观目的及其假定，在解释宪法时亦应当根据社会的基本规范立场来进行。

宪法制定者的意图（抽象的主观意图）仍然很重要。我们需要过去来理解现在。主观目的赋予历史深度，尊重过去及其所具备的重要意义。在目的解释中，主观目的采取目的假定的模式，并适用于解释宪法的整个过程。但主观目的也并非宪法解释中的决定性因素，其考虑权重位列开国者的初衷之后，不过随着时间的推移，开国者对宪法解释的影响力会有所减弱，因为其无法固化宪法条款的未来发展。虽然宪法的基础是过去的，但其目的是由当前的现实需求所决定的，并以解决未来的问题为目标。在主观目的与客观目的的冲突中，宪法的客观目的优先于主观目的，即便存在通过可靠且确切的证据来证明主观目的的可能，客观目的仍然占主导地位。不过，主观目的在解决相互冲突的客观目的之间的矛盾时，仍具有相关性。

---

① W. Douglas, *We the Judges: Studies in American and Indian Constitutional Law from Marshall to Mukherjea* 429 (1956)（注意到宪法"是纲目，不是法典；是信仰的宣言，而不是法律的汇编。"）; J. Rubenfeld, *Freedom and Time: A Theory of Constitutional Self-Government* (2001).

② W.J. Brennan, "Construing the Constitution," 19 *U.C. Davis L. Rev.* 2 (1985).

三、文本类型：文本期限对最终目的的影响

（一）期限是阐明最终目的的因素之一

文本的期限影响着我们理解它的方式。[1] 法官可以根据创设者的意图来解释新创设的法律文本，但随着时间的推移，需要根据制度的意图来解释同一文本。显然，文本创设者可能会表明其希望随着文本期限的流逝，更多地基于客观目的来解释文本，而非主观目的。或许创设者的意图是，在文本创设初期，法官根据创设者的意图对其进行解释，但随着文本的执行，法官根据制度的意图对其进行解释。这是完全符合常理的。随着文本日渐陈旧，解释者愈发难以设身处地为创设者着想，也难以获得关于其意图的可靠信息，更难以按照原文撰写之日的解释方式对文本进行解释。[2] 在此情况下，只能通过诉诸客观目的来避免以上障碍。

事实上，即使时间在流逝，只要文本创设者希望其意图在文本的整个存续期内持续有效，且能够获取有关创设者意图的可靠信息，法官也可以根据该意图对文本进行解释。尽管文本可以根据其主观目的进行解释，但时间的推移要求我们按照文本的客观目的来予以解释。从本质上看，法律文本是为了规范将来的人际关系，即在规则颁布之后还将适用许多年。随着文本的陈旧，法律的本质削弱了文本创设者对其的控制权，加强了对法律制度的控制——其试图以客观目的来弥合法律与不断变化的社会需求之间的鸿沟。当代社会不应被过时的社会观点所禁锢。例如，随着时间的推移，社会改变了对妇女及其所扮演的角色、儿童的最大利益及如何实现这一目标和许多其他问题的看法，社会变化需要在其原始语言的范围内赋予文本某种意义，使其符合当代社会的基本价值观。正如我在一个案例中所指

---

[1]　马默（Marmor）和拉兹（Raz）基于其对权威的看法提出了这一论点。

[2]　R. Posner, "Past-Dependency, Pragmatism, and Critique of History in Adjudication and Legal Scholarship," 67 *U. Chi. L. Rev.* 573 (2000).

出的那样："作为以色列法官，我们有责任赋予'配偶'一词在以色列社会中的意义，而不是 19 世纪中叶英国维多利亚时期社会中的意义。"法官在解释"旧"文本时，对客观目的给予极大的重视，比如对旧宪法的解释即是如此——关于旧宪法有效性的主张在一定程度上取决于其对现代社会需求的表达。接下来我将讨论法官在解释合同和法律时如何权衡旧文本的客观目的。

（二）期限对合同最终目的的影响

法官根据合同的目的来解释合同。由于法官通常给予合同主观目的更多的权重，主观目的通常优先于其同级的客观目的。然而，在基于当事人之间持续关系的长期合同（关系合同）中，情况则可能并非如此。此类合同对长期关系中的当事人具有约束力，并通过合同确定其参数。[①] 法官在解释新订立的关系合同时，应对当事人的共同意思给予重视。但随着时间的推移、当事人之间关系的发展以及与出发点渐行渐远的距离，客观目的的影响力应逐渐得到增长，直到其主导对合同的解释，并确定合同的最终目的。

（三）期限对法律最终目的的影响

主观目的假定随着法律颁布及其解释之间的时间推移而减弱。[②] 在某种程度上，主观目的的权重完全消失，客观目的则得到了充分的体现。争论的焦点并不是立法机关打算随着法律的老化而根据制度的意图对其进行解释，也不是说随着时间的推移便无法获知立法机关的意图。但不可否认的是，时间的流逝确实削弱了主观目的的假定，并强化了客观目的，直到最后只有客观目的的确定

[①] R. Hillman, *The Richness of Contract Law* 259 (1997).

[②] 马默基于其有关立法的专业知识同意该立场。见 A. Marmor, "Kavanat Hamichokek Visamchut Hachok [Legislative Intent and Statutory Authority]," 16 *Iyunei Mishpat* 593 (1991). 拉兹也表示同意。见 J. Raz, "Intention in Interpretation," in *The Autonomy of Law: Essays on Legal Positivism* 249, 277 (R. George ed., 1995).

最终目的。[①] 本尼恩（Bennion）也表达了这一观点：

> 每一代人都生活在其承袭的法律之下。持续的成文法更新不具有可行性，因此，一项法案理应具有其自身的生命力。初始立法者的意图会逐渐载入历史，虽然其语言可能会作为法律而存在，但当前的受试者可能会发现法律愈发无法适应现代社会。换言之，立法者的意图是从一项法案的立法历史中归集而成的，但随着时间的流逝，其必然变得不再那么重要。[②]

我绝不会采用客观的解释方法，即使在解释一项新法律时，我也不会放弃立法原意。我的方法是将文本的期限视为一个连续统一体，主观目的对文本解释的影响随着文本期限的延长而减弱。[③]

四、文本类型：根据规定的问题范围区分文本

（一）文本规定的问题范围

法律文本所规范的问题范围各不相同，既涉及狭义的人际关系又覆盖广泛且全面的各个领域。例如，合同的范围包括具体协议和框架协议，框架协议涵盖了若干具体合同并用以解决未来当事人双方之间存在的有关最终目的确定的问题；法律的范围亦很广泛，从具体的成文法到民法典及其编纂均包括在内。整体而言，文本内容越具体，法官就越应重视其创制者试图实现的主观目的及

---

① 见 K. Zweigert and H.J. Puttfarken, "Statutory Interpretation—Civilian Style," 44 *Tul. L. Rev.* 712 (1970)："规则制定的年代与其立法意图的重要性之间存在权重关系：对于最近颁布的法律，有一种推定，即立法机构起草人起草法律时的意义应该是规则的实际意义；然而，越古老的法律，其解释方法就越合法，这种解释方法可以摆脱历史上立法者的想法，并试图根据今天的条件从不同的标准中找到其意义。"

② F.A.R. Bennion, *Statutory Interpretation* 686 (3d ed. 1997).

③ 见 G. Calabresi, *A Common Law for the Age of Statutes* (1982).

由此产生的假定；反之，文本内容越笼统，法官就越应重视其客观目的及其假定。与一般性文本相比，具体文本的创制者能够更确切地描述其试图规范的行为，可以更为准确地预测所规范行为的未来发展方向并为其提供依据，还可以用更加精准的语言来描述文本所规范的行为。概言之，具体文本的解释者理应诉诸文本创制者的意图以作为解释文本细节的信息来源，而不太需要考虑制度的一般价值。① 相比之下，对于规范普遍行为的一般性文本而言，其创制者通常难以准确描述文本所涉及的具体行为，也更难预测行为的未来发展。实际上，一般性文本必须使用笼统的语言以及对社会行为的概括性描述来进行规则设计。对此，解释者需要借助制度的一般价值来洞察文本中晦涩难懂的概念，而不需要考虑创制者的意图，因为其意图很快就无法适用了。②

（二）法典的解释

法典编纂是法律的范围影响其解释的一个例子。法典是一部全面的法律，规范着广泛的人际关系，法典追求完整、有条不紊、抽象和创新，③ 其必须依赖于开放式的概念（如诚信、理性、公平）。法典的解释者——在某种程度上类似于宪法——应当对其创制者的意图给予适度考虑，并侧重考虑法典的客观目的。④ 法典旨在实现的价值观和原则发挥着极为突出的作用，故解释者应使

① 对此，我的观点在某种程度上与马默一致。根据马默的说法，法律的范围越窄，涉及的专业或技术问题越多，就越应该更多地考虑其制定者的专业知识，包括在解释文本时。我的观点虽然不是基于专业知识的想法，但在面对该问题时具有一致性。

② P.M. Tiersma, "A Message in a Bottle: Text, Autonomy, and Statutory Interpretation," 76 *Tul. L. Rev.* 431 (2001).

③ S.A. Bayitch, "Codification in Modern Times," in *Civil Law in the Modern World* 161, 162 (A.N. Yiannopoulos ed., 1965); F.F. Stone, "A Primer on Codification," 29 *Tul. L. Rev.* 303 (1955); A. Levasseur, "On the Structure of a Civil Code," 44 *Tul. L. Rev.* 693 (1970); *The Code Napoleon and the Common Law World* (B. Schwartz ed., 1956); K. Zweigert and H. Kötz, *An Introduction to Comparative Laws* 85 (T. Weir trans., 3d rev. ed. 1998).

④ J. McDonnell, "Purposive Interpretation of the Uniform Commercial Code: Some Implications for Jurisprudence," 126 *U. Pa. L. Rev.* 795 (1978); S. Herman, "Legislative Management of History: Notes on the Philosophical Foundations of the Civil Code," 53 *Tul L. Rev.* 380, 394 (1979); J. White and R. Summers, *Uniform Commercial Code* (5th ed. 2000); B. Frier, "Interpreting Codes," 89 *Mich. L. Rev.* 2201 (1991).

其立法安排能够与之相互协调，并与一般性法律结构相适应。具体而言，解释者应对法典条款作出符合解释生效之日价值观和基本观点的解释，即使法典的创制者没有预见到这些目标，即其并非法典主观目的的一部分，但解释者也应将其作为法典客观目的的一部分来实现。因此，法典的意义可能会随着时间的推移而发生变化，每代人都会以不同的方式对其进行解读，法典能够持续满足社会变化的需求，此即法典的力量及其经得起时间考验的源泉。

解释者主要通过法典的语言、规则的性质及其所规范问题的本质来了解法典的客观目的。民法典关于合同、买卖、代理、担保、转让、赠与、租赁等事项的规定，是法律上的"制度"，呈现出所调整各主体的客观特征。这些规定反映的不是立法机关成员的主观观点，而是现代法律社会对立法机关在现代社会中所发挥作用的基本观点，各立法机关的客观目的及其之间的相互关系表明了以法典编纂为核心的基本客观观点。

五、文本类型：制度性质变化和社会基本假设

（一）社会基本假设和法律基本假设发生变化

法律文本是环境的产物，它既影响着环境也受到环境的影响。此种环境并不局限于文本创制的直接环境，而是涵盖了各种规范、社会数据以及社会基本假设和法律基本假设，环境与法律文本之间相互促进、相互影响。法律文本的创制环境包括公认的原则、基本目标和基础标准等。事实上，创制者无法凭空创制文本——遗嘱、合同、法律、宪法，[①]但在社会和法律现实的背景下，以社会和法律历史为基础的社会基本假设与法律基本假设以及能够赋予文本生命力的知识惯例将作为文本创制的基础。基本假设的变化会影响我们理解文本的

---

① 见 Lord Edmund-Davies's comments in Morris v. Beardmore [1981] A.C. 446, 459（"法律不是悬而未决的。它有一个背景，它建立在一个假设上，即它只会在一种确定的环境下运作，某种情况会占上风"）。

方式，一般来说，基本假设的变化会随着时间的推移而发生改变，且时间的流逝本就会影响我们理解文本的方式。故而，尽管基本假设的变化发生得很快，但它们仍然会影响对文本的解释。

该影响是如何表现出来的呢？我认为，制度的性质和基本价值观的变化表现在文本最终目的的呈现中。具体而言，解释者不太注重文本创制者的意图（主观目的及其所派生的目的假定），而更重视理性创制者和法律制度的"意图"（客观目的及其所派生的目的推定）。需要注意的是，随着创制者意图形成的基本假设发生重大变化，考虑该意图的合理性便会逐渐降低，与此同时，考虑新兴社会及其法律数据的合理性便会增加。

（二）制度结构的变化：向民主过渡

制度性质的变化——影响主观目的与客观目的之间的内在关系——是一个向民主过渡的社会情况。[1] 在解释非民主时代颁布的法律时，解释者不应过于重视非民主立法机关的意图，相反，法律的解释者应高度重视当代的基本民主价值观，因为其构成了旧法律的制度框架。例如，以色列的当代法官需要解释在建国前英国托管时期颁布的立法，冗长的先例要求其根据新国家的基本价值观来解释立法，而不是根据非民主立法机关的意图。正如我在一个案例中所指出的：

> 对以色列国防条例的解释与之在委任期间的解释有所不同。如今的国防法律是民主国家法律的一部分，这意味着必须在以色列法律制度基本原则的背景之下对其进行解释。[2]

对于民主的一般价值观但非民主的制度控权情况，解释者应采用类似的解

---

[1] 以成为民主国家的东方集团国家为例。见 B. Ackerman, *The Future of Liberal Revolution* (1992); R. Teitel, *Transitional Justice* (2000); H. Schwartz, *The Struggle for Constitutional Justice in Post-Communist Europe* (2000)。

[2] 见 H.C. 2722/92 Alamrin v. IDF Commander in the Gaza Strip, 46 (3) P.D. 693, 705。

释方法，即只要该制度的一般价值观继续发挥作用，法官就应该用其来解释非民主立法机关通过的制度，而不应该考虑非民主立法机关本身的意图。戴森豪斯（Dyzenhaus）探讨了在种族隔离现象普遍的南非，非民主立法机关在法律解释方面的目的：

> 立法机关法律解释的合法性取决于民主理论，即人民通过其选举产生的议会代表发言，故立法机关颁布的法律必须由法官执行，以便尽可能地贴近议会代表的真实意图。换句话说，这就要求法官在解释法律时忽略其对法律应该是什么的实质信仰，而需要更深层次地对法律的内在合法性作出实质性解读。不过，基于民主理论的标准，立法机关解释议会的法律是不合法的，其解释缺乏主观理由。①

目的解释通过给予客观目的（而非主观目的）更大的权重来规定法律的解释方法。南非的一些法官在种族隔离时代即采用了这种方法。②

六、文本类型：规则文本和标准文本

（一）阐述最终目的的规则与原则

在表述为规则的规范性安排和表述为原则或标准的规范性安排之间存在公认的区别。③ 规则说明了事实，如果规则成为现实，就意味着需要其得出规范性的结论。例如，禁止驾驶速度超过每小时 55 英里就是一项规则。相比之下，

---

① D. Dyzenhaus, *Judging the Judges, Judging Ourselves: Truth, Reconciliation and the Apartheid Legal Order* 166 (1998).
② D. Dyzenhaus, *Hard Cases in Wicked Legal Systems: South African Law in the Perspective of Legal Philosophy* (1991).
③ M. Bayles, *Principles of Law: A Normative Analysis* 11 (1987); K. Sullivan, "Foreword: The Justices of Rules and Standards," 106 *Harv. L. Rev.* 22, 38 (1992).

原则或标准确立了背景价值，如果它们成为现实，就需要其作出规范性的结论。例如，禁止以不合理的速度驾驶是一项原则。当然，无论是规则还是原则或标准，都是以其基本价值为基础的。二者的不同之处在于，规则所基于的基本价值是规则之外的。一方面，文本创制者从基本价值或原则中得出规范性结论，并赋予其独立作为规则的规范性地位；另一方面，其基于基本价值所形成的作为原则或标准的规范性安排即是该原则或标准的规范性条件的一部分。

规则文本和原则或标准文本之间的区别在阐述最终目的时变得尤为重要。规则文本的解释者应侧重考虑创制者的意图（主观目的），原则或标准文本的解释者则应更加注重制度的意图（客观目的）。存在这一区别的原因并不是原则或标准文本的解释者打算根据客观目的来对其进行解释，也不是说规则通常建立了具体的制度安排，而原则往往规定了人们的行为边界。区分规则文本和标准文本的原因即目的解释的核心：规则文本明确了允许和禁止的具体事项。在理解禁止和允许事项的核心目标时，法官应将创制者在编写文本时的意图放在重要位置，因为是文本创制者对允许和禁止的事项做出了具体的规定，故法官应该调查其试图实现的目标。相比之下，原则或标准文本设定了要实现的预期理想，该预期理想在法律体系内运作，由法律体系所塑造，并影响法律体系。因此，法官应对制度的基本价值给予重视，以便了解社会成员在预期理想被赋予意义时如何进行理解。

（二）规定"合理"行为的法律

如果行为是合理的，法律有时会规定确切的结果，这就要求法官必须阐明"合理"一词的范围和程度。那么法官该如何进行阐述呢？在我看来，立法意图并没有多大帮助。如前所述，解释"合理"一词的关键不在于立法机关在立法时对"合理"的理解，而在于当代社会成员在解释该条款时对它的理解。我们倾向于认为，如果一个决定是由一个理性人做出的，那么它就是合理的。当然，这样的论断会导致问题的重塑并将其人格化，因此，我们必须扪心自问，在当代社会，理性的人究竟会有什么样的行为。比如，法院可视作理性的人，或者其理性取决于实际情况而定，但该说法有其局限性，实际上，"合理"是一个模糊的概念，经常被循环使用，以避免赋予其任何真实的内容。不过，需要注意的是，合理并非一个唯物的或者形而上学的概念，而是一个规范性概念。合理是指先确定相关的考虑因素，并根据其权重进行衡量，合理是具有评价性意义的，而非描述性的，合理也不仅仅是理性。正如麦考密克（MacCormick）所指出的：

> 诉诸合理性要求的理由是存在需要就其共同关注焦点（在此种情况下是一项决定）的相关性进行评估的多种因素。非合理性则在于其忽略了一些相关性因素并把应该忽略的因素视为相关，或者可能涉及不同因素相关值的严重扭曲，如此一来，虽然不同的人可能会得出不同的结论，但每种结论都在其各自的合理意见范围内。[①]

如果决定是在对所需要考虑的不同价值给予适当的考量权重之后做出的，那么该决定便是合理的。事实上，没有什么东西本身即是合理的。

那么，如何确定该给予每个相关值多大的权重呢？帕尔曼（Perlman）认为，法官应该给予听众不同的价值观，使其在听取了用法律修辞学工具进行的主题辩论后同意有关权重的安排，但该方法存在局限性。德国建立了传统理论，即在讨论和交流意见以得出最佳解决方案的过程中，详细介绍每种备选方案，并进一步权衡其优缺利弊。根据传统理论，法官应避免夸张，并采取相称的方法来确定相互存在竞争的原则之间的适当平衡，从而考虑其之间的适当平衡。麦考密克借用亚里士多德式的智慧来比喻理性人，根据麦考密克的观点，理性人意味着不断尝试寻找客观评价的立足点，不受主观性的影响。他认为，理性人代表了"我们共同的愿望，即找到道德和实践判断的共同标准，这些标

---

① D.N. MacCormick, "On Reasonableness," in *Les Notions à Contenu Variable en Droit* 136 (Ch. Perelman and R. Vander Elst eds., 1984). 参见 M. Atienza, "On the Reasonable in Law," 3 *Ratio Juris* 148 (1990)。

准在特定的社会环境中至少具有主观上的有效性（如果不是绝对客观的话）"。我们必须对此种尝试进行评价和评估，以确定一个共同的标准，我们也不去寻求已经存在的东西，而是去寻找新的东西。麦考密克表示："确定权重的要点是在相互存在竞争的价值观之间建立一个相对优先的顺序，而不是发现一个相对优先的顺序，如果利益相关方可以就争议问题从个人参与中抽离出来的话，那么这种方法可以得到所有利益相关方的同意。"

麦考密克的结论是，法官应该为不同的价值观赋予普罗大众都认可的权重。但是，如何能够知道普罗大众是否会认可呢？这似乎又回到了特定社会在特定时间点所表现出的社会协议即"解释性社会"当中。如果一项决定或行为依据法律制度来赋予其不同的价值观权重，那么该决定或行为就是合理的，此即我们需要通过客观目的来赋予"合理"一词以内容的原因。法律制度赋予不同价值观的权重会随着时间的推移而变化，此非由文本创制者的观点所决定，而是由解释之时的社会观点所决定。

七、文本类型：条款内容

（一）条款内容及其对最终目的的影响

尽管遗嘱、合同、法律和宪法的结构可能相同，但法律文本在内容上作出了不同的规定。在遗嘱与合同中，目的解释区分了一般情况（模式）、特殊情况和例外情况。具体而言，在遗嘱中，共同互惠遗嘱是例外情况。在合同中，例外情况则包括处于不平等交易地位的合同（如消费者合同或附合合同）、当事一方代表公共利益的合同（如政府合同）以及影响第三人的合同（如集体协议）。在法律中，应考虑到特殊类型的立法，比如刑事法律，[①] 对它的不同理解可能会影响公众的预期。

---

① P.M. Tiersma, "A Message in a Bottle: Text, Autonomy, and Statutory Interpretation," 76 *Tul. L. Rev.* 431 (2001).

在阐述法律文本的最终目的时，每一类法律文本中存在的区别是否会影响到创制者意图、理性创制者意图以及制度意图之间的关系（即主观目的和客观目的之间的关系）？其答案是非常复杂的。从理论上看，对文本的具体内容进行区分亦极为重要。在决定如何阐述最终目的的阶段，目的解释具有足够的灵活性，它能够表达不同类型的内容。不过，传统法律体系尚未较好地解决这一问题，接下来，我将对此提出一些个人想法供参考。

（二）共同互惠遗嘱的最终目的

"一般"遗嘱的解释者对遗嘱人的意图予以决定性的重视，那么共同互惠遗嘱呢？如果两个或两个以上的当事人就遗嘱内容达成共同决议，并由两位遗嘱人共同签署在一份单独的实体文件中，此即共同遗嘱。如果其中一位遗嘱人的遗嘱安排是基于另一位遗嘱人的决议，而另一位遗嘱人的决议又是基于一套与每位遗嘱人财产相关的互惠规定，此即互惠遗嘱。例如，一对夫妇拟在一份文件中就其将要制定的遗嘱作出共同决议（共同遗嘱），如果文件中规定，当其中一方死亡时，另一方继承财产，当另一方也死亡时，财产在其婚生子女之间平分，则该遗嘱既是共同遗嘱也是互惠遗嘱。共同互惠遗嘱不同于一般遗嘱，在一般遗嘱中，法官对遗嘱人的意图予以决定性的重视，而在共同互惠遗嘱中，法官必须考虑两位遗嘱人的共同意图，基于此，共同互惠遗嘱类似于合同。而且，如果其中一位遗嘱人的意图不明，法官应采用遗嘱的客观目的来取代缺失的意图，并给予其与另一位遗嘱人（已知的）意图相同的考虑权重。

（三）附合合同的最终目的

附合合同 ① 与其他任何合同一样，均受法律解释的约束。原则上，对附合

---

① 对于附合合同的探讨，见 F. Kessler, "Contracts of Adhesion—Some Thoughts about Freedom of Contract," 43 *Colum. L. Rev.* 629 (1943); R. Dugan, "Standardized Form Contracts—An Introduction," 24 *Wayne L. Rev.* 1307 (1978); W.D. Slawson, "The New Meaning of Contract: The Transformation of Contract Law by Standard Forms," 46 *U. Pitt. L. Rev.* 21 (1984); T. Rakoff, "Contracts of Adhesion: An Essay in Reconstruction," 96 *Harv. L. Rev.* 1174 (1983).

合同的解释权重考量取决于合同当事人的共同意图。共同意图一般产生于合同谈判期间，当事各方就合同目的交换意见，并在此基础上形成共同意图。但实际上，附合合同的当事各方（供应商和客户）很少进行谈判并明确制定其共同意图，故而，与之相关的举证责任自然应由主张进行了合同共同意图谈判的当事方承担。通常情况下，供应商会准备一份附合合同草案，客户会直接接受该草案，而不会在已形成的合同意图之外制定共同意图。在缺乏共同意图的情况下，法官不应根据客户或供应商一方的意图来解释附合合同，而应根据其客观目的来进行解释。客观目的是附合合同的核心目的，或者说是订立附合合同的理由，我在之前的案例中也指出了这一点："附合合同的目的主要是其客观目的，附合合同确实存在主观目的……但其主观目的通常难以证明，事实上，只有在极少数的情况下，附合合同才能显示出当事双方的共同意图"①。

附合合同的文本并非合同当事方之间谈判的结果，附合合同反映了以交易为核心的客观利益、价值和原则，其并不会因合同当事人而异。因此，尽管当事人之间存在差异，但附合合同的客观目的是一致的，其一致性具有降低交易成本和保证法律关系安全且确定的优点。在某种程度上，这种一致性通过将客观目的从每一方当事人和每一笔交易的特殊性中分离出来，减轻了附合合同对非起草方的不利影响。与裁缝缝制衣服不同，附合合同属于一种规模化生产的服装，其既非专为个人量身定做亦非存在其他特殊性质，只有当与客观目的相矛盾的主观意图是双方当事人共同意图的情况下，才能说明该背离客观目的的主观意图是正当的。

（四）消费者合同的最终目的

消费者合同需要在消费者和构成其业务的其他合同当事人之间保持一种特殊的平衡关系，这使得消费者合同因其自身原因显得独一无二，事实上，解释的规则有助于消费者合同像其他合同一样保持法律关系的平衡。然而，目的

---

① 见 C.A. 779/89 Shalev v. Sela Insurance Company, 48(1) P.D.1 221, 228。

解释通过合同的客观目的来表明合同消费者的性质，这意味着，我们可以通过规则制定，要求法官在解释消费者合同时，对合同的客观目的给予相当程度的重视。

（五）刑事法律的最终目的

目的解释适用于任何法律文本，当然也适用于刑事法律，因此，刑事法律的解释者要在主客观目的之间保持平衡。法律的刑事性质是否具有特殊意义？由于罪刑法定的本质，我们难道应该更加重视法律语言的一般含义和常规含义，即使这种含义本身不包括实现法律的目的？[①] 我并不这么认为。我不认为刑事法律在其语言内涵上具有独特性，只要法律语言的含义能够达到法律的目的，解释者便可以在其语义可能的范围内赋予法律语言非常规的含义。然而，由于非常规的含义可能会对误解它的个人造成权利或自由上的损害，故法官在权衡各种目的以达到最终目的的过程中，应对被告公民的权利给予相当程度的重视。

八、文本类型对最终目的的影响

（一）确定最终目的的方法

一方面，文本的类型会影响创制者意图的相对权重；另一方面，文本的类型在确定最终目的时还会影响理性创制者的意图和制度所反映的价值观。真实目的、主观目的和客观目的及其假定，在所有文本的解释中都有各自作用，并始终适用于对文本的解释。文本解释往往没有固定的出发点，有的解释者可能基于主观目的假定来解释文本，有的解释者则可能基于客观目的的假定来解释

---

① 关于这一方法，见 M. Kremnitzer, *Interpretation in Criminal Law*, 21 *Isr. L. Rev.* 358 (1988); D. Kahan, "Lenity and Federal Common Law Crime," 1994 *Sup. Ct. Rev.* 345; J. Hall, *General Principles of Criminal Law* 19, 32 (1947)。

文本。随着对文本解释的持续进行，文本的最终目的也愈发清晰，尤其是当目的解释者试图克服主客观目的之间的冲突以实现平衡之时。然而，主客观目的之间的冲突始终存在，解释者在解释文本的过程中必须解决该冲突。具体而言，在解释遗嘱或合同时，尽管存在某些例外，解释者通常以有利于主观目的的方式来解决主客观目的之间的冲突。不过，如果遗嘱或合同的订立与其解释（"陈旧文本"）之间的时间间隔较长，文本涉及的问题范围非常广泛（"框架协议"），制度结构和社会价值观发生了重大变化，文本是基于原则而非规则进行的设计，或者文本所讨论的内容偏离了常规的遗嘱（如共同互惠遗嘱）或双方合同（如附合合同或消费者合同）的模式，则客观目的也可能占据文本解释的主导地位。在解释法律时，如果存在可靠且明确的有关立法意图（"抽象的"意图而不是"具体的"意图）的证据——有时来自文本本身的语言表述，有时来自文本所产生的现实环境，法官便会对法律的主观意图予以相当程度的重视。但是，如果是"陈旧的"法律，法律规范的问题和内容涉及全面且广泛（如法典），法律制度及其基本价值观发生了深刻且全面的变化（如向民主过渡或基本价值观的深刻变化），法律所规定的是原则而不是规则（如"合理性"），或者法律的内容（如涉及人权的法律）能够证明其对客观目的的重视是合理的，那么法官则不会对立法意图予以过多的关注。在解释宪法时，解释者通常会对客观目的更加关注，不过，话虽如此，也存在某些类型的宪法文本，比如对于新订立的宪法文本，解释者往往会对宪法创制者的抽象意图予以更多的重视。

（二）我们应该放弃创制者的意图吗？

我所描述的规范性情形是否会导致我们完全放弃主观目的的假定？除了某些特殊的例外情况，难道法官不应该根据文本的客观目的来解释法律文本吗？我对这两个问题的回答都是否定的。主观目的始终是解释所有法律文本的重要因素，主观目的的假定从一开始就伴随着文本解释的整个过程，并且始终适用于对文本的解释。在解释遗嘱与合同时，只要主观目的的假定不与文本本身及其所产生的具体情况或某些特殊类型的遗嘱与合同的安排相矛盾，就能够作为文本解释的依据和起点。事实上，主观目的在文本解释的每个阶段都占据着中心位置。如何解释一项法律？在大部分情况下，除了主观目的所能够适用的例外情况，难道不是对客观目的的考虑权重证明了根据客观目的来解释法律一般原则的合理性吗？对此，我再次持否定回答。我们必须单独评估每一种文本，一般来说，在解释立法时，主客观目的之间的关系是平衡的，我们亦必须将此作为解释的起点。而宪法则有所不同，在宪法解释中，尽管主观目的仍然适用于宪法解释的整个过程，但客观目的更为重要。

九、最终目的的阐释

（一）"简易""适中"和"疑难"案件

当解释者考虑有关创制者意图（主观目的）和理性创制者意图或制度意图（客观目的）的不同假定时，如果这些假定都指向同一个方向，就不存在真正的解释问题。对于"简易的案件"，解释者会基于其掌握的不同假定来阐述文本的最终目的，此系解释者从其语义可能性的范围中提取文本单一性、独特性以及合法意义的原则。

但有时不同的假定却指向相反的方向。在对文本进行解释的过程中，有的情况可能指向创制者的意图（新订立的文本，规范特殊问题的文本），有的情况则可能指向客观目的（用标准化术语表述的文本，涉及人权的文本），对此，解释者必须平衡不同假定之间的关系，对不同情况给予适当的权重，并据此裁决争议。有时，需要通过平衡相互冲突的价值观来解决争议，对于"适中的案件"，解释者会基于其所收集的信息，根据主客观目的的权重来阐述最终目的。

然而，当主客观目的的平衡不能够解决争议时，解释者会怎么做呢？对此，失败的原因可能有二。首先，解释者可能无法获取足够的信息来确定各因素的重要性。其次，解释者对各种因素的重视程度亦可能会导致失衡。在"疑难案件"中，解释者需要做什么呢？法律制度并未给予足够明确的指示，这意味着解释者必须根据自己的判断阐述文本的最终目的——主观目的或客观目的。我们将分别讨论这种自由裁量权是如何运作的。

（二）捷径：基于文本目的确定最终目的

对最终目的的探索似乎很复杂，法官需要来源广泛的大量信息，并平衡相互冲突的主客观目的假定。的确，目的解释包含着一定程度的复杂性，但这仅仅只是在某些特殊的情况下。一般来说，目的解释的操作简单易行，即法官研究文本，进行初步的程序检查，并基于其先在意义确定目的。法官假定该目的符合理性创制者的意图和制度的意图，也符合文本创制者的意图，且没有其他的情形反驳这一假定。解释的过程到此为止——在该情况下，法官可能会利用文本的语言来确定其目的，或通过对文本目的的假定来确定其目的。概言之，在没有与之相矛盾的警示信号下，法官可能会假设其先在意义产生的目的也是在文本解释结束时将产生的目的，即最初的假定变成了最终的假定。

文本解释通常遵循此路径。信息来源不会产生相互矛盾的目的假定；出庭的各方当事人没有提出相互冲突的目的；解释的过程简单快捷，法官通过这条捷径直接到达最终目的地。只有在特殊情况下，法官才必须提出问题并寻求额外的答案。只有当文本语言产生的目的与理性创制者的意图、制度的价值或文本创制者的抽象意图发生冲突时，法官才必须暂停并开始上述更为复杂的解释过程。

第九章

自由裁量权是目的解释的一个
组成部分

一、司法裁量权的本质

（一）语言、目的和司法裁量权

目的解释基于语言、目的和判断，[①] 语言设定了解释的界限，[②] 目的决定了在语言界限内对法律含义的选择。当文本的目的不仅仅指向一个单一且独特的法律含义时，自由裁量权便将发挥作用。我曾提过这一点，在解释文本的过程中：

> 法律文本（无论是合同、遗嘱、法律或是宪法）的解释者会遇到一系列潜在的目的，使其无法阐述基于文本规范的最终目的。在一般情况下，解释者应当运用自由裁量权，尽可能客观地阐述法律文本的核心目的。[③]

[①] 对于自由裁量权的探讨，见 *The Uses of Discretion* (K. Hawkins ed., 1992); D. Galligan, *Discretionary Powers: A Legal Study of Official Discretion* (1986); R. Pattenden, *Judicial Discretion and Criminal Litigation* (2d ed. 1990); M. Iglesias Vila, *Facing Judicial Discretion: Legal Knowledge and Right Answers Revisited* (2001)。

[②] 当然，司法裁量权也存在于不解释性活动中。

[③] C.A. 779/89 *Shalev v. Sela Insurance Co.*, 48(1) P.D. 221, 230.

自由裁量权是目的解释的一个重要组成部分。我认为自由裁量权是每一个解释系统的重要组成部分，没有自由裁量权我们将无法建立任何解释系统，目的解释亦公开承认这一点。没有司法裁量权，解释就无法实现其法律目的（效力条件）。然而，解释的自由裁量权并不能完全替代解释成为主流，自由裁量权应限于特殊的情况，即解释的自由裁量权是解释系统的必要条件但非充分条件。各解释系统通过避免使用司法裁量权的声明来证明其解释方法具有合理性，声称其优于其他解释系统的关键在于其消除或限制了司法裁量权的使用。但他们忽略了一个事实，即由于法律和法律解释的性质，各解释系统必须以司法裁量权为基础，而唯一的问题在于此种自由裁量权的程度应该多宽或多窄，没有司法裁量权，就没有法律解释。

（二）司法裁量权的本质

司法裁量权是一个规范性概念，而不是心理学概念。司法裁量权不仅仅反映思想、考量及深思熟虑的过程，还反映了一种事态，即法官必须在若干选项中做出选择，然而法律制度并没有明确哪一种选择是正确的。这就好比法律对法官说："到目前为止，我决定了规范的内容及其在特殊情况下的结果，从现在起，必须由你法官来决定如何解释它。"如同法律停在了十字路口，而法官必须决定（没有清晰且准确的标准）走哪一个方向。[1] 自由裁量权是在多种法律解决方案之间进行选择的自由。[2] 法官所面临的每一个选择都必须是合法的，正是选择的合法性而非有效性创造了自由裁量权。[3] 同样地，法官可能选择一个不合法的选项，法官也可能仅仅因为选项的合法性而选择它。

---

[1]　H.C. 267/88 *Reshet Kolelei Haidra, Nonprofit v. Local Affairs Court*, 43 (3) P.D. 728, 745 (Barak, J.).

[2]　M. Iglesias Vila, *Facing Judicial Discretion: Legal Knowledge and Right Answers Revisited* 8 (2001).

[3]　戴维斯教授采取了一种不同的方法，将（行政）自由裁量权建立在选择的有效性之上。见 K. Davis, *Discretionary Justice: A Preliminary Inquiry* 4 (1969)。

（三）司法裁量权与法律共同体

司法裁量权的存在是因为有些法律问题没有唯一的法律解决方案，或因为法律包含不确定性，[①] 或因为法律问题存在不止一个合法决议的情形。在此情况之下，法官依据法律社会的基本观点，[②] 即合法公众的专业观点，便具有了"选择的决定性权利"。[③] 从本质上看，"法律共同体"的概念并不贴切，因为对某些处于争议边界的情况"法律共同体"亦尚未明确立场，但"法律共同体"的概念又十分重要，因为它为超越司法裁量权范围的备选方案的合法性提供了确定的标准依据。

（四）司法裁量权存在吗？

德沃金认为并不存在司法裁量权，每个法律问题都有唯一的法律解决办法。[④] 即使在疑难案件中，文本也会指导法官，要求他只能选择唯一选项。根据德沃金的观点，"疑难案件"实际上并不"疑难"，司法上的"自由裁量权"也并不存在。"疑难案件"虽然复杂，需要进行研究和思考，但归根结底，只有唯一的法律解决方案。在德沃金后来的著述中，他始终坚持这一基本观点，即不存在司法裁量权。[⑤] 然而，他也指出，"如果否认在疑难案件中只有一个'正

---

① K. Greenawalt, "How Law Can Be Determinate," 38 *UCLA L. Rev.* 1 (1990); J. Moreso, *Legal Indeterminacy and Constitutional Interpretation* (1998).

② O. Fiss, "Objectivity and Interpretation," 34 *Stan. L. Rev.* 739 (1982). 参见 K. Greenawalt, "Discretion and Judicial Decision: The Elusive Quest for the Fetters That Bind Judges," 75 *Colum. L. Rev.* 359 (1975); J. Bell, *Policy Arguments in Judicial Decisions* 24 (1983); R. Posner, *The Federal Courts: Crisis and Reform* 205 (1985); S.J. Burton, *An Introduction to Law and Legal Reasoning* 136 (1985); M. Krygier, "The Traditionality of Statutes," 1 *Ratio Juris* 20 (1988); W. Blatt, "Interpretive Communities: The Missing Element in Statutory Interpretation," 95 *Nw. U. L. Rev.* 629 (2001)。

③ O.W. Holmes, *Collected Legal Papers* 239 (1952).

④ R. Dworkin, "Judicial Discretion," 60 *J. Phil.* 624, 631 (1963); R. Dworkin, "No Right Answer?" 53 *N.Y.U. L. Rev.* 1 (1978). 德沃金不是唯一表达这一观点的。参见 Shapira, "Biayat Shikul Hadaat Hashiputi [Problem of Judicial Discretion]" 2 *Mishpatim* 57 (1970); R. Sartorius, "The Justification of the Judicial Decision," 78 *Ethics* 171 (1968); R. Sartorius, "Social Policy and Judicial Legislation," 8 *Am. Phil. Q.* 151 (1971)。

⑤ R. Dworkin, "Pragmatism, Right Answers, and True Banality," in *Pragmatism in Law and Society* 135 (M. Brint and W. Weaver eds., 1991).

确'答案，而是肯定只有一个'最合理'的答案，这对于我的论断来说并没有什么不同"。在此，德沃金似乎又承认了不止有唯一的法律解决方案，因为在"合理的范围内"，可能会存在几种合理、合法的替代方案。合理性并不能为每一种情况都提供唯一的法律解决办法。

我始终认为两名不同的法官可能会得出两种相反的合理结论。从制度体系的适当角度来看，没有唯一确定的解决方案，即使从法官个人的角度而言，在对具体案件作出裁决之前，他也有选择权，只有在作出裁决之后，才存在唯一的法律可能性。这表明存在司法裁量权。[①] 司法裁量权并不代表司法帝国主义，而是体现了法律上的不确定性。法律不是数学，而是一个规范性的框架。直到我们能够预测未来，直到语义概括可以延伸到每一个相关的细节，直到我们能够克服人类的限制——司法裁量权才会不再存在。司法裁量权在法律上是理所当然的，没有司法裁量权，法律就没有实质存在的形式。拉兹指出：

> 解释在大部分情况下都不是一个关于术语或短语含义的问题，往往也不是关于对句子的解释问题，或者是对法律或宪法条款的解释问题，或者是对道德和政治教义的解释问题。解释可能会出现在任何意想不到的地方，始终不存在一套明确的解释规则可以处理所有的法律问题。法律文化中所隐含的解释规则亦是如此，其并非在法律中明确阐明问题结果，故这样的规则不能解决所有可能需要解释的问题。事实上，解释往往只是基于各种考虑来对合理观点进行推理，有些推理结果之间是相辅相成的，有些则是相互冲突的。因此，无法将解释的推理结果简化为可适用的规则或其他规范，也无法消除解释推理所包含的和由此产生的解释的必要性与可取性。[②]

[①] 关于对德沃金观点的评判，见 W.J. Waluchow, "Strong Discretion," 33 *Phil. Q.* 321 (1983); B. Hoffmaster, "Understanding Judicial Discretion," 1 *Law and Philosophy* 21 (1982)。

[②] J. Raz, "On the Authority and Interpretation of Constitutions: Some Preliminaries," in L. Alexander (ed.), *Constitutionalism: Philosophical Foundations* 179 (1998).

换句话说，我们无法避免对司法裁量权的使用。

（五）司法裁量权的范围

司法裁量权始终存在着限制，它并不是绝对权力。正如卡多佐（Cardozo）所言：

> 既然法官拥有选择的自由，那么应该如何指导他选择？完全的自由——不受束缚、没有方向——是不存在的。尽管我们认为自己是自由的，但我们确确实实面临着成百上千的限制，包括法律的产物、先例、模糊的传统习惯或者远古的技术。即使我们没有注意到它的限制，但专业意见天然具有的不可捉摸的力量犹如大气一般压制着我们，以至它分配给我们的任何自由都是有限而狭窄的。[1]

自由裁量权受到程序和实质的双重限制。程序性限制要求司法裁量权必须基于公平理念行权，法官不得带有偏见地行事，而必须平等地对待当事各方，必须根据各方所提交的证据做出决定并对该决定作出解释，法官必须客观行事。[2] 实质性限制要求法官必须合理、连续且一致地行使自由裁量

---

[1]　B. Cardozo, *The Growth of the Law* 60–61 (1924).

[2]　H.C. 6163/92 Eisenberg v. Minister of Construction and Housing, 47(2) P.D.229, 265; H.C. 693/91; C. Clark, "The Limits of Judicial Objectivity," 12 *Am. U. L. Rev.* 1 (1963); G. Christie, "Objectivity in the Law," 78 *Yale L.J.* 1311 (1969); R. Nagel, The Limits of Objectivity," in 1 *The Tanner Lectures on Human Values* 77 (1980); O. Fiss, "Objectivity and Interpretation," 34 *Stan. L. Rev.* 739 (1982); H. Edwards, "The Judicial Function and the Elusive Goal of Principled Decisionmaking," 1991 *Wis. L. Rev.* 837; K. Greenawalt, *Law and Objectivity* (1992); H. Feldman, "Objectivity in Legal Judgment," 92 *Mich L. Rev.* 1187 (1994); J. Coleman and B. Leiter, "Determinacy, Objectivity, and Authority," in *Law and Interpretation* 203 (A. Marmor ed., 1995); A. Marmor, "Three Concepts of Objectivity," in *Law and Interpretation* 177 (A. Marmor ed., 1995); N. Stavropoulos, *Objectivity in Law* (1996); A. Marmor, "An Essay on the Objectivity of Law," in *Analyzing Law* 3 (B. Bix ed., 1998).

权，①法官必须合理行事，②必须考虑现行制度③以及需要纳入该制度的解决方案，法官必须考虑制度的限制，必须意识到信息本身和处理信息的现有手段是有限的，法官不能预测所有的事态发展和政策考虑。正如以色列前最高法院院长梅尔·沙姆加（Meir Shamgar）所言：

> 我们对德沃金所说的"强"意义上的自由裁量权十分感兴趣。他认为自由裁量权不存在指导决策者必须如何做出决定的具体标准。然而，缺乏标准并不意味着完全自由。从本质上看，"自由裁量权"的概念是由当局为特定目的的实现而赋予法官的权力，需要受到特定类型的考虑因素的限制。④

法官从来不具有绝对的选择自由，法官的自由范围因其所处理的具体问题而异，但总是有限度的。在绝大部分情况下，由于存在唯一确定的解决方案，法官根本不拥有司法裁量权。而少数情况下，确实存在着司法裁量权为法律制度引入了灵活性的因素，主要表现在制度的稳定性和确定性之间以及其进步和变革之间，司法裁量权能够帮助案件的裁决取得适当的平衡。

---

① 见 R. Alexy and A. Peczenik, "The Concept of Coherence and Its Significance for Discursive Rationality," 3 *Ratio Juris* 130 (1990); K. Kress, "Coherence," in *A Companion to the Philosophy of Law and Legal Theory* 533 (D. Patterson ed., 1996); D.N. MacCormick, "Coherence in Legal Justification," in *Theory of Legal Science* 235 (A. Peczenik, L. Lindahl, B. Roermund eds., 1984); A. Peczenik, "Coherence, Truth and Rightness in the Law," in *Law, Interpretation and Reality: Essays in Epistemology, Hermeneutics and Jurisprudence* (P. Nerhot ed., 1990); Raz, "The Relevance of Coherence," 72 *B.U. L. Rev.* 273 (1992)。

② H.C. 547/84 *Chicken of the Valley, Registered Cooperative Agricultural Association v. Ramat-Yishai Municipality*, 40 (1) P.D. 113, 141: "法官不是掷硬币。他可以不考虑他选择的因素。他必须考虑公道。"(Barak, J.). 参见 F. Pollock, "Judicial Caution and Valour," 45 *Law Q. Rev.* 293, 294 (1929); D. Lloyd, "Reason and Logic in the Common Law," 64 *Law Q. Rev.* 468, 475 (1948)。

③ L. Fuller, *Anatomy of the Law* 94 (1968).

④ C.A. 915/91, State of Israel v. Levy, 48 (3) P.D.45, 82.

司法裁量权受到所谓"合理范围"的限制，法官不得根据个人的偏好[①]或价值观行使司法裁量权，因为它与制度的价值观不一致。法官必须在考虑客观因素的情况下尽其所能做出最佳决定，而不能重塑价值体系。法官必须在法律制度的约束下行事以寻求他所能找到的最佳解决方案，法官虽然能够行使选择权，但该选择权的行使仍然受到社会、法律制度和司法传统的限制。

（六）法官如何行使自由裁量权？

司法裁量权的本质与规范其使用的规则不符，因为法官的解释是个人和生活经验的产物，是他在确定性和试验性、稳定性和变化性、理性和感性之间取得平衡的产物。[②]法官根据自己的司法哲学、宪法观点、他所理解的个人作用和司法机关与其他政府部门关联的方式做出选择，司法选择即法官心证在特殊与一般、个人与社会以及人与环境之间微妙平衡的产物。但司法裁量权会迫使法官艰难地做出决定，因为他的决定会受制于心理压力的影响。法官总想知道，他的选择是正确的吗？达成适当的解决方案了吗？该决议将如何影响未来的法律发展？他的决定将如何影响公众对司法机关的信心？在此，法官的个人责任被最大化。[③]

法官必须选择他认为最佳的解决方案。[④]我认为，该解决方案即法官认为公正的解决方案，[⑤]是法律和正义的共同体。我建议，当解释进入该阶段，法官应渴望正义的实现，即为当事人伸张正义；实现法律本身的正义。正义从始至终伴随着解释的过程，是法律制度的价值之一，正义已经成为解决疑难案件

[①]　S. Breyer, "Judicial Review: A Practising Judge's Perspective," 19 *Oxf. J.L. Stud.* 153, 158 (1999).

[②]　W.J. Brennan, "Reason, Passion and 'The Progress of Law,'" 10 *Cardozo L. Rev.* 3 (1988).

[③]　W.J. Brennan, "The Constitution of the United States: Contemporary Ratification," 27 *S. Tex. L. Rev.* 433, 434 (1986).

[④]　J. Raz, *The Authority of Law* 197 (1979); H.J. Friendly, "Reactions of a Lawyer—Newly Become Judge," 71 *Yale L. J.* 218, 229 (1961).

[⑤]　G. Tedeschi, Masot B'Mishpat [*Essays in Law*] 23 (1978). 他指出法官的"智慧"，"对我们来说，与正义没有什么不同"。

的"剩余价值"。

当然，不同的法官对正义存在不同的看法是很正常的。正义本就是一个复杂的概念，① 犹太思想② 和希腊思想③ 对理解正义做出了很大贡献。然而，我们每个人都对正义的解决方案具有一种本能的意识，它伴随着我们进行解释的整个过程。当我们面临司法裁量权的情况时，这种对于正义的本能意识会指引我们做出决定。特德斯基（Tedeschi）教授指出：

> 仅靠规则不足以决定解释者所面临的问题，因此，他必须拥有智慧……对我们来说，智慧与正义没有区别，就事实和结果而言，智慧即真正的正义；他考虑到了所有事实基础、所讨论问题影响的利益及其决定可能给当事人和公众造成的结果。④

智慧是自由裁量权在解释中的组成部分。正如特德斯基教授的观点一样，我认为法官应该用他的智慧来寻找正义。但也有人不同意这种说法，认为在没有规则的情况下，每位解释者都可以基于个人认知来行使自由裁量权。

（七）司法裁量权和实用主义

与所有的解释体系一样，目的解释包含了司法裁量权的连结点。目的解释确定了法官在阐述最终目的时应考虑的目的组成部分的详细清单，并确定了每个组成部分各自需要考虑的权重——反过来又决定了确定最终目的时各组成部分之间的平衡。正如我们所看到的，对于最终目的的决定有时发生在司法裁量

---

① Ch. Perelman, Al Hatzedek [On Justice] (1981); H. Cohen, Hamishpat [Law] (updated ed. 1996); J. Rawls, *A Theory of Justice* (1972).

② Y. Englard, *Mavo Litorat Hamishpat [Introduction to Jurisprudence]* 42 (1990).

③ 主要是柏拉图和亚里士多德。亚里士多德区分了矫正正义和分配正义。见 E. Weinrib, "Aristotle's Forms of Justice," in *Justice, Law and Method in Plato and Aristotle* 133 (S. Panagiotou ed., 1987); J. Finnis, *Natural Law and Natural Rights* (1980)。

④ G. Tedeschi, Masot B'Mishpat [*Essays in Law*] 23 (1978).

权的连结点，在此种情况下，目的解释——以其目前的形式——不能指导解释者对（最终）目的的组成部分予以相当程度的重视。对此，解释者可能（实际上也很可能）会衡量其所赋予考虑权重的实际后果。实际上，解释者会将权重分配给目的的组成部分以便得到最佳的解释结果，因此，在法官行使自由裁量权的关键时刻，目的解释与实用主义存在着共同点。当然，务实的法官能够更加自由地确定各组成部分的权重，因为他不受平衡主客观目的要求的束缚。然而，如果目的解释确实规定了司法裁量权，那么法官则需要具备务实的考虑，以寻找最佳的和最合理的解决方案。我就正在寻找最公正的解决方案。

二、司法裁量权的适用情况

（一）语义范围的建立

司法裁量权伴随着解释者解释的整个过程。[①] 解释者需要从文本的语言开始就在语言层面行使自由裁量权，因为解释者经常充当语言学家，而语言学的规则往往赋予语言学家以自由裁量权，从而使得语言自由裁量权变成了法律自由裁量权。认为文本主义的解释方法会消解司法裁量权的想法是非常天真的，事实上，文本主义给法官留下了充分的自由裁量权空间。在某种程度上，语义意义是基于"语感"而形成的，对于不同的语言学家而言，它可能具有不同的意义。在解释学领域，语言之争演变为解释之争，而该争议的解决即需要自由裁量权。通常，两位语言学家会针对一篇文章是否能在其语言中承载某种意义的问题上存在分歧，当这一分歧进入法律领域，便可能成为司法裁量权的依据。有时，解释者会进一步推断文本的隐含意义，或者区分文本的自然语言、普通语言、特殊语言和特定语言，该区分非常重要，因为文本的目的假定是由自然语言和普通语言而产生的。此外，揭示文本语义的语言规范有时需要解释

---

① W.H. Charles, "Extrinsic Evidence in Statutory Interpretation: Judicial Discretion in Context," 7 *Dalhousie L.J.* 7 (1983).

者自由裁量处理。解释者能够从语义的消极中推断出积极的一面吗？语义的概括性理解是什么？个别项目是否包括在其中？有时，这些问题并没有唯一的答案，有时，我们需要谨慎地回答这些问题。

（二）主观目的的确定

法官有时需要使用自由裁量权来确定文本核心的主观目的。当语言模棱两可或含糊其辞并可能导致多个主观目的的同时存在时，当围绕文本创作的具体情况指向多个主观目的时，当文本语言产生的主观目的与文本本身所产生的主观目的不同步时，司法裁量权就会发挥作用。此外，主观目的通常存在于不同的（纵向）抽象层次，即在给定的抽象级别内，可能有多个（横向）目的，选择适当的抽象级别可能亦是一个自由裁量的问题。

（三）客观目的的确定

客观目的通常处于不同的抽象层次上，每个抽象层次都隐含着自由裁量权。合同的客观目的是理性当事人寻求实现的目的，而合理的解释可能会得出不同的结果。抑或，某一文本的客观目的由制度的基本价值决定，解释者必须使用自由裁量权来确定它的价值并从中得出客观目的。谨慎性是价值观内在固有的特征，[①] 价值观则建立在人们不同的世界观之上。在否定司法裁量权的价值理论方面，我们尚未成功——我认为我们也许会犯错误。

考虑"平衡"和"权重"的概念是实现法律制度基本价值的必要基础，而平衡的技巧总能够为司法裁量权留出空间。[②] 不过，像"平衡"和"权重"这

---

① B. Cardozo, *The Paradoxes of Legal Science* 62 (1928); J. Dickinson, "The Law behind Law," 29 *Colum. L. Rev.* 113 (1929); H. Jones, "An Invitation to Jurisprudence," 74 *Colum. L. Rev.* 1023 (1974); J.M. Steiner, "Judicial Discretion and the Concept of Law," 35 *Camb. L.J.* 135 (1976); J. Raz, "Legal Principles and the Limits of Law," 81 *Yale L. J.* 823 (1972).

② H.L.A. Hart, *The Concept of Law* (2d ed. 1994); R. Pound, "A Survey of Social Interests," 57 *Harv. L. Rev.* 1 (1944); B. Cardozo, *The Nature of the Judicial Process* (1921); G. MacCallum, "Comments on Ronald Dworkin's 'Judicial Discretion,'" 60 *J. Ph.* 638 (1963).

样的词语仅是比喻，法官并不会机械地使用它们，事实上，法官所从事的是
规范性的活动。赋予相互竞争的价值观以不同权重并相应地加以平衡，"虽然
描述了解释的起点，但却不足以建立标准或价值尺度来帮助解释"。有时，为
了对价值的社会重要性发表立场和观点，法官必须行使自由裁量权。凯尔森
（Kelsen）指出：

> "利益衡量原则"（Interessenabwägung）只是对问题的表述，而非解
> 决方案。因为该原则并没有提供能够对比相互冲突利益的客观衡量标准，
> 故不可能在此基础上解决冲突……实际上，之所以需要"解释"，是因为
> 它所适用的规范或规范体系留下了几种可能性——这意味着它不包含关
> 于所涉及利益中哪一种利益的价值高于另外一种的决定，而是将该决定
> 留给创设规范的行为来执行，例如司法裁决行为。①

凯尔森的观点过于极端。事实上，在不行使司法裁量权的情况下的确有可
能实行此种"平衡"，但并非在每一种情况之下。

（四）最终目的的确定

法官会面临所有目的，包括主观目的和客观目的、纵向目的和横向目的，
当这些目的指向不同的方向时，法官必须在它们之间做出决定。目前，解释科
学不可能解决不同目的之间的所有冲突，法官在许多问题上依然保有自由裁量
权。② 我在之前经手的案例中便提到过：

---

① H. Kelsen, *Pure Theory of Law* 352 (Knight trans. from German, 2d ed. 1967).

② N. Isaacs, "The Limits of Judicial Discretion," 32 *Yale L.J.* 339 (1923); F.E. Horack, "In
the Name of Legislative Intention," 38 *W. Va. L.Q.* 119, 126 (1932); H.W. Jones, "Statutory
Doubts and Legislative Intention," 40 *Colum. L. Rev.* 957 (1940); J. Sneed, "The Art of
Statutory Interpretation," 62 *Tex. L. Rev.* 665 (1983); J. Landis, "A Note on 'Statutory
Interpretation,'" 43 *Harv. L. Rev.* 886, 893 (1930); F.E. Horack, "Cooperative Action for
Improved Statutory Interpretation," 3 *Vand. L. Rev.* 382, 383 (1950).

> 这种不确定和模糊的情况……并不是我们面前的案例所独有的……它是法律文本（合同或遗嘱、法律或宪法）的解释者遇到的一类情况的子集，即有许多潜在目的而无法阐明以文本为基础的常规性最终目的。通常，解释者必须行使自由裁量权，以尽可能客观地阐明法律文本的核心目的。

当然，随着目的解释的发展，关于在相互冲突的目的之间作出选择的法律规范将逐步取代司法裁量权，然而，这些法律规范又将创造新的司法裁量权情况。我们无法预测司法裁量权将如何发展，但我们能够知道它永远不会彻底消失。没有自由裁量权的解释就是一个神话。① 实际上，解决文本不同目的之间冲突的规范就是法律规范，它的基础即是需要解释的文本。解释是基于其组成部分的存在，它的权重无法预先确定。麦克道格尔（MacDougal）、拉斯韦尔（Laswell）和米勒（Miller）指出：

> 不能有任意的权重或固定的重要性等级，如果解释者事先进行选择，就会消除交流内容的歧义。这与语境原则不谋而合，即在整个交流行为中，每一个细节都会受到其他细节的影响，进而影响其他细节。②

无论如何，我们都希望为司法裁量权留出一些空间，以保证法律制度的变革和更新。每个法律制度中都包含着相应的规范性制度，从而为一些纠纷提供明确和已知的解决办法，即简易案件和适中案件。规范性制度形成了一个静态的结构框架，以确保安全和稳定。然而，法律体系也有解决疑难案件的方法，

---

① J. Dickinson, "Legal Rules: Their Function in the Process of Decision," 79 *U. Pa. L. Rev.* 833, 835 (1931); I. Kaufman, "The Anatomy of Decisionmaking," 53 *Fordham L. Rev.* 1, 6 (1984); M. Cappelletti, "The Law-Making Power of the Judge and Its Limits: A Comparative Analysis," 8 *Monash U. L. Rev.* 14, 17 (1981).

② M.S. McDougal, H.D. Laswell, J.C. Miller, *The Interpretation of Agreements and World Public Order: Principles of Content and Procedure* xvi (1967).

即一种保证更新和变化的动态方法。实际上，无论是静态方法还是动态方法，对任何法律制度而言都是至关重要的，二者相辅相成。一成不变的稳定会滋生沉积现象，无稳定的变化则是无政府状态。认为法律必须稳定的观点是错误的，认为每个问题都只有一个法律解决方案的想法亦是不正确的。反之亦然，只看到法律的变化是错误的，认为所有问题都是开放的、没有一个问题有唯一的解决方案亦是错误的。事实上，现实情况要更为复杂。

第十章

目的解释的理论基础

一、解释体系的正当性证明

（一）"创造"而非"发现"：解释的合法性范围

不存在"真正的"解释。文本无法确定能够理解它的最佳解释体系，因为我们只有通过对文本的解释才能理解文本本身。解释不仅是发现，也是创造，关键在于什么样的"创造"是最佳的。

不存在真正的解释并不意味着每种解释都是"正确的"，每个法律共同体都在多年的发展过程中形成了一种法律传统和法律文化，包括确定哪些解释制度是合法的，哪些是非法的，从而确立了解释的合法性范围。但是，在此范围内，哪种解释体系是最佳的？是否每位解释者都可以自由地选择他所认为的最佳的"合法"制度？单靠掷硬币就够了吗？我想并不。不存在真正的解释，解释是社会共识的产物，但这并不意味着社会成员一致同意的所有制度都是同样良好的。人们应该从公认的观点中选择最佳的解释，这一选择不应带有法官的主观性认知，因此，我们需要选择适当的解释体系。[①] 在本章中，我将阐述我

---

① C. Sunstein, "Five Theses on Originalism," 19 *Harv. J.L. & Pub. Pol'y* 311 (1996).

所认为的适当解释体系的理由和标准，并尝试说明根据这些理由和标准，为什么目的解释体系是最佳的解释体系。

（二）适当解释体系的理据：解释的效力

适当的解释必须满足两个条件：第一，它必须在任何情况下都能够从文本语义意义（"效力条件"）的范围中提炼出法律意义；第二，它必须能够赋予文本最大限度地实现法律解释目标（"目标条件"）的意义。我们将首先讨论效力条件。[①] 只能得出几种语义意义而不能确定哪一种能代表文本法律意义的解释体系是无法发挥作用的。只有将解释本身投射到规范性文本中，并进一步阐明它，从而使文本具有唯一确定的法律意义，由此，解释体系才是适当的。诚然，为了满足效力条件，解释体系必须承认司法裁量权的存在，但无须担心，只要不是解释体系的排他性或核心组成部分，司法裁量权就可以作为解释体系的组成部分。我认为，司法裁量权是每一种解释体系的必要组成部分，因为任何一种解释体系都不能在没有司法裁量权的情况下解决解释者所需要解释的所有情形（效力条件）。

目的解释满足效力条件。与某些解释体系不同，如文本主义体系，目的解释有能力解决每一个解释问题。诚然，解释者有时必须行使司法裁量权，但该司法裁量权是目的解释的合法组成部分，且它既非排他也非主要。我反对的观点是：解释体系必须为每个解释问题提供事先知晓的解决办法而不是诉诸司法裁量权。每一种解释体系——就如同法律本身——都含有不确定的因素，司法裁量权能够解决这些问题，故它应当作为任何解释体系的关键组成部分。

（三）适当解释体系的理据：解释的目标

效力条件是必要不充分条件，掷硬币是一个非常有效的方法，可以解决任

---

① J. Wróblewski, *The Judicial Application of Law* 108 (1992). 作者将"解释的规范性理论"作为能够解决每一个解释问题的理论进行了探讨。

何解释问题。同样，匿名方（例如法官的配偶）所决定的解释也可以满足效力条件，但这显然不够。如果不解决我们在解释中所追求的目标到底是什么，我们就无法回答什么是最佳的解释体系。仅仅表明解释的目标是确定法律文本所产生的规范信息是远远不够的，我们不仅需要确定解释的内容，而且需要确定解释它的原因。实际上，正是解释的原因塑造了解释体系。① 例如，如果解释的目的是赋予文本以最佳意义，我们可能会选择不同的解释体系，解释的目的也并非实现文本创制者的意图。此外，如果没有外部信息，文本本身并不能告诉我们解释的目标。② 正如波斯纳所言："解释总是相对于目的而言的，目的不是由解释的过程赋予的，而是从外部引入并指导解释的过程。"③ 那么，法律解释的目标是什么呢？

（四）解释的目标是实现法律规范的目的

在某种程度上，我们需要在文本之外找到一个阿基米德立足点，并基于此来回答法律解释的目标。我的答案是：法律解释的目标是实现法律的目的。④ 法律解释体系的作用是从特定文本的语义选项中选择最能够实现文本目的的含义。每一个法律文本——遗嘱、合同、法律和宪法——都是为了实现某个社会目标而作出的，达到其目标、实现其目的，就是解释的目标之所在。解释体系是工具和手段，是法律规范自我实现的路径。在解释某个特定的文本时——它毕竟属于法律上的解释——解释体系必须保证以最佳的方式实现文本中所包含的规范目的，用专业术语来表达，即文本的目的。因此，解释体系应当作为一

---

① D. Hermann, "Phenomenology, Structuralism, Hermeneutics, and Legal Study: Applications of Contemporary Continental Thought to Legal Phenomena," 36 *U. Miami L. Rev.* 379, 402 (1982).

② 有时，文本会包含一份目的声明，列出文本的目标，但即使具有目的声明，文本的条款内容也需要解释。

③ R. Posner, *Law and Literature* 209 (revised and enlarged ed. 1998). 参见 A. Vermeule, "Interpretive Choice," 75 *N.Y.U. L. Rev.* 74, 82 (2000)（"解释者必须对法律解释的结果、目的或目标有一些明确或者暗示的概念"）。

④ D. Brink, "Legal Theory, Legal Interpretation, and Judicial Review," 17 *Phil. and Pub. Aff.* 105, 125 (1988).

种理性的活动，靠掷硬币是行不通的。这也是本人观点的核心所在，即目的解释就是最佳解释体系的表现，因为目的解释保证了法律目的的实现。我的观点得到了社会学、法理学、解释学以及宪法学的支持，即解释的适当标准是寻找法律的目的，而目的解释最能满足这一标准。另外，法律的比较研究也支持目的解释是最佳解释体系的观点，对此，我将在下文对其要点展开论述。

二、目的解释的社会学理据

（一）法律具有社会目的

法律是一种工具，[①] 旨在实现处于法律制度核心的社会目标，[②] 该目标创造、推进并解释 [③] 法律制度。我在之前经手的案例中便提到过："法律是一种社会工具，法律概念是为实现社会目标而设计的。法律概念是实现社会目标的工具，表达了相互冲突的价值和利益之间的适当平衡。"在同类案件中，车勋（Cheshin）法官也提出过类似的观点："法律本身并非目的，而是实现非法律目标和目的的工具：发现真相、伸张正义、实现社会和经济目的。'执行法律'（弥迦书［Micah］7，8）是指'用法律工具伸张正义'。"

关于社会目标的内容存在着分歧。[④] 有的人认为社会目标是保障人类的

---

① 与法律社会学的观点一致。见 R. Pound, "Mechanical Jurisprudence," 8 *Colum. L. Rev.* 605 (1908); R. Pound, "A Survey of Social Interests," 57 *Harv. L. Rev.* 1 (1943)。然而，目的解释的方法并非为法律社会学所特有。大多数法哲学家都假定法律扮演着某个角色，尽管它在角色的位置上可能有所不同。见 J. Harris, *Legal Philosophies* 237 (1980); W. Friedmann, *Law in a Changing Society* (2d ed. 1972); R. Summers, *Law: Its Nature, Functions and Limits* 440 (2d ed. 1972); R. Summers, *Instrumentalism and American Legal Theory* (1982); J. Stone, *The Province and Function of Law* (1946)。

② J. Raz, *The Authority of Law* 163 (1979); R. Wasserstrom, *The Judicial Decision* 10 (1961); S.J. Burton, *An Introduction to Law and Legal Reasoning* 107 (1985).

③ 此观点是耶林对法学的核心贡献。见 R. Jhering, *The Law as a Means to an End* (Husik trans., 1914)。

④ R. Summers, "Pragmatic Instrumentalism in Twentieth Century American Legal Thought—A Synthesis and Critique of Our Dominant General Theory about Law and Its Use," 66 *Cornell L. Rev.* 861 (1981).

自然权利；有的人认为社会目标体现了功利主义的法律理论，比如尽可能有效地实现财富最大化；[1] 有的人则认为社会目标强调历史学或社会学基础。我一直在寻找能够囊括不同法律目的的理论基础，但始终没能完整涵盖所有理论。对此，我的方法是兼收并蓄。[2] 人类的经验似乎太过丰富，故我不能把自己束缚在某个理论中。在我看来，自然主义者、实证主义者、现实主义者、新现实主义者以及历史学或社会学者，都从不同的角度反映了人类积累的经验财富。每个人都有自己的真相，只要我保持平衡不同世界观的需求，从原则上来说，我可以赞同每一个人的观点。我认为，不存在包含适当解决方案的唯一理论，故我们应该借鉴每一种主要理论的某些基础，并在它们之间取得适当的平衡，因为没有人能真正保持纯正。我赞同帕特森的观点："我的法律哲学观是兼收并蓄的，因为我认识到，大部分哲学家都是从几个吸引人的不言而喻的原则开始其体系的，所以我不能因为它完全错误就拒绝它。"[3]

法律的设计是为了保障社会生活的有序，因此，法律包含了秩序和安全。法律的设计旨在保障人权、平等和正义，因此，法律包含了正义和道德。法律的历史就是在个人和集体之间，在维护社会框架和保障个人权利之间寻求适当的平衡。多元化方法告诉我，上述目的在相对权重的划分上存在着分歧。包容性方法告诉我，在确定目的的相对权重时，应该考虑公众的不同世界观，包括多数人和少数人。不过，包容必须有限度，才能够维持有序的社会生活，而负责设定该限度的人亦需要在有限的情况下行使自由裁量权。法律解释的目的是赋予法律意义，使其能够实现最佳自我落实；[4] 旨在赋予法律社会意义；旨

---

[1]　对于功利主义法律理论的讨论，见 R. Posner, *Economic Analysis of Law* (5th ed. 1998)。

[2]　也许折中的方法本身就构成了一场哲学运动？见 J. Hall, "Integrative Jurisprudence," in *Interpretation of Modern Legal Philosophies: Essays in Honor of Roscoe Pound* 313 (P. Sayre ed., 1947); H. Berman, "Toward an Integrative Jurisprudence: Politics, Morality, History," 76 *Cal. L. Rev.* 779 (1988).

[3]　E. Patterson, *Jurisprudence: Men and Ideas of the Law* 556, 557 (1953).

[4]　关于法律被用于实现目的的各种方式的讨论（如在提供补救、施加惩罚、创设行政安排方面），见 H. Kelsen, "The Law as a Specific Social Technique," 9 *U. Chi. L. Rev.* 75 (1941); R. Summers, "The Technique Element in Law," 59 *Cal. L. Rev.* 733 (1971).

在确定允许社会存在和允许个人实现最佳自我落实的冲突性考虑之间的适当平衡。①

（二）特定法律文本具有社会目的

　　法律解释并不涵盖法律的全部范围，它考察特定文本的含义，赋予宪法条款或法律、合同或遗嘱中的条款或章节以意义。概言之，解释的目的就是在整个法律制度的框架内实现特定文本的目的。如果说法律作为一种社会工具是有目的的，那么每个单独的文本在法律制度内都有其目的。遗嘱是一种社会工具，目的在于允许个人按照自身的选择分割财产。事实上，遗嘱体现了"遗赠权直接来源于个人对其财产的所有权"②。当遗嘱人设立遗嘱时，他便在寻求某一目的的实现，不存在没有目的意志，遗嘱表达了遗嘱人的目的，因此，对遗嘱的解释必须实现这些目的。同样，合同是实现社会合作的一种手段。适当的解释体系必须赋予合同以含义，使合同能够发挥它作为合作工具的作用，由此可得，适当的解释体系赋予了合同实现其目的的含义。对法律来说亦是如此，法律是政策的表达，旨在实现某个社会目标，即法律有其目的，法律是社会变革和阐明其目标的工具。如果法律是实现社会目标的一种手段，那么对法律的解释亦必须以实现该社会目标的方式进行。申言之，解释应尽可能地表达法律的目的，认为法律是目的创设的社会观点导致了解释性结论，即应对法律进行解释以实现其目的。宪法也是如此，宪法是最重要的社会工具，它建立了几代人的社会行为模式，宪法的目标和宗旨因宪法而异。③

　　无论宪法的内容是什么，它都是为实现社会目标而设计的超级规范。尽管法学家们对宪法目标的内容存在分歧，但却没有人质疑宪法目标的存在。一部

---

① J. Kohler, "Judicial Interpretation of Enacted Law," in *Science of Legal Method* 187 (E. Bruncken and L. Register trans., 1917).

② G. Tedeschi, "Al Hadin Hadispositivi [On Dispositive Law]," 15 *Iyunei Mishpat* 5, 8 (1990).

③ 正如狄克逊法官所写，"我从显而易见的开始。《加拿大权利和自由宪章》是一份有目的的文件。它的目的是在合理的范围内保证和保护享有它所规定的权利和自由。"Hunter v. Southern, Inc. [1984] 2 S.C.R. 145, 156.

没有目的的宪法就像一个没有影子的人，对宪法的适当解释赋予宪法文本以实现其设计所要达到社会目标的意义。

每一项规范都有它的目的。佩策尼克（Peczenik）指出："如果不考虑规范所表达的意志或目的，则无法理解规范的要点。"实现规范的目的即解释法律文本的要点。此外，我们还必须结合制度体系的背景理解个别文本。在某种意义上，我们可以说法律文本的解释者解释了特定法律体系内的所有法律文本。

目的解释充分体现了对法律目的和个别文本目的的社会考虑。目的解释围绕各文本的目标所构建，解释的目标即实现文本的目标。法律的社会目标是多样的，故一个文本可能存在着许多社会目标，而目的解释正符合这一现实情况，因为目的解释基于多种目的，既包括横向的目的也包括纵向的目的。然而，在确定最终目的时，则需要依赖宪法来指导创制者意图和制度意图之间的关系。

三、目的解释的法理学理据

（一）目的的哲学理论

对几种法律理论的理论研究表明，它们大体上接受文本目的是适当解释体系的关键组成部分，且并不质疑作为理解文本标准的核心目的的重要意义。然而，研究结果也表明它们在目的的本质——无论是主观目的（创制者意图）、客观目的（理性创制者意图或制度意图）还是两者的组合，以及如何确定目的方面存在差异。我将简要讨论其中几个哲学理论，但我并不认为这些理论与我对目的的定义相一致，或者同我所主张的目的解释相契合。我仅仅是想表明，每种理论都包含一个目的要素，作为由此衍生的解释理论的核心。哲学理论为解释学理论提供了重要的基础，即文本目的影响文本解释。还有一些哲学理论也关注文本的核心目的。

（二）美国的现实主义者

美国现实主义运动的发起人认为"立法意图"不是解释法律的适当标准，他们强烈抨击那些支持利用法律制定者的主观意图来得出特定解释结论的人，并称其是"荒谬的虚构"。[①] 他们的批判限于"具体意图"或"结果主义意图"，而不是"抽象意图"或由此衍生的目的。[②] 事实上，美国的现实主义者认为，法律的抽象目的对于解释规范而言是必要的。对此，雷丁认为：

> 有关解释的讨论总是将法律"目的"作为解释的一种手段，并将其列为解释的适当方法之一。我想表达的不是探究法律目的的合法性，而是首先且主要应当考虑法律的目的。[③]

卢埃林的观点亦是如此，[④] 他指出，法律应根据其目的进行解释，制定无目的规则的法律是无稽之谈，每一部法律都有它的设计目的或目标。

（三）实证主义

作为一种法律哲学运动，[⑤] 实证主义有自己的解释体系吗？凯尔森（Kelsen）教授作为法律实证主义的奠基人，对于任何特定的解释体系都保持中立。他认为，纯粹的法律理论[⑥] 对解释体系的选择来说不构成任何理据支持。根据他的观点，法理学应将自身限制在确定文本所体现的不同含义中——

---

① M. Radin, "Statutory Interpretation," 43 *Harv. L. Rev.* 863, 870 (1930).

② 例见 J. Frank, "Words and Music: Some Remarks on Statutory Interpretation," 47 *Colum. L. Rev.* 1259 (1947)。对于该文章的分析，见 K. Greenawalt, "Variation on Some Themes of a 'Disporting Gazelle' and His Friend: Statutory Interpretation As Seen by Jerome Frank and Felix Frankfurter," 100 *Colum. L. Rev.* 176 (2000)。

③ M. Radin, "A Short Way with Statutes," 56 *Harv. L. Rev.* 400 (1942).

④ 见 J. Breen, "Statutory Interpretation and the Lessons of Llewellyn," 33 *Loy. L.A. L. Rev.* 263 (2000) （"卢埃林认为，法律语言的表达和解释都是有目的的"）。

⑤ 对于法学实证主义的讨论，见 B. Bix, *Jurisprudence* 31 (2d ed. 1999)。

⑥ H. Kelsen, *Pure Theory of Law* 348 (Knight trans., 1967) (1934).

基于文本的框架——从而让法律政策来选择文本应该承载的含义。① 在凯尔森看来，每个文本都有它的不确定因素（Unbestimmtheit），这是无法避免的，因为文本是笼统的，但语言却是简短的。因此，解释者在确定文本含义方面拥有自由裁量权，而不存在可供指导其选择的依据，实际上，文本仅仅提供了一个框架，供解释者自由填充，且不受法理约束。

哈特（H.L.A. Hart）教授延续了凯尔森的思路，假设文本中存在不确定性（开放式语篇），解释者可以自由裁量。然而，哈特并没有假设所有的文本都包含不确定性以及都需要使用自由裁量权，哈特区分了处于"开放式"文本核心的情况和处于文本灰色区域或半阴影带的情况。其中，第二种情况要求解释者行使自由裁量权，以便根据文本创制者的目的对文本进行解释，同时平衡相互冲突的价值和原则。哈特引用经典的"公园内禁止车辆"规则② 来阐述其观点，并认为有些案件已明确包含在禁令中。③ 哈特在他后来的著作中强调——作为对批评的回应④——"核心"的情况是根据上下文背景来决定的。⑤ 然而，尽管哈特所主张的目的似乎反映了文本创制者的主观目的，但他却没有再进一步发展他的解释理论，⑥ 也没有讨论有关目的或其概念。拉兹教授发展了哈特的主张，认为目标反映了主观目的，⑦ 认为法律应该根据制定者的意图来解释。

---

① S. Paulson, "Kelsen on Legal Interpretation," 10 *Leg. Stud.* 136 (1990); C. Luzzati, "Discretion and 'Indeterminacy' in Kelsen's Theory of Legal Interpretation," in *Hans Kelsen's Legal Theory: A Diachronic Point of View* 123 (L. Gianformaggio ed., 1990); P. Chiassoni, "Legal Science and Legal Interpretation in the Pure Theory of Law," in *Hans Kelsen's Legal Theory* 63 (L. Gianformaggio ed. 1990).

② P. Schlag, "No Vehicles in the Park," 23 *Seattle U. L. Rev.* 381 (1999).

③ H.L.A. Hart, "Positivism and the Separation of Law and Morals," 71 *Harv. L. Rev.* 593 (1958).

④ L. Fuller, "Positivism and Fidelity to Law—A Reply to Professor Hart," 71 *Harv. L. Rev.* 630 (1958).

⑤ H.L.A. Hart, *Essays in Jurisprudence and Philosophy* 8 (1983).

⑥ 麦考密克的方法与哈特相似，见 D.N. MacCormick, *Legal Reasoning and Legal Theory* 202 (1978); D.N. MacCormick and O. Weinberger, *An Institutional Theory of Law* 201 (1986); D.N. MacCormick, "On 'Open Texture' in Law," in *Controversies about Law's Ontology* 72 (P. Amselek and D.N. MacCormick ed. 1991)。

⑦ J. Raz, "Intention in Interpretation," in *The Autonomy of Law: Essays on Legal Positivism* 249 (R.P. Georg ed. 1996).

然而，拉兹狭隘地定义了意图，将它限制为制定法律的意图。马默则赋予意图更具操作性的含义，但将意图与法律的相关性限制在立法者专业知识的权威之下；[1] 根据马默的观点，在其他情况下，应该遵循已经为法律体系所接受的实践情况，而无须引入哲学理论。拉兹和马默都将自己的意向主义理论局限于法律，而排除了宪法及其他内容。

（四）法律程序

20世纪50年代和60年代，法律程序运动在美国法学界占据主导地位。亨利·哈特（Henry Hart）教授和阿尔伯特·萨克斯（Albert Sacks）教授走在了前列。[2] 法律程序学者特别关注法律中的解释，尤其是法定解释。哈特和萨克斯始终认为，法律是为实现社会目的而设计的，解释必须实现这些法律目的。解释是赋予已制定的规范以意义的过程，而不是表达立法机关具体或结果主义意图的过程。在解释法定语言时，法官必须赋予其实现法律目的的含义。哈特和萨克斯所采用的方法的核心是一种推定——他们主张该推定不可反驳，即立法是一种有目的的活动。制定法律是为了实现社会目标，没有目的的立法与法律概念本身是格格不入的："每一条法律最终都将被推定为有目的的行为，没有明确目的的法律与法律的理念格格不入，无法被接受。"在别种情形下，哈特和萨克斯指出：

> 法律是一种行为，是一种有目的的活动，是为解决社会生活中的基本问题而不断努力的成果……法律安排（法律）是对未来的规定，以帮助这一努力的实现。理性人不会为没有目的的未来做准备，因此，目的

---

[1] A. Marmor, "Kavanat Hamichokek Visamchut Hachok [Legislative Intent and Statutory Authority]," 16 *Iyunei Mishpat* 593 (1991); A. Marmor, *Interpretation and Legal Theory* (1992).

[2] 富勒（Fuller）教授也对该问题做出过深入地讨论。见 L. Fuller, *The Law in Quest of Itself* (1940); L. Fuller, "The Case of the Speluncean Explorers," 62 *Harv. L. Rev.* 616 (1949); L. Fuller, "The Forms and Limits of Adjudication," 92 *Harv. L. Rev.* 353 (1978).

是一个固定的前提，在决策过程中形成的每一部成文法律和每一条不成
文法原则都有某种目的或目标，尽管有时可能很难确定该目标或准确地
表达其措辞。①

仅有文本是不够的，在核心目的实现之前，通常很难对文本有清晰的理
解。哈特和萨克斯认识到确定文本目的的复杂性，并且一项立法可能有多个目
的。从其著述中无法看出他倾向于实现文本的主观目的还是客观目的，他们认
为立法机关是合理的，似乎承认了客观目的中的一个要素，而非主观目的。②

（五）德沃金

德沃金提出了广义解释理论，将文本意义与文本的核心目的联系起来。如
美国的现实主义者一样，德沃金对法律制定者的具体意图不屑一顾。相反，德
沃金赋予立法者和宪法创制者的抽象意图以极大的意义，即立法机关试图通过
法律实现的目标（语言或语义意图）③以及宪法创制者试图通过宪法实现的目
标。④在谈及二者的区别时，德沃金表示：

> 这是官员们使用其语言时打算表达的及其打算——或期望或希
> 望——表达结果的关键区别……任何读者都必须注意语义意图，因为相
> 同的声音甚至单词都可以用于表达不同的意图。⑤

---

① H. Hart and A. Sachs, *The Legal Process: Basic Problems in the Making and Application of Law* 148 (W. Eskridge and P. Frickey eds., 1994)。

② V. Wellman, "Dworkin and the Legal Process Tradition: The Legacy of Hart and Sacks," 29 *Ariz. L. Rev.* 443, 462 (1987)。

③ R. Dworkin, *Freedom's Law: The Moral Reading of the American Constitution* 291 (1996). 德沃金区分了与解释者相关的立法机关的概念以及与解释者无关的立法机关的概念。见 R. Dworkin, *A Matter of Principle* 39 (1985)。

④ R. Dworkin, *Freedom's Law: The Moral Reading of the American Constitution* 10 (1996).

⑤ R. Dworkin, "Comment," in A. Scalia, *A Matter of Interpretation: Federal Courts and the Law* 116–117 (1997). 参见 R. Dworkin, "The Arduous Virtue of Fidelity: Originalism, Scalia, Tribe, and Nerve," 65 *Fordham L. Rev.* 1249 (1997)。

德沃金强调区分"立法机关在其颁布的法律中打算表达什么、适用该法律的法官必须回答哪些问题以及各立法者作为个人所期望或希望解决的问题之间的重要区别，因为它们法律后果亦是与众不同的"。如果不具有排他性质，则实现文本核心的（抽象）意图便是德沃金所主张解释体系中的主要组成部分。

（六）法律与经济学

现在，我们聚焦法律与经济学运动。法经济学重视效率，将财富最大化作为法律的目标。然而，法经济学界对解释的立场并不统一。在合同解释中，[①]有的人倾向于考虑合同当事双方的共同意图，因为当事人是其自身利益的最佳判断者。[②] 而有的人则倾向于客观解释，即将市场失灵和当事人的有限理性考虑在内，以达到更有效的结果。法律解释中也存在类似的争议。以波斯纳（Posner）为首的一些学者认为，立法的核心目的——根据"想象重构"的方法——为解释提供了适当的标准，即需要基于实用性的考虑、常识以及解释者的个人观点来确定其合理性。另一些学者则赞同"客观文本主义"方法（"新文本主义"），该方法在解释法律时完全不考虑法律的目的，故其鼓励立法机关明确制定法律。谈及解释规则，伊斯特布鲁克（Easterbrook）表示："规则之所以能够预期，不是因为立法者通过法律知悉或使用它们，而是因为规则作为现成的规定可以帮助立法者免于预期所要面临的解释问题以及法律解决方案的成本。"[③] 实际上，伊斯特布鲁克对法律文本的解释体现了最明确的法经济学立场。然而，一些十分杰出的法经济学学者——其中最著名的是波斯纳——将法律的目的和当事人的共同意图作为解释法律文本的适当标准。

---

① L. Kaplow and S. Shavell, "*Economic Analysis of Law,*" in A.J. Auerbach and M. Feldstein, *Handbook of Public Economics* (1985); A. Katz, "Contract Formation and Interpretation," in 1 *The New Palgrave Dictionary of Economics and the Law* 425 (P. Newman ed. 1998).

② 见 A. Schwartz, "Justice and the Law of Contract: A Case for the Traditional Approach," 9 *Harv. J.L. & Pub. Pol'y* 107 (1986)。

③ F. Easterbrook, "Statute's Domain," 50 *U. Chi. L. Rev.* 533, 540 (1983).

四、有利于目的解释的解释学考量

（一）文本视域与解释者的结合

目的解释源自解释学研究，它建立在解释者与文本之间相互对话的基础之上。因为时间上的差距，解释者不会也几乎不可能站在原文作者的角度来进行解释，毕竟，解释者与文本创制者所生活的时期也各不相同。实际上，每个人都有自己先入为主的理解，因此，解释者也不会试图重温创作文本的经历，而是试图将其对现代社会的理解与对文本核心的理解结合起来。这种视域上的融合，是目的解释的核心，[①] 表达了恰当的解释学观点。当代解释者并不拘泥于其（当代）预先的理解，而是重新思考文本及其核心的解释，解释者需要研究文本创制者的意图以及创制者同时代人对该文本的理解方式。[②] 在预先理解的帮助下，解释者试图了解文本的核心目的。虽然解释者的确参考了文本创作背景下的理解，但这只是为了给文本创造一种现代化的理解，从而将解释者当下的预先理解与过去作为文本核心的理解结合在一起。这种视域上的融合生动地表现了解释的活动。此外，该方法还允许解释者在其对文本整体预先理解的背景下理解特定的文本规定，以克服解释学循环的问题。该过程发生在一个限制解释者的法律共同体之内，它决定了解释者预先理解的范围，构成了解释者解释行为的社会共识。预先理解包括指导解释者进行恰当解释的法律体系解释规则，[③] 还包括社会对法官的作用及其行使自由裁量权方式的看法。

（二）整体性方法

解释学要求我们对文本采用整体性的方法，将遗嘱、合同、法律或宪法单

---

① W. Eskridge, "Gadamer/Statutory Interpretation," 90 *Colum. L. Rev.* 609, 633 (1990).

② 在此意义上，目的解释考虑了原创性。

③ O. Fiss, "Objectivity and Interpretation," 34 *Stan. L. Rev.* 739 (1982); O. Fiss, "Conventionalism," 58 *S. Cal. L. Rev.* 177 (1985).

独以及作为一个整体来对待。我们消除了解释者与文本之间存在的空间和时间
障碍，没有早晚之分，没有门槛之别。所有可信的证据——无论是来自文本内
部的还是外部的——都是可以接受的。清晰的文本和不清晰的文本之间没有区
别，因为在解释结束之前，没有任何文本是明确的；而一旦结束解释，则每个
文本都是清楚的——就待裁决的解释性问题而言。文本的理解离不开语境，而
语境的边界则事先不受限制。解释者可以在任何情况下展开咨询，并根据其对
文本的全面理解来阐述文本的目的。显然，以目的解释为特征的解释活动，恰
如其分地表达了现代解释学关于适当解释本质的观点。该观点强调在解释者
预先理解的背景下对文本进行整体理解，而预先理解本身就是时间和空间的产
物。解释通常被视为解释者和文本之间的对话，其试图在过去和现在之间建立
联系。目的解释即充分反映了上述所有原则。

（三）各类文本中的解释学考量

因为解释者所解释的是过去创制的文本，所以所有法律文本的解释者都会
进行某种形式的解释学思考。遗嘱和合同的解释者应该从整体角度上理解文
本，了解遗嘱人的生活和情况以及合同是在什么情况下订立的，解释者应当对
遗嘱人的意图或合同当事人的共同意图予以相当程度的重视。此外，解释者还
应该在不同的抽象层次上表达假定的意图，即制度的"意志"。尽管在解释法
律和宪法的过程中强调主客观目的之间的转换，但解释者仍采用类似方法进行
解释。解释者无须回应法律颁布时提出的问题，而应回应其同时代人提出的问
题，毕竟，法律总是规范着当代的生活。然而，过去也不能够被忽略，法律解
释应该被视作一个持续的过程。[1] 法律解释不仅仅揭示了历史创制者的意图，
亦是对过去所创设文本的现代化解读，因此，法律解释需要我们考虑时间的因
素。同时，法律解释也不能忽视文本创制者的意图，法律的目的解释即表达了

---

[1]　W. Eskridge, "Dynamic Statutory Interpretation," 135 *U. Pa. L. Rev.* 1479, 1482 (1987).

该原则。

宪法解释亦是如此。解释者无法洞察宪法制定者的思想，也没有必要这样做。宪法的制定者生活在过去，他们的世界与我们的不同，尽管我们可以利用他们的世界来理解我们的世界，但其中依然包含着许多不同的问题。宪法解释必须反映过去和现在之间的联系，历史宪法文本的视角必须与现代解释者的视角相融合，该融合——以目的解释为中心——充分表达了适当的解释学视角。事实上，对宪法的理解始终随着它在历史上的演变而变化，属于一种现代理解，它并没有忽略过去，而是寻求过去与现代的结合。

（四）解释学考量的局限性

解释学的考量促进了我们对法律解释的理解，然而，其并不能解决法律解释的根本问题。法律解释的核心问题是，在解释时，文本创制者的意图到底应该被赋予什么样的角色，对此，解释学并没有明确的答案。解释学的学者们在解释学是否要求将创制者意图作为解释的主要目标这一问题上存在分歧。解释学表达了法律解释的整体性，并允许它考虑时间因素，但亦具有局限性，因为解释学不能帮助解释者明确创制者意图和制度意图之间的关系立场。不解释学考虑——具体而言指宪法考虑——有助于解决关系的确定问题。

（五）语义考量

语言可以用于交流，但它局限性使它无法始终传达唯一且确定的意义，相反，语言创造了一系列的语义可能性。语言的范围在不同的问题上有着不同的广度，表现形式也有所不同，这取决于我们理解的角度，但语言并不是无限的，解释者不能为文本赋予他选择的任何含义。语义理论告诉我们，每一份文本都需要解释，而解释又要求解释者同时考虑内在和外在语境。理解是读者与文本之间持续不断的对话，该对话不应该有人为的限制。解释者在（外部和内部）语境中寻求的是什么？语境只是理解文本的工具，其内容取决于语言之外的要素。正如帕特森所指出的："意义理论不会带来任何福音可以让律师省去思考的痛苦。"语义理论告诉我们，尽管语义成分对解释具有至关重要的作用，但它永远不可能是唯一的成分。注重语言的文本主义解释体系必须辅之以解释的其他组成部分。文本不会直接提出问题；解释者需要依据上下文的帮助从中得出答案。解释的核心问题在于：解释者应该提出什么问题？对语义教训不敏感的解释体系注定会失败，而目的解释则意识到解释者需要提问，其问题与文本的目的和旨在实现的目标有关。

五、有利于目的解释的宪法学考量

（一）宪法理论的必要性

语义理论告诉我们，语言限制了意义，但意义并不局限于语言。关于法律性质的各种社会学和法理学理论都认为，理解文本的适当背景即为文本的目的。然而，对于文本目的的实质，这些理论之间也存在着分歧。法律解释的目的是实现法律文本的目的，然而，针对在阐述最终目的时给予创制者意图的权重，以及如何将其与制度的客观意图和客观目的各组成部分之间的内在关系相平衡，法律解释的基本问题对此提出了质疑。我们必须回答立法者和立法机关成员的意图在解释宪法和法律时是否具有决定性的作用。我们必须表明，法官的任务是解释文本，而不是创设文本。在解释私法文本时，我们必须权衡私人意志的自主性，我们必须明确解释者可能使用的文本之外的来源，以及如何平衡不同的客观目的。

以上问题及对它的回应与法律之间有着密切的联系，事实上，它们存在于各法律体系的宪法性法律中。语义学或解释学理论无法决定我们该选择哪种解释体系，作为该决定的核心，宪法考虑的因素是合宪性。语义理论必须从宪法的角度出发，正如马肖教授所言："任何法理解释理论都是以宪法理论为基础的，它至少必须具备合法的机构作用以及合规的机构程序，以便为解释提供信息。"① 遗嘱与合同的解释亦是如此。

我并不认为宪法对困扰解释者的每一个问题都提供了明确的答案。我只是主张，必须考虑和平衡不同因素中所具有的宪法性质。不同的解释者对于宪法的要求各有不同，但无论观点如何，都必须考虑宪法的因素，而不仅仅只考虑社会学、法理学或解释学的因素。主张应根据立法意图解释法律的人，是基于宪法视角下立法机关在三权分立体制中的作用；反对根据立法意图解释法律的人也将观点建立在宪法对于立法机关角色的立场上；赞成（和反对）通过解释法律文本来实现平等和公平等基本价值的人，其观点同样建立在宪法理论的基础上。

我们不能对法律文本的意义提出解释性的观点，因其并非建立于宪法理论之上，即创制者权力、作用、对其所创制文本的控制，以及法官在解释创制者创制文本时所应维护的价值和原则。宪法理论还必须涉及解释者的作用及其可以行使的自由裁量权限度，因为法院的解释具有约束力，所以关键问题在于：法官在解释法律文本时扮演什么角色？② 答案即存在宪法之中。在回答该问题的过程中，我们表达了塑造制度和社会的基本宪法观点，表达了对民主、三权分立、司法信仰、宪法和制度结构、基本宪法原则以及人权的基本观点。

显然，这些观点在宪法和法律解释中具有很大的力量。尽管力度有所减弱，但也存在于对合同和遗嘱的解释中，实际上，合同和遗嘱也涉及民主与分权。宪法理论将法官视为立法机关在法律解释中的新合伙人，以及遗嘱人或合同当事人在解释遗嘱或合同时的新合伙人。在解释私法文本时，人权也处于重要地位，因为合同和遗嘱是基于私人意志的自主性所作出的。概言之，对所有

---

① J. Mashaw, "As If Republican Interpretation," 97 *Yale L.J.* 1685, 1686 (1988). 参见 J. Schacter, "Metademocracy: The Changing Structure of Legitimacy in Statutory Interpretation," 108 *Harv. L. Rev.* 593 (1995); J. Corry, "Administrative Law and Interpretation of Statutes," 1 *U. Toronto L.J.* 286 (1935–36).

② 关于法官在民主中的作用，见 A. Barak, "Foreword: The Role of a Supreme Court in a Democracy," 116 *Harv. L. Rev.* 16 (2002).

法律文本的解释都需要保持公众对司法机关的信任并落实好基本原则。接下来，我将讨论应当予以考虑的各种宪法性因素，以便表明这些考虑因素所指向的目的解释以及最适当的解释体系。①

（二）宪法理论与民主

所有宪法理论都有一个共同的出发点，即民主政体。我意识到关于民主概念的界定存在着各种争论，但我们可以认同两项核心的假设：② 第一，如果不承认人民主权及其在定期选举和自由选举中所选择的代表权，民主就不可能存在；③ 第二，如果不承认基本宪法价值（三权分立、法治、司法独立）和以人权为中心的价值理念，适当的民主就不可能存在。④ 适当的民主有自己的道德，其基础是人的尊严和平等。这两个假设是我所提出的宪法理论的核心，是我关于目的解释的结论来源。如果没有适当民主制度的核心假设，我便不会采用目的解释体系。对于试图反对极权政体的人来说，目的解释并不合适。当独裁者起草宪法时，我们不应鼓励法官以实现其目的的方式解释宪法；当制度的基本价值有悖人权时，也不应将法律文本解释为易于实现该价值。文本主义可能是极权主义制度适当的解释体系。

（三）宪法理论与法官的作用

司法机关在每一种民主结构中都发挥着核心作用。正如我们将看到的，司法机关是解释所有法律文本的新合伙人，该合伙关系包含两个方面：第一，法官的作用是帮助弥合法律与不断变化的社会需求之间的差距；第二——也是解释的核心，法官必须维护民主和捍卫宪法。如果我们不为之奋斗，民主就不可能存在，民主并不是理所当然的。概言之，除非我们保护民主，否则民主将

---

① 我不认为其他的解释体系是违宪的，如果存在一部法律将其确立为解释立法的方式，那么该法律即符合宪法。我提出了一个更狭隘的主张，即宪法论证有助于目的解释。

② R. Fallon, "How to Choose a Constitutional Theory," 87 *Cal. L. Rev.* 537 (1999).

③ R.A. Dahl, *On Democracy* (1998).

④ R. Dworkin, *A Bill of Rights for Britain* 33, 35 (1990).

不会保护我们。当然，政府的所有部门以及个人都有责任维护民主，但是法官——尤其是最高法院的法官——则负有保护民主的特殊责任。[1] 因此，法律制度的解释方法应最大限度地实现这两个目标。我认为，只有目的解释才能实现该目标。目的解释的动态方法使其能够弥合法律和不断变化的社会需求之间的差距，目的解释赋予立法至高无上的地位（作为主观目的的一部分）以及制度的基本价值和人权（作为客观目的的一部分）来保护民主。

（四）宪法理论与宪法的独特性

宪法塑造了社会的品格，不同于以一般性立法为核心的人民意志，宪法以人民意志为基础。[2] 处于宪法核心地位的人民意志是证明民主政权宪法性质具有正当性的"深层"意志，这种"深层"意志确立了政府的各部门，表达了人民的基本价值和原则。人权在宪法中至高无上，宪法结构的组成部分——政府各部门及基本价值，尤其是人权——是对法律合宪性进行司法审查的基础，同样也是解释宪法的基础。在进行宪法解释时，法官应指明构成覆盖宪法"规范性保护"的基本宪法价值。

宪法不是在规范真空中运作的，宪法由内到外都必须贯彻某种价值和原则。这并非法官个人的价值观，而是国家的民族价值观。"一个国家的法律是从其国民生活方式的镜子中学习的。"宪法寻求实现的价值和原则源于国民生活方式，它们反映了法律制度核心的社会共识，提出了基本的社会观点，其部分来源于宪法文本及其历史，部分来源于人民的历史 [3] 及其社会和宗教世界观、传统惯例和遗产。[4] 宪法没有（明示或暗示地）提到构成规范性保护的所有价

---

[1] B. McLachlin, "The Role of the Supreme Court in a New Democracy" (unpub. 2001); M. Kirby, "Australian Law—After 11 September 2001," 21 *Austl. Bar Rev.* 21 (2001); A. Mason, "A Bill of Rights for Australia?" 5 *Austl. Bar Rev.* 79 (1989).

[2] B. Ackerman, "Constitutional Politics/Constitutional Law," 99 *Yale L.J.* 453 (1989).

[3] T. Sandalow, "Constitutional Interpretation," 79 *Mich. L. Rev.* 1033 (1981).

[4] *Poe v. Ullman*, 367 U.S. 497, 542 (1961). 哈兰大法官指出，宪法价值观的来源之一是"这个国家赖以发展的传统，以及它赖以打破的传统。"

值和原则，故解释者应避免人为地将宪法中没有（或明或暗）提到的价值引入宪法。然而，未提及的价值却是理解宪法中所提及价值和原则的切入点，因为前者构成了"不成文宪法"的一部分，而不成文宪法又是理解成文宪法的解释标准。由于宪法的这一独特方面，法官在解释宪法时应给予客观目的相当程度的重视，从而确保宪法能够在法律上实现其目的。

（五）民主与目的立法解释

人民主权是宪法民主讨论的出发点，是以三权分立为基础制定宪法的权威来源。① 该原则具有双重意义：首先，它意味着需要区分不同的政府部门，赋予每个部门以相应的中心和主要职能；其次，意味着不同部门之间存在着相互制衡的关系。② 实际上，分权并不是为了最大限度地提高效率，而是为了最大限度地提升自由。③ 在三权分立的观点下，立法部门的首要与核心职能便是创设一般性法律规范，即功能意义上的"法律"。一般性法律规范从属于宪法，并对每个人都有约束力。虽然法院不认同这些法律，但并不会宣布法律无效，因为法院的工作就是解释，故它遵循立法至上的原则。④

从立法部门制定法律以供司法部门解释过程中所起到的作用可以推断出什么？我认为有三个结论：第一，法官不得为了实现自己的政策或为司法机关委任者的政策而解释一项法律。法官不受标准选举程序的制约，法官获得职位并不是为了执行委任者的政治纲领。法官不像政客那般需要对人民负责，这体现了法官的独立性。因此，在解释一项法律时，法官既不应该考虑自身的意图，

---

① E. Levi, "Some Aspects of Separation of Powers," 76 *Colum. L. Rev.* 371 (1976).

② H.C. 306/81 *Sharon v. Knesset Committee*, 35 (4) P.D.118, 144–45. 参见 A. Feld, "Separation of Political Powers: Boundaries or Balance," 21 *Ga. L. Rev.* 171 (1986)。

③ *Myers v. United States*, 272 U.S. 52, 293 (1926). 孟德斯鸠将自由置于权力分立的核心。见 C. Montesquieu, 11 *The Spirit of Laws* 209 (Eng. trans., 1977)。

④ W. Eskridge, "Spinning Legislative Supremacy," 78 *Geo. L.J.* 319 (1989); E. Maltz, "Rhetoric and Reality in the Theory of Statutory Interpretation: Underenforcement, Overenforcement, and the Problem of Legislative Supremacy," 71 *B.U.L. Rev.* 767 (1991).

也不应该考虑其政治支持者的意图。①

第二，在法官的解释工作中，应该重视法律作为立法至高无上之体现的主观目的。立法机关制定法律是为了达到某种目的，而解释就是为了实现该目的。诚然，主观目的不是法律的一部分，但它却是法律旨在实现的目标，因此主观目的也应该作为理解法律的标准。② 立法部门通过立法来制定社会政策，分配国家资源和制定国家议程，即法律是实现政策目标的工具。此外，与拉兹的主张相反，③ 法官仅确认立法机关的立法意图而无视它关于法律内容的意图是不够的。立法机关不是为了立法而立法——其目的是实现特定的社会目标。立法至上要求由解释者来确认立法机关对该目标的（抽象④）意图。诚然，有时没有关于法律主观目的的可用信息，信息不够可信或不够确定；有时解释者对立法目的的了解过于抽象而无助于解决它所遇到的解释问题；有时解释者会遇到相互冲突的主观目的；有时由于所解释的法律类型，它有充分的理由偏离立法机关设想的目的。以上都是主观目的并不解释法律之唯一标准的原因，但是，这并不能证明在法律解释中完全忽视主观意图是合理的。如果有确凿可信的证据表明立法机关的抽象意图（主观目的），并且该意图与解决解释者所面临的问题有关，则应当在解释法律时给予重视。

第三，在法律解释中，除主观目的外，还应考虑客观目的，该结论亦是民主所固有的。民主不仅仅是立法至上——还需要实现其核心的价值和原则。如果不保护人权、法治和司法独立，就不可能有真正的民主。民主不仅是由多数人所统治，而且是由基本价值特别是人权所统治。民主不仅是形式上的民主（涉及由多数人支配并以立法至上的方式表现出来的选举过程），而且是实质上的民主（涉及基本价值和人权）。正如德沃金所说：

---

① C.A. 481/73, Rosenberg v. Stasel, 29 (1) P.D. 505, 516.

② S. Smith, "Law without Mind," 88 *Mich. L. Rev.* 104, 122 (1989).

③ J. Raz, "Intention in Interpretation," in *The Autonomy of Law: Essays on Legal Positivism* 249 (R. George ed., 1996).

④ 关于具体意图和抽象意图的区分见前文第 126 页。

真正的民主不仅仅是统计民主，在统计民主中，多数人想要获得的任何东西都是合法的；社区民主也是如此，在社区民主中，多数人的决定只有在平等的社区中占多数时才是合法的。这不仅意味着必须允许每个人通过投票以及言论和抗议自由平等地参与政治，而且政治决策必须以平等的关注和尊重对待每个人，无论人数多少，也不管他多么鄙视自己的种族、道德或生活方式，每个人都必须保障其他公民的基本公民权利和政治权利不被剥夺。①

民主不应该被片面地理解，从而使其只能延伸至多数裁定原则和立法至上。民主是一个多维概念，还需要基本价值的统治，而基本价值的核心即人权。因此，对立法合宪性进行司法审查是民主的理由，以实现该制度的基本价值特别是人权的方式来解释立法也是民主的理由。对立法的合宪性进行司法审查的理由与对立法（以及其他所有法律文本）进行目的解释的理由之间存在着密切的联系。事实上，此二者都源于以法治、价值和人权为基础的民主观点。因此，法官在解释中必须体现有关制度的基本价值。法律的目的被推定为实现该制度的基本价值和人权——此系法律的核心目标。在实现该目的时，法官并没有违反民主，而是实现了民主的价值。解释法律以实现制度的基本价值是民主的，正如审查法律是否符合宪法是民主的一样。在这两种情况下，法官都表达了民主的多维特征，故他履行了他在民主中所扮演的角色。

（六）民主与立法机关的形象

法律解释的现代文献侧重于法官及其解释方法②，对立法机关和立法本身的关注则很少。③ 沃尔德伦（Waldron）毫不夸张地指出："立法机关和立法本

---

① R. Dworkin, *A Bill of Rights for Britain* 35 (1990).
② J. Brudny, "Congressional Commentary on Judicial Interpretations of Statutes: Idle Chatter or Telling Response?" 93 *Mich. L. Rev.* 1, 3 (1994).
③ J. Waldron, *Law and Disagreement* (1999).

身在法律和政治哲学中名声不佳，其名声足以使人怀疑它们作为法律渊源的资格。"① 现代公共选择理论通过揭示立法机关成员在就立法进行投票时所考虑的因素，对该质疑做出了回应。公共选择理论将立法机关成员的投票行为描述为出于个人动机的行事，从而拒绝把推动社会利益的抽象意图归功于立法者。

法律和经济学的某些方面② 也破坏了立法意图的可信度。法律和经济学学者认为，立法只是不同利益集团和立法机关成员之间的交易或协议。换句话说，法律和经济学的许多分支认为，立法机关成员的动机是连任的愿望，而不是公共利益。作为该项交易的一部分，立法机关将某些资产提供给利益集团使用，法官则不知道此项交易背后的依据是什么，也不知道其"目的"是什么。实际上，法官所拥有的仅仅是协议中的语言，他必须使该语言生效。③ 立法意图不应在法律解释中发挥作用，立法历史也不应成为理解法律的来源。在此之下，立法机关是一个政治机构，出于政治考虑，寻求实现政治结果。

该方法具有一定的道理，但并不是全部道理。认为立法机关成员是一群只对连任感兴趣的利己主义者的观点是扭曲的。立法机关是由像你我这样的人组成的，当然，其成员有个人的野心，但他们也努力实现适当的社会目标，立法机关成员理性而真诚地行事，以实现他所信仰的价值和利益。如果价值相互冲突，他们会尽其所能去平衡，有时他的工作会为他赢得连任，而有时则并非如此。我们不需要对立法机关采取愤世嫉俗的态度，也不需要对民主本身采取愤世嫉俗的态度。我们应该抱着一种尊重、欣赏和相信立法机关正在适当发挥其宪法作用的观点，假设立法机关成员的行为是理性的，并寻求通过相互说服和考虑社会利益来促进他所认为的公共利益。④ 哈特和萨克斯很好地指出：

---

① J. Waldron, *The Dignity of Legislation* 1 (1999).

② 法律和经济学的其他方面强调立法机关作为最能够分配社会财富之机关的重要性。R. Posner, *Economic Analysis of Law* 569 (5th ed. 1998).

③ 见 F. Easterbrook, "The Supreme Court, 1983 Term—Foreword: The Court and the Economic System," 98 *Harv. L. Rev.* 4 (1984)。

④ C. Sunstein, "The Republican Civic Tradition: Beyond the Republic Revival," 97 *Yale L.J.* 1539 (1988).

　　除非出现明确相反的情况，否则法官应假设立法机关是由追求合理目的的理性人所组成。法官应该假设无论立法机关是否具有法院所认可的合理概念，它都是在负责任地以及真诚地试图履行其宪法权力和义务。

　　该办法明确了立法机关在宪法结构中的适当作用，并适当地阐明了立法部门和司法部门之间的关系，[1] 从而为目的解释奠定了基础，即根据立法者的（抽象）意图以及理性立法机关和制度的意图来解释立法。

（七）法治

　　目的解释需要考虑法治。[2] 法治是一个复杂的概念，[3] 鲁宾斯坦（Rubinstein）恰如其分地指出："很少有像法治概念这样经常被使用却不怎么被理解的概念。"[4] 要理解法治的概念，需要区分法治的三个主要方面：形式法治、法理法治和实质法治。法治的这三个方面存在很大的重叠，但三者之间也存在着重大的差异，这与解释体系的制定有关。形式法治意味着：

　　　　国家中的每个人——个人、公司和国家的武装力量——都必须依法行事，非法活动必须受到社会的组织性制裁。在此意义上，法治即具有双重含义，既包括制度的合法性，也包括法治的合法性。法治是一项形式原则，不涉及法律的内容，无论其内容如何，法律都是至高无上的。概言之，法治与制度的质量无关，而与公共秩序的原则有关。[5]

---

[1]　W. Blatt, "Interpretive Communities: The Missing Element in Statutory Interpretation," 95 *Nw. U. L. Rev.* 629 (2000).

[2]　R. Cass, *The Rule of Law in America* (2001); P. Craig, "Formal and Substantive Conceptions of the Rule of Law: An Analytical Framework," [1997]*Pub. L.* 467.

[3]　R. Fallon, "'The Rule of Law' as a Concept in Constitutional Discourse," 97 *Colum. L. Rev.* 1 (1997).

[4]　A. Rubinstein, *Constitutional Law of Israel* 227 (5th ed. 1996).

[5]　见 A. Scalia, "The Rule of Law as a Law of Rules," 56 *U. Chi. L. Rev.* 1175 (1989)。

形式法治无助于我们制定适当的解释体系。每一种解释体系，一旦被采纳和遵循，都有助于落实解释后的法律理解。

（八）法治：法理层面

法律哲学家（包括罗尔斯、富勒[①]和拉兹[②]）赋予了法治原则法理意义，认为法治规定了法律制度存在所需的最低要求，这些要求对于保障法治而不是人治来说至关重要。此即罗尔斯所说的"形式正义"。富勒称其为法律的内在道德，并补充道：

> 尽管存在种种微妙之处，但解释在法律的内在道德中始终占据着敏感的中心地位。因为其揭示了维护合法性任务的合作本质，这是其他任何问题都无法比拟的。如果解释者要保持有用的使命感，立法机关就不能把毫无意义的任务强加给他。[③]

法治的理论方面侧重于社会框架在法律体系中的作用。有哪些因素将法律制度与受领导人意志控制的团体区分开来？

主流学者对该问题的答案意见不一。[④]富勒提出了一份有趣的清单：法律必须是普遍的、已知的和公开的；法律必须清晰易懂；法律必须稳定；法律不能追溯；法律不得相互矛盾；法律不得要求实际不可能完成的任务；法律必须由专门的治理机构来执行其制度。罗尔斯的清单则更加具体：第一，法律实施的禁令必须是可执行的，必须是立法、行政和司法部门善意运作并被公众视为善意行动的产物；第二，法律必须实现平等原则，法律制度必须以同样的方式对待类似的情况，只有如此人们才能将自己的行为保持在社会限度之内；第

---

① L. Fuller, *The Morality of Law* 33 (rev. ed. 1969).

② J. Raz, "The Rule of Law and Its Virtue," 93 *Law Q. Rev.* 195 (1977).

③ L. Fuller, *The Morality of Law 91* (rev. ed. 1969).

④ C.R. Sunstein, *Legal Reasoning and Political Conflict* 101 (1996).

三，法律不能制裁其未界定的罪行，法律必须是公开的、可知的、明确的以及可理解的，并且法律不应具有追溯力；第四，法律必须遵守自然正义规则。拉兹也有一份清单：法律必须具有前瞻性、公开性、明确性和相对稳定性；司法机关必须独立；法律必须遵守自然正义规则；法院必须具有监督权且该权力易于行使。鲁宾斯坦的《宪法》一书中阐明了"作为法治所不可分割部分的三项有用原则：法律面前人人平等，法律的确定性，法律的公开性"。

在建立解释体系时，我们最好停下来去满足法律确定性、法律稳定性以及人际关系安全性的要求。这意味着法律应该是明确而可读的，在法律专业人士的帮助下，个人必须能够通过阅读法律来理解其禁止和允许的事项，即法律并不是谜语。同样，法律不应当具有追溯力，尤其是刑法。归根结底，法律必须稳定，而不能基于个人需求定期发生变化。

目的解释使用目的假定将源自法治的法理层面要求转化为解释领域，从而作出如下假定：法律的目的源于其日常用语；法律不能随意进行实质性修改；法律不使用不必要的词语，相同的词语具有相同的含义，不同的词语具有不同的含义；法律不追溯适用立法的假定；法律与其他法律之间、法律与法律制度之间的解释性与规范性协调的假定。法治的法理层面也有许多关于司法机关的假定，例如立法的目的是赋予司法机关司法权的假定以及承认法院权力和司法独立的假定。

（九）法理层面与公开性问题：对外部环境的考虑

法治的法理层面要求法律公开化，法律文本必须公之于众、广为人知，不得进行秘密立法。然而，并非所有公开化立法都符合法治的公开要求。除了出版物本身，公开原则还要求公众能够通过阅读文本知悉其允许和禁止的事项，并相应地安排自身活动，以满足其对合法性的期望。公开原则对于解释法律文本而言意味着什么？有人主张通过考虑文本之外的来源以了解文本的主观目的是否违反了公开原则。该论点在遗嘱解释中当然没有立足之地，因为没有值得保护的信赖利益，就没有公开的余地。至于合同解释，外部情况并不会提供关于一方当事人意图的信息，而是提供关于各方当事人共同意图的信息。在该情况下，一方当事人可以提出什么样的公开诉求？一般而言，公开原则适用于法律和宪法等公共文件，因为在这种情况下，公示的要求更具有说服力。正如奥利弗（Oliver）勋爵所言：

> 每一项立法性法律都构成了国家对公民的命令，在规范公民的日常生活时，公民不仅需要而且有义务遵守该命令，只有法官才能阻止公民和国家对规则进行自我解释。这就是为什么法律应当以清晰易懂的语言来进行表达，为什么法律应该表现为一种易于理解的形式。①

尽管该论证很重要，但并不能证明忽视目的的外部来源具有正当性。通过阅读理解法律需要专业的帮助，在复杂的经济或社会立法下亦是如此，利用专业协助和现代技术，人们即可方便地查阅立法历史且无须支付高昂的费用。②

（十）实质法治与目的立法解释

如果法治仅限于形式意义和法理意义，那么其可能包括腐败法（lex corrupta）。为什么要美化和保护一项立法——公开地、肯定地、笼统地以及前瞻地——赋予政权侵犯人权的权力？以色列前最高法院副院长海姆·科恩（Haim Cohen）指出：

> 法治不仅意味着政权和当权者依法行事：极权政府也按照本国的法律行事，这些法律是它为自己的计划和目的而制定的。纳粹统治者依法上台，其大部分罪行都是在法律的授权下犯下的，正是出于该目的，纳粹统治者拼命拼凑法律。没有人会说"法治"在纳粹德国盛行，没有人

---

① P.R. Oliver, "A Judicial View of Modern Legislation," 14 *Stat. L. Rev.* 1, 2 (1993).
② 关于不同的方法，见麦凯勋爵的少数派意见。in Pepper v. Hart [1993] All E.R. 42。麦凯（Mackay）勋爵指出，咨询议会辩论（议事录）的必要性增加了法律成本。

会反对不法之徒的统治盛行。

将法治原则等同于制度合法性原则并辅之以法理要求是错误的。德沃金关于法治的"规则手册概念"很显然是不够的，法治必须包括他所称法治的"正确概念"。不过，关于此概念的范围尚未达成普遍共识。我认为法治源于民主的概念，它既要求形式民主，也要求实质民主。就我们的目的而言，法治既需要多数裁定原则（立法至上），也需要人权（保障制度的基本价值）。此系我所相信法治即个人与集体之间适当平衡的根源。法治不仅是公共秩序，而且是建立在社会秩序基础上的社会正义。法治的形式与实质方面不能分开；两者之间存在着必要的联系。法律的存在是为了保障正常的社会生活，但社会生活本身并不是法律的目的。相反，社会生活是一种促使个人自我发展的手段。社会的存在是为了其成员的利益，而不是为了其自身。实质法治是指在社会对政治独立、社会平等、经济发展和家庭秩序的需要，与个人对个人自由和人的尊严的需要之间，取得适当平衡的法治。

具备了丰富而复杂的法治观点，我们再次回到法律解释中的宪法考虑。民主需要立法至上，需要承认基本价值和人权。出于法治考量，我们可以得出类似结论，即目的解释平衡了立法至上并且考虑到人权与制度基本价值的"适当法律"，故它不会对法治造成损害。事实上，平衡性已经充分认识到了这一点。由此，我们不仅需要从主观意义上理解法定目的（立法意图），而且需要从客观意义上理解法定目的（理性创制者的意图和制度的意图），这与法治原则保持一致。我们阻止主观目的在每一个有高度可靠信息的案件中充分适用，确保它不会对法治造成损害。目的解释通过兼顾法律解释中的主观目的和客观目的来实现法治。

（十一）法官在三权分立和目的解释中的作用

任何民主政体的核心宪法原则都是三权分立原则。根据该原则，司法机关的主要功能即裁决争端。为了做到这一点，司法机关必须赋予处于争端中心的法律文本以意义。因此，解释是一项司法活动，它约束了法律体系内的其他政府部门与个人。法官在解释中的宪法地位导致以下结论：文本创制者不能确定文本的含义。确定文本的含义是三权分立中法官的任务，当然，文本创制者可以为解释制定规则。例如，立法机关可以制定解释法律、合同和遗嘱的规则，合同当事人或遗嘱人可以自行制定解释他所创制文本的规则。然而，个别的解释行为必须使法官有权根据公认的解释规则确定文本的含义。当然，如果文本创制者对法官的解释不满意，那么他可以更改文本，但是这种变化即便只是一项声明，也属于创设了一个新的文本，而不是对原有文本的解释。另外，当法官根据文本创制者的意图解释文本时，该意图也应当是文本必须达到的目的（包括抽象意图），而不是文本创制者所给予的解释（换句话说，不是根据具体或解释意图）。因此，我主张，行政机关对法律规定的解释不能决定法官对该规定的解释。法官的作用不是评估行政机关的解释是否合理，而是评估该解释是否正确。司法机关对解释的内容负有宪法责任，该责任不得委派。①

不存在真正的法定解释。立法机关负责立法，法官负责审判。尽管可能会影响法官解释先前立法的方式，但后继立法不能解释先前立法。先前的法律可能会影响后继法律的解释；后继法律亦可能会影响先前法律的解释。实际上，法律并不是孤立存在的，此系正在进行的立法进程的一部分。然而，这并不能引导我们找到可信的解释，因为立法机关在制定新法律时的解释假设并不约束法官。

适当解释体系教会了我们什么？它有没有回答立法是否应该按照立法目的来解释？主观目的与客观目的之间的关系是什么？这些问题本是在讨论立法在三权分立中的作用时产生的，在讨论法官在三权分立中的作用时又出现了。

---

① H.C. 3648/97, Stamaka v. Minister of Interior, 53 (2) P.D. 728, 743：“解释法律的权力被赋予法院。法院有了这种权力，就有了解释法律的责任。这就是三权分立的原则。我们不称之为权力在不同部门之间的分散。他们之间是这样划分的：立法者立法；执法者执法；法官判断，解释，并确立法律延伸的领域。因此，一旦立法者通过了一项法律，解释它的权力就是法院的权力，而且只有法院拥有这样的权力。”

对此，两种模式竞相作出回答，第一种是代理模式，第二种是合伙模式。我将分别讨论两种模式，并评估它们关于法官作为解释者角色时所需要教授的内容。

1. 代理模式及其对解释的影响

根据代理模式的三权分立观点，法官充当立法机关的代理人。[①] 法官必须服从立法机关的指示，[②] 立法机关制定法官必须执行的政策。波斯纳将法官的职位类比为必须执行上级命令的下级官员。代理模式支持以立法至上为基础的主观解释体系，力求根据法律创制者的意图解释法律文本。当创制者的主观意图未知时，代理模式便转而支持客观的方法，即法官自问，如果法律的创制者考虑到此问题，他想要得到什么样的解释。此即"想象力重建"体系。

我不认为代理模式恰当地反映了法官作为解释者的角色，原因有三：第一，法官当然不是立法机关的代理人。[③] 法官和立法机关都是国家机关，法官与立法机关之间、法官与国家之间不存在代理关系。器官学说——而非代理理论——便极佳地解释了他们的关系。第二，不应将立法理解为主权者的命令。我们对法律和法学的理解已经超越了奥斯汀（Austin）提倡的指挥模式。[④] 法律规范是复杂的，而非基于命令的简单表现。[⑤] 第三，代理模式体现了民主的一个方面，即立法至上，但却没有表达民主的其他关键方面，如一般的基本价值，尤其是人权。代理模式反映了对民主和法治的形式看法，却没有表现

---

① R. Posner, *The Federal Courts: Crisis and Reform* 286 (1985); E. Maltz, "Statutory Interpretation and Legislative Power: The Case for a Modified Intentionalist Approach," 63 *Tul. L. Rev.* 1 (1988); J. Manning, "Deriving Rules of Statutory Interpretation from the Constitution," 101 *Colum. L. Rev.* 1648 (2001). 对美国法律中代理模式的历史批判，见 W. Eskridge, "All about Words: Early Understanding of the 'Judicial Power' in Statutory Interpretation," 101 *Colum. L. Rev.* I 990 (2001).

② 关于非正式关系中的代理模式，见 K. Greenawalt, "From the Bottom Up," 82 *Cornell L. Rev.* 994 (1997)。

③ R.J. Pierce, "The Role of the Judiciary in Implementing an Agency Theory of Government," 64 *N.Y.U. L. Rev.* 1239 (1989).

④ J. Austin, *The Province of Jurisprudence Determined and the Use of the Study of Jurisprudence* 1 (H.L.A. Hart ed., 1954).

⑤ J. Raz, *The Concept of a Legal System: An Introduction to the Theory of Legal System* (1970).

出实质民主和实质法治的丰富性。因此，代理模式不能充分反映法律解释中司法作用的复杂性及其范围。事实上，司法作用并不局限于履行立法机关的命令，它涉及的范围更广，具体而言，其涉及通过将法律纳入法律来理解法律作为法律体系的一部分，并将法律解释中的司法作用理解为法官在制定法律和保护民主方面所具有的作用的一部分。合伙模式则更为恰当地表达了这些原则。

2. 合伙模式与目的解释

如果法官不是必须服从其委托人（立法机关）命令的代理人，关于法官在解释立法中的作用，三权分立原则教会了我们什么？我赞成将法官视为立法中的合伙人[①]。德沃金说过：[②]

> 法官把国会视为法律链中比他更早的创制者，尽管国会是一个拥有不同于法官的特殊权力和责任的创制者，但法官依然将自身角色从根本上视为一个创造性的合伙人，并以他认为最佳的方式继续发展国会开始的法定计划。[③]

虽然我不接受这一方法的每一个细节，但德沃金准确地描述了法官在法律解释中的作用，反映了对法官在制定法律中的作用的更全面看法。在我看来，立法机关和法官都必须弥合法律和社会之间的鸿沟并保护民主。为了做到这一点，他们制定了法律。对于立法机关来说，此系首要任务。立法机关直接制定法律，法官的主要任务是裁决纠纷，制定法律（"法院制法"）和保护民主则是裁决争端的附带作用。法院制法源于裁判行为，法院制法不存在于裁判行为之外。法官和立法机关是制定法律的合伙人。合伙关系因法院制法的不同而不

---

① 代理模式并没有授权法官和立法机关之间进行协商。"合伙人"的比喻不应该导致二者间有任何形式的联系。在争端有待裁决的情况下，合伙模式不侵犯司法机关的独立性及其作为经法律授权的解释者的地位。

② 见 M. Dorf, "Foreword: The Limits of Social Deliberation," 112 *Harv. L. Rev.* 4, 19 (1998).

③ 见 R. Dworkin, *Freedom's Law: The Moral Reading of the American Constitution* 1–38 (1996).

同。在普通法中，法官是资深合伙人，[1] 立法机关的角色则是次要的，主要体现在通过立法对普通法进行矫正。而在法律解释中，立法机关是资深合伙人，法官则是新合伙人。佩恩也提出了类似的观点：

> 我认为，在法律解释中，法官的适当职责不是正统教义所暗示的那种低级而机械化的职责，而是立法过程中新合伙人的职责，即授权并期望在一定范围内行使适当自由裁量权的合伙人，从而决定具体的法律应该是什么。[2]

在这两种情况下，法官都履行了他在民主中的作用——该作用使他有义务弥合法律与社会之间的鸿沟，维护和实现民主。

解释和制定普通法有许多相似之处。在这两项任务中，法官使用有限的司法裁量权制定法律。没有可信的法律理论坚持认为司法活动仅仅是声明的说法。孟德斯鸠关于法官是立法者的"嘴"的观点不再被接受。同样受到质疑的是黑石的观点，即普通法是关于发现和宣告隐藏在体系深处的法律。[3] 在创造法律的过程中，法官必须在法律和社会之间进行调解。当参与"法院制法"时——在普通法和解释中——法官必须维护民主、维护和发展人权以及实施法治。当然，制定法律的司法行为在普通法和成文法解释中存在很大不同。在解释中，法官并不创造规范性文本，而是赋予它意义。立法机关创造了信息，法官做了最后的润色。因此，法官是新合伙人，但法官不是服从命令的代理人，他不是简单地将法律规定付诸实践；法官必须确保——正如在发展普通法时一

---

[1] D.N. MacCormick and R.S. Summers (eds.), *Interpreting Precedents: A Comparative Study* (1997).

[2] D. Payne, "The Intention of the Legislature in the Interpretation of Statutes," 9 *Current Legal Probs.* 96, 105 (1956). 见 S. Herman and D. Hoskins, "Perspectives on Code Structure: Historical Experience, Modern Formats and Policy Considerations," 54 *Tul. L. Rev.* 987 (1980).

[3] Lord Reid, "The Judge as Law Maker," *J. Soc'y Pub. Teachs. L.* 22 (1972). 参见 M. Cohen, "The Process of Judicial Legislation," *Law and the Soc. Ord.* 12 (1933).

样——他赋予立法一个符合社会和法律基本观点的含义。法官必须保证正在解释的法律规定与其直接和间接的环境之间不存在冲突，并且在体系之内存在规范上的和谐。

当然，法律解释给予法官的相对自由远比法官在制定普通法时所享有的自由有限。法官不能赋予法律文本以其语言所不能承受的含义，此限制在制定普通法时并不存在。此外，法官还必须在法律解释中赋予文本以实现立法机关（抽象）意图的含义。普通法中则不存在类似的限制，例如在实现法官过去所作出裁决时的（抽象）意图方面，即使在有限的创造性活动中——法官在其中充当立法机关的新合伙人 ①——法官也必须保持对整个体系的忠诚，即法官必须尽可能确保他赋予法律语言的含义与该制度的一般结构及其基本价值相契合。因此，法官在法律解释中表达了法律的客观目的，合伙模式承认立法意图和制度意图都是适当的解释标准；法官在解释法律时必须同时考虑这两个因素。

合伙模式适用于存在公法和私法中的文本，法官是遗嘱人和合同当事人的"新合伙人"。设立遗嘱和订立合同都是私人事务；对所创建文本进行解释则系法官的公共事务，是法官在"遗嘱项目"和"合同项目"中所起作用的一部分。法官并不创设遗嘱或合同，但他解释私主体创制的文本，此即法官在司法和私人之间的"权力分立"中所扮演的角色。个人作为立法者，遗嘱是遗嘱人死后根据其财产进行分配的法律，合同是当事人为调整其关系而制定的法律。② 个人是文本的创制者，个人制定了政策，法官则负责解释个人所创制的文本。然而，代理模式错误地描述了法官角色的本质，法官不是遗嘱人的代理人，也不是合同当事人。实际上，司法角色更为复杂。与公法文本一样，在解释私法文本时，法官必须确保文本具有符合法律和社会基本观点以及保护民主的含义。遗嘱人设立遗嘱，以便法律制度强制执行；合同当事人订立合同，以

---

① 霍姆斯的短语 in Southern Pacific Co. v. Jensen, 244 U.S. 205, 221 (1917). 见 J. Bell, *Policy Arguments in Judicial Decisions* 9 (1983)。

② Article 1134 of the French Code Civile establishes that "Les conventions lègalement formées tiennent lieu de loi à ceux qui les ont faites."

便获取法律制度的协助来执行合同。法官是法律的长臂，在解释遗嘱和合同时，法官应该体现个别文本与整体制度之间的关系，换句话说，法官应该体现遗嘱与合同的客观目的。

（十二）法官的角色与司法机关的公信力

司法机关的公信力在任何解释体系中都是重要的宪法考虑因素。[①] 司法机关的公信力对任何民主制度而言都是至关重要的。德·托克维尔（De Tocqueville）表示，没有公信力，法官便无能为力。[②] 德·巴尔扎克（De Balzac）指出，司法机关缺乏公信力是社会终结的开始。[③] 没有公信力，就不可能有独立、客观的司法机关。法兰克福（Frankfurter）大法官对此作出评论："法院的权威——刀枪不入——最终取决于对其道德制裁的持续公信力。"[④] 我在之前经手的案例中也注意到公信力的重要性：

> 公信力是司法机关独立存在的必要条件，是公众对司法机关依法伸张正义的信心，是公众对公平和中立审判、平等对待当事人且没有任何个人利益结果倾向的信心。公信力意味着司法机关以高道德水平运作，如果没有公信力，司法机关就无法采取行动……司法机关的公信力是它最宝贵的财产，也是一国最有价值的财产之一。[⑤]

保障公信力的需求并不意味着需要确保它成为主流，而是需要在公众中创造一种感觉，即根据该制度的基本价值，法官应采取客观行动，中立地适用法律；司法活动促进了国家信条，而不是法官个人的信条；法官不参与国家的权力斗争，他不是为了自己的权力而战，而是为了保持民主的完整。公信力并不

---

① H. Cohen, *Hirhurei Kfira B'Imun Hatzibor* [Musings of Denial in Public Confidence], *Mivchar Katavim: Katzir Haesor Haacharon* [Selected Articles of the Last Decade] 367 (2001). 参见 A.S. Miller, "Public Confidence in the Judiciary: Some Notes and Reflections," 35 *Law and Contemp. Probs.* 69 (1970)。

② P. Kurland, "Toward a Political Supreme Court," 37 *U. Chi. L. Rev.* 19, 21 (1969).

③ De Balzac, qtd. in O. Kirchheimer, *Political Justice* 175 (1961).

④ Baker v. Carr, 369 U.S. 186, 267 (1961).

⑤ H.C. 732/84, *Tzavan v. Minister of Religious Affairs*, 40 (4) P.D. 141, 148.

要求公众同意司法裁决，而是要求公众对司法裁决的公正性具有信心。当法官从事法律工作时，不仅是当事人和法律，而且法官本身也需要接受审判。[1] 在其司法意见中，法官要对自己的行为负责。正如我所说的，"当我们（法官）出庭审判时，我们也在受审"[2]。

（十三）司法机关的公信力与目的解释

允许法官实现自身意图的解释体系将破坏公众对司法机关的信心，换言之，认为法官遵循个人信条的公众将对司法失去信心。[3] 但是如果法官以实现法律的核心目的为信条，公众对司法的信心便会增加，该目的对于法官来说不是主观的，也不是司法创造的，它不"像空气中的氮气"。事实上，法律的核心目的是根据约束法官的解释规则和原则所进行的法律解释，对目的的主客观理解也是具有约束力的法律解释。当法官弥合法律和社会之间的鸿沟并保护民主时，法官便增加了司法机关的公信力。此外，公众也会认识到解释活动并不是机械的，它可以回答当代的问题，从而增加公众对法院的信心。

因此，法律避免了过时的危险，避免了解释活动和社会变化之间的鸿沟。抑制法律发展、任由过去主宰现在、破坏民主基础上微妙平衡的解释体系，将破坏公众对审判和法律的信心。对公法和私法文本的解释都是如此。重要的是，公众认为法官对遗嘱或合同的解释是依法进行的，而不是根据其关于适当和可取的主观观点。遗嘱人设立遗嘱，认为他的财产将根据他的意图进行分割，如果法官按照遗嘱人的意愿解释遗嘱，公众便能够进行判断。合同当事人亦是如此，他期望根据当事双方的共同意图进行解释。在缺乏关于创制者意图信息的情况下，法官根据理性创制者的意图和制度的意图来解释文本，在此种情况下，法官将增强公众对他是否实现正义、公平和诚信判断的信心。

---

[1] H. Stone, "The Common Law in the United States," 50 *Harv. L. Rev.* 4, 10 (1936).

[2] H.C. 5100/94 *Public Committee against Torture in Israel* v. *Government of Israel*, 53 (4) P.D. 817, 845.

[3] A. Cox, "Judge Learned Hand and the Interpretation of Statutes," 60 *Harv. L. Rev.* 370, 373 (1947).

（十四）宪法结构、制度体系与目的解释

法律规范不是孤立的，而是融入现有的法律框架，成为法律体系和宪法结构的一部分。重要的是，要确保从文本中提取的规范尽可能地融入宪法结构和制度体系。故解释应力求法律体系内的规范性和谐，使体系各部分协调工作，并防止不同规范之间的内部冲突。只有如此，有关制度才能实现其宪法目标，从而适用于对所有法律文本的解释。宪法目标在私法文本中的解释则并不明显，但仍然存在。遗嘱与合同——就像法律和宪法一样——是法律规范，故必须在宪法结构和制度体系中有所体现。遗嘱与合同从规范其活动的法律中汲取生命，遗嘱与合同的客观目的则有助于它们融入相关法律和一般法律。目的解释对制度意图的考量使得私法文本能够融入总体的体系框架。

在法律或宪法的解释中，融合的需求更加迫切，因此，需要考虑宪法结构和制度体系。立法不是临时立法机关的一次性行为，而是由常设立法机关所构造法律制度结构中的一块砖。法律被编写进立法结构中，立法又作为一个整体被编写进制度体系中。理解法律或宪法必须在立法、法律以及整个法律体系的背景下进行，解释法律或宪法需要考虑法律体系的性质和结构以及法律制度的结构。解释者不能将自身局限于被解释的文本中，而必须把制度体系作为一个整体来看待。申言之，解释者的"视野"不仅仅是所要解释的法律或宪法条款，而且是对整个制度体系的理解、观点和宪法基础。因此，有观点认为，法官解释法律中的单一条款是以整体解释立法，而法官解释单一宪法条款则是以整体解释宪法。事实上，制度中的规范和制度本身都是集成工具。正如富勒所言：

> 负责制定和管理法律规则的人总会面临制度问题，故适用于个别争议裁决的规则不能简单而孤立地运用司法智慧。相反，其规则必须被纳入并存在于某一体系的相互关系中，且其必须表现出某种连贯的内部结构。[1]

---

[1]　L. Fuller, *Anatomy of the Law* 94 (1968).

我注意到，法律是它所处环境的产物。法律或宪法的环境包括整个制度体系结构及其基本宪法假设的总和。① 的确，立法机关可能寻求改变方向以脱离制度体系结构，但是，这一动机引发了对法律合宪性的质疑及其意义上的问题。易言之，一个试图做出此种改变的立法机关——即使符合宪法——必须明确且毫不含糊地表明这一点。解释者不应想当然地认为制度体系的改变是法律的目的，因为在对每一部法律的客观目的进行假定的过程中所表达的自然假定是：法律制度是有机且逐步发展的。即我们假定法律的发展是渐进的，而不是革命性的。② 法律的发展是持续的，保持着贯穿过去、现在和未来的主线。在解释法律或宪法时，法官应当将其视为延续现有制度的传统惯例。德沃金恰如其分地形容：每一位法官都在无限的法律书中写下一章，而该章则必须作为一个整体融入于法律。③

（十五）宪法基本价值与目的解释

任何法律文本的解释者都必须将他所解释的文本融入民主的宪法结构和制度的基本价值中。宪法基本价值反映了宪法的民主品格、法律制度的基本价值和愿望，以及宪法法律，从而构成了宪法基本价值的信条和每一项法律规范所制定的环境。概言之，宪法基本价值是覆盖每一项立法的规范性保护。有时，宪法基本价值是文本创制者意图（主观目的）的一部分，也是理性创制者意图的一部分，还是制度（客观目的）的一部分。宪法基本价值反映了解释者在进行解释时的预先理解，表达了法律制度基础上的背景假设。④ 该方法在解释宪法和法律方面发挥着核心作用，且适用于解释每一部法律文本。基于对目的的各种假设，我们假定一部法律实现了宪法价值，想要偏离基本制度的特定立法

① F. Frankfurter, "Foreword to a Symposium on Statutory Construction," 3 *Vand. L. Rev.* 365, 367 (1950).

② 见 R. Traynor, "The Limits of Judicial Creativity," 29 *Hastings L.J.* 1025, 1031 (1978)。

③ R. Dworkin, "Law as Interpretation," 60 *Tex. L. Rev.* 527 (1982).

④ W. Eskridge, "Public Values in Statutory Interpretation," 137 *U. Pa. L. Rev.* 1007 (1989); C. Sunstein, "Interpreting Statutes in the Regulatory State," 103 *Harv. L. Rev.* 405 (1989).

机关必须以法律的语言明确且毫不含糊地表达其想法。解释者不应假定特定文本试图偏离基本宪法原则，相反，解释的假定，即文本的客观目的或表达为客观目的假定，是法律文本旨在实现而非背离的民主和制度的基本原则。

因此，应该在制度原则、正义和人权的背景下解释法律。当基本宪法原则发生冲突时（有时冲突不可避免），法官会通过构成解释规范性环境的平衡来解决冲突。目的解释则通过将制度体系的基本价值视为核心组成部分来实现文本解释的任务。

（十六）宪法基本价值与私法文本的目的解释

宪法基本价值不仅适用于对公法文本的解释，而且具有普遍适用性，包括对遗嘱与合同的解释。遗嘱与合同并非在孤岛中创制，而是假定社会存在，遗嘱与合同作为社会复杂关系中的一部分，二者相互影响。遗嘱与合同还假定存在法律制度，它们是法律制度中不可分割的一部分。遗嘱与合同表达了私人意志的自主性，是通过司法体系激活国家权力的法律规范。遗嘱与合同激活了司法体系以便在遗嘱人死亡时分割其财产或为合同的违约提供救济。科恩（Cohen）教授在 20 世纪 30 年代所撰的一篇著名文章中概述了这一过程，[①] 扎米尔（Zamir）教授描述了科恩的方法：

> 合同法的作用不是让当事人为所欲为，而是让国家的法律执行机制——法官、法院官员和警察——服务于合同当事人的相对方。该执法权不一定要在每一宗个案中行使，只要在某些情况下行使该权力就足以使当事各方考虑到其潜在威胁。换句话说，合同法将国家主权置于一方当事人手中，从而赋予该当事人对另一方当事人有限的主权。[②]

---

① M. Cohen, "The Basis of Contract," 46 *Harv. L. Rev.* 553 (1933).
② E. Zamir, "The Inverted Hierarchy of Contract Interpretation and Supplementation," 97 *Colum. L. Rev.* 1710, 1777 (1997).

扎米尔的描述强调了合同的社会性质，揭示了将它编写到法律制度价值结构中的必要性。遗嘱人与合同当事人不仅对他所创造的文本感到满意，而且还试图让国家参与文本的编撰与发展。遗嘱人与合同当事人试图让法院参与遗嘱和协议的执行或因违反协议而裁判给付损害赔偿金。因此，需要将文本与该制度的价值和原则联系起来。

对遗嘱或合同的解释必须考虑到产生遗嘱或合同的法律制度。合同和遗嘱是它所处环境的产物，该环境不仅包括文本创制的环境，也包括"规范的环境"。规范的环境是为人们所"广泛接受的价值、基本目标和基本标准"，[①] 即法律，从法律开始"接近"遗嘱（继承法）与合同类型（如租赁法律），以及制度的基本价值，从而渗透到每一份遗嘱与合同中。此即我们必须按照理性、公平、正义和平等的原则来解释遗嘱或合同的原因。在解释文本时，我们必须力求将其纳入民主法律制度的一般法律中，以实现规范上的协调；我们必须赋予其与公共利益一致的意义，主观目的及其假定不足以完成此任务；我们还必须诉诸客观目的及其假定，只要文本创制者的意图不与之相抵触，客观目的及其假定就得以适用。目的解释正好实现了该目标。

（十七）私人意志自治与目的解释

个人的自由意志权既是一项核心人权，也是最重要的基本价值之一。个人有权在不受国家或其他个人阻碍的情况下自由地表达自己的意见，此系人权的核心。所有民主法律制度都将私人意志自治作为宪法的核心价值，私人意志自治源于人的尊严及财产权，具体体现在对所有法律文本的解释中。然而，私人意志自治在解释公法文本（宪法和法律）方面则有所妥协。我们并不认为有必要考虑制宪机关或立法机关的意图以实现其意志自治，而是要以相关政府结构和基本价值的争论为基础。

---

① C.A. 165/82 Kibbutz Chatzor v. Tax Assessor of Rehovot, 39 (2) P.D. 70, 75. 本案指的是成文法解释，但其原则延伸到了私法文本的解释。

　　然而，在遗嘱与合同中，私人意志自治发挥着核心作用。遗嘱是私人意志自治的最终表达，在法律规定的范围内，个人是自己的主人，即"立法者"。个人——而不是国家——决定死后如何处理自己的财产。国家的工作是确保遗嘱人的意图在法律的范围内，并按照法律的要求进行表达，除此之外，国家允许个人根据自身的选择来决定财产的分割。遗嘱的特征告诉我们，实现遗嘱人的意图（主观意图）是解释遗嘱的核心目的，其他任何一方当事人都没有受到法律保护的利益，即不存在信赖利益。因此，在解释遗嘱时，遗嘱人的意图处于核心地位。

　　然而，遗嘱人的意图也并非唯一需要考虑的因素。既然如此，当遗嘱人的意图未知或其意图不能帮助我们理解遗嘱时，我们将如何解释遗嘱？如所有法律文本一样，遗嘱是它所处环境的产物，宪法和制度体系结构及其基本价值也适用于遗嘱的解释。因此，我认为解释遗嘱的目的不是实现遗嘱人的意图，而是实现遗嘱的核心目的，该目的的主要——但非排他性——决定因素是遗嘱人的意图。然而，遗嘱的客观目的扮演了次重要的角色，目的解释同样考虑了该因素。

　　合同解释亦是如此。个人订立合同与确定合同内容的自由源于私人意志自治。有些法律制度认为这两项自由——合同自由的两个方面——是宪法权利，源于人的尊严和财产权，实现契约自由即契约解释的核心。因此，合同解释的目的是实现当事人的共同意图。事实上，将实现当事人的真实意图视为合同的基础是没有意义的，只是在赋予其所创制的协议以意义时忽视了这一点。然而，就像在遗嘱中一样，各方的共同意图并不是最重要的，因为意图并不总是可以确定，并不总是与解决法官所存在的解释问题有关。有时，必须考虑第三人的信赖利益。但最重要的是，合同也是它所处环境的产物，故我提到的宪法基本价值也适用于合同解释，具体体现在将客观目的应用于对合同当事人意志的解释，由此可见目的解释在法律上的重要性。

第十一章
目的解释及对其他解释体系的批判

一、目的解释和主观解释体系

（一）主观解释体系（意图主义）

主观解释体系决定了解释者赋予文本以实现作者的意图的意义。这些解释与文学领域的类似理论很一致。例如，根据赫希（Hirsh）的理论，唯一有效的解释是揭示作品作者意图给予的意义。这种意义既是固态的也是静态的。[1]法律中的意图主义体系采取了类似的方法。[2] 不同之处在于它们在考虑文本作者的历史意图时的抽象程度。在关于作者意图的信息来源以及在依赖这些来源之前必须存在的假设方面也有分歧。英美法系和大陆法系的修辞都经常提到意图主义，讨论开国元勋的原意、立法机构的意图、缔约各方的意图和遗嘱人的意图是否可以作为解释宪法、法律、合同和遗嘱的标准。至少在修辞学上，主观解释体系似乎比客观体系更胜一筹。

对这些体系的批评认为，意图是不存在的或无法识别的，而且搜索是虚构

---

[1] E.D. Hirsh, *Validity in Interpretation* (1967); E.D. Hirsh, *The Aims of Interpretation* (1978).

[2] 意图主义有别于原始主义。根据前者，一段文本应根据其作者的主观意图进行解释。根据后者，一段文本应根据写作时读者对它的（客观）理解来解释。这是两者的本质区别，且往往容易被忽视。例如，斯卡利亚是一个原始主义者，而不是一个意图主义者。

的。我反对这种批评。当然，在有些情况下可以识别一个人的意图。法院在大
多数法律领域都会这样做（例如，《刑法》根据犯罪人的犯罪意图进行制裁）。
在确定遗嘱人的意愿、合同各方的共同意愿或颁布监管令的政府官员的意愿方
面没有特别的问题。在解释合同和遗嘱方面，法院几个世纪以来一直在识别这
种意图。批评被简化为识别集体（如宪法议会或立法机构）的意图的问题。这
个问题是合理的，但不是致命的。议会的意图，或者更准确地说，基于妥协的
共同意图，并不是永远无法确定的。事实上，要确定意图是很困难的，在某些
情况下是不可能的，但这并不意味着主观解释体系不适用。

　　解释学，主要是文学解释学，提供了另一种批评主观解释的来源。一些解
释学家认为，作者的意图不是解释的标准。他们谈到了"意图的失败"。我也
反对这种批评。[①] 虽然有些解释学家反对考虑意图，但也有解释学家认为，解
释恰恰包括根据作者的意图来理解一个文本。对文学或音乐的解释学分析不应
决定何种解释体系适合于法律。解释学在形成法律解释体系方面发挥着作用，
但它不能决定什么体系是合适的。答案在于法律领域本身，特别是适当的宪法
考虑。我们从拉兹和马摩尔的理论以及对他们的批评开始，然后谈谈主观解释
体系的缺陷和偏向目的解释的原因。

（二）拉兹和马摩尔的意图论以及权威的概念

　　拉兹认为，法定文本应被赋予实现其作者意图的意义。[②] 这一理论的基础
是固有的权威思想。解释者应该考虑文本作者的意图，因为人们受制于该作者

---

① 关于法律解释和文学解释之间的关系，见 S. Almog, *Law and Literature* (2000); R. Posner,
　 Law and Literature: A Misunderstood Relation (1988)。对于法律解释和音乐解释之间的关
　 系，见 J. Frank, "Words and Music: Some Remarks on Statutory Interpretation," 47 *Colum
　 L. Rev.* 1259 (1947); S. Levinson and J. Balkin, "Law, Music and Other Performing Arts,"
　 139 *U.Pa. L. Rev.* 1597 (1991); J. Balkin and S. Levinson, "Interpreting Law and Music:
　 Performance Notes on 'The Banjo Serenader' and 'The Lying Crowd of Jews,'" 20 *Cardozo
　 L. Rev.* 1513 (1999)。

② 拉兹的理论主要是通过法律解释来发展的。关于他对宪法解释的方法，J. Raz, "On the
　 Authority and Interpretation of Constitutions: Some Preliminaries," in L. Alexander (ed.),
　 Constitutionalism: Philosophical Foundations 152, 177 (1998)。

的权威。考虑作者意图的正当性来自作者对他人的权威的正当性。拉兹写道：

> 赋予个人或组织制定法律的权力，要么是通过旨在制定法律的行为，要么至少是在他们知道将制定法律的情况下所采取的行为。授予任何个人或组织制定法律的权力是没有意义的，除非他们制定的法律是他们打算制定的法律。①

拉兹将此称为权威意图论。根据他的观点，集体（如立法机构）有一个意图，而宪法决定了谁的意图应该被考虑。拉兹认为，意图的重要性表现在，一个行为只有在有意图的情况下才被视为立法。此外，立法不仅需要立法意图，还需要对立法内容的认识。立法机关有意使立法内容成为法律，这是必要的，也是充分的。拉兹写道：

> 一个人立法（例如投票赞成一项法案），就是表明他的意图，即他投票赞成的法案文本将成为法律，按照这个国家的法律文化的理解，当这种文本被颁布时，就会成为法律。②

拉兹承认，这一要求是最低限度的。立法机构没有必要理解法律的内容，只需要对立法行为有所了解，并能够参照法律文化的习惯知道立法的意义。当然，除了这些要求外，法律制度还可能规定进一步的意图。例如，如果很明显，一项法律没有产生预期的结果，就可以赋予其不符合原意的含义。在某些情况下，例如当权力机构是基于协调原则或当一项法律已经过时，可能别无选择，只能偏离这些最低要求。在总结这一观点时，拉兹写道：

---

① J. Raz, "Intention in Interpretation," in *The Autonomy of Law: Essays on Legal Positivism* 258 (R. George ed., 1996).

② J. Raz, "Intention in Interpretation," in *The Autonomy of Law: Essays on Legal Positivism* 267 (R. George ed., 1996).

　　虽然权威理论表明，立法的合法性，即基于权威的法律的合法性，取决于它是否按照其作者的意图来解释，但权威理论所表明的解释的指导原则依靠的是有关立法颁布时法律文化中普遍存在的对该类立法文本的解释惯例。意图说明问题，但习惯解释问题。①

　　在我看来，拉兹的意图主义方法过于简约。立法至上的原则要求考虑立法意图，但这一要求不能仅仅通过考虑制定法律的意图来满足，它还要求寻求实现法律核心的政策或目的。拉兹的方法没有为考虑法定解释中的意图提供充分的基础。

　　马摩尔在拉兹的权威理论的基础上，②为作者意图在作品解释中的重要性提供了一个更狭窄但更坚实的基础。马摩尔继承了拉兹仅限于法定解释的概念，③并提出了两种理解权威合法性的方式。④第一种是专业知识的概念中所固有的。我们假设那些行使权力的人是他们所做决定的领域的专家。第二种是协调概念中所固有的。我们假设那些行使权力的人采取一种立场，使他们能够解决协调问题。马摩尔以第一个理由证明作者意图的使用是合理的：

　　　　假设一个人承认他或她的家庭医生的权威，并认为该医生是相关医疗领域的最佳专家。再假设医生的处方含糊不清，有两种药物有效。在正常情况下，最明智的做法是试图澄清医生的意图。⑤

　　然而，马摩尔并不承认协调概念所固有的权威性。他认为没有理由去咨询

---

① J. Raz, "Intention in Interpretation," in *The Autonomy of Law: Essays on Legal Positivism* 280 (R. George ed., 1996).

② J. Raz, *The Morality of Freedom* 1 (1986).

③ J. Raz, "Facing Up: A Reply," 62 *So. Cal. L. Rev.* 1153 (1989).

④ A. Marmor, *Interpretation and Legal Theory* 179 (1992).

⑤ 考虑一下下面这个特殊的例子：理查德给西蒙指示如何去他家。如果指示是开放式的，理查德的意图显然是理解它们的正确标准。见 P.M. Tiersma, *Legal Language* 126 (1999).

当权者的意图，因为"当权者并不被认为比被统治者自己更能了解他们应该采取行动的理由"。马摩尔补充说，即使权威人物是专家，他或她的意图也没有绝对的分量，应该考虑专业知识的水平。马摩尔指出，有时其他因素比权威人士的意图更重要，因为他们是做出决定的正确标准：

遵循医生决定的理由仅适用于与最合适的治疗方法有关的问题。例如，它们不应包括不是基于专业知识的理由，如不接受治疗而决定自杀所涉及的理由。①

马摩尔认为，权威人士的决定和解释的时间间隔越长，根据权威人士的专业知识来考虑意图的理由就越少。"法律越古老，其与立法者意图的相关因素就必须受到质疑。"

1. 瓦尔德隆的批判和反批判

瓦尔德隆批判了拉兹的早期研究和马摩尔的方法。② 他特别强调，拉兹和马摩尔提出的模式适用于有权力的个人。它适用于由单一作者编写的立法。然而，该模式完全不适合现代立法：

现代法律不是单一专家的产物，而是一个大型的多成员议会的审议结果，这些议会声称拉兹意义上的权威（如果他们确实可以提出任何这样的主张的话）在于他们有能力将成员之间的各种目的、利益和目标整合到一个单一的立法成品中。③

瓦尔德隆认为，虽然立法机构的每个成员都有一个意图，但集体对其创造的产品不一定有类似的意图。集体所产生的只是法律本身："在法律的措辞所习惯体现的意义之外，没有任何状态或条件与'立法机构的意图'相对应，而

---

① A. Marmor, *Interpretation and Legal Theory* (1992).
② J. Waldron, *Legislators' Intentions and Unintentional Legislation in Essays in Legal Philosophy* 329 (A. Marmor ed., 1995).
③ J. Waldron, *Legislators' Intentions and Unintentional Legislation in Essays in Legal Philosophy* 331 (A. Marmor ed., 1995).

其他任何东西，例如某个特定的立法者个人或团体所说、所写或所做的东西，都可以提供线索。"立法机构的成员没有相同的世界观或共同目标意识，只有法律的语言才是正统的。

这种批评是正确的，但并不能证明考虑立法意图是合理的，至少在某些情况下是如此。[①] 我同意，像立法机构这样的集体机构并不像个人那样有意图。解释者应该寻找立法机构成员商定的目标、社会变革和目的，而不是个人意图。这种协议是存在的，而且可以被识别出来。法伯（Farber）指出："个别国会议员赞成采用某些法定语言的动机可能不一致，但采用该语言本身通常表明颁布法律的目的，该法律在政策空间中指定了某个领域。"[②] 这种协议可能不是法律的一部分，但它构成了理解法律的一个标准。同样，意图不是唯一的标准，也不总是决定性的，但瓦尔德隆的批评不能只考虑可以确定的共同意图。在任何情况下，也许是故意的，[③] 瓦尔德隆都没有提出一个充分的体系来理解法律。[④] 我认为瓦尔德隆对在解释作品时考虑作者意图的批判失之偏颇。

2. 对意图主义的目的性批判

在此，我们从不同的方向提出对意图主义方法的批判，主要包括三个部分：第一，我们认为大多数主观体系并不是真正的"主观"，因为它们并没有考察作者的实际意愿。第二，任何主观解释体系都不能作为解释法律的唯一标准。第三，所有主观主义及其批评者对文本采取的观点都过于狭隘。我们应该把文本看作整个体系的一部分。

---

① J. Goldsworthy, "Legislation, Interpretation, and Judicial Review," 51 *U. Toronto L.J.* 77, 83 (2001) (简单的常识告诉我们，立法者试图实现的是什么，如果不考虑这一点来解释法律，那是很荒唐的).

② D. Farber, "The Inevitability of Practical Reason: Statutes, Formalism, and the Rule of Law," 45 *Vand. L. Rev.* 533, 551–52 (1992).

③ J. Waldron, *The Law* 130 (1990).

④ W. Eskridge, "The Circumstances of Politics and the Application of Statutes," 100 *Colum. L. Rev.* 558, 566 (2000).

（三）意图主义并非真正的主观

真正的"主观性"关注的是作者的真实意图。[①] 只有文本本身（通过极端的字面主观体系）或文本及其创作环境（通过其他主观体系）可以提供有关这一意图的信息。相比之下，"伪"或"非真实"的主观暂且使用作者的修辞，但在实践中则关注一个理性的读者会如何理解作者的意图。

自 19 世纪以来，英国法律采取了一种"伪"主观的方法来解释所有法律文本。法院使用文本作者意图的修辞，即合理的作者的意图。斯蒂恩（Steyn）指出："英国的方法不能旨在发现合同各方或组成立法机构的个人集合的主观意图。"[②]

在美国法律中，真实和伪主观的方法都被用于合同的解释，[③] 尽管趋势是倾向于"真实"的主观意图，正如《合同法重述（第二版）》所示。[④] 虽有证据表明，这是在寻找立法机关的真实意图，包括许可甚至要求查阅立法历史，但在法律解释领域的情况并不清楚。也有相反的观点支持寻找可以合理归因于立法机构的意图，斯卡利亚持后一种观点，他说："证据表明，尽管我们经常提出不同意见，但我们实际上并没有寻找主观的立法意图。我们寻找的是某种'客观化'的意图。"要确定美国的做法并不容易。我研究了主观体系，在客观解释体系的背景下，它只是准主观的。这些体系的修辞具有误导性，它们在语言上是主观的，但在实践中是客观的。

我的理论为文本作者的真实意图（主观目的）留下了空间。这是实际的、"真实的"意图。它不是伪意图，不是假想的意图，不是一个理性人的意图。假想的意图——一个理性的作者的意图——是主观因素之外的另一个因素，

---

① 除非涉及真实的意图，否则谈论虚构的人的假设性意图很少有任何实际意义。它不会以任何方式促进我们的理解。

② 参见 J. Steyn, "Written Contracts: To What Extent May Evidence Control Language?" 41 *Current Legal Probs.* 23 (1988)；威尔伯福斯 (Wilberforce) 勋爵在里尔登–史密斯 (Reardon-Smith) 案中的评论。

③ J. Perillo, "The Origins of the Objective Theory of Contract Formation and Interpretation," 69 *Fordham L. Rev.* 427 (2000).

④ Restatement (Second) of Contracts art. 201 (1). 参见 E.A. Farnsworth, *Contracts* 245 (1990)。

而不是取代主观因素。

（四）意图主义并不能解决所有解释学问题

意图主义的第二个缺点是，它没有为法官所面临的所有解释问题提供解决方案。它不符合有效性的条件。通常，我们不可能知道作者的意图是什么。研究作品并不能揭示作者的意图，外部环境也不能指出可靠、确定和明确的意图。即使可以确定意图，它也可能与解决法官面前的解释问题无关。有时，解释者会发现在不同的抽象层次上有几个相互矛盾的意图。这种情况可能是由于草率起草造成的粗心，也可能是有意为之。在这种情况下，以及其他许多情况下，"作者意图"的标准不足以完成解释。

这一缺陷一方面源于自然语言的性质，另一方面源于人类思维的局限性。文本的作者不能，而且通常也不希望提供一份法律规范适用情况的详细清单。这不可避免地导致了对模糊或模糊的概括的选择。为了解决特定语言的解释问题，主观解释是指解释者对作者意图的参考。然而，由于人的局限性，这种意图不能延伸到所有的未来情况。把意图投射到一个高度抽象的层次上，以寻找作者所要的概括，并不一定意味着作者可以用它们来解决解释的问题。在某些情况下，作者并不以高度抽象的概括为目标，而只是假设在文本创作时已经出现的情况。在某些情况下，作者假设了一个一般的目的，但生活太过复杂，无法用概括的方式来把握，解释问题也超出了概括的范围。在这种情况下，意图主义是不充分的，解释者就没有办法解决他或她的解释问题。在这种情况下，解释者必须放弃作者的真实意图，自觉或不自觉地转向假设性的意图。

（五）意图主义无法将文本视为体系的一部分

意图主义的第三个缺陷是它没有看到被解释的文本是不断变化的环境的产物。它对法律和民主制度的存在漠不关心，文本在其框架内运作。它认为被解释的文本是一个孤立存在的化石有机体。如果一个法律体系以一个单一的法律为起点和终点，那么意图主义就可以说得通。然而，法律体系中有相互影响的通用法律规范。根据作者颁布时的意图来解释 X 法律，而根据另一个作者的意图来解释 Y 法律，会造成不和谐。它将把每条法律的意义固定在其文本的四个角落，而不反映整个体系。意图主义没有也不可能将单个文本纳入整个法律体系。它不允许一个文本的意义随着法律体系的发展而发展。它没有将文本视为构成法律体系的单位之一。将文本的意义固定在其产生的历史时间点上，有时令文本及其意义在当代民主中的意义无关。法律文本不再为其目的服务。法官变成了历史学家和考古学家，① 不再实现他们作为社会需求变化和法律之间的桥梁以及民主的捍卫者的目标。他们不再向前看，而是向后看。法官变得没有生命力，被冻结了。② 死水 ③ 取代了活力。法律解决了过去的问题，但在未来的问题面前却无能为力。它不再处理生命的需要。它变得远离制度的基本价值观和民主原则。解释者不再是作者的伙伴，而成为历史作者的附属品，这种附属品与分权原则和适当的民主不相容。

（六）目的解释满足了适当解释的条件

目的解释避免了上述三个缺点。目的解释的组成部分——语言、目的和自由裁量权——使其能够在所有情况下赋予法律文本意义。作者意图的影响因情况而异，但总是在解释作品时发挥一些作用。作者的意图必须在不同层面上反映在文本的意义上，这取决于文本的类型。忽视这种意图的解释忽略了应该考虑到的一个重要方面。

然而，作者的意图不是万能的，也不可能是万能的。解释必须是为了实现文本的核心目的。作者的意图只是实现文本目的的众多手段之一（其意义因文本类型而异）。考虑其他手段（构成客观目的）的可能性，特别是制度的基本价值和人权，增加了解释的深度。它使人们更容易将文本视为整个体系的一部分，并帮助文本及其解释者履行他们在民主中的作用。这种多层面的方法满足

---

① A. Aleinikoff, *Updating Statutory Interpretation*, 87 *Mich. L. Rev.* 20 (1988).

② A. Rieg, "Judicial Interpretation of Written Rules," 40 *La. L. Rev.* 49 (1979).

③ K. Engisch, *Einführung in das Juristische Denken* 90 (7th ed. 1977).

了上文讨论的社会、法学、解释学和宪法要求。

二、目的解释和客观解释体系："新""旧"文本主义

（一）客观解释体系

有多种客观的解释体系，它们之间的差异有时比主观解释体系之间的差异更大。虽然作者的意图是贯穿主观解释体系的共同线索，但理性的读者的理解是客观解释体系的结合点。然而，这种理解是一条比作者意图更松懈的共同线索。我们将首先讨论侧重于文本的客观解释体系，这种方法被称为文本主义。之后，我们将研究超越文本的客观解释体系。

（二）文本主义的历史发展

文本主义是指理性读者的理解决定了文本的意义。这并不是一个新的想法，许多古代法律体系都采用了正式的文本主义。[①] 文本主义的解释者并不关心文本的作者想要什么，而是关心作者写了什么。一个文本本身就有一种意义。它的作者不能改变这个（客观）意义。各种解释体系都从形式上的文本主义转向主观上的文本主义。越是现代的体系，其解释就越是远离文本语言的"僵化"意义。正如维格莫尔所写："解释学的历史是一部从僵化和迷信的形式主义到灵活的理性主义的进步史。"[②] 在其最纯粹的形式中，主观解释体系寻求实现文本作者的意图，专注于寻找作者的"真实"意图。[③] 下一个阶段是文本主义中解释的客观化。[④] 解释继续其主观的修辞，声称寻求实现作者意图的

---

① R. Zimmerman, *The Law of Obligations: Roman Foundations of the Civilian Tradition* 621 (1990)（古老的法律体系通常以非常注重字面意思、以文字为导向（即客观）的方法为主）。

② J.H. Wigmore, 9 *Evidence in Trials at Common Law* 193 (Chadbourn ed., 1981).

③ W. Blackstone, *Commentaries on the Laws of England* 59 (facsimile of 1st ed. of 1765, 1979).

④ D.J. Davies, "The Interpretation of Statutes in the Light of Their Policy by the English Courts," 35 *Colum. L. Rev.* 519, 522 (1935).

解释，但它在作者的外部、客观的表达中寻找这种意图。因此，有观点认为，解释者应该像一个理性的读者那样理解作者的意图。这就是现在所说的"旧"文本主义。新文本主义是近年来发展起来的，但其种子是在 19 世纪播种的。[①]新文本主义是指完全放弃作者意图的修辞，要求解释者赋予文本一个理性的读者在颁布时就会赋予它的意义。新文本主义已经渗透到美国法律中。有几种类型的文本主义（旧的和新的）仍然在使用。我将先解释旧文本主义，然后解释新文本主义。

（三）旧文本主义

旧文本主义采用的解释目标是根据一个理性的读者的理解，实现文本本身所表达的作者意图（明义规则，字面规则）。这是唯一足够确定的意图，因此也是唯一需要考虑的意图。然而，如果这样的客观理解产生了不合理的结果，人们可以超越文本的四个角落，以消除不合理性。如果一个合理的读者在阅读文本时没有产生明确的含义，也可以超越文本。在这种情况下，可以通过超越文本的四个角落，将考虑作者的意图作为澄清的手段来解决缺乏明确性的问题（黄金法则）。这些文本主义体系在解释过程中经历两个阶段：首先，解释者确定文本是否明了，以及它产生的结果是否合理。如果答案是肯定的，第一个阶段也是最后阶段。如果答案是否定的，也就是说，文本的意义不是平实的，或者是平实的但结果是荒谬的，解释者就会进入第二阶段。在第二阶段，解释者努力澄清含糊之处，防止荒谬。

我对旧的文本主义体系有六点批评：第一，它没有认真对待作者的意图。第二，它忽略了关于意图的可靠信息，这些信息可以从文本之外的来源获得。第三，它建立在对平实文本和不明确文本的错误区分上的。第四，它未能实现法律安全和确定性的核心原理。第五，旧文本主义鼓励司法的肤浅性，诱使法官避免处理文本作者试图实现的政策。第六，旧文本主义缺乏解释学和社会支持。它没有从宪法的考虑中获得其合法性，它也不允许将文本与整个体系联系起来。

---

① 例如，福尔摩斯（Holmes）就讨论过这个问题。见 O.W. Holmes, "The Theory of Legal Interpretation," 12 *Harv. L. Rev.* 417 (1899)。

1. 旧文本主义没有认真对待权威的意图

旧文本主义存在于一种内在的张力之中。一方面，它认为解释的目的是赋予文本一个实现作者意图的意义。另一方面，它将解释者关于作者意图的信息来源限制在文本本身，只有在荒谬或不清楚的文本的特殊情况下，才允许解释者超越文本。因此，它没有认真对待作者的意图。① 如果旧文本主义真的重视作者意图，为什么不允许解释者从可靠的来源了解作者的意图？当然，不能通过文本语言实现的意图，即不在语义可能性范围内的意图，不能被考虑。但如果意图可以通过文本实现，为什么不考虑存在于文本之外的作者意图的数据呢？

以遗嘱为例。遗嘱人将财产遗赠给他的"母亲"。遗嘱人有自己的母亲，遗嘱是"简单"的。在他死后，他的母亲将继承他的财产。但如果遗嘱人有特殊的习惯呢？如果他把他的妻子称为"母亲"呢？为什么不审查他的意图？如果解释的目的是实现遗嘱人的意图，为什么不从可靠的来源了解该意图？如果法官真的是在表达遗嘱人的意图，而不是他自己的意图，那么他为什么要停留在他对文本所要求的最初感觉上，而不是用环境中产生的信息来验证这种感觉？对合同的解释也可以这样说。理查德（Richard）和西蒙（Simon）达成了一项关于马的交易。他们用"马"这个词来指代理查德拥有的一台拖拉机。一个通情达理的人，不知道双方的语义习惯，会说这笔交易涉及一种动物（马）。然而，双方还有其他的共同意图。他们想进行一项涉及拖拉机的交易。为什么不给交易一个符合他们共同意图的含义呢？对法律解释也可以提出类似的批评。如果像旧文本主义者所主张的那样，解释确实是为了实现立法机构的意图，那么为什么不在所有情况下依靠关于存在于文本之外的意图的可靠信息呢？

旧文本主义为这组问题提供了三个答案。首先，文本本身是关于作者意图的唯一可靠信息来源。第二，考虑文本以外的来源会损害法治（在法理学意义

---

① H.W. Jones, "The Plain Meaning Rule and Extrinsic Aids in the Interpretation of Federal Statutes," 25 *Wash. U. L.Q.* 2, 6 (1940); C. Nutting, "The Ambiguity of Unambiguous Statutes," 24 *Minn. L. Rev.* 509 (1940); A. Murphy, "Old Maxims Never Die: The 'Plain Meaning Rule' and Statutory Interpretation in the 'Modern' Federal Courts," 75 *Colum. L. Rev.* 1299 (1975); M. Merz, "The Meaninglessness of the Plain Meaning Rule," 4 *Dayton L. Rev.* 31 (1979).

上）。公开性要求个人可以通过阅读文本本身来计划自己的行动，而不必依赖一般无法获得的外部信息来源。第三，允许法官参考外部信息来源扩大了他们的自由裁量权，破坏了确定性和安全性，并破坏了他们在分权中的作用。我将在另一处讨论后两个主张。现在我谈谈第一个主张。

2. 旧文本主义和来自文本外部数据的意图信息的可信度

声称只有文本才能提供关于意图的可靠信息，这与我们的生活经验不相符。通常情况下，作者意图的最可靠证据来自相关文本之外的来源。遗嘱人写的信可以提供关于其意图的高度可靠的指示。签约方之间的口头交流可以提供有关其共同意图的可靠信息。立法史可以为立法机构成员的共同（抽象）意图提供高度可靠的指示。

当然，人们承认，从文本本身得出的关于作者意图的信息通常（如果不是总是）比从外部来源得出的信息更可靠。因此，与目的解释一样，应接受作者意图来自作品语言的（可反驳）推定。此外，人们承认，来自外部来源的信息可能是不可靠的和被操纵的。① 我们应该谨慎地评估外部信息。然而，这种谨慎远远不是一个硬性规定，即信息是不可接受的。法官接受过培训，以区分什么是可靠的，什么是不可靠的。我们在法律的许多领域都是如此。为什么我们在解释法律文本时不应该让法官来做呢？旧的文本主义只允许法官在明确的文本会导致荒谬或文本"不明确"的情况下参考外部来源。如果在法律文本导致荒谬或不明确时参考这些外部来源是足够可靠的，为什么在法律文本"明确"或不导致荒谬时完全禁止参考这些来源？旧文本主义并没有对这些问题提供一个令人满意的答案。

3. 旧文本主义是建立在明确和不明确文本的错误区分之上的

旧文本主义区分了明确文本和不明确的文本。在第一种情况下，解释者可以通过赋予文本语言以自然意义来实现作者在明确文本中所表达的意图。在

---

① A. Dickerson, "Statutory Interpretation: Dipping into Legislative History," 11 *Hofstra L. Rev.* 1125 (1983).

第二种情况下，解释者可以超越文本的四个角落，找到作者的意图。在理解了这一意图之后，他或她就为文本赋予了实现这一意图的意义。旧文本主义的这一说法说明了明确的文本不需要被解释。只有当文本不明确时，解释过程才开始。

这两种观点都是错误的。[①] 就法官面前的解释问题而言，只有在解释过程结束后，文本才变得清晰。除非作者的意图得到实现，否则文本仍然是不明确的。正如哈特和萨克斯所指出的：

> 除非法律的含义是为某种可理解的目的服务的，否则它永远不会是明确的。任何不考虑目的而在法律中找到朴素意义的司法意见，都会在表面上谴责自己。这种意见在语言上、哲学上、法学上和总体上是无知的。它只配得到蔑视。[②]

旧的文本主义所掌握的明确性是一种最初的明确性，是语义感觉的产物。它必须根据关于作者意图的全部信息来评估和检查。正如法兰克福大法官所说：

> 当然，我们从法律的文字开始，以确定其含义，但我们并不以文字结束。那种认为法律中的文字的朴素含义决定了法律的含义的想法让人

---

① 有关这一问题的文献，见 F. Schauer, "Statutory Construction and the Coordinating Function of Plain Meaning," 1990 *S. Ct. Rev.* 231; A. Aleinikoff and T. Shaw, "The Costs Incoherence: A Comment on Plain Meaning, *West Virginia University Hospitals, Inc. v. Casey*, and Due Process of Statutory Interpretation," 45 *Vand. L. Rev.* 687 (1992); F. Schauer, "The Practice and Problems of Plain Meaning: A Response to Aleinikoff and Shaw," 45 *Vand. L. Rev.* 715 (1992); B. Karkkainen, "'Plain Meaning': Justices Scalia's Jurisprudence of Strict Statutory Construction," 17 *Harv. J.L. & Pub. Pol'y* 401 (1994); S.F. Ross, "The Limited Relevance of Plain Meaning," 73 *Wash. U. L. Q.* 1057 (1995); M.S. Moore, "Plain Meaning and Linguistics—A Case Study," 73 *Wash U. L. Rev.* 1253 (1995); D. Strauss, "Why Plain Meaning?" 72 *Notre Dame L. Rev.* 1565 (1997)。

② Hart and Sachs, *supra* p. 3, note 3 at 1124 (emphasis in the original).

想起 T.H. 赫胥黎（Huxley）的刺耳的意见，即"一个理论在其大脑被打倒后可能会存活很久"。①

以遗嘱人将其财产遗赠给"母亲"为例，如果不看遗嘱人的真实意图，该文本是清楚的。翻开有关这个问题的可靠资料，就会发现文本中的"母亲"一词根本就不清楚，而是有两种含义：生物学意义上的"母亲"和遗嘱人特定语言中的"母亲"。事实上，旧文本主义是基于一种错误的语义学和法学观点，即文本可以不考虑上下文就很清楚。②法官汉德（Learned Hand）正确地指出："没有比按字面意思阅读更容易误读任何文件的方式了。"③最高院法官科恩（Cohen）同样指出："许多法官经常将同样简单的词语的含义作为法律解释的基础，实际上，这只是一种错觉。"旧文本主义认为解释的标准是文本的明确性，同时又阻止法官提及文本不明确的可靠证据，这是不合逻辑的。④

4. 旧文本主义并不能促进安全性和确定性

支持旧文本主义的一个核心论点是，它促进了赋予文本意义的确定性和安全性。由于文本的意义是显而易见的，所以解释的后果是可以预测的。政府机构和个人可以根据文本含义来计划他们的行动。⑤这种说法从根本上说是错误的。一个文本是否明了，以及什么是"明了"的，取决于每个决策者的主观意识。这样的个人方式无法实现安全性和确定性。⑥对于明文是否导致荒谬的问

---

① *Massachusetts Bonding & Insurance Co. v. U.S.*, 352 U.S. 128, 138 (1956) (Frankfurter, J., dissenting). 参见法兰克福特法官的评论，in *United States v. Monia*, 317 U.S. 424, 431 (1943) (Frankfurter, J., dissenting)（因为法规的文字是明明白白的，所以它的含义也是明明白白的，这种观念只是有害的过度简化）; R. Traynor, "No Magic Words Could Do It Justice," 49 *Calif. L. Rev.* 615, 618 (1961)（平淡的话语，就像平淡的人一样，并不总是像看起来那么平淡）。

② E. Lasky, Note, "Perplexing Problems with Plain Meaning," 27 *Hofstra L. Rev.* 891 (1999).

③ *Guiseppi v. Walling*, 144 F. 2d 608, 624 (2d Cir. 1944) (Hand, J., concurring).

④ H.J. Friendly, *Benchmarks* 206 (1967).

⑤ 西蒙勋爵对格莱斯代尔的评论，in *Stock v. Frank Jones (Tipton) Ltd.* [1978] ICR 347, 354.

⑥ Cowen, "The Interpretation of Statutes and the Concept of the Intention of the Legislator," 43 *T.H.R.H. Rev.* 374, 388 (1980)（讨论"无原则地行使选择权"）。

题，也是如此。一个法官的荒谬就是另一个法官的合理后果。[①] 如果不结合文本所要实现的目标来审查，如何确定一个解释是否导致荒谬？此外，旧文本主义强调文本的平实表述，这使得在允许法官超越文本时，不可能就法官可以参考的来源制定明确的规则。研究立法史是否可以接受？法官可以参考制度的基本价值吗？旧文本主义用法律换取情感，用立法机构的意图换取解释者的意图。作者意图的修辞往往掩盖了法官的意图，他们自欺欺人地保护自己不受批评。

5. 旧文本主义助长了司法的表面性

旧文本主义的一个理由是，它使法官无须考虑文本核心的目的，这为法院节省了时间。它还可以防止那些因文本的明文规定而"团结一致"的法官之间出现分歧。[②] 因此，司法往往变得肤浅，而试图深入理解文本的努力被避免了。赞德的以下评论很苛刻，但却是事实。这句话是关于法律解释的，但也可以说是关于任何法律文本的解释：

> 对字面解释方法的最后批评是，它是失败主义和懒惰。法官们放弃了他们理解文件的第一次尝试。他们不是努力理解其含义，而是简单地采用对有关词语的最简单的解释，而不担心这种解释在特定背景下是否有意义。这并不是说直译的方法一定会产生错误的结果，而是说这种结果纯粹是随机的。这就好比扔硬币来决定一个案件。在一个特定的案件中，字面解释事实上

---

① J. Willis, "Statutory Interpretation in a Nutshell," 16 *Can. Bar Rev.* 1, 13 (1938)（荒谬是一个概念，其模糊和不确定程度不亚于"简单意义"。这更像是个人意见的问题，也更易受到个人偏见的影响）。

② J.W. Hurst, *Dealing with Statutes* 51 (1982); F. Schauer, "Statutory Construction and the Coordinating Function of Plain Meaning," 1990 *Sup. Ct. Rev.* 231; J. Macey and G. Miller, "The Canons of Statutory Construction and Judicial Preferences," 45 *Vand. L. Rev.* 647, 649 (1992); J. Polich, "The Ambiguity of Plain Meaning: Smith v. United States and the New Textualism," 68 *S. Cal. L. Rev.* 259, 262 (1994); G.H. Taylor, "Structural Textualism," 75 *B.U. L. Rev.* 321, 356 (1995); E. Lam, "The Limit and Inconsistency of Application of the Plain Meaning Rule to Selected Provisions of the Bankruptcy Reform Act of 1994," 20 *Hamline L. Rev.* 111 (1996); E. Lasky, Note, "Perplexing Problems with Plain Meaning," 27 *Hofstra L. Rev.* 891 (1999).

可能是各种选择中最好和最明智的，但字面的方法总是错误的，因为它相当于法官放弃了责任。字面主义者不是把他们的决定建立在理性和原则的基础上，而是把他们的决定建立在一个单一的意义上，任意地占上风。①

法官们对此洗手不干，他们回避了司法责任。他们找到了抛掷硬币的替代方法。

6. 旧文本主义没有得到解释学、社会学或宪法理论的支持

根据旧文本主义的观点，法律解释的主要检验标准是作者的意图。然而，这种意图被理解为客观的，因此被放弃作为一个实质性的标准，取而代之的是理性人的理解。如果理性在其完整的意义上被把握，并且允许法官获得所有外部的理解来源，包括制度的基本价值，那么这样的理解就可以给旧文本主义带来内容。然而，旧文本主义缩小了解释者的视野，要求解释者专注于文本本身。法官只有在存在某些先决条件（荒谬、不清晰）的情况下才能超越文本，即使如此，他们也只能参考确定的来源，如同一作者的另一个文本或有关文本的创作环境，不可能提到体系的价值和原则。作者的意图似乎掩盖和限制了法官可以参考的来源，使法官不可能为他们面临的任何解释问题找到解释方案。其结果是一个缺乏解释学、社会或宪法基础的解释体系。旧文本主义也受到与主观解释体系相同的批评。解释将被解释的文本冻结在其产生之日。文本不再实现其目的，法官也不再履行其作为法律与社会之间的桥梁和民主的捍卫者的职责。

目的解释避免了这些问题。它采用不太抽象的旧文本主义作为文本的客观目的的来源。旧文本主义只是理解文本的一种手段。而目的解释则同时考虑主观的文本主义（以主观目的的形式）以及旧文本主义（以客观目的的形式）。旧文本主义在目的解释中的比重取决于文本的类型。因此，目的解释实现了解释的目的，即赋予文本意义，以实现文本设计的目的。

---

① M. Zander, *The Law-Making Process* 125 (5th ed. 1999).

（四）新美国文本主义在法律和宪法解释中的应用

近年来，一种"新"的文本主义在美国法律中发展起来，主要是在法律和宪法解释领域。令人惊讶的是，它很少被应用于私法文本的解释。[①] 如果新的文本主义适合于立法和宪法，为什么它不适合于遗嘱和合同？使用新文本主义的基本理由——作者创造了文本而不是意图——适合并适用于遗嘱和合同。像立法机构和制定宪法的国会一样，遗嘱或合同的作者仅创建文本。反过来，如果美国法律准备参考合同和遗嘱作者的意图，为什么它不愿意对法律和宪法这样做？我没有从新文本主义的支持者那里找到满意的答案。

新文本主义是一种客观的文本主义体系。[②] 根据新文本主义，解释的目的不是发现立法机构的意图；问题不在于立法机构想要什么，而在于写了什么。正如斯卡利亚写道：

> 管辖的是法律，而不是立法者的意图。……构成法律的是文字的客观表现，而不是立法机构的意图……我原则上反对借助立法史，因为我反对将立法意图作为法律的适当标准。[③]

新文本主义的宪法解释方法也是如此，它不寻求实现起草者的意图，而是按照一个理性的读者在宪法颁布时的理解来理解宪法。斯卡利亚指出："我在宪法中寻找的东西正是我在法律中寻找的东西，不是起草者的意图，而是文本的原始含义。"[④]

---

① R. Scott, *The Case of Formalism in Relational Contracts*, 94 *Nw. U. L. Rev.* 847 (2000).

② 见 K.E. Whittington, *Constitutional Interpretation: Textual Meaning, Original Intent, and Judicial Review* (1999)。

③ A. Scalia, *A Matter of Interpretation: Federal Courts and the Law* 17, 29, 31 (1997). 参见 F. Easterbrook, "The Role of Original Intent in Statutory Interpretation," 11 *Harv. J.L. & Pub. Pol'y* 59 (1987)。

④ C. Fried, "Sonnet LXV and the 'Black Ink' of the Framer's Intention," in *Interpreting Law and Literature: A Hermeneutic Reader* 45 (S. Levinson et al. eds., 1988).

这个"新"体系其实并不新鲜。霍姆斯在 19 世纪末采用了它的一个版本：

> 我们问的不是这个人的意思，而是这个词在普通英语使用者口中的意思，他在使用这个词的背景下……我们不问立法机关的意思，我们只问法律的意思。因此，在遗嘱的情况下……如果按照普通英语使用者在当时的情况下使用该词的意义来理解，他使用的词语必须足以达到目的。[①]

一些美国现实主义者采用了这种方法，然而，这并不局限于美国法律，在英国法律中也有例外情况。里德勋爵在 1975 年的一个案件中使用了这种方法，他指出："我们经常说我们在探究议会的意图，但这并不完全正确。我们正在寻求议会所使用的词语的含义。我们所寻求的不是议会的意图，而是议会所说的真正含义。"[②]

新文本主义对意图是诚实的。如果像旧文本主义者所主张的那样，我们寻求的是一个理性的人所理解的意图，而不是立法者的"真实"意图，为什么不采取额外的措施，完全放弃实现立法意图的需要呢？一个理性的人的理解应该是足够的。在这方面，新文本主义说的是实话。它的言辞与它的实践是一致的。当然，问题仍然是一个理性的人如何理解文本。[③] 在这个问题上，所有的新文本主义者都同意，法官必须从整体上研究文本的语言，如果法律是朴素的，就应该赋予它朴素的含义。他们还可以查阅字典和语言学辅助工具，以了解读者在法律颁布时如何理解法律。例如，expressio unius est exclusio alterius（明示其一即排斥其他），ejusdem generis（同类规则），对晦涩难懂的刑事法律的解释应有利于被告的规则也可以参考法律颁布时有效的解释格言。这些格言是可以参考的，因为它们显示了一个合理的读者在法律颁布时是如何理解法

---

① O.W. Holmes, "The Theory of Legal Interpretation," 12 *Harv. L. Rev.* 417 (1899).
② *Black-Clawson International Ltd. v. Papierwerke Waldhof-Auschaffenburg A.G.*［1975］1 All E.R. 810, 814.
③ 有关新文本主义的内部检查，见 G.H. Taylor, "Structural Textualism," 75 *B.U. L. Rev.* 321 (1995)。

律的。此外，新的文本主义者认识到，没有背景就无法理解文本。因此，他们允许解释者参考立法机构通过的其他法律，以便从立法机构使用的类似语言中得出推论。然而，新文本主义者在任何情况下都不允许解释者参考立法历史或解释时存在的制度的基本价值。即使在纯语言会导致荒谬或措辞不明确的情况下，也不允许解释者参考立法史或基本价值观。在这种情况下，解释者别无选择，只能说该事项不属于立法范围。

值得称道的是，新的文本主义说的是实话。它有进一步的优势吗？它的核心理由是什么？①

1. 新文本主义的核心理由

新的文本主义将自己与解释的目的是推进立法机构的意图这一观点分开。这有三个理由。首先是认为像立法机关这样的集体机构没有自己的意图，或者说如果有，这种意图是操纵性的，不可靠的。这个问题在对意图理论的批评中已经讨论过了。我们看到，这些说法有一定的真实性，然而，这些论点并不能证明不可能将共同意图归于立法机关这样的集合体，或者即使可以推断出共同意图，它也总是推测性的，不值得信任的。第二个理由是新文本主义所特有的，即主张立法机关是否有意图与法律的解释无关。立法机关颁布的是法律，而不是意图。既然没有经过立法程序，就不应该依赖立法意图。将其作为解释的依据对民主是有害的。斯卡利亚写道：

> 　　根据法律制定者的意图而不是根据他颁布的内容来确定法律的含义，这与民主，甚至是公正的政治是不相容的……以未表达的意图为依据的政府同样是暴虐的。法治，而不是法律制定者的意图。②

---

① 见 R. Barnett, "On Originalism for Nonoriginalists," 45 *Loy. L. Rev.* 611 (1999)。

② 似乎并非所有新的文本学家都接受这种方法。一些人认为，立法意图是客观意义上的，而不是立法机关（主观）所思想的意义上的。（文本主义者否认任何人都可以有意义地确定"实际"立法意图。然而，他们不能也并不认为"意图"的概念与解释无关。）如果是这样的话，新旧文本主义有什么区别？如果"合理"意图是相关的，为什么"实际"意图不相关？

第三个理由是，当法官考虑立法机构的意图时，他们实际上关注的是归于理性的立法机构的意图。法律所要承载的意义成为法官愿意承载的意义。决定性的意图实际上是法官的意图。斯卡利亚认为："如果说法律的意思是它应该有的意思，而由非选举产生的法官来决定它是什么，这与民主理论根本不相容。"限制司法自由裁量权，从而保证法治（安全性和确定性）的需要，证明了新文本主义的合理性。[①] 新文本主义的捍卫者认为，新文本主义可以保护个人不受潜在的暴政集团的影响，从而保证控制（安全和确定性）。他们说，根据当代的世界观来解释宪法的文字，最终会以多数人不断变化的世界观来交换公民的权利。[②]

2. 对新文本主义的批判及其对民主的理解

新文本主义不是新的，也没有新的贡献。在许多方面，它是旧文本主义的重复。我们讨论过的对旧文本主义的批评大多适用于新文本主义。区分明确和不明确文本根本就是毫无根据且不清晰的。新文本主义并没有实现它所期望的安全性和确定性。新旧文本主义助长了司法的肤浅性。正如我所指出的，集体的规范活动的核心是一个共同的意图，通常是高度抽象的。无可否认，这种意图并不总是有助于解释。但作为一个原则问题，我们没有理由断言立法机构永远没有意图。新的文本主义正确地指出，立法机构颁布的是法律，而不是意图。然而，这并不意味着为了理解一项法律，不能考虑到意图。还不如说，立法机构颁布的是法律，而不是字典，因此我们不能为了理解法律而考虑字典。我们需要区分一个文本和理解它所需的工具。这是立法机构颁布的文本，解释者并不寻求改变它。然而，不清楚为什么解释者不能使用文本之外的信息来理解它。新的文本主义承认，为了理解一个文本，必须考虑到背景。如何将立法

[①] 一些人认为，新文本主义和我们在之前讨论的司法程序运动之间存在着内在联系。见 N. Zeppos, "Justice Scalia's Textualism: The 'New' New Legal Process," 12 *Cardozo L. Rev.* 1597 (1991). 我不赞同这种说法。司法程序以规约的宗旨为基础，显然也基于规约的主观方面。新文本主义采取了不同的方法。

[②] A. Scalia, "Originalism: The Lesser Evil," 57 *U. Chi. L. Rev.* 849 (1989).

机构的意图视为需要考虑的背景的一部分？同样，我并不是说立法机构的意图是唯一需要考虑的背景。我也不同意立法机构的意图应该是所有情况下的决定性因素。但为什么要完全忽视它呢？为什么不考虑包含法律的法律体系的价值和原则？

我不接受新文本主义者的观点，即考虑立法意图或制度的基本价值是反民主的。考虑到立法意图使立法机关的文本具有与该意图相一致的意义。这样做并不损害民主。① 恰恰相反：新文本主义的技术在形式上和实质上都损害了民主。

新文本主义将代表多数人决定的立法视为没有任何目的的决定，从而损害了正式民主。新文本主义把对通过议会批准的立法程序制定的法律的解释，与对议会通过立法者梦游的立法程序制定的法律的解释视为一样。② 在这两种情况下，新文本主义都把文本，而且仅仅是文本，视为确定的。这是对立法的一种讽刺。通过法律的立法机构是为了制定某种政策。这一政策要求我们考虑法律的含义。鉴于立法机构和法律之间的有机关系，这种分离不仅不可能，而且也不可取。③ 即使是宣扬立法与法律分离优点的美国现实主义者也强调，④ 法律不应根据立法机关的具体意图（即解释性意图或后果性意图）来解释，而应根据立法机关的一般意图来解释。如果要认真对待立法机关的最高地位，那么就必须考虑到立法机关的意图。

新的文本主义还损害了实质性民主。文本主义的解释将法律与整个社会的基本价值，特别是人权分开。民主不仅仅是对法律的正式民主通过。腐败的法

---

① C. Sunstein, "Justice Scalia's Democratic Formalism," 107 *Yale L.J.* 529 (1997); W. Eskridge, "Textualism, The Unknown Ideal?" 96 *Mich. L. Rev.* 1509 (1998).

② 一些新的文本主义者试图通过最低限度地承认"客观"意图来克服这种批评（根据拉兹的说法）。在这样做的过程中，这些学者消除了新文本主义的基础，将其转换回具有所有缺点的旧文本主义。

③ 戈德堡（Goldberg）大法官和切申（Cheshin）大法官采用了将创作与创作者分开的比喻，但都强调创作或作品必须达到其目的。

④ 雷丁（Radin）认为，一旦颁布了法规，立法机关就是"当然的职能"。见 M. Radin, "Statutory Interpretation," 43 *Harv. L. Rev.* 863, 871 (1930).

律是不民主的。新文本主义的形式方法不能实现实质性的民主，也没有必要保护个人不受一个群体的现代观点的影响。解释者需要表达的不是大多数人过往的趋势，而是社会深层的观点。解释应该反映历史，而不是歇斯底里。

3. 对新文本主义的批判及其对司法职责的看法

新文本主义的基础是怀疑对立法意图的考虑最终会以法官的意图取代立法者的意图，扩大司法自由裁量权，破坏法治（安全性和确定性）。为了避免这种不幸的状况，新的文本主义完全忽略了立法意图，而将重点放在理性读者的理解上。但是，如果不是法官，谁是这个理性的读者？而且，为什么在没有证据的情况下，假设法官作为理性读者的自由裁量权比法官在考虑立法意图和制度的基本价值时的自由裁量权更窄？逻辑上的结论似乎与新文本主义的主张恰恰相反。[1]一个必须考虑到立法意图和制度的基本价值的法官的自由裁量权，比一个可以自由地只关注语言的法官的自由裁量权要窄。法官不仅要忠实于自己的语言感，还要忠实于立法意图、理性立法机构的意图或制度的意图。事实上，新的文本主义很有可能扩大司法自由裁量权。它也不能加强安全和确定性的法治价值，因为在规范框架之外，一个文本的意义被判断为是显而易见。法官最大限度地行使他们的自由裁量权，阻碍了安全性和确定性的双重目标。

然而，除此之外，新文本主义对法官的角色采取什么立场？新文本主义正确地宣称，法官不是听命于人（立法机关）的代理人。[2]但为什么它不把法官视为立法过程中忠实的小伙伴？因为如果是这样的话，那么新文本主义就不

---

[1] W. Eskridge, "The New Textualism," 37 *UCLA L. Rev.* 621 (1990); N. Zeppos, "Legislative History and the Interpretation of Statutes: Toward a Fact-Finding Model of Statutory Interpretation," 76 *Va. L. Rev.* 1295 (1990); D. Farber and P. Frickey, Law and Public Choice: A Critical Introduction 92 (1991); M. Redish and T. Chung, "Democratic Theory and the Legislative Process: Mourning the Death of Originalism in Statutory Interpretation," 68 *Tul. L. Rev.* 803, 819 (1994)（该理论不是对司法行为进行惩戒，而是根据其措辞间接地纵容使用过分宽泛的司法决策特权）.

[2] 一些学者确实将新文本主义与代理模式相协调。见 Manning, supra p. 69, note 29 at 15. He relies on F. Easterbrook, "Text, History, and Structure in Statutory Interpretation," 17 *Harv. J. L. & Pub. Pol'y* 61, 63 (1994); F. Easterbrook, "Foreword: The Court and the Economic System," 98 *Harv. L. Rev.* 4, 60 (1984)。斯卡利亚也采取这个立场吗？

能约束法官的采用。如果新文本主义拒绝代理模式，那么它支持什么模式？是作为语言学家的法官的模式吗？如果语言学家和任性的理性人参与解释法律而不是法官，对新文本主义来说有什么关系吗？在新文本主义中，法官的角色是狭隘的、正式的。法官在解释中不创造法律。他们只是宣布现有的法律。而法律是静态的。实际上，我们又回到了形式主义的观点，[①]即法官是立法者的"嘴"。根据这种观点，法官并没有在法律和社会之间架起桥梁，而且他们的工作也不是捍卫民主。

4. 对新文本主义的批判及其解释学和社会学观点

新文本主义依赖于理性读者的理解。然而，这种理解决不能完全是被动的。文本并不发起对话。它回答的是读者向文本提出的问题。新文本主义对文本提出了什么要求？它试图从文本中学习什么？新文本主义同意，文本不能脱离背景来理解。它接受字典、同一立法机构的其他法律和解释规范作为有效的语境来源，但却令人费解地止步于此。为什么不考虑将立法史作为一种背景因素？为什么不考虑一般制度的价值，特别是人权，作为框定对文本理解的背景的一部分？在任何情况下，定义一个合理的人的理解意味着自觉或不自觉地在与解决解释问题有关的价值和原则之间取得平衡。理性的读者（法官）是法律界的成员，在共同的价值观和原则框架内行事。他们之间的适当平衡决定了什么是合理的阅读。为什么新文本主义拒绝承认这一点？为什么允许一般无意识的解释直觉和语言感觉是足够的呢？价值观和原则创造了文本，并为其解释提供了框架。为什么我们不自觉地认识到它们是理解文本的基本手段？

我曾说过，如果不知道为什么要解释，我们就无法知道如何解释。新文本主义为什么要解释，如果文本的意思不明显，字典和其他法律也无法说清楚，怎么办？由于限制了它可以参考的背景，新文本主义未能满足有效性的条件。它不能解决所有的解释问题，必须依靠司法裁量权。然而，它并没有认识到这一点。

---

① 关于形式主义与新文本主义的关系，见 the symposium on formalism published in 66 *U. Chi. L. Rev.* 527 (1999), particularly C. Sunstein, "Must Formalism Be Defended Empirically?" 66 *U. Chi. L. Rev.* 636 (1999)。

5. 新文本主义的原始主义

新文本主义一般被认为采用原始主义作为其对宪法的看法。新文本主义试图按照一个合理的读者在写作时的理解来理解一个文本。为什么要把自己限制在这种历史理解上？公法文本在成文后的许多年里指导着人类的行为，就美国宪法而言，已经有数百年之久。我们为什么要把对公共文本的理解限制在这种历史理解上呢？我并不是说这样的历史理解是永远无法获得的。当代读者可以将自己置于文本产生的时代，并试图按照当时的理解来理解它们。然而，我想问的是，什么宪法理论能证明原始主义的合理性？当然，形式上的民主告诉我们，立法机关颁布的是法律，而不是立法意图或制度的意图，但我们可以考虑其中的一个或两个，而不必声称它们是立法机构的文本。立法机关颁布的文本与理解文本的标准之间是有区别的。此外，实质性的民主不仅需要多数人的统治，还需要维护基本的价值观和观点，这当然与新文本主义不相容。

新的文本主义也与三权分立的原则和司法机构本身的作用相抵触，后者认为法官是立法项目的初级合伙人，应该将被解释的法律纳入整个系统的框架。为了实现这种整合，解释者需要考虑到原始和当代的理解。作为合作伙伴，法官应赋予法律一个符合社会需求和保护民主的意义。新文本主义的原始主义阻碍了法官这样做。

6. 改进和修正的新文本主义

新文本主义本身不能构成一个充分的解释体系，但它可以作为一个充分的解释体系的基础。坚持以文本作为解释的基础是合适的。禁止将狗带入某地的法律不能被解释为禁止将猫从同一地点带入的法律。语言限制了解释。新文本主义也有其积极的一面，它对立法意图和立法史持怀疑态度。有时立法机构的意图无法得知，有时关于意图的信息不可靠，有时没有可靠的意图来帮助解释的过程，有时法律反映了（有意或无意的）相互冲突的意图。这些都是从新文本主义者的论点中得出的重要经验，即立法机构制定法律，而不是自己的意图。我们也应该鼓励新文本主义，它将立法作为一个整体，作为理解单一法律的来源。然而，我们需要扩大解释者的视角，从颁布的时间到解释的时间。新文本主义所重视的法律背景并不限于其他法律，还可能包括颁布和解释时的社会原则、价值观和基本观点，在颁布时和解释时都是如此。解释者也可以参考它们。① 经过这些修正，新文本主义将成为一种适当的解释体系，但此时它将不再是新文本主义，而成为目的解释。

三、目的解释和实用主义

（一）实用主义

实用主义是著名的哲学流派，② 它以法律实用主义的形式应用于法律。③

---

① 斯卡利亚本人也承认，"我们寻找一种'客体化'的意图——一个理性的人从法律文本中收集到的意图，与法律语料库的其余部分放在一起"。显然，法学语料库包括基本价值。

② 有关实用主义的调查，见 R. Rorty, "Pragmatism," in 7 Routledge Encyclopedia of Philosophy 633 (E. Craig ed., 1998)。

③ D.A. Farber and S. Sherry, *Desperately Seeking Certainty: The Misguided Quest for Constitutional Foundations* (2002); P.S. Atiyah, "From Principles to Pragmatism: Changes in the Function of the Judicial Process and the Law," 65 *Iowa L. Rev.* 1249 (1980); V. Wellman, "Practical Reasoning and Judicial Justification: Toward an Adequate Theory," 57 *U. Colo. L. Rev.* 45 (1985); P.S. Atiyah, *Pragmatism and Theory in English Law* (1987); C.W. Hantzis, "Legal Innovation within the Wider Intellectual Tradition: The Pragmatism of Oliver Wendell Holmes, Jr.," 82 *Nw. U. L. Rev.* 541 (1988); T. Grey, "Holmes and Legal Pragmatism," 41 *Stan. L. Rev.* 787 (1989); S.J. Burton, "The Works of Joseph Raz: Law as Practical Reason," 62 *S. Cal. L. Rev.* 747 (1989); D. Patterson, "Law's Pragmatism: Law as Practice and Narrative," 76 *Va. L. Rev.* 937 (1990); S. Smith, "The Pursuit of Pragmatism," 100 *Yale L.J.* 409 (1990); D. Van Zandt, "An Alternative Theory of Practical Reason in Judicial Decisions," 65 *Tul. L. Rev.* 775 (1991); M. Brint and W. Weaver (eds.), *Pragmatism in Law and Society* (1991); R. Westmoreland, "Dworkin and Legal Pragmatism," 11 *Oxford J. Legal Stud.* 174 (1991); R.J. Lipkin, "Kibitzers, Fuzzies, and Apes without Tails: Pragmatism and the Art of Conversation in Legal Theory," 66 *Tul. L. Rev.* 69 (1991); L. Baker, "'Just Do It': Pragmatism and Progressive Social Change," 78 *Va. L. Rev.* 697 (1992); M. Nussbaum, "Skepticism about Practical Reason in Literature and the Law," 107 *Harv. L. Rev.* 714 (1994); *The Revival of Pragmatism: New Essay on Social Thought, Law and Culture* (M. Dickstein ed., 1998); R. Posner, "Past-Dependency, Pragmatism and Critique of History in Adjudication and Legal Scholarship," 67 *U. Chi. L. Rev.* 573 (2000); B. Bix, "Law, Social Science and Pragmatism: Conceptual Jurisprudence and Socio-Legal Studies," 32 *Rutgers L.J.* 227 (2000); M. Jenkins, "Can Pragmatism Overcome the Impasse in Contemporary Legal Theory?" 15 *Can. J.L. & Juris.* 85 (2002); D.A. Farber and S. Sherry, *Desperately Seeking Certainty: The Misguided Quest for Constitutional Foundations* (2002).

法律解释中的实用主义 ① 是一个子领域，包括一些实用主义的解释体系。这些体系通常处理公法文本（法律、宪法）的解释，抵制形式主义，优先考虑实质内容。实用主义者同时考虑文本和背景。他们将文本作为一个整体来阅读，并研究作者的意图，他们对文本的理解是如何形成的，以及该体系的基本价值。他们采用一种共同的方法来寻找最佳解决方案。正如艾斯克里奇和弗里克所指出的：

> 我们的模式是，解释者研究广泛的证据——文本、历史证据和文本演变——并由此形成对法律的初步看法。然后，解释者通过对照多种标准，如文本相关性、历史准确性以及与当代环境和价值观的相关性，审查不同的可能解释来发展这一初步观点。②

同样地，波斯纳写道："当一项法律被援引时，也许最好的做法是审查给予颁布者他想要的东西的后果，然后估计这些后果是否总体上是好的。"法官在这种搜索中保留自由裁量权，根据他们积累的生活经验来行使。

（二）实用主义和动态解释

实用主义导致了一个重要的结果：对法律和宪法的动态解释。③ 这个结果

---

① 见 generally, M.B.W. Sinclair, "Law and Language: The Role of Pragmatics in Statutory Interpretation," 46 *U. Pitt. L. Rev.* 373 (1985); D. Farber and P. Frickey, "Practical Reason and the First Amendment," 34 *UCLA L. Rev.* 1615 (1987); D. Farber, "Legal Pragmatism and the Constitution," 72 *Minn. L. Rev.* 1331 (1988); P. Halewood, "Performance and Pragmatism in Constitutional Interpretation," 3 *Can. J.L. and Juris.* 91 (1990); G. Miller, "Pragmatics and the Maxims of Interpretation," 1990 *Wis. L. Rev.* 1179; W. Eskridge and P. Frickey, "Statutory Interpretation as Practical Reasoning," 42 *Stan. L. Rev.* 321 (1990); D. Farber, "The Inevitability of Practical Reason: Statutes, Formalism and the Rule of Law," 45 *Vand. L. Rev.* 533 (1992); L. Alexander, "Practical Reason and Statutory Interpretation," 12 *Law & Phil.* 319 (1993); M. Dorf, "Create Your Own Constitutional Theory," 87 *Calif. L. Rev.* 593 (1999); R. Posner, "Pragmatism versus Purposivism in First Amendment Analysis," 54 *Stan. L. Rev.* 737 (2002)。

② D. Farber and P. Frickey, "Practical Reason and the First Amendment," 34 *UCLA L. Rev. 352* (1987).

③ 艾斯克里奇试图证明动态解释与大多数现代法学是相容的。

在其他解释体系中也能达到，包括目的解释。立法者或制定者无法控制对法律和宪法的解释。解释者还必须考虑到语言的变化、法律的变化、公众意见的变化以及制度的基本价值的变化，即在条款的产生和解释之间发生的变化。有了所有这些组成部分，解释者就会给文本以最佳的解释。这不是一个静态的意义，而是一个动态的意义。事实上，动态解释与自由或保守解释、扩张或限制解释一样，不是一个解释体系。它是实用主义解释的一个产物。其他解释体系也可能产生动态解释。[①] 例如，目的解释也是基于动态解释的。动态解释解决的是时间问题，但时间并不是解释要解决的唯一问题。解释的核心问题是文本的形式和实质，以及文本和背景之间的关系。动态解释对这个问题很重要，但不是决定性的。它也不限于实用主义的解释。

（三）实用主义和目的解释

实用主义解释体系与目的解释有许多相似之处。这两种体系都考虑到了所有的组成部分——文本、作者的意图、理性的作者和解释体系的意图——通过解释者从一个组成部分到另一个组成部分的自由移动。这两种体系都会导致动态的结果。两者都依赖解释学的观点，强调解释者和文本之间的互动，试图将文本的视野与解释者的视野融合起来。这两个体系都承认解释者的自由裁量权，最终他或她会利用这种自由裁量权来找到看起来最好的解决方案。在这个意义上，目的解释是务实的。

这两个体系也有很大分歧。目的解释首先要问的是：解释的目的是什么？答案是，解释的目的是实现文本的目的。在目的解释中，即使面对两个合法的选择，并有选择适当选项的自由裁量权，这种自由裁量权也不是绝对的。然而，在实用主义的解释中，没有关于目的解释的指导，以引导解释者寻找和实现文本的目的，或者即使有，也是在较小的范围内。[②] 从解释过程的开始到结

---

① 参见 P. Hogg, *Constitutional Law of Canada* 815 (4th ed., 1997)。
② 波斯纳是一个实用主义者，但他从作者的（实际或重建的）意图开始，只有在未知的情况下，他才会采取实用主义的方法。

束，至少作者的（实际或重建的）关于意图的信息是不存在的，实用主义解释者只能靠自己，并自由选择产生他认为最佳的实用主义结果的意义。

考虑一个根据其目的来解释的法律。想象一下，这种类型的法律有理由对主观目标给予更大的重视。目的解释者不问（实际）结果是否可取，不管结果是否可取，他们要求立法者去实现其（抽象）意图，并作出必要的改变。另一方面，根据目的解释，当面对一个要根据制度的基本价值来解释的法律时，即使结果偏离了目前受大多数人欢迎的趋势，目的解释者也会这样做。即使实用主义导致基本价值被忽视而倾向于当代趋势，目的解释者也能实现基本价值的平衡。而实用主义会使他或她忽视这些价值而支持大众趋势。实用主义根据结果的实用性来平衡目的的各种成分。目的解释在解释中根据基于宪法的目的考虑，对这些相同的成分给予重视。然而，这两种体系在为实现最理想的结果而行使的司法自由裁量权问题上是一致的。在目的解释承认司法自由裁量权的情况下，与实用主义一样，它采取了一种理智的方法。正如我所指出的，我认为，在行使自由裁量权时，解释者应选择最能实现正义的含义。

（四）对实用主义解释体系的批判

主观解释体系批评实用主义解释没有将作者的意图作为决定性因素，这并不奇怪，就像其他体系也会受到刺耳的批评一样。[①] 客观解释体系批评实用主义根本没有考虑到作者的意图。这些体系对包含主观和客观因素的客观解释提出了类似的批评。

在目的解释方面，我对实用主义的批评是什么？实用主义并不意味着法官有自由裁量权。任何解释体系，包括新旧文本主义，都必须建立在至少一定程度的自由裁量权之上。我的论点是：如果不首先确立解释所要实现的目标，我们就无法知道最佳（实用）解决方案。正如波斯纳正确地指出："实践理性包

---

① 对批评的分析和回应，见 D. Farber, "The Inevitability of Practical Reason: Statutes, Formalism, and the Rule of Law," 45 *Vand. L. Rev.* 533 (1992)。

括设定一个目标——快乐、美好的生活，等等，并选择最适合达到这个目标的手段。"这对于一个超越单纯主观解释的解释过程来说是不够的。然而，实用主义未能确立一个超越实现最实用解决方案的目标。① 实用主义解释正确地考虑了解释过程的不同组成部分——文本、作者意图、体系的意图、自由裁量权，但它没有设定一个目标，解释者在组装这些组成部分时必须向其靠拢。剩下的只是解释者的主观意愿，即什么看起来是对的。这对解释过程是不够的，② 解释过程不仅仅是解释的主观性。共识实用主义需要一个目标，为了实现这个目标，它要选择最实际和最好的手段。另一方面，目的解释在解释者面前设定了一个目标：实现文本核心的目的。

在存在司法自由裁量权的解释的许多方面，目的解释者扮演着实用主义者的角色。在无法从目的解释本身获得充分指导的情况下，解释者会选择"最佳"目标，或者干脆选择最实用的目标。然而，即使在务实地行使自由裁量权时，目的解释者仍然受目的解释的戒律约束，以实现文本核心的目的。

四、目的解释和德沃金的解释体系

（一）法律的整体性

德沃金是我们这个时代的主要法律哲学家之一。他对法律的本质和解释法律的科学模型的看法是理解当代法律观点的关键。正如不了解奥斯汀、凯尔森、哈特和拉兹学派的法律实证理论就无法理解法律一样，不了解德沃金的理论就无法理解法律。③ 在他的书和文章中，德沃金创造了一个关于法律的性

---

① N. Levit, "Practically Unreasonable: A Critique of Practical Reason," 85 *Nw. U. L. Rev.* 494 (1991).

② R. Dworkin, "Pragmatism, Right Answers, and True Banality," in *Pragmatism in Law and Society* 359, 371 (M. Brint and W. Weaver eds., 1991).

③ S. Honeyball and J. Walter, *Integrity, Community, and Interpretation: A Critical Analysis of Ronald Dworkin's Theory of Law* (1998).

质、它与其他科学和社会现实的关系的整体结构。我们特别感兴趣的是德沃金对法律文本（法律和宪法颁布，以及判例法）的解释理论，他称之为"建构性解释"。然而，我们不应该把德沃金对法律的看法与他对法律解释的看法分开。这种密切的联系是由于德沃金自己认为法律本身是解释过程。

德沃金的出发点是，法律是以整体性为基础的。在解释这一观点时，他说："根据整体法，如果一个法律命题在公平、正义和程序上正当程序的原则中得到体现或衍生，它就是真实的，这些原则在社会法律实践的解释中提供了最好的建构性解释。"德沃金在进一步解释这些组成部分时指出：

> 社群公平概念的整体性要求在确定立法机关颁布的法律的含义时，必须充分运用政治，以证明立法机关的假定权力。社群正义概念的整体性要求在法律的其他部分中承认为立法机构的决定的实质内容提供理由所必需的道德原则。程序上正当程序概念的整体性要求，考虑到不正确的判决可能造成的不同类型和程度的道德损害，被认为在执行一项法律时在准确性和效率之间取得适当平衡的法院程序被作为一个整体予以承认。这些论点证明了对原则的一致性的承诺是有道理的，因为它本身就受到重视。这些主张表明了我想要论证的东西，即整体性，而不是优雅的迷信，是我们所知的法律的生命。[1]

德沃金将他的法律的整体性主张应用于立法的整体性和裁判的整体性。立法的整体性意味着保持原则的一致性。裁判的整体性意味着那些负责确立"法律是什么"的人能够连贯地执行。法官在确定权利和责任时，应假定这些权利和责任是由一个作者——社会作为一个实体——为表达对公平和正义的共同看法而创造的。

---

[1] R. Dworkin, *Law's Empire* 166 (1986).

（二）赋予法律以最佳政治合法性的含义

在法律解释中，法官应完整地对待法律。法官必须赋予立法以最佳方式展示其政治历史的意义。正如德沃金在谈到法官时写道："法官不应该问什么意思对他来说是最好的，而应该问什么意思能在立法的背景下最好地证明该立法的合理性。"考虑到法官是解释者，并使用赫拉克勒斯法官的形象，德沃金写道：

> 法官试图将一段社会历史——民主选举的立法机构在特定情况下颁布特定文本的故事——以尽可能好的方式作为一个整体展现出来，这意味着他的叙述必须从整体上证明这个故事，而不仅仅是其结局。他的解释必须是敏感的，也就是说，不仅要考虑他对正义和……政策的信念。而且还要考虑到他对政治整体性和公平的理想以及程序上正当程序的信念，因为这些都特别适用于民主国家的立法。①

从潜在的语义中，解释者必须选择给予法律最佳政治合法性的原则和有利于政策的含义。

（三）立法历史和立法机构成员的意图

法官应如何选择赋予法律最佳政治批判性的合法性的意义？法官应该考虑立法机构成员的抽象意图。抽象的目的来自整体性原则。相反，具体意图是一个主观的概念，解释者不需要考虑。德沃金在提到法官时说："他对法律的目的或意图的理解，不是指特定立法者的目的或意图的某种组合，而是指完整性的结果，即对包括法律颁布在内的政治事件采取解释态度。"

立法史是关于抽象意图的一个信息来源。只要这种历史证明了立法机构的政策，而不是立法机构的某个成员的政策，它就成为一种需要考虑的正式声

---

① R. Dworkin, *Law's Empire* 338 (1986).

明。德沃金写道：

> 以立法史实践确立的规范形式作出的正式目的声明，其本身应被视
> 为国家行为的人格化。它们本身就是政治决定，因此，完整性的主要要
> 求，即国家以有原则的方式行事，包含了它们以及法律中更具体的决定。
> 赫拉克勒斯的目的是使立法故事作为一个整体尽可能地好。如果他的解
> 释是国家说一套做一套，那就会使故事变得更糟。①

（四）动态解释

根据德沃金的说法，法官的解释并不以某个时间点为重点。相反，德沃金
在谈到法官时写道："他所解释的历史始于法律颁布之前，并一直持续到他必
须决定法律现在宣布的内容的时刻。"因此，一项立法的含义可能会根据其颁
布后发生的事件而发生变化。根据德沃金的观点，法官（比如赫拉克勒斯）有
如下任务：

> 赫拉克勒斯的方法……否定了一个法律诞生并具有其所有且唯一的意义的
> 经典时刻的假设。赫拉克勒斯不仅解释法律的文本，而且还解释法律成为法律
> 之前开始并远远超出这一时刻的过程——法律的生命。他的目标是使这个持续
> 的故事达到最好，因此他的解释随着故事的发展而变化。

因此，法官必须考虑在被解释的法律生效后通过的其他法律。法官必须考
虑到改变被解释法律的尝试——无论成功与否。他们还必须考虑到对各种规定
的解释和判例法的发展。

（五）法律解释如同合写一部连环小说

德沃金的出发点是现在。解释的目的是为过去制定的法律赋予现在的政治

---

① R. Dworkin, *Law's Empire* 343 (1986).

合法性，以规范未来的社会生活。德沃金写道：

> 整体法从现在开始，只在其当代焦点所决定的范围内追求过去。即使是现在的法律，它的目的不是夺回最初创造它的政治家的理想或实际目的，它的目的在于证明他们的所作所为……在一个值得现在讲述的整体故事中，这个故事有一个复杂的主张：目前的实践可以由足够吸引人的原则来组织和证明，以提供一个光荣的未来。①

德沃金认为，法官解释法律，无论是解释还是发展习惯法，十分类似文学创作中，不同作者合作续写一部连环小说或系列小说。② 在德沃金的印象中，书是通过"连锁写作"写的，一批小说家接连写一部小说。每位小说家都对他所写的章节进行解释，以便写出新的一章，而这一章又给后面的小说家多加了一些材料。每位小说家都力求写好自己的那一章，出色地成为整体的组成部分。参与写作过程的每个人都有一个共同的目标，那就是创造出尽可能好的统一作品。将这种文学形象带入法律解释领域，德沃金认为，法官就像一个作者链中的现代作者。立法机关就像写了共同作品前一章的前一个作者。根据德沃金的观点：

> 法官将立法机构视为法律链条上的一个作者，尽管这个作者拥有与他们不同的特殊权力和责任，并将他们自己的角色视为一个创造性的伙伴，以他们认为最好的方式继续发展由立法机构发起的法律计划。③

在考虑法官通过解释法律而编写的"章节"的内容时，法官必须做出两项决定。第一个是关于新的章节如何融入整个作品。法官必须意识到立法机构在

---

① R. Dworkin, *Law's Empire* 227 (1986).
② R. Dworkin, "Law as Interpretation," 60 *Tex. L. Rev.* 527, 542–43 (1982).
③ R. Dworkin, "Law as Interpretation," 60 *Tex. L. Rev.* 313 (1982).

法律体系中的作用以及他或她作为法官的局限性。他或她必须认识到该体系的基本原则。第二项决定涉及在之前的章节链条中增加新章节的理由。法官必须选择一个合适的可能性，将社会的机构和决定以最好的方式展现在政治信息面前。从政治伦理的角度来看，法官很可能会遇到机构和决定的两种表述方式的错位。在这种情况下，法官应该通过表达他们对如何平衡矛盾的理想的世界观来裁决冲突。在提到法官时，德沃金写道："他必须在合格的解释中做出选择，询问哪种解释从政治道德的角度更好地显示了社会机构和决策结构——其公共标准的整体性。"法官根据他们对正义和公平的世界观，以及在这些理想发生冲突时如何平衡这些理想进行裁决。不同的法官会得出不同的结果。

（六）宪法解释

德沃金解释宪法的方式与解释法律的方式相同。然而，他考虑到了宪法作为法律体系基础性文件的特殊性：

> 宪法是其他法律的基础，所以赫拉克勒斯对整个宪法及其抽象条款的解释必须同样具有基础性。换句话说，它必须符合并证明社会中最基本的政治权力安排，这意味着它必须是一个从政治理论的最哲学的范围内得出的理由。①

当然，德沃金把宪法文本作为宪法解释的起点。只要这些文本是基于阐明人权和价值（如平等）的政治体制的语言，法官就应该赋予文本符合作者抽象意图而不是他们的解释意图的意义：

> 我们求助于历史来回答他们打算说什么的问题，而不是他们有什么其他意图的问题。我们受制于立法者所说的——他们所规定的原则——

---

① R. Dworkin, "Law as Interpretation," 60 *Tex. L. Rev.* 380 (1982).

而不是我们可能掌握的关于他们自己如何解释这些原则或在具体案件中应用这些原则的信息。①

法官从语言和文本的历史，以及法院自成立以来赋予文本的意义中了解抽象意图。在赋予宪法文本以意义时，法官应将它视为一个整体（宪法整体性）。他们对宪法的解释应以最佳方式展现其政治历史。在谈到法官解释宪法时，德沃金写道：

> 他的论点包含了民众的信念和民族传统，只要与主权问题相关，对宪法历史的解读表明，历史总体上处于最佳状态。出于同样的原因，也为了同样的目的，他们借鉴了自己对公平和正义的信念以及它们之间的正确关系。②

（七）目的解释和德沃金的解释体系：相似性

目的解释与德沃金的解释体系有许多相似之处。和德沃金一样，我认为解释是一个持续的过程，在这个过程中，作者和法官是一个创造性链条中的合伙人。法官应该解释社会的价值，而不应该把自己的主观价值强加给社会。和德沃金一样，我认为立法是一个持续的活动，而不是一次性的行为。法律的解释者应该追求一种解决方案，将立法作为一个其中各部分和谐地存在的整体。目的解释，就像德沃金的解释体系一样，把现在作为一个起点。它既向前看，也向后看，和德沃金的体系一样，避免将解释的过程冻结在过去的一个固定点上。解释是动态的，是不断发展和变化的。两种体系都使用从立法史中了解到的立法者的抽象意图作为解释的基础，而不是立法者的具体主观意图。两种体系都考虑到了语言，并拒绝虚无主义，即赋予文本以法官所希望的任何意义。

---

① R. Dworkin, *Freedom's Law: The Moral Reading of the American Constitution* 10 (1996).

② R. Dworkin, *Freedom's Law: The Moral Reading of the American Constitution* 389 (1996).

然而，这两种体系都超越了语言，并依赖于社会成员共同的一般价值观。两者都将他们的解释体系纳入一般价值观的框架。两者都是通过优先考虑最符合体系总体结构的价值来平衡内部矛盾的价值，以及平衡类似情况的方式。

（八）目的解释和德沃金的解释体系：差异性

德沃金一开始就认为，法律是以整体性为基础的。对我而言，法律要复杂得多。法律是社会的反映，而社会是多面的。像整体（由德沃金提出）、效率（由法律和经济学者提出）和正义这样神奇的词汇，都无法概括法律这一社会现象。我的观点是一个具有实践基础的折中主义观点。无论如何，仅凭整体性就能解释所有民主法律体系中的法律发展是值得怀疑的。[①] 我不相信普通法是在整体性的基础上发展起来的。事实上，我并不相信立法反映了全面的整体性概念。德沃金认为，整体性的目的是公平、正义和程序上正当程序。我认为没有理由将这些原则置于整个社会的基本民主价值之上。德沃金也不承认司法自由裁量权的存在是目的解释的一个重要因素。然而，他确实承认司法选择的行使，类似于司法裁量权。根据德沃金的说法，法官只有在选择最合理的选项的任务指导下，才会面临解释的选择。

（九）德沃金和作者的抽象意图

立法机关和立宪者的抽象意图对德沃金的体系至关重要。他通过"整体性"的概念充分表达了这种意图，这使他有义务赋予文本以最能体现其政治历史的意义。目的解释并没有将文本作者的抽象意图置于如此核心的地位。当文本类型需要时，目的解释者很少考虑抽象意图，即使其结果不能使文本的政治历史处于最有利的位置。就其寻求实现体系的基本价值而言，目的解释者与德沃金的体系一样，采用了一种道德和政治的方法。然而，它与德沃金体系的不同之处在于对基本价值的处理。目的解释将体系的基本价值视为与主观目的共

---

① P. Soper, "Dworkin's Domain," 100 *Harv. L. Rev.* 1166, 1182 (1987).

存的目的，有时甚至取代了主观目的。然而，德沃金认为体系的基本价值是立法机关抽象意图的延伸。这种意图是根据整体性原则制定的。

五、目的解释和自由解释

（一）自由解释

根据自由主义解释，没有任何解释规则来指导法官。相反，法官赋予文本一个意义，以实现他或她认为可取的价值。这些价值来自解释者的善的观念，而不是来自文本或作者的思想。① 简而言之，自由解释的方法根本不是解释，因为它否认解释规则的指导力量。由于解释规则无法进行指导，法官可以自由塑造规范的内容。解释者的主观性取代了作者的主观性。在 19 世纪末和 20 世纪初的欧洲，自由解释学者采用了这种方法。② 美国现实主义者将其原则引入美国，③ 批判性法律研究学者在 20 世纪晚期使用了这些原则。④

自由解释认为，文本的语言总是模棱两可、含糊不清。理解是上下文的功能，但上下文本身是模糊不清的。语言对解释者没有约束力。根据自由解释，文本的语言是灵活的，足以承担解释者通过它所要达到的大部分目的。在自由

---

① C. Curtis, "A Better Theory of Legal Interpretation," 3 *Vand. L. Rev.* 407, 415 (1950). 参见 W. Lucy, *Understanding and Explaining Adjudication* (1999)（将自由解释称为"异端"，与我们讨论的其他解释体系的"正统"形成鲜明对比）。

② This is France's *Libre recherche scientifique and Germany's Freirechtslehre*. 见 J. Stone, *The Province and Function of Law; Law as Logic, Justice and Social Control; A Study in Jurisprudence* 152 (1946); F. Geny, *Methode d'Interpretation et Sources en Droit Privé Positif* (J. Mayda trans., Louisiana State Law Institute 2d ed. 1963) (1954)。

③ J. Gray, *The Nature and Sources of the Law* 128 (2d ed. 1927). 请注意，一些美国现实主义者将法规的目的视为解释该法规的标准。

④ P. Brest, "The Misconceived Quest for the Original Understanding," 60 *B.U. L. Rev.* 204 (1980); S. Levinson, "Law as Literature," 60 *Tex. L. Rev.* 373 (1982); M. Tushnet, "Following the Rules Laid Down: A Critique of Interpretivism and Neutral Principles," 96 *Harv. L. Rev.* 781 (1983); D. Kennedy, "The Turn to Interpretation," 58 *S. Cal. L. Rev.* 251 (1985); D. Kennedy, *A Critique of Adjudication* (1997). 参见 M. Kelman, *A Guide to Critical Legal Studies* (1987); R.W. Bauman, *Critical Legal Studies: A Guide to the Literature* (1996)。

解释中，很少有自由解释不能通过文本的语言来实现的目标。[①] 解释的规则不限制解释者，因为它们本身必须被解释。法律是政治，[②] 法律解释是一种政治活动。根据这种"自由"方法，不可能制定客观标准来指导法官。任何这样做的尝试都只是为了掩盖法官根据自己的政治观点来解释文本的现实。自由解释认为我们应该公开承认，解释是法律的政治，唯一真正的解释规则是法官根据自己的善和正义观念来解释法律文本。

（二）对自由解释的批判

自由解释不是一种解释体系。自由解释不是正确解释观点的产物，而是反映了对法律的解构和解释法律的可能性。自由方式下的解释是一种政治行为，不是因为它表达了宪法的考虑，而是因为它没有规则，所有"解释"是政治行为而不是法律行为。文学批评中的解构主义运动影响了这种解释方法。[③]

普遍的看法是，法律是实现社会目标的工具，因此构成了一种政治工具。法律是一种规范性系统，有自己的规则和一致性。它的存在不是为了自己，而是为了实现某些"社会"而非"法律"的目标。人们可以称其为"政治目的"，但这将给人以分裂和冲突的错误印象。这是因为它混淆了手段（政治）和目的（社会和意识形态目的）。我认为，法律体系的功能是实现社会目标，即使它们在形式上是一致的、自主的。法律的形式结构包含"气阀"或开放式术语，其社会目的是将法律作为规范性工具与社会现实联系起来。如果法官是发动机，那么社会就是让他或她运作的燃料。社会现实和社会力量驱动着法律，并决定

---

① 甚至美国宪法规定总统必须年满 35 岁，在某些情况下，似乎也允许选举 18 岁的总统。

② D. Kairys, "Law and Politics," 52 *Geo. Wash. L. Rev.* 243 (1984); J.W. Singer, "The Player and the Cards: Nihilism and Legal Theory," 94 *Yale L.J.* 1 (1984); G. Peller, "The Metaphysics of American Law," 73 *Cal. L. Rev.* 1151 (1985); A. D'Amato, "Can Any Legal Theory Constrain Any Judicial Decision?" 43 *U. Miami L. Rev.* 513 (1989); *The Politics of Law: A Progressive Critique* (D. Kairys ed., 3d ed. 1998).

③ Symposium, "Deconstruction and the Possibility of Justice," 11 *Cardozo L. Rev.* 919 (1990). 参见 *Deconstruction and the Possibility of Justice* (D. Cornell, M. Rosenfeld, D.G. Carlson eds., 1992); J. Culler, *On Deconstruction: Theory and Criticism after Structuralism* 123 (1982)。

着法律规范的目的。在这一点上，我们可以接受自由解释方法的一些准则。[①]

我对自由解释的主要争论不在于法律的本质（在宏观层面），而在于一般的实在法，特别是对文本的解释（在微观层面）。即使在微观层面上，我也承认存在解释者的主观判断最终决定解释的困难案件。然而，我不同意这种案例发生的频率。自由解释者认为，所有案例都是"困难"的。对此，我不敢苟同。法律必然包含不确定性，[②]但并不是所有的法律文本，在任何情况下，都被不确定性所包围。大多数法律文本，在由生活中的实际紧急情况造成的大多数情况下，都有一个单一而独特的含义。为了使法律实现其一般目的，必须认识到个别文本的语言为局限在其中的规范的运作设定了限制。法官有权力在文本中插入内容，但这并不是完全自由或不受限制的。承认法律的存在意味着承认法律的解释规则。

这是我对自由解释方法的最大批评。它是不合适的，因为它忽略了法律文本是独立存在的。它没有区分现有文本和新文本的创造。它没有实现适当的宪法价值。如果文字可以有任何意义，那么文本就没有任何意义，其作者也就不重要了。事实上，如果一个文本没有"客观"的意义，就很难理解自由解释的学者们如何期望读者理解他们自己的写作。如果每个文本都可以被赋予任何想要的意义，为什么我不能决定自由的方法是不自由的？只要人类的交流是可能的，而且人们依靠语言作为理解的工具，对语言的自由方法就不能成立。没有语义边界的解释就不是解释。

自由解释认为，法律是以价值观和目标为基础的。然而，根据自由解释的方法，解释者并不以这些价值和目标为指导，而是根据政治目标行事。对此，我认为，法律是实现法官所表达的社会目的和价值的一种手段。法官可能享有某些自由来平衡这些目的，但他们不能自由地创造这些目的。即使法律的不确

---

① 对于一个出色的分析，声称自由解释与正统方法相差不远。

② L. Solum, "On the Indeterminacy Crisis: Critiquing Critical Dogma," 54 *U. Chi. L. Rev.* 462 (1987); K. Greenawalt, "How Law Can Be Determinate," 38 *UCLA L. Rev.* 1 (1990).

定性给了法官自由裁量权，这种自由裁量权也很难是绝对的。① 宪法要求对完全的解释自由起到了事实上的限制作用。民主和分权的原则禁止这种自由，这将破坏法治和公众对司法机构的信心。社会的民选官员，而不是法官，在决定社会目标方面发挥着主要作用（对民主的考虑）。法官是解释项目中的初级合伙人（对分权的考虑）。反映法官主观性的解释损害了安全、确定性和个人的可信赖的期望（法治的考虑）。在自由解释体系下，公众会将法官视为政客而失去对他们的信任（对公众对司法机构的信任的考虑）。法官的个人观点有时会与社会的基本观点以及宪法和制度结构相背离。对这些观点的推崇可能会破坏重要的社会原则（对宪法和系统结构的考虑）。法官的个人观点也可能侵犯使用私法文本为自己创造规范的个人的自主权（对自主权和个人意愿的考虑）。

法官拥有自由裁量权，但他们必须利用自由裁量权来制定和实现社会目标。法官作为解释项目的初级合伙人，其司法自由裁量权是有限的。如果被解释的文本是一部宪法，制宪会议是高级合伙人。对法律来说，立法机构是高级合伙人。对于一份合同，合同各方是高级合伙人。对于一份遗嘱来说，遗嘱人是高级合伙人。我并不是说法官受到绝对的约束，但他们也不是完全自由的。解释者可以——有时必须——制定社会政策，但只能在高级合伙人所创造的夹缝中进行。② 如果法官成为解释项目的唯一行动者，法律和社会的宪法结构将发生变化。法律将成为实现未经选举的少数人的目标的工具。任何承认政府各部门之间以及各部门与个人之间的合作和互惠关系的尝试都将破产，解释项目将失去其正当性。③ 西方法律界并不这样看待法律。除非对法律、司法和解释的看法发生革命性的变化，否则自由解释将不被容忍。

---

① O. Fiss, "The Death of the Law," 72 *Cornell L. Rev.* 1, 10 (1986). 参见 O. Fiss, "The Law Regained," 74 *Cornell L. Rev.* 245 (1989)。

② R. Pound, "Mechanical Jurisprudence," 8 *Colum. L. Rev.* 605 (1908). 福尔摩斯法官在《南太平洋》一案的意见中使用了"间歇性地"一词："我毫不犹豫地承认，法官确实而且必须立法，但他们只能在间歇性地这样做；它们被限制在从摩尔运动到分子运动。"

③ S. Carter, "Constitutional Adjudication and the Indeterminate Text: A Preliminary Defense of an Imperfect Muddle," 94 *Yale L.J.* 821 (1985).

六、对目的解释的批评和一些回应

（一）来自主观和客观解释体系的批判

因为目的解释既不是纯客观的，也不是纯主观的，所以它受到来自主观和客观解释体系的批评。我在对各种解释体系的分析中谈到了这种批评。但是，对作为独立体系的目的解释的批评是什么？我认为有三种主要的批评：第一，目的解释试图通过制定适用于所有法律文本的解释理论来实现不可能的目标；第二，目的解释赋予了解释的法官过于广泛的自由裁量权；第三，目的解释过于复杂。我将在下文讨论这些反对意见，并对其作出回应。

1. 一个全面的解释体系过于雄心勃勃

第一种反对意见是这样的：没有一种全面的解释理论能够在不依赖司法裁量权的情况下回答每一个解释问题。当一种解释理论不局限于某种特定的法律文本，如宪法或法律，而是为所有法律文本寻求解决方案的时候，这种批判尤为强烈。然而，目的解释欣然承认，在一个为所有解释问题提供答案的体系中，需要司法裁量权。那么，剩下的是这样的说法：创建一个适用于所有法律文本的解释体系过于雄心勃勃，[①] 每种法律文本都有自己的特点，试图将它们混为一谈太武断了。[②]

我承认，没有任何神圣的或解释学的法律规定所有法律文本必须有统一的解释体系。我只坚持认为，法律文本的相似性多于差异性，而目的解释通过在语言范围内赋予所有法律文本以实现文本的（主观和客观）目的的意义，来

[①] 贝蒂过去曾尝试过这件事。见 E. Betti, *Teoria Generale della Interpretazione* (1955)。他的书被翻译成德语，(E. Betti, *Allgemeine Auslegungslehre als Methodik der Geisteswissenschaften* [J. Mohr trans., 1967])，但没有翻译成英文。J. Buttigieg, "The Growing Labors of the Lengthened Way: The Hermeneutics of Emilio Betti," 34 *Union Seminary Q. Rev.* 97 (issue 2 1979); G. Wright, "On a General Theory of Interpretation: The Betti-Gadamer Dispute in Legal Hermeneutics," 32 *Am. J. Juris.* 191 (1987).

[②] 对将法定解释与合同解释类比的趋势的批评，见 M.L. Movsesian, "Are Statutes Really 'Legislative Bargains'？The Failure of the Contract Analogy in Statutory Interpretation," 76 *N. Carolina L. Rev.* 1145 (1998)。

表达这些相似性。这一要素是所有法律文本的共同点，并优先于它们的不同之处。此外，目的解释并不忽视或压制分裂文本的要素。相反，它考虑到它们的差异，并通过相应地调整主观和客观目的之间的内部平衡，使它们得到充分表达。它给予每个文本足够的空间来表达其个性。这样的表达并不导致每个文本有一个单独的、独立的解释体系，而是发生在目的解释中。

目的解释建立在将其不同组成部分统一在"文本的目的"旗帜下的力量和寻求承认每个文本为其自身解释单位的离心力之间的内部张力之上。我相信，统一的力量比分裂的力量更强大。因此，有可能构建一种统一的解释理论，将所有法律文本统一起来，同时承认每种文本的个性。我认为，目的解释克服了它所存在的内部紧张关系。它促进了解释视角的相互融合，而不至于被分割成遗嘱、合同、法律和宪法的各自解释理论。通过采用目的解释，我们克服了法律和宪法的解释者忽视合同和遗嘱的解释，以及合同和遗嘱的解释者忽视法律和宪法的解释的现象。通过全面考虑所有文本，目的解释的不同组成部分得到了加强，并在发展承认各组成部分的个性的统一理论方面取得了进展。

2. 目的解释决定了法官有过于广泛的自由裁量权

第二种反对意见是，目的解释赋予法官过于广泛的自由裁量权。平衡主观和客观目的的需要，以及针对客观目的的多样性推定，扩大了法官的自由裁量权，而没有适当的限制性规定。这种自由裁量权的扩大破坏了法律的安全性和确定性，最终也损害了公众对法官的信任。

诚然，目的解释是基于司法自由裁量权的一个组成部分，但对于任何希望为每一个解释问题提供解决方案的解释体系来说，这必然是事实。这个问题是一个程度问题。我不认为目的解释比其他解释体系给予法官更广泛的自由裁量权。相反，我认为目的解释比其他体系更能限制司法自由裁量权。与其他解释体系不同，目的解释对不同推定（主观和客观）之间的关系采取了规范的立场。当其他解释体系让一些决定被埋藏在解释者的直觉中，目的解释则将这些问题推到表面，迫使解释者尊重这些问题，并对这些问题采取由规则和原则决定的规范性立场。其他解释体系言行不一，例如，对立法意图口惠而实不至，将立法意图定义为合理的立法机构的意图，反过来又成为法院的意图。另一方面，目的解释实话实说。目的解释承认需要表达作者的真实意图，但指出如果没有关于该意图的可靠信息，或者如果该意图与解决解释问题无关，那么解释者将放弃立法意图而选择解释体系的基本价值。目的解释承认，文本的最终目的是基于不同目标之间的平衡的法律构建。它承认存在司法自由裁量权，有限的司法主观性，以及司法创造性。它把自己的底牌摆在桌面上，要求司法解释工作完全透明。它使法官面临持续的专家审查，并加强对司法机构的信心。然而，最重要的是，目的解释使解释能够实现其目的。它实现了法律的目的，实现了法官在民主中的作用，其动态方法使法官能够弥合法律和社会之间的差距，其宪法方法充分表达了形式和实质上的民主。

3. 目的解释过于复杂

第三种反对意见是，目的解释过于复杂。虽然第二种反对意见认为，目的解释的司法自由裁量权过大，而规则和原则过少，但第三种反对意见却认为，目的解释的规则和原则过多，给解释者带来负担。

乍看起来，这种说法是有道理的，但只是乍看起来。任何解释体系都显得复杂，甚至有威胁性，直到你习惯了它。一旦解释者接受了目的解释的培训并开始理解它，复杂性就消失了。事实上，在大多数情况下，特别是在审判层面，对文本的目的没有真正的争议。在这些情况下，法官可以走捷径。无论从客观还是主观目的出发，法官通常都能迅速达到最终目的。这一目的是在不诉诸司法裁量权的情况下解决解释问题。只有在极少数情况下，解释者才有必要穷尽所有目的解释手段。在少数情况下，没有简单的解决办法，解释者必须经历整个解释的过程。然而，我们没有理由认为目的解释的这个过程比其他解释体系更长或更复杂。

到目前为止，我已经讨论了以目的解释为特点的一般学说。我强调了法律文本之间的共性，以及目的解释将每种法律文本的特殊性考虑进来的方式。接下来，我将讨论不同的法律文本和它们在目的解释中的处理方式。由于将目的解释视为适用于不同法律文本的统一体系，我将在第三部分重点讨论不同法律文本（遗嘱、合同、法律和宪法）及其目的解释。

第三部分

法律
解释

第十二章
遗嘱解释

一、遗嘱的独特性以及其如何影响解释

（一）遗嘱的独特性

　　遗嘱具有三个特点：首先，遗嘱是遗嘱人意图的体现。遗嘱人可以选择任何他们喜欢的语言、词汇或符号来表达自己的意图。他们可以把黑称为白，把白称为黑。语言是他们表达的原材料。这是遗嘱与针对公众的公共法律文件之间的区别，因为公共法律文件有义务使用公众能理解的语言。遗嘱反映了遗嘱人的思想和意愿，因此他或她可以选择以任何自己喜欢的方式来表达。在语言灵活性方面，遗嘱与合同相似。其次，遗嘱人必须遵循特定的格式来起草遗嘱。尽管合同可以采取任何形式，但遗嘱只能采取有限数量的形式之一。第三，遗嘱是一种单方面的法律行为。在遗嘱人书写或口述后，遗嘱生效，无须进一步的法律程序[1]。遗嘱是一种不固定的规范[2]，不会产生依赖利益。[3]的确，有时候继承人期望从亲人那里继承财产，但在遗嘱人在世时，法律并不保护这

---

[1] P. Piotet, *Erbrecht* 205 (1978).

[2] T. Atkinson, *Law of Wills* (2d ed., 1953). 遗嘱写好后即"完成"，但只有在立遗嘱人死亡时才授予权利。在过渡期间，它是可撤销的。

[3] W.H. Page, 4 *Page on the Law of Wills* 2 (W. Bowet & D.H. Parker eds., rev. ed. 1961).

种期望。① 这些特点会影响遗嘱的解释，我们将在后文中看到。

（二）解释的唯一性：遗嘱人意图的优越地位

目的解释赋予了遗嘱人意图极大的重要性，因为它体现了遗嘱的独特特性。"尊重死者的遗愿"② 的原则贯穿于所有法律体系③，其源远流长，可追溯至古代犹太法。遗嘱人的意图作为其尊严和财产宪法权利的体现，是解释遗嘱的关键。④ 当遗嘱人的主观意图与客观意图（即合理遗嘱人或法律体系的意图）产生冲突时，主观意图具有优先地位。⑤ 遗嘱人的意图指的是在制定遗嘱时所表达的历史性和心理性意图。⑥

（三）遗嘱的含义及其客观目的

尽管主观目的在遗嘱解释中占据了较高的地位，但它并非唯一因素。客观目的及其衍生的推定始终适用，它们是理解主观目的的背景。在解释矛盾的主观目的时，它们可能具有决定性作用。在缺乏相关主观目的的情况下，它们也适用。在解释遗嘱时，客观目的虽然占据次要地位，但重要性不容忽视。通常，当法院解释遗嘱时，他们并不了解遗嘱人的（主观）意图。他们必须根据客观

---

① A. Corbin, 3 *Corbin on Contracts: A Comprehensive Treaty on the Roles of Contract Law* 4 (1960)。

② 这句话被认为是拉比梅尔说的，*Babylonian Talmud*, Tractate Gitin, 14: 72 (3d to 5th centuries C.E.)。参见 A. Golack, 3 *Foundations of Jewish Law* 126 (1999)。

③ 见 Art. 133 of the B.G.B. 适用于遗嘱的解释。法国和意大利法律在关于合同解释的法典条款中包括对遗嘱的解释，要求根据当事人的意图解释合同（因此，根据立遗嘱人的意愿，这是遗嘱）。见 *Leçons de Droit Civil, Successions Liberalités*, vol. 4 (3d ed. 1980); C. Grosetti, "Interpretazione de Negozi Giuridici, 'Mortis Cousa,'" 8 *Novissimo Digesto Italiano* 907 (1962)。关于美国法，见 Restatement of the Law, *Property (Donative Transfers) Tentative Draft No. 1* (1995) (hereinafter: *Tentative Draft*)。关于英国法，见 H.S. Theobald, *The Law of Wills* (15th ed. 1993)。

④ *Smith v. Coffin* (1795) 126 E.R. 641, 644（"问题总是必须是，遗嘱人的意图是什么？这是北极星，我们必须靠它来指引"）(Buller, J.). 其他学者将这种意图称为"意志女王"(H. Winburne, *A Brief Treatise of Testaments and Wills* 9 [1590 4 Photo, reprint 1978])。

⑤ T. Feeney, *The Canadian Law of Wills* vol. 2, 1 (3d ed. 1987).

⑥ *In Re Rowland* [1963] 1 ch. 1, 10（"的确，你必须从他使用的话语中发现他的意图：但你必须赋予他的话语所承载的意义……而不是语言学家赋予它们的意义"）(Denning, J.).

目的做出判断。在共同遗嘱和互惠遗嘱中，法院必须考虑两位遗嘱人的共同意图。从每位遗嘱人的角度来看，法院会考虑与他或她的意图无关的事实。我们应该公开承认遗嘱解释的这一客观方面 ①，而不应该错误地声称坚持主观性 ②，既用主观意图的说辞，又采用客观方法的实践。如果意图不存在，或者我们没有关于意图的信息，我们应该承认这一事实。目的解释正是这样做的。它充分承认合理作者意图以及体系意图（客观目的）作为解释遗嘱的次要但重要标准。

二、遗嘱语言

法律法规是立法者与公众之间的沟通方式。因此，它必须使用大众能够理解的语言。而遗嘱则是表达遗嘱人意图的载体。遗嘱人可以自由选择他们表达意图的方式。当然，遗嘱也是与法律体系沟通的一种方式，通过负责解释遗嘱的法官实现。因此，法官必须理解遗嘱。如果遗嘱人用法官无法理解的语言起草遗嘱，法官可能会以不符合遗嘱人意图的方式解释遗嘱。法官甚至可能因为遗嘱用词过于模糊而使某些条款失效。一个愿意承担风险的遗嘱人或许会使用自己的私人语言或代码。他可能将财产遗赠给"母亲"，而实际上指的是他称之为"母亲"的妻子。遗嘱人可能将她的"书"遗赠给 X，而实际上"书"是指她的葡萄酒瓶。尊重死者的遗愿的核心在于允许遗嘱人创造自己的私人词汇。我并不认为这种词汇决定了遗嘱的法律含义。遗嘱的法律含义取决于其目的。我的意思是，在解释遗嘱时，法官必须把私人和公共意义作为遗嘱语言的语义可能性范围的一部分。许多法律体系都采用了这种方法。③

---

① T. Atkinson, *Law of Wills* 813 (2d ed., 1953). 参见 *Boai v. Metropolitan Museum of Art*, 292 F. 303, 304 (S.D.N.Y 1923)。

② L. Sims, *Handbook of the Law of Future Interests* 183 (2d ed. 1966).

③ 关于德国的情况，见 Münchener Kommentar, 9 *Bürgerliches Gesetzbuch* 941 vol. 3 (3d ed. 1997)；英格兰，见 H.S. Theobald, *Theobald on Wills* 216 (15th ed. 1993)。加拿大，澳大利亚，新西兰采用了同样的方法。见 T. Feeney, *The Canadian Law of Wills* vol. 2, 52 (3d ed. 1987); I.J. Hardingham, M.A. Neave, H.A.J. Ford, *Wills and Intestacy in Australia and New Zealand* 287 (2d ed. 1989)。关于美国的情况，见 *the Tentative Draft*。

三、遗嘱的目的

（一）遗嘱目的的核心意义

遗嘱的目的是实现遗嘱所设计的利益、目标、价值观、目的、政策和功能。它是遗嘱基础上的平台。这是遗嘱分配遗嘱人财产的"计划"。这样的目的——像合同、法规和宪法的目的一样——是一个规范性概念。它是一个法律构造，由客观目的和主观目的组成。主观目的是遗嘱人的意图，是他或她实际意愿的表达。可以通过任何用于证明一个人意图的证据来证明。客观目的是遗嘱人在表现为合理人的情况下所具有的具体意图。如果这一意图未知，则它是合理遗嘱人的意图。在最高层次的抽象上，它反映了体系的基本价值观。主观意图在确定遗嘱目的时占据核心地位，但遗嘱目的并不等同于遗嘱人的意图。遗嘱人的意图是确定目的的主要来源，但不是唯一来源。遗嘱的目的是一个抽象的、规范性的概念，包含实际和假设方面。每个遗嘱都有多个目的（主观和客观）。在极少数情况下，这些目的可能发生冲突。法官必须在确定遗嘱的最终目的时解决这些冲突。

（二）遗嘱的主观目的

遗嘱的主观目的是遗嘱人通过遗嘱寻求实现的利益、目标、价值观、目的、政策和功能。这是真实的意图。这是实际上在遗嘱人脑海中出现的画面。它由过去发生的生物—心理—历史事实组成。一旦遗嘱人表达了他或她的意图并立下遗嘱，法官应根据遗嘱人的实际意图来解释遗嘱。这种意图可能是合理的，也可能是不合理的；可能是公正的，也可能是不公正的；可能符合制度的标准，也可能是任性和荒谬的。我们不必认为每个遗嘱人都是不合理的、恶意的或任性的。相反，我们可以假设每个遗嘱人都在行使理性、公平和正直。我们可以假设每个遗嘱人都利用他或她的遗嘱来实现制度的基本价值。因此，目的解释认为遗嘱的主观目的与其客观目的一致。然而，这种推定是可以反驳的。如果证明遗嘱人的意图与制度的意图不一致，那么这种推定就被推翻了。如果制定遗嘱的环境显示遗嘱人的主观目的偏离客观目的，那么这种推定就被推翻了。如果证明遗嘱人不可能想到客观目的推定的内容，那么这种推定也将被推翻。主观目的揭示了真相。它反映了真实的意图。然而，只有在有关于该意图的可靠信息时，它才适用。[1]

1. 主观目的的来源

解释者从两个来源了解遗嘱的主观目的：首先是遗嘱本身，其次是制定遗嘱的环境。第一个来源是内在的（文本背景），而第二个来源是外在的（外部背景）。

首先（内部）来源将遗嘱视为一个整体，就像所有法律文本一样。所有法律制度都采用这种方法来处理遗嘱。[2] 无论遗嘱的语言是否"明了"，解释者都将遗嘱视为一个整体。当然，在这里我们遇到了解释学循环的问题：要理解遗嘱的任何条款，我们必须理解整个遗嘱；但要理解整个遗嘱，我们必须理解各个部分。预先理解使我们摆脱了这一困境。我们带着我们的所有假设、观点和出发点来处理遗嘱。利用这种预先理解，我们对遗嘱的部分内容形成理解，这有助于我们对整个内容形成初步理解。然后我们在部分和整体之间来回移动。

了解主观目的的另一个信息来源是遗嘱制定过程中的环境。这些是现实的边缘圈子，它们是意志的核心"故事"。[3] 解释者参考这些环境来明确立遗嘱人的意图。最直接的环境——最内圈——是制定遗嘱时的环境。距离次近的圈子是遗嘱制定前后发生的事件和事实。[4] 只有在立遗嘱人知道这些环境的情况下，制定遗嘱的环境才能证明主观目的。如果这些情况不在他或她的意识中，即使

---

[1] Z. Chafee, "The Disorderly Conduct of Words," 41 *Colum. L. Rev.* 381, 398 (1941).

[2] T. Feeney, *The Canadian Law of Wills* vol. 2, 18 (3d ed. 1987); W. Page, 2 *Page on the Law of Wills* 42 (1941).

[3] 关于法律中的"讲故事"，见 J. Baron, "The Many Promises of Storytelling in Law," 23 *Rutgers L.J.* 79 (1991)。有关这种方法在遗嘱解释中的应用，见 J. Baron, "Intention, Interpretation and Stories," 42 *Duke L.J.* 630 (1992).

[4] T. Feeney, *The Canadian Law of Wills* vol. 2, 16 (3d ed. 1987); E.A. Kellaway, *Principles of Legal Interpretation of Statutes, Contracts and Wills* 571 (1995).

一个合理的立遗嘱人应该知道这些情况，它们也没有证据价值。证明这些环境的证据标准是民事证据的优势标准。

英国法律不允许将遗嘱人意图的直接证据作为证明其遗嘱情况的外部证据。① 英国法律改革委员会在这个问题上意见不一 ②，但英国议会采纳了禁止引入直接证据的多数意见 ③。美国法律对此问题没有统一意见，但现代趋势是接受直接的外部证据。④ 以色列法律则拒绝英国的做法。⑤ 实际上，英国的规定令人费解。如果我们认真对待遗嘱人的意图，为什么不从所有可靠来源获取有关信息呢？

2. 解释者何时可以参考遗嘱的制定背景？

目的解释允许解释者在任何情况下参考法律文本的产生背景，这种一般规则同样适用于遗嘱。这也是大陆法的传统方法 ⑥，美国法律也逐渐趋同。在19 世纪，美国主流法律观点仅在遗嘱或其语言意义不清楚的情况下，允许解释者参考遗嘱产生背景。如果遗嘱（或合同）的意义是明确的，解释者就不能参考背景情况。威格摩对这种方法提出了批评："所谓的'明确意义'实际上只是那些没有撰写文件的人的意义。" ⑦ 威格摩将这种批评应用于遗嘱、合同和法规的解释。渐渐地，美国法律观点发生了变化。1940 年的《财产法典》体现了这一变化，允许法官始终参考背景情况。⑧ 尽管旧观点并未完全消

---

① T. Feeney, *The Canadian Law of Wills* vol. 2, 66 (3d ed. 1987); W. Page, 2 *Page on the Law of Wills* 221 (1941); Note, "Admissibility of Testator's Declarations of Intention," 17 *S. Cal. L. Rev.* 276 (1965).

② 委员会报告中的少数意见支持承认这样的证据。Law Reform Committee, *Interpretation of Wills* 19 (Cmnd 5301 1973).

③ Art. 21 of the Administration of Justice Act, 1982.

④ *Tentative Draft*, at 14.

⑤ C.A. 45/62 *Holon v. Executors of the Estate of Aryeh Shenker*, 16 P.D. 1707, 1710.

⑥ E. Schanze, "Interpretation of Wills—An Essay Critical and Comparative," *Comparative and Historical Essays in Scots Law* 104 (D.L.C. Miller and D.W. Miers eds., 1992). 参见 J. von Staudinger, *Kommentar zum Bürgerlichen Gesetz mit inführungsgesetz und Nebengesetzen* 769 (vol. 5, 1996); P. Malaurie and L. Aynes, *Droit Civil, les Successions, les Libéralités* 288 (3d ed. 1995).

⑦ J.H. Wigmore, 9 *Evidence in Trials at Common Law* 198 (Chadbourne rev. ed., 1981).

⑧ 3 *Restatement of Property (Future Interests)* 1198 (1940).

失，但该方法已经确立。① 《暂行草案》采纳了解释者始终可以参考背景情况的观点。②

英国法律也经历了类似的发展。从 19 世纪到 20 世纪 80 年代，英国法官只有在遗嘱的语言不明确时才被允许参考情境。这一字面规则适用于所有法律文本的解释。随着 1982 年《司法管理法》的出台，对情境的参考逐渐变得宽松。③ 然而，自由获取仍然受到限制。④

（三）遗嘱的客观目的

遗嘱的客观目的是指立遗嘱人作为一个合理的人所追求的目标。在没有更具体信息的情况下，这是一个合理的人通过遗嘱所寻求实现的目的。这样的遗嘱体现了制度的基本价值观（"制度意图"），包括在分配遗产人财产时的平等、正义、合理和公平。⑤ 同时，客观目的还考虑了公共利益，例如防止继承人从不当行为中获利。⑥ 遗嘱可能是单方面的，但它并非在荒岛上制定。司法机构维护和执行遗嘱。遗嘱从制度中汲取生命力，并反过来滋养制度，为遗嘱的目的引入客观因素。

在较低的抽象层面上，法官从遗嘱及其制定环境中了解客观目的。在较高的抽象层面上，法官从法律中了解客观目的。然而，如果无法通过遗嘱的语

---

① W. Page, 2 *Page on the Law of Wills* 819 (1941).

② *Tentative Draft*, at 6, 19.

③ 见 Art. 21 of the statute. 第（c）款中有相关规定，允许解释者参考以下情况："除遗嘱人意图的证据外，只要有证据表明，根据周围情况，遗嘱中任何部分使用的语言是含糊不清的。"

④ 请参阅澳大利亚维多利亚州的立法，Art. 22A (1) of the Wills Act。新西兰已经注意到改革的必要性。J.K. Maxton, "Construction of Wills: A Need for Reform" [1983] *New Zealand L.J.* 69. 爱尔兰采取了不同的立场，允许自由接触环境。见 1965 年爱尔兰继承法第 90 条。

⑤ E. Halbach, "Stare Decisis and Rules of Construction in Wills and Trusts," 52 *Cal. L. Rev.* 921 (1964).

⑥ 关于"谋杀继承人"的历史，见 A. Reppy, "The Slayer's Bounty—History of Problem in Anglo-American Law," 19 *N.Y.U. L. Rev.* 229 (1942)。参见 M.L. Fellows, "The Slayer Rule: Not Solely a Matter of Equity," 71 *Iowa L. Rev.* 489, 538 (1986)。关于德沃金的立场，德沃金通过填补法律空白的原则解决了这个问题。

言实现这一目的，就不应考虑这一目的。目的解释认为"解释工作不仅限于文字，而且文字限制了解释"①，这也适用于客观目的。在遗嘱的文本中必须有一个语言钩子——一个阿基米德支点，通过它可以实现客观目的。

有人可能会问，遗嘱的客观目的是在遗嘱制定时确立，还是在解释时确立。我倾向于认为，在较低的抽象层次上考虑客观目的时（"作为一个合理的人，遗嘱人本来想要什么？"），相关的时间是遗嘱制定时；而在更高层次的抽象中（"制度的意图"），相关的时间框架是解释的时刻。

（四）确定客观目的的推定规则

客观目的以目的推定的形式出现在法官认定中。这些推定始终适用，无论文本的明确程度如何或解释的特定阶段如何。顾名思义，目的推定并非绝对。根据遗嘱和相关情况了解到的遗嘱人的相反主观目的可以推翻这些推定。然而，仅仅一个遗嘱人可能无法预料到客观目的并不足以推翻推定。只有在与遗嘱人的实际意愿不一致时，客观目的的推定才会被推翻。这些目的推定是什么？它们因法律制度而异。以下是大多数法律体系中采用的客观目的推定的部分清单：

1. 目的推定的第一项是遗嘱的主观目的源于其自然和普通的语言②，这在案例法和文献中均有提及，被称为"黄金规则"。目的性解释将黄金规则替换为"黄金推定"，以确保稳定和确定性。③

2. 遗嘱条款之间不存在矛盾；遗嘱与之前的遗嘱保持一致；遗嘱中相同的词语具有相同的含义，而不同的词语具有不同的含义的推定。

3. 推定遗嘱有效。所谓"有效性规则"就是将目的解释转化为有效推定。

4. 推定遗嘱纳入继承法，影响到很多继承中的问题。例如，在法律上剥

---

① F.H. 40/80 *Koenig v. Cohen*, 36(3) P.D. 701, 703.

② H.S. Theobald, Theobald on Wills 200 (15th ed. 1993).

③ 我们可以用一个额外的假设来补充它，即主观目的产生于意志的清晰和明确的语言。见 C.A. 239/89 *Shoresh v. Galili*, 46(1) P.D. 861, 867。

夺继承权时存在一个反推定①。当立遗嘱人的遗嘱提到"我的继承人"时，人们会推定他或她指的是法律规定的继承顺序。当立遗嘱人将财产遗赠给两个继承人中的一个而非另一个时，当立遗嘱人的遗嘱提到"我的继承人"时，人们会推定他或她指的是法律规定的继承顺序。②当立遗嘱人将财产遗赠给两个继承人中的一个而非另一个时，他或她被认为是根据相关的继承法规定替换一个继承人。当遗嘱人将财产遗赠给两个继承人中的一个接着另一个时，他或她被认为是根据继承法规定一个接着一个地继承。

5. 推定遗嘱纳入一般法律。③遗嘱的财产条款被认为整合到了财产法中，债务条款被认为整合到了债法中，税收条款被整合到税法中。④

6. 推定遗嘱适用于立遗嘱人死亡当天存在的资产及人员。这表达了"遗嘱从死亡之日开始发生效力"的观点。⑤

7. 推定遗嘱适用于遗嘱人全部财产的推定，而不仅仅是部分财产。⑥

8. 推定遗嘱公正分割了立遗嘱人的财产。⑦这一推定反映了法律制度的基本价值观。这些价值观指导我们朝着公正的结果前进，它们约束我们做正确和善良的事情，它们旨在防止恶意和不公正。因此，遗嘱被解释为防止不适当的继承人（如谋杀立遗嘱人的继承人）继承遗产。

9. 推定立遗嘱人的财产平均分配。推定立遗嘱人希望保证与遗赠人关系相同的继承人之间的平等地位。立遗嘱人财产的平均分配推定符合现代法律制

---

① W.H. Page, 4 *Page on the Law of Wills* 111 (W. Bowet & D.H. Parker eds., rev. ed. 1961). T. Feeney, The Canadian Law of Wills vol. 2, 27 (3d ed. 1987).

② P. Piotet, Erbrecht 211 (1978).

③ W.H. Page, 4 *Page on the Law of Wills* 92 (W. Bowet & D.H. Parker eds., rev. ed. 1961); T. Feeney, The Canadian Law of Wills vol. 2, 22 (3d ed. 1987).

④ *Tentative Draft*, at 48.

⑤ E.A. Kellaway, *Principles of Legal Interpretation of Statutes, Contracts and Wills* 530 (1995).

⑥ T. Feeney, *The Canadian Law of Wills* vol. 2, 24 (3d ed. 1987); E.A. Kellaway, *Principles of Legal Interpretation of Statutes, Contracts and Wills* 599 (1995); W.H. Page, 4 *Page on the Law of Wills* 98 (W. Bowet & D.H. Parker eds., rev. ed. 1961).

⑦ T. Feeney, *The Canadian Law of Wills* vol. 2, 21 (3d ed. 1987); 参见 C.H. Sherrin, "The Words of Change in the Law of Wills," 40 *The Conveyancer and Property Lawyer* 66 (1976)。

度的精神，它有时以法律规则的形式出现。我倾向于将其视为一种推定。

10. 推定遗嘱符合公共利益。遗嘱的解释者应该假设合理的遗嘱人希望促进公共利益。[1] 因此，推定遗嘱的内容，不应该摧毁昂贵的画作，不应该毁坏珍贵的手稿，不应该让古董损毁。[2]

11. 推定遗嘱不禁止善意地向法院提出关于重大事项的索赔的诉讼。

12. 推定遗嘱在人际关系的处理中取得合理、公平、不荒谬、可接受的结果。这一推定体现了法律制度的基本价值观。

13. 推定遗嘱符合合理期望，这包含遗嘱对各继承人之间的平均分配，以及遗嘱在婚姻和收养等事项上不侵犯继承人自由和自主权的推定。遗嘱的目的以遗嘱人社区习惯和可接受的分配财产方式被推定。

14. 推定遗嘱优先考虑家庭成员而非陌生人。完整的家庭受到普世的认同和偏好，在这一推定中，"近亲"比"远亲"更受青睐。[3] 遗嘱被推定为维护家庭关系的秩序。[4]

15. 推定遗嘱维护人权。因此，推定立遗嘱人寻求在同一级别的继承人之间进行平等分配，以及推定立遗嘱人无意基于宗教、种族或性别进行歧视。

（五）遗嘱的最终目的

现在我们已经到了最后阶段。解释者研究了关于遗嘱目的的各种信息，这些信息以推定的形式呈现。当所有信息都指向同一方向时，工作就变得简单了。解释者根据这些信息确定遗嘱的最终目的。他或她确定了遗嘱语言的法律含义。

然而，有时有关遗嘱目的的资料指向不同的方向。这时，解释者必须决定优先考虑哪些资料。由于遗嘱的独特性，解释者对主观目的给予了决定性的重

---

① *Tentative Draft*, at 82.
② 例见 *Eyerman v. Mercantile Trust Co.*, 524 S.W.2d 210 (Mo. App. 1975)（拒绝执行遗嘱中指示拆除遗嘱人房屋的条款，因为这会损害相邻业主的利益，违反公共政策）。
③ *Tentative Draft*, at 81.
④ *Tentative Draft*, at 81.

视。如果有关主观目的的资料之间存在矛盾，指向主要目的的信息优先于指向次要目的的信息，特定目的优先于一般目的。同样，在决定同一（主观）层面的资料时，解释者应优先考虑与遗嘱的客观目的相一致的资料。

如果没有关于主观目的的相关信息，解释者该如何处理呢？在这种情况下，最终目的取决于客观目的的资料。当这些信息彼此矛盾时，较低层次的抽象（即如果立遗嘱人当时考虑了这个问题，他或她会如何决定）优先于较高层次的抽象（即一个理性的立遗嘱人会如何决定）。当客观目的的推测相互矛盾时，解释者应根据它们所代表的价值权衡它们。如果权衡结果是平衡的，解释者必须行使自己的判断来做出决定。在我看来，解释者应选择最能实现公正的目的。其他目的解释者可能会使用不同的标准。这是司法裁量的问题，要实事求是地行使判断。

第十三章
合同解释

一、合同的独特性及其对解释的影响

（一）合同的独特性

合同表达了合同双方的私人意愿自主权，这是源自人格尊严和财产权的宪法权利。人格尊严权利保障了决定是否通过合同进行沟通，与谁进行沟通，以及自由制定合同内容的权利。与同样表达私人自主权的遗嘱不同的是，合同在合同各方之间创建了合理的期望。它产生对合同本身及其结果的信赖。它还可能在第三方中产生信赖利益。

（二）解释的独特性：合同双方共同意图的优越地位

合同的独特性影响着关于它的解释。由于合同是合同双方私人意愿的表达，法官在解释合同时应表达这种意愿。我们在前文中看到，解释法律文本的关键问题是"为了什么目的进行解释"，而"什么目的"是为了实现文本的目标。因为合同的主要目的是实现双方当事人的共同意愿，法官应根据这一意愿来解释合同。

对合同双方共同意愿的强调，是贯穿于大陆法系的一条主线。法国民法典第 1156 条是一个典型的例子。[①] 它规定在合同中应当寻求合同双方的共同意愿，而不仅仅停留在字面意义上。[②] 国际性的"法律"——如国际商业合同统一原则[③]、《联合国国际货物销售合同公约》[④] 以及《欧洲合同法原则》[⑤]——也采取了同样的立场。美国的合同重述法也效仿此举[⑥]，标志着美国法律发展中一个有趣的阶段的结束。[⑦]

相比之下，英国普通法采取了一种特殊的立场，根据理性当事人的意图来解释合同。以下由威尔伯福斯勋爵发表的评论代表了英国的学说：

> 当谈及合同各方当事人的意愿时，是在客观地描述——各方当事人本身无法直接提供关于他们意图的证据，需要确定的是如果将理性的人置于各方的情境中，他们会产生怎样的意愿。[⑧]

近年来，英国放宽了这种方法，现在可以根据理性人的理解来解释合同，

---

① K. Zweigert and H. Kötz, *Introduction to Comparative Law* 400 (T. Weir trans., 1998); Art. 133 of the B.G.B.; Art. 18 of the Swiss Law of Obligations; Art. 1362 of the Italian Civil Code; Art. 1425 of the Quebec Civil Code.

② "在解释合同时，应该寻求通过合同进行沟通的各方的共同意图，而不是停留在条款的字面意义上。"

③ 《公约》第 4 条："（1）按照当事人的共同意思解释合同。（2）如果不能确定这种意图，则应按照与当事人同类的通情达理的人在相同情况下对合同的理解来解释合同。"

④ 《公约》第 8 条："（1）就本公约而言，一方当事人所作的声明和其他行为，如另一方当事人已知道或不可能不知道其意图，则应按其意图解释。（2）前款规定不适用的，一方当事人的声明和其他行为，应当按照与另一方当事人在相同情况下的理性人的理解来解释。"

⑤ 《原则》第 5 章第 101 条规定："（1）合同应当按照当事人的共同意思进行解释，即使这种意思与合同文字的字面意思不同。（2）如果可以确定一方有意使合同具有特定的含义，而在订立合同时，另一方不可能不知道第一方的意思，则合同应按第一方的意思解释。（3）根据第（1）项或第（2）项不能确定意图的，应当按照与当事人一样的理性人在同样情况下对合同的理解来解释合同。" *Principles of European Contract Law* (O. Lando and H. Beale eds., 2000).

⑥ *Restatement (Second) of Contracts* §201 (1981).

⑦ J. Perillo, "The Origins of the Objective Theory of Contract Formation and Interpretation," 69 *Fordham L. Rev.* 427 (2000).

⑧ *Reardon-Smith Line Ltd. v. Hansen-Tangen* [1976] 1 W.L.R. 989, 996.

而这种理解是基于合同当事人在订立合同时已知的情况背景。[①] 然而，英国法仍然拒绝将当事人的共同（主观）意图——他们的"真实"意图，与理性人的意愿相对立——作为解释的标准。英国从两方面对自己的方法进行了辩解：[②] 首先，他们表示当事人本身对此意图存在分歧，我们无法知晓他们的共同意图；其次，我们需要一种客观方法来确保法律的稳定性和确定性。[③]

这些解释没有说服力。[④] 调查合同当事人的共同意愿与其他法律事实的调查没有不同。合同当事人关于自己意愿的直接证词应该是可以接受的。这不会损害法律的安全性和确定性。相反：它会比目前的情况更能保证安全性和确定性，因为目前的情况是一切都取决于法官对合同语言的理解。[⑤] 当然，当法官无法确定共同意愿时，可以采用客观目的。但是为什么不试着找出合同当事人共有的主观目的呢？合同表达了合同当事人个人意志的自主性——合同核心的实际意志，而不是假设的意志。[⑥] 事实上，如果真实意图与假设意图相差太远，合同很可能会因错误而失效。[⑦] 因此，很难理解为什么有人反对将实际意图而非假设意图作为合同解释的基础。当然，我们可以说，在新文本主义的精神中，文本的作者意图对于文本的解释是无关紧要的。但英国普通法并不采

[①] *Mannai Investment Co. Ltd. v. Eagle Star Life Assurance Co Ltd* [1997] A.C. 749, 774; *Investors Compensation Scheme Ltd v. West Bromwich Bldg. Soc'y* [1998] 1 W.L.R. 896, 912. 参见 J. Steyn, "Contract Law: Fulfilling the Reasonable Expectations of Honest Men," 113 *Law Q. Rev.* 433 (1997)。

[②] *President of India v. Jebsens (UK) Ltd* [1991] 1 Lloyd's Rep. 1, 9 (Goff, L.); J. Steyn, "Interpretation Legal Texts and Their Landscape," in *The Coming Together of the Common Law and the Civil Law* 79 (B. Markensinis ed., 2000).

[③] J. Steyn, "Written Contracts: To What Extent May Evidence Control Language?" 41 *Current Legal Probs.* 23 (1988).

[④] D.W. McLauchlan, "The New Law of Contract Interpretation," 19 *New Zealand U.L. Rev.* 147 (2000).

[⑤] D.W. McLauchlan, "A Contract Contradiction," (1999) 30 *VUWLR* 175, 189.

[⑥] 见 D. Friedman and N. Cohen, *Chozim [Contracts]* 32 (vol. 11, 1991)。

[⑦] 合同解释规则与合同成立时的错误规则之间存在着重要的联系；这两个领域应该协调一致；如果"客观"使合同无效，那么这种"客观"解释又有什么意义呢？见 P.S. Atiyah and F.A.R. Bennion, "Mistake in the Construction of Contracts," 24 *Mod. L. Rev.* 421 (1961); R. Zimmerman, *The Law of Obligations: Roman Foundations of the Civilian Tradition* 621 (1990)。

纳这种观点。只要英国普通法继续将当事人的意愿作为适当的解释标准，就没有理由在可以发现实际意愿的情况下忽视真实意愿。如果我们认真对待当事人的共同意图是合同的核心这一观点，那么我们在解释合同时就应该实现这一意图，而不必假定其合理性。

（三）合同的含义与客观目的

对当事人共同意图的调查并不取代合同的客观目的，后者是立即且始终适用的。客观目的构成了理解主观目的的背景。它可以解决冲突的主观目的之间的矛盾。最重要的是，在没有主观目的可以解决法官的解释问题的情况下，客观目的起决定性作用。因此，目的解释保持了修辞与实践之间的一致性。当可能和有效时，它公开寻求和实现主观目的，并承认这一点。否则，它公开采用客观目的的修辞和实践，并承认这一点。

二、合同理论与合同解释

（一）合同理论对合同解释的重要性

合同法的核心是合同理论[①]，它试图解释合同的本质和在社会中的作用。它试图回答为什么我们要把国家的资源用于帮助合同双方履行他们的义务，以及为什么我们要在违约的情况下给予双方救济。合同理论有助于解释合同法，但它也影响了我们对合同的解释方式。[②]尽管它们之间有联系，但我没有发现对合同理论和合同解释之间的关系有重要的论述。[③]我现在将简要地讨论一些

---

① 对各种理论进行分析，见 R. Hillman, *The Richness of Contract Law: An Analysis and Critique of Contemporary Theories of Contract Law* (1997)。
② Charny, *supra* p. 49, note 160 at 1815; C. McCracken, Note, "Hegel and the Autonomy of Contract Law," 77 *Tex. L. Rev.* 719, 721 (1999).
③ 扎米尔教授是一个值得注意的例外，见 E. Zamir, "The Inverted Hierarchy of Contract Interpretation and Supplementation," 97 *Colum. L. Rev.* 1710 (1997).

基本的合同理论，并评估它们与解释理论的关系。

1. "经典理论"：私人意志的自主性

"经典"合同理论 ① 将合同自由视为私人意愿的自治性的表达。合同具有约束力，是因为人们有道德义务遵守他们的承诺，② 因为他们已经同意将他们的权利转让给另一方，③ 或者因为他们已经向他人表达了对其承担义务的意愿。④ 根据这些理论，合同的解释似乎应该寻求合同当事人的真实意图。⑤ 一个合适的解释理论将是主观的。法官只有在没有关于当事人共同意图的信息，或者可以假设特定合同的当事人行为符合合理人行为时，才会参考客观因素。这样的理论将有利于从低层次的客观解释开始，只有在必要时才上升到较高层次。⑥

2. 实现社会价值

合同理论中的另一派学说强调公平、正义和平等等社会价值。⑦ 根据这些理论，合同法可以合法地实现超越合同双方当事人意愿的社会价值，例如团结、校正正义 ⑧，或分配正义等 ⑨。这些方法为客观解释理论奠定了基础。它们似乎倾向于更高层次的抽象，以实现社会价值。问题不在于合同双方在考虑问

---

① 新古典主义理论也持类似观点，见 I. Macneil, "Contracts: Adjustment of Long Term Economic Relations under Classical, Neoclassical and Relational Contract Law," 72 *Nw. U. L. Rev.* 854, 855 (1978)。

② C. Fried, *Contract as Promise: A Theory of Contractual Obligations* 17 (1981).

③ R. Barnett, "A Consent Theory of Contract," 86 *Colum. L. Rev.* 269 (1986).

④ J. Raz, "Promises and Obligations," in *Law, Morality and Society* 210 (P. Hacker and J. Raz eds., 1977); J. Raz, "Promises in Morality and Law", 95 *Harv. L. Rev.* 916 (1982).

⑤ H. Collins, *The Law of Contract* 212 (3d ed. 1997).

⑥ Charny, *supra* p. 49, note 160 at 1825.

⑦ J. Beatson, "Public Law Influences in Contract Law," in *Good Faith and Fault in Contract Law* 263 (J. Beatson and D. Friedmann eds., 1995).

⑧ S. Henderson, "Promises Grounded in the Past: The Idea of Unjust Enrichment and the Law of Contracts," 57 *Va. L. Rev.* 1115 (1971); E. Weinrib, *The Idea of Private Law* (1995). 请注意，温瑞卜并不认为校正正义是合同法实现的一种社会价值，相反，他将校正正义视为私法合理性的基础。

⑨ A. Kronman, "Contract Law and Distributive Justice," 89 *Yale L.J.* 472 (1980); H. Collins, "Distributive Justice through Contracts," 45 *Current Legal Probs.* 49 (1992).

题时可能会寻求什么，而是在于理性的当事人，考虑到整体情况和所有社会价值，可能会寻求什么。

3. 提高效率，实现收益最大化

法律经济学 [①] 是一种影响各个法律分支领域的思潮。对合同法的影响尤为重大。[②] 法律经济学将财富最大化视为法律的目标。就合同而言，这意味着合同双方中至少有一方应在合同交易后处于更有利的地位，且不会恶化另一方的处境。法律经济学要求进行成本效益分析，同时考虑到交易本身的交易成本。关于法律经济学倾向何种解释理论的文献较少。有人说法律经济学倾向于主观解释，[③] 因为合同双方最了解自己的利益。[④] 另一些人则说法律经济学支持客观解释，它考虑到市场失灵和有限的理性，以达到当事人共同意愿更有效的结果。[⑤]

4. 关系合同

近年来，法学家们提出了一种关系合同理论 [⑥]，这些合同涉及建立在当事人之间的长期关系上。与商业合同相比，关系合同的双方当事人对雇佣合同、分销合同、养老院合同等有不同的考虑。由于关系合同的特性，它需要灵活性和语义适应性。它们需要信任、团结和互惠。很难事前确定所有条款，因为合同的期限较长，在此期间当事人之间的关系会发生变化。关系合同会随着时间的推移而发展。

关系合同需要什么样的解释体系？答案并不简单。我们可能会说，主观体

[①] R. Posner, *Economic Analysis of Law* (5th ed. 1998).

[②] A. Kronman and R. Posner, *The Economics of Contract Law* (1979); D. Farber, "Contract Law and Modern Economic Theory," 78 *Nw. U. L. Rev.* 303 (1983).

[③] R. Posner, Economic Analysis of Law 93 (5th ed. 1998).

[④] 扎米尔讨论了这个基本原理。见 E. Zamir, "The Inverted Hierarchy of Contract Interpretation and Supplementation," *97 Colum. L. Rev. 1789 (1997)*; A. Schwartz, "Justice and the Law of Contracts: A Case for the Traditional Approach," 9 *Harv. J.L. & Pub. Pol'y* 107 (1986).

[⑤] 见 E. Zamir, "The Inverted Hierarchy of Contract Interpretation and Supplementation," 97 *Colum. L. Rev.* 1789—90 (1997)。

[⑥] 对这一理论的描述，主要参考麦克尼尔教授的研究。见 R. Hillman, *The Richness of Contract Law: An Analysis and Critique of Contemporary Theories of Contract Law* 255 (1997).

系是合适的，因为关系合同的当事人的主观意图是在长期的合同关系中保证互惠和灵活性。我们甚至可以进一步主张，合同的主观目的是在其低层次的抽象水平上实现客观目的，即关系合同的当事人在考虑此事时会希望达到的目标。另一方面，我们可能会主张，关系合同的理论应该关注在当事人之间发生争议的时间点的当事人意图，而不是他们订立合同的时间。如果后者是正确的，那么"关系"解释者应该重视诸如信任、团结和互惠等价值——合同的客观目的。

5. 女性主义与契约理论

女性主义理论是不断在各个学科领域发展的，[1] 包括法学领域，[2] 特别是合同法领域 [3]。女性主义理论，或至少其中的一个分支，声称传统合同理论反映了男性偏见。传统的合同理论抽象而且僵化，它声称是客观的。而女性主义方法则强调主观性和背景性，从抽象转向案件的具体情况。（传统的）男性的观点强调对立和冲突。女性主义的观点强调共同性和妥协。从表面上看，女性主义的解释方法似乎倾向于支持主观目的和当事人在合同解释中的共同意愿。另一方面，我们也许可以说，当无法确定当事人的共同意愿时，女性主义理论主张支持反映社会价值之间的平衡和妥协的客观目的。

（二）合同理论对合同解释有何启示？

各种合同理论反映了合同作为一种根本社会现象的复杂性。合同一方面表达了个人意愿的自主性，另一方面则涵盖了有组织社会的价值观、原则和

---

[1] C. Gilligan, *In a Different Voice: Psychological Theory and Women's Development* (1982).

[2] K. Bartett and R. Kennedy, *Feminist Legal Theory: Readings in Law Gender* (1991); Scales, "The Emergence of Feminist Jurisprudence: An Essay," 95 *Yale L.J.* 1373 (1986); S. Sherry, "Civic Virtue and the Feminine Voice in Constitutional Adjudication," 72 *Va. L. Rev.* 543 (1986); R. West, "Jurisprudence and Gender," 55 *U. Chi. L. Rev.* 1 (1988); C. MacKinnon, *Toward a Feminist Theory of the State* (1989).

[3] R. Hillman, *The Richness of Contract Law: An Analysis and Critique of Contemporary Theories of Contract Law* 18 (1997); D. Threedy, "Feminists and Contract Doctrine," 32 *Ind. L. Rev.* 1247 (1999).

目标。它包含了个人主义和社群主义、自我表达和家长制度、利己主义和团结。每种理论都反映了合同的不同方面。单独看，没有一种理论能够完整地表达合同的复杂性，[1] 但综合考虑，这些理论共同体现了其独特性。[2] 合同是一种私人工具，是当事人创造性的产物。但合同也是一种公共手段，是法律体系为当事人提供的一种强制力。合同是法律体系的一部分，其中包含了正义、平等、合理性、公平性和人权等基本价值观，渗透并塑造了合同的特性。它们并不会取代当事人的自主权，而是伴随而来。这就是法律中合同的复杂辩证关系。[3]

目的解释表达了这种辩证关系。它将实现合同目的作为合同解释的目标。目的作为一个规范性概念，反映了复杂的辩证关系。大多数契约理论似乎都有这一出发点。主观目的体现了个人意志的自主性和个人主义观点。客观目的体现了集体的需要和社群主义观点。各种理论很可能会在这些目的之间的平衡上产生分歧。就像在一般的法学中一样，在合同法学中，一般理论有助于将合同目的作为解释准则。然而，它并没有提供一个明确的解决主观和客观目的之间内部关系的方法。为了解决这个问题，我们评估了各种合同理论：经典的合同理论、（至少是某个分支的）法律经济学、关于关系合同理论的某些方面及某些女性主义理论，支持在主观目的与客观目的冲突时优先考虑主观目的。另一方面，考虑到社会价值的合同理论以及法律经济学的某些分支和女权主义都倾向于客观目的。虽然客观目的仍然适用，但我所主张的对合同的目的解释优先考虑主观目的。这种方法体现了合同的复杂性以及从主观和客观两个角度看待合同的需要。

---

[1]　R. Hillman, *The Richness of Contract Law: An Analysis and Critique of Contemporary Theories of Contract Law* 267 (1997).

[2]　M.A. Eisenberg, "The Responsive Model of Contract Law," 36 *Stan. L. Rev.* 1107, 1109 (1984) （"一般的法律，特别是合同法，有太多的房间用一把钥匙就能打开"）.

[3]　M.A. Eisenberg, "The Responsive Model of Contract Law," 36 *Stan. L. Rev.* 1111 (1984).

三、合同的目的

（一）合同目的的本质

合同的目的与遗嘱、法律和宪法的目的一样，是合同旨在实现的利益、目标、价值观、目的、政策和功能。它是一个规范性概念。它是一个法律解释。① 它是一种法律制度，就如同法官塑造的法律人格权（法人资格）一样。它包括主观目的和客观目的。② 主观目的反映当事人的实际意愿：当事人（主观的）追求的利益、价值观、目标、政策和功能。客观目的是合同类型（客观上）旨在实现的利益、价值观、目标、政策和功能。它反映的是假设性意愿而不是实际性意愿。

（二）比较法

世界其他地区的法律体系都考虑合同目的的客观和主观成分。③ 这是《联合国国际货物销售合同公约》的观点。④ 这是《国际商事合同通则》的基础。⑤ 这也是《欧洲合同法原则》的基础。⑥ 解释《欧洲原则》的评论指出：

> 在欧盟成员国的大多数法律中，关于解释的一般规则结合了主观方法和客观方法。主观方法优先考虑当事人的共同意愿，而客观方法参考如合理性、善意等客观标准，从外部视角进行解释。⑦

---

① C.A. 4628/93 *State of Israel v. Guardian of Housing and Initiative (1991) Ltd.*, 49(2) P.D. 265, 312.

② 同上，第 312 页；C.A. 4869/96 *Meleline Ltd. v. The Harper Group*, 52(1) P.D. 845, 856.

③ K. Zweigert and H. Kötz, Introduction to Comparative Law 400 (T. Weir trans., 1998); H. Kötz and A. Flessner, *European Contract Law* 106 (T. Weir trans. 1997).

④ Article 8 of the Convention.

⑤ Article 4.1 of the Principles.

⑥ Chapter 101.5 of the Principles.

⑦ Lando and Beale, *supra* p. 46, note 149 at 288.

法官确定合同的最终目的。他们必须同时考虑主观和客观目的，[①] 裁决二者之间的任何矛盾。目的解释优先考虑主观目的，而不否定客观目的的直接和持续适用。

四、合同的主观目的

（一）合同本质

合同的主观目的是合同双方（主观上）想要实现的利益、目标、价值观、目的、政策和功能。它是当事人在订立合同时的真实意图。法官在制定这种（抽象）意图时，应十分重视合同当事人的具体（或解释）意愿。[②] 法恩斯沃思对其解释如下："[如果]一方当事人证明另一方赋予了与第一方相同的意义，则另一方当事人不得通过表明一个理性的人会赋予不同的意义来规避该意义。"[③] 然而，目的解释寻求的是合同的目的，而非当事人附加在合同语言上的意义。

（二）共同主观意愿

西方法律体系一致认为，主观意愿是双方共同的主观意愿。[④] 以色列法

[①] C.A. 4628/93 *State of Israel v. Guardian of Housing and Initiative* (1991) Ltd., 49(2) P.D. 313.

[②] 与法律和宪法相比，这种方法特别适用于合同和遗嘱。在解释法律或宪法时，我们关心的是立法机关（或制宪会议）在三权分立中的作用，这是立法，而不是解释。在解释合同时，我们主要关注的是私人意志的自主性以及合同当事人所拥有的解释权。诚信原则也有利于考虑具体意图。我们不应允许一方当事人声称他或她与另一方一起赋予合同不合理的含义，从而逃避合同义务。A. Corbin, 3 *Corbin on Contracts: A Comprehensive Treaty on the Roles of Contract Law* 58 (1960).

[③] E.A. Farnsworth, 2 *Contracts* 245 (vol. 2, 1990).

[④] 黑格尔很早就注意到了这一点。见 G. Hegel, *Elements of the Philosophy of Right* 105 (A. Wood ed., H.B. Nisbet trans., 1991) (1821)。当事人的共同意图作为解释国际合同（公约）的核心标准，是麦克杜格尔解释观点的核心。H.D. Lasswell, J.C. Miller, *The Interpretation of Agreements and World Public Order: Principles of Content and Procedure* 40 (1967).

律 ①、美国法律 ②、《国际商事合同通则》③ 以及《欧洲合同法原则》④ 都反映了这一观点，德国 ⑤、法国 ⑥ 和意大利 ⑦ 也是如此。合同法的基本原则表达了个人意志的自主性，证明了这一观点。这并不侵犯依赖原则，因为我们假定和双方当事人的意愿是一致的。因此，很难为英国法律专注于客观含义，却忽视了双方共同主观意图的表达辩护。如果双方都不共享一个客观的表达，为什么要优先考虑客观表达？一方要求用理性人的理解取代自己的理解并不是善意的论点。善意要求按照双方的共同（主观）意图来解释合同。

（三）一方当事人的主观意图为另一方所知

当每个当事人都有自己的意图，而一方知道另一方的意图，但设法保持自己的意图不为对方所知时，会发生什么？⑧ 比较法表明 ⑨，如果一方知道另一方（错误的）意图，并继续与他或她订立合同，而不纠正错误，则第一方的（错误的）意图成为双方的共同意图。请看这样一个案例：理查德要卖给西蒙一只动物，西蒙接受了。理查德打算卖一匹马。西蒙知道这一点。那么发生的交易就是出售一匹马。这是订立合同的基础，也是解释合同的基础。在这种情况下，一个理性的人怎么理解"动物"这个词都没关系。

---

① C.A. 554/83 *"Ata" Textile Co. v. Estate of Zolotolov*, 41(1) P.D. 282, 305. 参见 C.A. 4869/96. *Mililine Ltd. v. Harper Group*, 52(1) P.D. 845。

② Article 201(1) of the *Restatement (Second) of Contracts*.

③ Article 4.1(1) of the Principles, *supra* p. 319, note 6.

④ Chapter 101.5 of the Principles of European Contract Law.

⑤ Articles 133 and 157 of the B.G.B.

⑥ Article 1156 of the French Civil Code.

⑦ Article 1362 of the Italian Civil Code.

⑧ 当一方不知道但应该知道另一方的意图时，会发生什么？参见《合同重述（二）》第 201（2）条，确定合同应当按照一方当事人的意思进行解释。《欧洲合同法原则》第 4.2 条规定了类似的办法，《联合国国际货物销售合同公约》第 8 条（a）采用了同样的方法。

⑨ Art. 201(2) of the *Restatement (Second) of Contracts*; Article 4.2(1) of the Principles of Unidroit（"一方当事人的声明和其他行为，如果另一方当事人知道或者不可能不知道该意思，应当按照该意思解释"）. 参见 Article 8(1) of the United Nations Convention on Contracts for the International Sale of Goods; chapter 101.5(2) of The Principles of European Contract Law。

（四）主观目的和第三方

第三方是什么？请看这样一个案例：理查德和西蒙签订了一份马匹买卖合同。在他们的私下约定中，根据他们的共同意愿，这匹马是一匹拖拉机。理性的旁观者会将马理解为一匹马。作为第三方的拉里根据客观含义与理查德签订了购买拖拉机的合同。西蒙起诉拉里侵权干扰合同关系。[1] 诉讼应该失败。从拉里的角度来看，应根据他对合同的理解来解释合同。[2] 拉里无意干涉马匹买卖合同。[3] 同一合同应被赋予两种不同的含义：一种含义是就当事人之间的关系而言，反映了他们的共同意图；另一种含义适用于合同对第三方产生的影响，反映合同的客观目的。

五、主观目的的来源

（一）合同内在的主观目的及其解释学循环问题

首先，法官从合同本身了解合同的主观目的。合同是内部语境或文本语境。将合同本身作为客观目的的来源引发了解释学循环的问题。我们可以通过用我们在第二部分讨论过的预先理解来解决这个问题。

（二）将合同视为一个整体

在寻求合同的目的时，法官应该将合同作为一个整体对待。他们从合同条款的整体中了解其主观目的。[4] 没有一个单一的条款是主观目的的来源。合同

---

[1] Torts Ordinance, Art. 62., 1968, L.S.I.

[2] J.H. Wigmore, 9 *Evidence in Trials at Common Law* 215 (Chadbourne rev. ed., 1981)："如果第三人在不知道交易中使用的术语的特殊含义的情况下成为交易的当事人或被诱使依赖交易，则不应对其强制执行原当事人的特殊含义"（原文强调）。

[3] 有关侵权干涉合同关系的索赔的法律也导致了同样的结果。一方当事人要承担责任，必须是在明知的情况下干扰了合同关系。Torts Ordinance, Art. 62a, 1968, LS.I.

[4] 关于这个问题的判例法，见 A. Barak, *Parshanut Bimishpat* [Interpretation in Law] 450 (vol. 4, 2001)。

的各个部分是交织在一起且相互关联的。正如我在一个案例中指出的那样：

> 合同是一个整合性的框架。它的不同部分交织在一起，相互融合。它的各个分支相互影响。在解释合同时，法官一方面应该将其作为一个整体来看待，另一方面应该评估各个条款之间的联系，作为尝试确定当事人共同意图的一部分。[①]

这种解释性的观点并不仅限于解释者在寻找合同目的时遇到初始困难的情况。这种观点适用于每一份合同，无论它是否难以解释。即使在解释一个在第一眼看起来"明显"的合同时，法官也应该研究其全部条款，将它们作为一个整体来考虑，并对它们进行单独的考虑。

（三）从情境中了解当事人意愿：什么是情境？

"情境"包括合同四角以外的所有事实，这些事实可以提供有关当事人意愿的信息。相关的时间范围是合同订立的时间，尽管之前和之后存在的情况也可能揭示合同订立时存在的意图。当然，最直接的事件是合同订立时的情况——双方当事人的行为以及他们在订立合同时彼此所说的话。不那么直接的事件包括合同谈判和双方达成的任何妥协。第三个较为间接的层次包括合同订立后的情况，这些情况可以倒推合同订立时双方的共同意愿。解释者还可以利用双方当事人之间的合同关系和他们之间建立的惯例，向前推导以理解他们在形成所讨论的合同时的意愿。

法官可以利用当时的情况来了解主观意图，就像他们评估任何其他事实主张的证据一样。英国法律制度[②]禁止合同当事人为解决一个明显的歧义而就其意图进行证明，这种做法是错误的。[③]法院应该允许所有口头证词，包括当事

[①]　C.A. 554/83 *"Ata" Textile Co. v. Estate of Zolotov*, 41(1) P.D. 282, 305.

[②]　C. Staughton, "How Do the Courts Interpret Commercial Contracts?" 58 *Cam. L.J.* 303 (1999).

[③]　K. Keeler, "Direct Evidence of State of Mind: A Philosophical Analysis of How Facts in Evidence Support Conclusions Regarding Mental State," 1985 *Wis. L. Rev.* 435.

人的直接证词，以证明当事人在当时情境下的意愿。

（四）什么情况下解释者可以参考情况？

大陆法允许解释者在所有情况下参考合同订立时的情境，自由地从合同文本到其情境背景进行切换。[1] 以色列法律[2]、《国际商事合同通则》[3]、《国际货物销售合同公约》[4] 以及《欧洲合同法原则》[5] 也采用了这种方法。美国则持更为复杂的观点。直到 19 世纪，美国法律不允许法官在合同语言明确无误时参考情境。只有在合同语言不明确时，法官才可以参考外在情境，以了解当事人的意图和合同中词语的含义。[6] 这是一个意思简单的规则，[7] 进而也构成了证据释义原则的基础。近年来，对这种原则有所放宽，允许法官在合同语言明确的情况下考虑有关合同订立时情境的外部证据。[8] 在科宾教授和卢埃林教授的影响下，美国改变了自己的做法。科宾帮助制定了《重述（第二版）》，[9] 而卢埃林则是《统一商法典》（UCC）的精神之父。[10] 根据《统一商法典》[11] 和《重述（第

---

[1] Art. 133 of the B.G.B.; Art. 1156 of the French Code Civile; Art. 1362 of the Italian Civil Code.

[2] C.A. 4628/93 *State of Israel v. Guardian of Housing and Initiatives (1991) Ltd.*, 49(2) P.D. 265.

[3] Unidroit, *Principles of International Commercial Contracts* 284 (1994).

[4] 《公约》第 8 条第 3 款规定："在确定当事人的意旨或者一个通情达理的人的理解时，应适当考虑到案件的一切有关情况，包括谈判情况、当事人之间确立的任何惯例、惯例以及当事人随后的任何行为。"参见 J. Honnold, *Uniform Law for International Sales under the 1980 United Nations Convention* 115 (3d ed. 1999)。

[5] Art. 1, ch. 102 of the Principles of European Contract Law, European Union (1998).

[6] Article 230 of the *Restatement of Contracts*, published in 1932, reflects this view.

[7] J. McBaine, "The Rule against Disturbing Plain Meaning of Writings," 31 *Cal. L. Rev.* 145 (1942); E.W. Patterson, "The Interpretation and Construction of Contracts," 64 *Colum. L. Rev.* 833, 838 (1964).

[8] E.W. Patterson, "The Interpretation and Construction of Contracts," 64 *Colum. L. Rev.* 843 (1964).

[9] R. Braucher, "Interpretation and Legal Effect in the *Second Restatement of Contracts*," 81 *Colum. L. Rev.* 13, 14 (1981).

[10] E. Mooney, "Old Kontract Principles and Karl's New Kode: An Essay on the Jurisprudence of Our New Commercial Law," 11 *Vill. L. Rev.* 213 (1966); A. Kamp, "Between-the-Wars Social Thought: Karl Llewellyn, Legal Realism, and the Uniform Commercial Code in Context," 59 *Alb. L. Rev.* 325 (1995); W. Twining, *Karl Llewellyn and the Realist Movement* (1973).

[11] Art. 2-202 of the UCC.

二版）》，① 词语的含义取决于它们的语境，包括合同订立时的周围情况。法院必须将自己置于合同订立时当事人的位置，它可以随时参考情境。②

这并不是说所有的法律体系都采用这种方法。一些法院拒绝接受《重述（第二版）》的观点，保留了明确含义规则。③ 英国法允许法官只有在合同语言不明确且产生歧义时才能考虑环境。这就是"除弊原则"。④ 即便如此，法官也不能考虑与当事方的谈判以及形成合同后的行为中所反映的与合同解释有关的证据。不过，英国关于这一点的审判规程正在演变，法官现在可以设身处地地为双方当事人着想，考虑事实的矩阵（事实背景），即使是普通合同也是如此。⑤ 尽管如此，当事方仍然不能就其意图作证——我希望随着英国法律的发展，这种情况会有所改变。⑥

六、合同的客观目的

（一）合同本质

合同的客观目的是该类别合同所旨在实现的利益、目标、价值观、目的、政策和功能。它是一种法律解释，由客观检验标准决定。⑦ 它反映了合理性、

---

①   Art. 202(1) of the *Restatement (Second) of Contracts*.

②   E.A. Farnsworth, 1 *Farnsworth on Contracts* 225 (1990); M. Van Alstine, "Of Textualism, Party Autonomy, and Good Faith," 40 *Wm & Mary L. Rev.* 1223, 1273 (1999).

③   扎米尔指出，基于他的实证调查，诉诸简单意义规则通常只是修辞上的。见 E. Zamir, "The Inverted Hierarchy of Contract Interpretation and Supplementation," 97 *Colum. L. Rev.* 1710, 1728 (1997)。

④   Lewison, *supra* p. 42, note 130 at 201.

⑤   同上，第 56 页。参见 *Prenn v. Simmonds* [1971] 1 W.L.R. 1381, 1384; *Reardon-Smith Line Ltd. v. Hansen-Tangen* [1976] 1 W.L.R. 989, 995; *Mannai Investments Co. Ltd. v. Eagle Star Life Assurance Co. Ltd.* [1997] A.C. 749; *Investors Compensation Scheme Ltd. v. West Brom wich Bldg. Soc'y* [1998] 1 W.L.R. 896。

⑥   见 McLauchlan, *supra* p. 320, notes 13 and 14。

⑦   Art. 8(2) of the United Nations Convention on Contracts for the International Sale of Goods; Art. 4.1(1) of the Principles of Unidroit; Art. 5, ch. 101(3) of the Principles of European Contract Law.

公平性、经济、商业和商务合理性的价值观。它反映了商业效率以及交易的性质和实质。它反映了合同当事方的假设意图。它反映了合同双方的假设意图。它不是一种归属意图。它不基于虚构。它反映了法律制度的价值观。因此，我们可以称之为"制度意图"。通常情况下，合同的客观目的也是其主观目的，但并非总是如此。当然，无论我们如何了解它，如果客观目的无法在合同语言中实现，那么它就不适用了。

（二）对客观目的的抽象程度进行排序

客观目的以不同的抽象程度出现在法官面前。在最低的抽象层次上，它是当事人在考虑该事项时会设想的目的。在中间层次上，它是当事人在表现得像合理人时会有的目的。在更高的层次上，它是有关合同类型的典型目的。在最高的抽象层次上，制度的基本价值决定了客观目的。解释者应该追求哪个抽象层次呢？答案取决于合同理论。从当前合同法发展的状态来看，没有出现主导的趋势。我认为最好的方法是从低的抽象层次开始，然后逐步上升。我们应该从最接近合同当事人主观意愿的假设意图开始。这是我们可以假设当事人在表现得像理性人时可能会有的意图。只有当这一假设无助于解决法律问题时，我们才应该转向更高层次的抽象。这种排序并非源于目的解释本身，而是源于我在制定合同理论时对个人意志自主性的高度重视。那些对合同持不同看法的人可能会在排名上做出不同的决定。可以根据人们对合同法的不同观点来调整这一排序。

1. 反映合理性、逻辑性和效率的客观目的

主观目的反映了当事方的实际意图。它可能缺乏合理性、逻辑性和／或效率性。另一方面，作为合理人的反映，客观目的是基于合理性、逻辑性和效率性。正如切辛大法官所指出的："在理解商业合同的含义时，我们可以假设理性、公平的商业人士的常识。"[①] 我们对理性人的理解考虑了公平、效率和常识原则。

---

① C.A. 5795/90, *Scully v. Dor'an Ltd.*, 46(5) P.D. 811, 819.

2. 反映基本价值观的客观目的

在最高抽象层次上，客观目的是制度的基本价值。这些价值适用于个体与制度之间的关系，以及个体之间的关系。我在一个案例中指出：

> 整个制度的基本价值，尤其是基本人权，并不仅限于公法领域。公法与私法之间的区分并不那么明确。法律体系不是法律领域的联合体。它是一个统一的体系和法律。基本原则是整个体系的原则，不仅仅是公法的原则。基本人权不仅仅是个人对抗政权的权利，而且包括对个人在彼此关系中的保护性权利。①

法律体系的基本价值通过私法的普通原则渗透到私法中。② 这些价值包括解释规则。③ 因此，合同的客观目的是促进正义和公共利益。④ 由于人权是基本价值观的核心，因此合同的客观目的也是促进平等、言论自由 ⑤ 和职业自由。⑥ 我在关于客观目的的一般性讨论中讨论了哪些价值是一个制度的基本价值，以及它们是如何成为基本价值的。

七、确定客观目的的推定规则

（一）目的推定的本质

目的推定是目的解释的核心组成部分。它们适用于包括合同在内的所有法

---

① C.A. 294/91 *Jerusalem Community Burial Society v. Kastenbaum*, 46(2) P.D. 464, 530.

② 基本价值观 "间接" 适用。第三人效力理论讨论了他们对第三方的影响，比如个人与其他个人的关系。A. Barak, "Constitutional Human Rights and Private Law," in D. Friedmann and D. Barak-Erez (eds.), *Human Rights in Private Law* 13 (2001).

③ C.A. 294/91, *supra* p. 334, note 92 at 530 （ "公法规则在私法中以各种解释原则的形式表现出来，适用于私法中的法律活动。" ）(Barak, P.).

④ *Restatement (Second) of Contracts* §207; Farnsworth, *supra* p. 331, note 84 at 269.

⑤ A. Garfield, "Promises of Silence: Contract Law and Freedom of Speech," 83 *Cornell L. Rev.* 261 (1998).

⑥ 限制贸易的法律所依据的观点是，职业自由适用于合同当事人之间的关系。

律文本的解释。解释合同的过程必须以各种推定为起点和终点。有时，目的推定相互矛盾。"二阶"①推定可能有助于解决冲突。例如，一个二阶推定是"反对推定"原则，即在确定合同目的出现歧义时，应作不利于起草人的解释。每个法律体系都有自己的目的推定。为了方便起见，我将它们分为几类，并简要讨论为大多数法律体系中所接受的推定。②

（二）反映安全性、确定性、满足合理期望和规范和谐的目的推定

这一类目的推定表达了保障安全性和确定性，满足合理的期望，③以及实现人际关系和谐的需要。它包括以下几种推定：合同的目的是从其自然和通常的语言中产生的，合同的条款不是为了相互矛盾而设计的，同一当事人之间的多份合同也不会相互矛盾。推定相同的词语有相同的含义，不同的词语有不同的含义。此外，还假定合同是有效的。为了保证规范的和谐，推定合同旨在通过习惯和惯例融入一般法律。这一类推定还包括合同的目的是满足弱势方（例如保险协议中的被保险人）的合理期待。

（三）反映伦理价值的目的推定

第二类目的推定涉及伦理价值。合同被推定要实现公正的结果，防止不法之徒从其不法行为中获利，对自然正义原则进行有效执行。

（四）反映社会目标的目的推定

第三类目的推定反映了社会目标。例如，合同被推定为促进公共利

---

① C.A. 4869/96, *Mililine Ltd. v. Harper Group*, 52(1) P.D. 856.
② 这些假设的详细分析，见 A. Barak, *Parshanut Bimishpat* [Interpretation in Law] 563 (vol. 4, 2001)。
③ A. Corbin, 1 *Contracts: A Comprehensive Treaty on the Rules of Contract Law* 1 (1963); B. Reiter and J. Swan, "Contracts and the Protection of Reasonable Expectations," in B. Reiter and J. Swan (eds.), *Studies in Contract Law* 1 (1980); J. Steyn, "Contract Law: Fulfilling the Reasonable Expectations of Honest Men," 113 *Law Q. Rev.* 433 (1997); S.M. Waddams, "Good Faith, Unconscionability and Reasonable Expectations," 9 *J. Con. Law* 55, 59 (1995).

益，① 推定合同的设计是为了不妨碍当事人诉诸法院的权利。

（五）反映适当的行为方式

第四类目的推定涉及合适的行为方式，如合理性、理性、公平、效率和诚信。它们不要求一个人为了他人的利益而牺牲自己的个人利益。它们不期望人们在他们的人际关系中表现得像天使一样。它们期望人们在他们的人际关系中表现得像人一样。合同被假定为实现合理和理性的结果，② 避免荒谬，实现与效率和诚信一致的结果，并应作不利于起草人的解释。

（六）实现人权的目的推定

宪法对人权的保护以目的推定的形式进入了私法领域，特别是合同法领域。平等权利转化为合同目的的一种推定，即合同的目的是实现平等；言论自由权转化为一种推定，即合同的目的是保障言论自由。

八、合同的最终目的

（一）并非一切都取决于自由裁量

面对有关主观和客观目的的信息，法官如何确定最终目的，从而在语义可能性的范围内确定法律含义的标准呢？当然，这个困难只有在不同的推定指向不同的方向时才会出现。一些实用主义者认为，这个决定应该留给法官自由裁量，或许还要提醒法官合理地行使这种自由裁量权。在我看来，解释理论应该更多地用于限制法官的自由裁量权。目的解释为如何分配各种推定的权重和在它们之间做出选择设定了规则。

---

① Restatement (Second) of Contracts §207.

② Restatement (Second) of Contracts §203(a).

（二）确定主观目的

法官可能掌握大量有关主观目的的信息。当这些信息发生冲突时，他们应该更倾向于关于主要目的的信息，而不是涉及次要目的的信息。他们应该从具体到一般进行考虑。最重要的是，在两个冲突的主观目的之间做决定时，他们应该优先考虑与客观目的一致的主观目的。

（三）确定客观目的

在客观目的的推定之间存在矛盾的情况下，法官应该从具体到一般地推理。他们应该优先考虑抽象程度较低的目的信息，因为抽象程度越低，客观目的就越接近主观目的（当事人的意图）。在给定的抽象层次内，他们应该优先考虑反映社会更高层次价值和原则的推定。

（四）主观目的与客观目的之间的矛盾

合同当事方通常表现得像理性的人。因此，合同的客观目的被认为是其主观目的。然而，这种推定是可以被反驳的，在极少数情况下，这两种目的会发生冲突。目的解释并不将冲突的解决交由法官自由裁量。它以一般原则引导法官，即合同的主观目的优先。这一原则源自合同的独特性质，其出发点是个人意志的自主性。因此，法官应该根据当事方的共同意图来解释合同，即使这种解释会导致不合理的结果，或与制度的基本价值相冲突。有时，在以这种方式解释合同之后，法官可能会被迫宣布合同无效，因为它违反了公共政策。法官应维护解释过程的完整性，即使这迫使其宣布合同无效。合同的含义有别于它的有效性。

因此，只要合同反映了私人意志的自主性，法官就会给予主观目的重要的考量。当合同没有反映个人意志的自主性，或者反映程度较低时，法官应该降低对主观目的的重视。例如，解释附加合同或消费者合同的法官会较少重视主观目的。此外，在某些类型的合同中，如长期合同，包括关系合同，随着时间的推移，法官应减少对历史意图的重视。合同必须应对新的问题，为了使它做到这一点，法官可能会优先考虑客观目的。因此，法官可以表达对合同的不同看法，以及合同作为一种既涉及公共层面又涉及个人层面的社会现象的复杂性。只有当目的的推定相互平衡时，法官才可以行使自由裁量权，运用实用主义在我们讨论过的参数（主观和客观）内选择最佳解决方案。我个人建议——每位法官可以接受或拒绝这一建议——在行使自由裁量权时，法官应该追求最能实现正义的目的。

第十四章

法律解释

一、法律的独特性及其对解释的影响

（一）民主国家的立法机关和法官

在一个以权力分立为前提的民主国家，立法机关的工作就是通过法律。法律受制于宪法，而宪法反映了立法至上、人权至上和以宪法为基础的社会价值。立法机关利用法律制定社会政策。每一条法律都融入立法体系，立法体系又融入整个法律体系，而法律体系是由价值、原则和权利组成的。法官的作用是保护民主，弥合法律与社会需求之间的差距，体现立法至上和宪法价值至上。因此，法官应当赋予法律条款意义，以弥合法律规范和社会现实之间不可避免的鸿沟。

这种对立法的模式化描述是如何影响其解释的？第一，立法机关通过立法是为了实现某种目的。因此，法官应将立法的主观目的作为解释立法的标准。诚然，一旦立法机关通过了一部法律，该法律就与立法机关分离了，但这并不需要否定主观目的在解释中的作用。在解释中忽视立法的主观目的是文意解释而不是目的解释。

第二，法律不是在一个随机聚集的社会范围内，由一个临时的立法机关一次性创造的。在一个民主社会中，法律是一个常设立法机关不断创造的一部分。法律体系的基本价值不仅仅是立法行为的背景，它们也是立法所要达到的目的。这就是以实现法律体系基本价值的方式来解释每一项立法的理由。因此，只有将法律的客观目的——反映整个体系的基本价值，特别是人权——作为解释该立法的标准，才是恰当的。

这两个衍生原则导致了相同的结论：一项法律应根据其主观和客观目的进行解释。这种解释充分体现其民主含义，包括多数决规则（体现在立法至上）和对基本价值的认可（体现在宪法至上）。法官在使民主得以充分表达方面发挥着作用。在三权分立的制度下，法官的作用是裁决纠纷。为了进行裁决，法官应该作为立法机关的初级伙伴，而不是其代理人来解释法律。法官既要通过表达法律的主观目的来实现立法机关的意图，又要通过表达法律体系的基本价值来将法律纳入整体立法体系。

（二）法律的目的解释

法律的目的是法律旨在实现的利益、目标、价值、目的、政策和功能。这是"法理"，是一个规范性的概念。它是一种由主观目的和客观目的组成的法律"制度"。那么，在确定法律的最终目的时，主观目的和客观目的之间的关系是什么？当两者不一致时，哪个优先？在私法文本中，我们优先考虑主观目的。法定解释也是如此吗？

（三）比较法

目的解释在比较法体系中得到很好的确立。[①] 大陆法系将其称为目的解释（主观的和客观的）。[②] 英美法系称之为目的解释，并且英语法律明确适用。正

[①] 关于比较法中目的解释的文献很少。见 A. Lenhoff, "On Interpretative Theories: A Comparative Study in Legislation," 27 *Tex. L. Rev.* 312 (1949). 见 A.A. Schiller, "Roman Interpretation and Anglo-American Interpretation and Construction," 27 *Va. L. Rev.* (1941) 733; H.C. Gutteridge, "A Comparative View of the Interpretation of Statute Law," 8 *Tul. L. Rev.* 1 (1933).

[②] K. Engisch, *Einführung in das Juristische Denken* (7th ed. 1977). 关于斯堪的纳维亚的目的论解释，见 P.O. Ekelof, "Teleological Construction of Statutes," 2 *Scan. Stud. L.* 757 (1958). 关于意大利的目的论解释，见 J.H. Merryman, "The Italian Style III: Interpretation," 18 *Stan. L. Rev.* 582 (1966).

如迪普洛克勋爵所指出的，"如果回顾一下本院在过去三十年中对法律释义问题的实际裁决，人们一定会被一种趋势的证据所震撼，从纯粹的文意解释转向法律条款的目的解释"①。丹宁勋爵也提出了类似的观点，他指出："文意解释的方法现在已经完全过时了。它已被迪普洛克勋爵所描述的'目的性方法'所取代……现在，在解释法律的所有案例中，我们都采用这样一种解释，即促进该条款背后的'一般立法目的'。"② 加拿大、澳大利亚③和新西兰④的判例法表达了类似的立场。美国法理学采用目的来指导法律解释，在某种程度上使用"目的解释"一词。当然，"目的解释"可能有不同的含义。我并不是说所有这些法律体系都采用了本书所阐述的解释模式，但我确实注意到，现代趋势倾向于接受有目的的法律解释。现在我将讨论立法目的的组成部分，从主观目的开始。

二、法律的主观目的

（一）法律主观解释的本质

法律的主观目的是它的核心的主观意图。它是法律制定者的抽象目的。在分权制下，法律的主观目的表达了立法者的实际意愿。法律文献中广泛讨论了一个多成员的立法机关是否有主观意图（就像个人意图一样），以及如果有，

---

① *Carter v. Bradbeer* [1975] 3 All E.R. 158, 161. 见 *Kammins Ballrooms Co. Ltd. v. Zenith Investments (Torquay) Ltd.* [1971] A.C. 850, 879。

② *Nothmam v. Barnet Council* [1978] 1 W.L.R. 220, 228. 见 *Buchanan v. Babco Forwarding and Shipping (UK) Ltd.* [1977] 1 All E.R. 518, 522（指大陆的目的论解释实践）(Denning, L.)。

③ H. Mayo, "The Interpretation of Statutes," 29 *Austl. L.J.* 204 (1955–56); G. Barwick, "Divining the Legislative Intent," 35 *Austl. L.J.* 204 (1961–62); D.C. Pearce and R.S. Geddes, *Statutory Interpretation in Australia* 23 (3d ed. 1988).

④ J. Evans, *Statutory Interpretation: Problems of Communication* 50 (1988)（"如今的法官热衷于根据法律的目的来解释法律：'目的解释'已成为现代口号"）；D.A.S. Ward, "Trends in the Interpretation of Statutes," 2 *Victoria U. L. Rev.* 155 (1956–58); D.A.S. Ward, "A Criticism of the Interpretation of Statutes in New Zealand Courts," [1963] *New Zealand L.J.* 293; J.F. Burrows, "The Cardinal Rule of Statutory Interpretation in New Zealand," [1969] *New Zealand U. L. Rev.* 253; J.F. Burrows, "Statutory Interpretation in New Zealand," 11 *New Zealand U. L. Rev.* 1 (1984).

人们如何才能识别它。我对这个问题的讨论，使我得出这样的结论：立法机关作为一个集体，确实有主观意志。它是立法机关成员所一致认同的目标、社会变革和目的。解释者从法律的表述和围绕法律通过的情况来了解这种意图。

（二）主观目的的客观化？

法律的主观目的是立法机关实际具有的目的。它不是一个理性立法机关的目的，也不是一个理性人所能理解的目的。[①] 主观目的不存在客观化。客观目的是解释中的一个独立因素，主观目的仍然与客观目的不同。当然，我们可以承认（事实上的）对立法机关实际意图的假设，而这些假设可能确实是基于理性立法机关的做法。然而，证明立法机关事实上有不同的意图将反驳这些假设。当法官没有关于主观目的的可靠数据时，他们应该明说并诉诸客观目的。

三、从法律语言中习得的主观目的

（一）法律是其自身目的的来源

法律的语言是理解其主观目的的一个主要来源。在大多数情况下，立法机关通过法定语言成功地实现了法律的目标。然后，解释者从语言中了解到目的，目的反过来又帮助他或她确定法律语言的法律含义。有时，立法机关通过撰写序言或目的声明来帮助解释者们确切表达目的。然而，该声明本身也需要解释。在任何情况下，序言或目的声明都并不构成一份详尽的目的清单，而是强调那些主要的和核心的目的。

（二）法律整体

解释过程一般从需要解释的"立法单位"开始。然而，解释并不以该单位

---

① A. Scalia, *A Matter of Interpretation: Federal Courts and the Law* 17 (1997).

结束。法官必须从整体上研究法律。① 为了找到一个词的法律含义，解释者必须阅读包含该词的段落、包含该段落的法律条款、包含该条款的章节，以及包含该章节的整个法律文件。② 同一短语在两个不同的法律中可能有不同的含义，因为它们所追求的目的不同。一般来说，同一短语在一部法律中的任何地方都有相同的含义，因为它是旨在实现同一目的。然而，我们不应认为立法机关的工作是完美无瑕的。立法机关的成员以及起草法案版本的助手和其他人一样容易犯错。解释者应该对法律持怀疑态度。立法机关可能在紧迫的期限内通过了法律；起草者可能在最后一刻做出了政治妥协；立法机关可能故意让一些条款含糊其词，让法院来赋予它们法律意义。法官的解释方法应该反映出立法过程的现实情况。

（三）立法"附件"

每一项立法都有自己的"附件"。我指的是法律的名称、章节的名称、标题和副标题以及标点符号。在某种程度上，这些附件经历了立法程序，它们可以作为揭示法律主观目的的工具。无论一项法律乍一看是否"平淡无奇"，我们都可以随时查阅它们。然而，一般来说，从法律条款的主体中产生的意图比从其附件中产生的意图更可靠，因为立法机关的成员通常更关注法律主体而不是其附件。

（四）从自然语言和日常语言中习得主观目的

法官从法律的自然语言和日常语言中习得法律的目的。他们采用可反驳的

---

① 见汉德法官在 *Helvering v. Gregory* (69 F.2d 809, 810) (1934) 一案中的评论："一句话的含义可能不仅仅是单独的词语，就像旋律不仅仅是音符一样，任何程度的特殊性都无法避免诉诸所有出现和所有共同创造的背景。"据说，法兰克福特大法官将以下三条规则命名为法律解释规则："阅读法律、阅读法律、阅读法律"。引自 H. Friendly, *Benchmarks* 202 (1967)。见 J.P. Stevens, "The Shakespeare Canon of Statutory Construction," 140 *U. Pa. L. Rev.* 1373, 1376 (1992)。

② 见 Celsus 在 *Digeste* 1, 3, 24 中的评论："In civile est nisi tota lege perspecta una aliqua particula eius proposita indicare vel respondere"（不从整个法律的角度回答一个问题是不道德的）。另见 G. Devenish, "Interpretation 'From the Bowels of the Act' —An Essential Methodology for Unqualified Contextual Interpretation," 106 *S.A. L.J.* 68 (1989)。

假设，即立法机关用自然语言和日常语言表达其目的。当然，有时法官只有通过赋予法律语言以一种不寻常的特殊含义，才能实现法律的目的。

四、从法律外部来源习得主观目的：立法史

立法机关并不是在真空中通过法律。它是在动态的社会和法律现实的背景下行事的。解释立法的法官必须认识到构成立法行为的背景。这种社会和法律现实是有关法律主观目的的信息来源。法律不仅仅是环境的产物；它更是一种从环境中汲取生命的产物。因此，解释者应该对立法史感兴趣，将其作为一项立法的背景和深度来源。我不知道霍姆斯大法官所说的"一页历史抵得上一卷逻辑"① 是否正确，但法律的历史在关于它的解释中发挥着重要作用。毫无疑问，法官应该考虑立法史。问题是如何平衡摆脱过去的需要和从过去中学习的需要。我们应该适当平衡过去和未来，平衡过去的信息是什么和它应该是什么。如果使用得当，立法史可以达到恰当平衡，帮助法官确定主观目的。

（一）立法史相比较

1. 美国法律的立法史

在美国，立法史作为一种解释的标准是极具争议的。② 一方面，意图论者

---

① *New York Trust Co.v. Eisner*, 256 U.S. 345, 349 (1921).

② 至少可以说，这方面的文献资料非常丰富，见 F.E. Horack, "In the Name of Legislative Intention," 38 *Va. U. L.Q.* 119 (1932); H.W. Jones, "Statutory Doubts and Legislative Intention," 40 *Colum. L. Rev.* 957 (1940); F. Frankfurter, "Some Reflections on the Reading of Statutes," 47 *Colum. L. Rev.* 527 (1947); G. MacCallum, "Legislative Intent," 75 *Yale L.J.* 754 (1966); R. Pildes, Note, "Intent, Clear Statements, and the Common Law: Statutory Interpretation in the Supreme Court," 95 *Harv. L. Rev.* 892 (1982); O. Fiss, "Objectivity and Interpretation," 34 *Stan. L. Rev.* 739 (1982); N. Zeppos, "Judicial Candor and Statutory Interpretation," 78 *Geo. L.J.* 353 (1989); P. Wald, "Some Observations on the Use of Legislative History in the 1981 Supreme Court Term," 68 *Iowa L. Rev.* 195 (1983); R. Posner, "Statutory Interpretation—in the Classroom and in the Courtroom," 50 *U. Chi. L. Rev.* 800 (1983); E. Maltz, "Statutory Interpretation and Legislative Power: The Case for a Modified Intentionalist Approach," 63 *Tul. L. Rev.* 1 (1988); A. Aleinikoff, "Updating Statutory Interpretation," 87 *Mich. L. Rev.* 20 (1988); W. Popkin, "The Collaborative Model of（ 转下页 ）

主张利用立法史来理解立法意图（主观目的），新文本论者则否定将立法意图作为法律解释标准的任何考虑，并认为对立法史的任何使用都是不合适的。这两种观点都过于极端。我们不能只根据立法意图来构建解释理论。有时我们无法知道立法意图是什么，有时立法意图无助于解决有争议的问题，有时考虑立法意图是不恰当的。然而，完全忽视立法意图的作用对民主和法官的角色是有害的。在解释法律时，法官应同时考虑主观意图和客观意图。那么问题来了，我

（接上页）Statutory Interpretation," 61 *S. Cal. L. Rev.* 541 (1988); P. Schanck, "The Only Game in Town: An Introduction to Interpretive Theory, Statutory Construction, and Legislative Histories," 38 *U. Kan. L. Rev.* 815 (1990); C. Sunstein, "Interpreting Statutes in the Regulatory State," 103 *Harv. L. Rev.* 405 (1989); N. Zeppos, "Legislative History and the Interpretation of Statutes: Toward a Fact-Finding Model of Statutory Interpretation," 76 *Va. L. Rev.* 1295 (1990); W. Eskridge, "Legislative History Values," 66 *Chi. Kent L. Rev.* 365 (1990); W. Eskridge, "The New Textualism," 37 *UCLA L. Rev.* 621 (1990); A. Stock, "Justice Scalia's Use of Sources in Statutory and Constitutional Interpretation: How Congress Always Loses," 1990 *Duke L.J.* 160; E. Maltz, "Rhetoric and Reality in the Theory of Statutory Interpretation: Underenforcement, Overenforcement, and the Problem of Legislative Supremacy," 71 *B.U. L. Rev.* 767 (1991); N. Zeppos, "Justice Scalia's Textualism: The 'New' New Legal Process," 12 *Cardozo L. Rev.* 1597 (1991); W. Popkin, "An 'Internal' Critique of Justice Scalia's Theory of Statutory Interpretation," 76 *Minn. L. Rev.* 1133 (1992); S. Breyer, "On the Uses of Legislative History in Interpreting Statutes," 65 *S. Cal. L. Rev.* 845 (1992); M. McCubbins et al., "Legislative Intent: The Use of Positive Political Theory in Statutory Interpretation," 57 *Law & Contemp. Probs.* 3 (1994); M. Redish and T. Chung, "Democratic Theory and the Legislative Process: Mourning the Death of Originalism in Statutory Interpretation," 68 *Tul. L. Rev.* 803 (1994); J. Schacter, "Metademocracy: The Changing Structure of Legitimacy in Statutory Interpretation," 108 *Harv. L. Rev.* 593 (1995); G.H. Taylor, "Structural Textualism," 75 *B.U.L. Rev.* 321 (1995); R.J. Pierce, "The Supreme Court's New Hypertextualism: An Invitation to Cacophony and Incoherence in the Administrative State," 95 *Colum. L. Rev.* 749 (1995); M.A. Eisenberg, "Strict Textualism," 29 *Loy. L.A. L. Rev.* 13 (1995); J. Manning, "Textualism as a Nondelegation Doctrine," 97 *Colum. L. Rev.* 673 (1997); J. Schacter, "The Confounding Common Law Originalism in Recent Supreme Court Statutory Interpretation: Implications for the Legislative History Debate and Beyond," 51 *Stan. L. Rev.* 1 (1998); A. Vermeule, "Legislative History and the Limits of Judicial Competence: The Untold Story of Holy Trinity Church," 50 *Stan. L. Rev.* 1833 (1998); M.H. Koby, "The Supreme Court's Declining Reliance on Legislative History: The Impact of Justice Scalia's Critique," 36 *Harv. J. on Leg.* 369 (1999); M. Healy, "Legislative Intent and Statutory Interpretation in England and the United States: An Assessment of the Impact of Pepper v. Hart," 35 *Stan. J. Int'l L.* 231(1999); J. Siegel, "The Use of Legislative History in a System of Separated Powers," 53 *Vand.L. Rev.* 1457 (2000); K. Greenawalt, "Are Mental States Relevant for Statutory and Constitutional Interpretation?" 85 *Cornell L. Rev.* 1609 (2000); J. Manning, "Textualism and the Equity of the Statute," 101 *Colum. L. Rev.* 1 (2001).

们应该给予立法意图多大的权重，以及我们能在多大程度上从立法史中了解立法意图？我们要问，当从立法史中产生的立法意图与合理的立法机关的意图或制度的意图相冲突时，哪个占上风？

2. 英国法律的立法史

英国普通法允许解释者查阅立法史。法院在佩珀诉哈特一案[1]中迈出了正确的一步，他们取消了禁止为寻找立法意图而查阅议事录（议会辩论议定书）的规定。[2]显然，如果像新文本论者所声称的那样，立法意图是法定解释的一个不恰当的标准，那么解释者就不应该参考议事录（尽管不清楚为什么立法辩论不能被用作关于对法律原始理解的信息来源）。然而，如果立法意图与理解法律有关（作为常见的法律主张），那么将立法史作为有关立法意图的重要信息来源似乎是很自然的。问题是，虽然英国普通法采用了使用立法意图作为主观目的信息来源的修辞，但在实践中，它寻求理性人的理解，换句话说，就是客观目的。[3]现在，英国的体制正确地认识到了一般的立法史，尤其是立法辩论的相关性。它不仅是关于立法意图的信息来源，而且是关于法律作用的信息来源。然而，在现阶段，还不清楚英国普通法是否会明确区分主观和客观目的，承认立法史的可接受性并理解其在解释过程中的作用。立法史发挥着双重作用：它是关于立法机关实际意图的信息来源，但它也提供了有关法律客观作用的信息。

（二）立法各个阶段的历史

1. 立法前的历史

一项法律的社会和法律背景可以成为有关其核心意图的有用信息来源。产

---

[1] *Pepper v. Hart* [1993] 1 All E.R. 42.

[2] 见 S. Beaulac, "Parliamentary Debates in Statutory Interpretation: A Question of Admissibility or of Weight?" 43 *McGill L.J.* 287 (1998); J. Steyn, "*Pepper v. Hart*, A Re-examination," 21 *Oxford J. Leg. Stud.* 59 (2001).

[3] D. Payne, "The Intention of the Legislature in the Interpretation of Statutes," 9 *Current Legal Probs.* 96 (1956).

生立法需求的原因和环境可能揭示了立法者试图实现的目的。英国普通法早在 16 世纪就认识到了这段历史的重要性，在海顿（Heydon）案（1584 年）中明确提出了"除弊规则"：

> 为了对所有法律进行可靠和真实的解释（无论是刑事法律还是受益性法律，抑或普通法所规定的限制性法律或扩大性法律），需要辨别和考虑以下四点：第一，制定该法案之前的普通法是什么。第二，普通法没有规定的弊端和缺陷是什么。第三，议会决定并指定了什么补救措施来治疗英联邦的疾病。第四，补救措施的真正原因，以及所有法官的职责始终是做出这样的解释，以抑制弊端，推进补救措施。抑制为了私人便利而做出的细微发明和规避持续的弊端，并根据法案制定者的真实意图，为了公共利益，为治疗和补救措施增添力量和活力。[1]

这些话是 400 多年前在英国宣布的，今天仍然有效。如果立法机关可以使用这些报告的话，那么就证明研究建议改变法律现状的公共委员会的报告是合理的，也证明了诉诸立法行为之前存在的一般法律状况是合理的。

2. **立法中的历史**

立法史本身（法律从立法机关以法案形式提出到通过的编年史）也是有关立法意图的信息来源。它包括法案和附带的注释和评论，立法者在全体会议上辩论该法案的评论，立法委员会的听证会，以及立法委员会对立法机关提出的相关建议。法官可以利用所有这些来源来确定立法的抽象目的而不是具体目的。法官不问立法机关的成员为他们面临的解释问题设想了什么解决方案，而是问法律的抽象（一般）目的是什么；换言之，立法者达成了什么妥协？基于这一目的，法官，只有法官，独自决定了对有关解释问题的解决方案。他或她寻求立法机关对法律目标的概念，而不是法院对审理具体争议的解决方案的概

---

[1] Heydon's Case (1584) 3 Co. Rep. 7a.

念。① 法官应努力区分立法者在立法辩论中所说的内容是为了通过法律所做的必要妥协，还是为了将其记录在案从而影响法官对法律的解释。法官应该只考虑前者。

3. 立法后的历史

立法是一个持续的过程，因此后续立法 ② 可以阐明早期立法的目的。诚然，后续立法 ③ 不能解释以前的立法。它不能解释立法机关的立法。④ 然而，后续立法可能有助于解释者理解先前立法的含义。其中，当后续立法被用作关于早期立法核心的原始目的的信息来源时，就会出现这种情况。法官应该谨慎行事。有时，新的立法只能澄清或加强现有的解释（由于过于谨慎），有时是基于对早期立法的错误理解。然而，有时它可以阐明原来的立法。

（三）立法史的可采纳性

法官从立法前、立法中和立法后的历史中获取有关立法目的的信息。历史有助于他们理解立法机关所设想的目的。正如我在一个案例中指出的：

> 每一个解释性的问题都是从法律开始的，但并不是到此为止。人类的大脑必须吸收所有的相关信息，并根据其可靠性赋予其权重。用美国最高法院首席大法官马歇尔（Marshall）的话来说，"当大脑努力发现立

---

① 见 K.G. Wurzel, "Methods of Juridical Thinking," *Science of Legal Method* 345 (E. Bruncken and L. Register trans., 1917)。关于概念与构想之间的区别，见 R. Dworkin, "Forum of Principle," 56 N.Y.U. L. Rev. 469 (1981)。

② 嗣后立法与立法机关成员在法律通过后发表的评论受到不同的对待。后者虽然可以采纳，但其重要性几乎可以忽略不计。见 P. Wald, "Some Observations on the Use of Legislative History in the 1981 Supreme Court Term," 68 *Iowa L. Rev.* 195, 205 (1983)。

③ 但是，法官不应根据立法沉默（即面对法院对先前立法的解释而不采取行动）来推断任何事情。

④ 声明性法案或解释性法案不仅仅是警示性的，还具有追溯性。见 Note, "Declaratory Legislation," 49 *Harv. L. Rev.* 137 (1935–1936)。英美法系国家有时会通过解释法案。由于这些法案对成文法中的术语进行了定义，因此它们并不构成解释性成文法，尽管有时它们确实包含有关适当解释制度的规定。

法机关设计的地方时，它就会抓住一切可以获得帮助的东西"。因此，法官可以利用立法史来了解法律的目标和目的。①

无论法律在首次阅读时是否清晰，立法史都是可以接受的。意思明确的规则并不禁止法官查阅法律的立法历史，并可能认定法律的"意思明确"只是错误的第一印象。当然，立法历史不能取代法律本身。法兰克福（Frankfurter）大法官明智地警告说，不要夸大到只有在立法史模糊的情况下，法官才会查阅法律本身。②法官应该为了立法的抽象目的而非具体目的调查立法史，并牢记立法史产生的主观目的只有通过法律的语言才能实现，才是有效的。③用切申（Cheshin）大法官的话来说，

> 我们必须谨慎行事，以免我们将法律本不包含的内容包含在内；以免我们在法域外获得的最内在的思想和智慧使我们脱离法律的范围；以免我们把在法律之外发现的"目的"强加给法律，并认为这是正确的做法。我们不能忘记，立法机关的语言是最重要的，它是我们解释活动的依据。④

（四）立法史的重要性

在为确定主观目的而赋予立法史权重时，我们应该记住，经历了立法程序

---

① H.C. 47/83 *Air Tours (Israel) Ltd. v. Chair of Antitrust Council*, 39(1) P.D. 169, 175, 引用 *United States v. Fisher*, 6 U.S. 358 (1805).

② Frankfurter, "Some Reflections on the Reading of Statutes," 47 *Colum. L. Rev.* 527, 543 (1989). 见 *Greenwood v. United States*, 350 U.S. 366, 374 (1955) (Frankfurter, J.)。

③ 在讨论私法文本的解释时，我讨论了文本作者的私人法典。这种法典在公法文本中没有地位。如果一项法律制定了一项以马为对象的规范性条例，法官就不能以立法者使用了自己的私人法典为由，将该条例解释为适用于汽车。公法文本使用公共语言，面向公众。它产生了一种信赖利益。如果立法者想用"马"来表示汽车，就必须在法律的定义条款中说明。

④ H.C. 5503/94, *Segel v. Speaker of Knesset*, 51(4) P.D. 529, 562.

的是法律，而不是它的历史。立法史不是法律的一部分，而是关于法律的主观目的的信息来源。法官应根据信息的可靠性赋予它相应的权重。通常情况下，它根本就不太可靠。立法史是零碎的。它对立法机关的一个或另一个成员来说是主观的。它容易被操纵。由于这些原因和其他原因，立法史并没有提供很多关于主观目的的信息。它当然不如源于法律本身的关于主观目的的信息那么有说服力。然而，在某些情况下，法官在确定主观目的时应高度重视立法史。例如，当法律语言没有清晰的描述，而立法史提供了可靠的信息时，就会出现这种情况。

五、法律的客观目的

（一）法律客观目的的本质

法律的客观目的是指法律在民主制度中所要实现的利益、目标、价值、目的、政策和功能。这个目的，顾名思义，取决于客观标准——换句话说，是立法机关主观意图之外的标准。客观目的并不是对立法机关主观目的的臆测或推定。它是独立存在的，即使立法机关很明显并没有把它设想为一种目的。虽然它不依赖于可以被历史证明的事实，但它仍然在两个方面与法律的语言紧密相连：第一，法律的语言往往提供有关其客观目的的信息；第二，解释者不能利用法律来实现法律在其语言中无法表达的目的。事实上，有时阅读法律的语言并不能获得有关客观目的的信息。解释者可以自由地从法律语言以外的来源了解法律的目的，只要法律的语言能够承载该外部目的。

（二）客观目的的抽象层次

法律的客观目的存在于四个抽象层次。在最低层次，我们寻求通过法律的立法者在面临上述解释问题时想要达到的抽象目的。在这一抽象层次上，法官参与了波斯纳（Posner）所说的对立法机关意图的"想象性重建"。在下一抽象层次上，我们用一个合理的立法机关来取代通过法律的特定立法机关。在更高的抽象层次上，我们关注法律所规范的事项的性质，从所讨论的法律类型中推导出客观目的。法律"机构"的本质提供了有关其目的的信息。例如，对于规范担保的法律来说，担保法律制度的本质引导法官朝着规范的目标前进。最后，在最高的抽象层次上，法律的客观目的源于法律制度的基本原则。它不是专门针对某一法律或另一法律，而是构成一个涵盖所有法律的规范性保护伞。目的解释将这种一般目的转化为对立法目的的一般假设。

（三）时间检验中的客观目的：动态解释

我们尚未讨论法官是否应该评估法律在制定时或在解释时存在的客观目的。我认为，当法官在最低层次上提及法律的客观目的时（想象性重构或"如果立法者考虑此事，他们会设想的目的"），他们应该设身处地地为制定法律时的立法者着想。然而，当法官在更高的抽象层次上考虑客观目的时，他们处理的是随着时间而变化的价值和原则。在这些层次上，客观目的应该要反映一个合理的立法机关，即受监管的法律机构的本质，以及法律体系在解释时所存在的基本价值。在这些较高的抽象层次上，解释是动态的。法律总是在说话，它比通过它的立法机关更明智。

六、客观目的的来源

（一）内部来源和外部来源

解释者从两个主要来源来了解法律的客观目的：法律本身（内部来源）及其周围环境（外部来源）。法官利用他们的预先理解来规避解释学循环的问题，进入法律的语言。他们还从其他法律和法律体系的价值和原则中得出客观目的，而法律是法律体系的一部分，没有这些法律体系，法律就不可能存在。立法本身以外的来源，包括在法律颁布之前存在的法律状况，提供了有关法律客观目的的有用信息。

（二）内部来源：法律整体

法律所涉及的问题和其安排的性质为法官提供了关于法律客观目的的信息。当一项法律涉及一个众所周知的法律制度（销售、担保、权利、权力、撤销、许可）时，法官可以从法律制度本身的本质推断出该法律的目标。例如，当一项法律涉及一个特定类型的税收时，它就带有该类型税收所特有的客观目的。立法的主题和法律处理该主题的方式提供了关于立法核心目的的信息。正如研究一台机器和它的运行方式提供了关于该机器被设计来执行的任务的信息一样，研究一项法律及其安排也提供了关于该法律被设计来实现的客观目的的信息。[①] 立法解决的问题的范围表明其目的的范围。安排的形式（程序性的或实质性的），规范问题的方式（急剧偏离或逐渐演变），以及采用的措施（将行为定为刑事犯罪，建立民事责任或建立许可制度）都引导法官达到客观目的。法官参与到一个逻辑过程中，从法律的语言和外部的数据集中寻找能够反映法律目的和目标的概括。他们从法律的整体结构、章节划分以及不同条款的比较中推断出客观目的。他们可能会考虑一个法律条款的位置，以了解其目的。他们应该把法律作为一个整体来看待。每个部分都履行一个微观功能，这些功能共同完成了法律的功能。当然，法官不应夸大法律的综合性质。有时，一项法律代表着相互矛盾的世界观之间的妥协。一种观点可能在法律的一个部分占上风，它的竞争对手则在另一个部分占上风。单一、统一的政治、社会或社会观点并不总是主导法律的所有部分。法官们在浏览法律条款时应牢记这一点。

（三）外部来源：其他法律（"立法和谐"）

法律不是在立法真空中运作的临时立法机关的一次性行为。法律是常设立法机关的立法链中的一个环节。各项法律共同构成了法律体系的立法项目。这

---

① L. Fuller, *The Morality of Law* 86 (rev. ed. 1969).

个项目是围绕每项法律的环境。解释者通过对立法项目的全面审查来了解法律的目的①，无论它是由以前的还是以后的立法组成。解释者应在立法项目中保持和谐，并应避免将某一法律条款与整个立法割裂开来。无论谁适用某条法律，都是在适用整个立法。② 被解释的法律的界限不受解释者的视野限制。它们延伸到整个法律体系的范围，包括所有立法。一个法律体系中的各项法律是作为综合工具存在的，就像一个身体的不同肢体一样。法律体系作为一个整体的运作方式表明了指定给每条法律的任务。例如，在私法中指定给一个法律机构（如商业文件）的作用，往往会影响到刑法中保护该机构的核心目的。欺诈法、对价要求、对第三方权利的保护、补救措施以及其他由各种法律决定的法律安排背后的目的可能是相似的。因此，比较各种法律是有用的。"普通法和特定法之间有成千上万的联系，因此，普通法和特定法之间相互影响。这种相互影响在整个民法中创造了立法上的和谐，保证了每个具体条款在总体项目框架内的协调和受控运作。"③

与立法的和谐一致，法官应该对处于冲突权利的核心价值观采用相同的平衡公式。换句话说，他们应该在平衡价值 X 和价值 Y 时保持一致，即使这些价值所支撑的权利是不同的。当一项法律在特定的事实条件下提供特定的保护时（如保护明知存在竞争性索赔而获得资产的第三方），当存在最低限度的事实证明该保护是合理时，那么立法和谐要求至少提供同样的保护。此外，立法和谐要求在有其他因素证明其合理性时提供更广泛的保护（例如保护在不知道存在竞争性索赔的情况下获得资产的第三方）。如果法律保护某些价值，并通过其掌握的法律工具（如刑法）来表达这些价值，那么立法和谐就可以通过使用不太激烈的法律工具（如民法和公法）来为同样的价值观提供类似的保护是合理的。

立法是在基本的法学观点、法律概念和一般法律的背景下进行的。立法和

---

① 2A Sutherland, *Statutes and Statutory Construction* 549 (Sands ed., 4th ed. 1984).

② R. Stammler, *Theorie der Rechtswissenschaft* 24 (1911).

③ F.H. 20/82 Adras Building Materials Ltd. v. Harlow and Jones, 42(1) P.D. 221, 263 (Barak, J.).

谐要求解释者考虑这些观点，以便制定符合这些观点的立法目的。例如，法官应假设私法中的短语，如"销售"和"租赁"，在公法（如税法或刑法）中使用时，保留私法中指定的含义。立法和谐假定不同的法律具有不同的作用，这些法律相互联系并促进整个立法的正常运作。由于相互矛盾的法律规定会破坏立法和谐，所以解释工作应尽量避免不同法律之间的内部冲突。我们的假设是，各种法律的目的是创造内部和谐，并防止潜在剥夺一项法律的有效性的正面冲突。根据同样的原则，解释不应该赋予一项法律以使另一项法律完全无效的含义。

当然，规范的和谐并不总是可能的。有时法律之间相互矛盾；有时法官别无选择，只能确定某条法律是多余的；有时不和谐的情况占主导地位。在存在不和谐的情况下，我们不应该强制要求和谐。立法和谐是一个相对的概念。它是一种愿望，一种可反驳的假设。无论法律是否明确，它都适用。立法和谐是制定立法目的的一种手段。和谐的推定不仅适用于同一主题的法律（类似事项），而且适用于所有法律，无论其主题如何。法官负责维持规范的和谐。考虑到不同法律之间的内部关系，他或她应将立法体系视为一个整体。这一责任的艰巨性可能使人觉得，似乎只有德沃金教授想象中的一部分人即强悍的法官 ① 才能完成这一任务。然而，事实是，每个法官都能做到，而且每个法官都应该尝试做到。

（四）外部来源：立法史

原始主义者否定主观目的在解释中的作用，他们错误地认为立法史只对确定立法意图有用，因而对立法史不屑一顾。无论主观目的如何，立法史都是有价值的，特别是对于那些想知道一个理性的读者在法律通过时会如何理解法律的原始主义者来说。立法者在制定法律时的理解自然有助于解释者形成对法律的"原始"理解。但是，人们既不需要是原始主义者，也不需要是意旨主义

---

① R. Dworkin, *Taking Rights Seriously* 81 (1977); R. Dworkin, *Law's Empire* 239 (1986).

者（关注立法意图），就可以对法律的历史（立法前、立法中和立法后）感兴趣。历史告诉我们"社会背景或环境使立法成为必要"[①]。没有历史的法律就像没有根的树。历史告诉我们，在解释过程中应始终参考法律的客观目的和主观目的。

（五）外部来源：社会背景和通史

每部法律的通过都有其社会背景和法律背景。[②] 法律的社会历史背景不断地投射到立法中，帮助塑造立法的目的。如果不了解以色列国的建国历史，我们又如何理解以色列的《回归法》（该法律定犹太人及其后裔可以获得以色列公民身份）？如果不了解 1967 年中东"六日战争"的历史，我们又如何理解在那场战争之后通过的立法？除了考虑历史，法官还应考虑法律通过时的社会和文化假设。立法基于共同的语言和文化观点，它假定了一种特定的社会和文化体系。

（六）外部来源：一般法

一项立法是法律领域中的一棵幼苗。它的培育和发展取决于特定的法律框架（成文法、判例法、习惯法）。当然，立法机关通常会通过一项法律来改变现行法律。但这样做并不是要改变所有现行法律。立法是一个演变的过程，而不是革命。它寻求在法律和社会体系的背景下，在维持所有其他法律存在的同时做出特定的改变。我们假定，一部法律，无论是成文法还是法官制定的判例法，都不会随意破坏法律体系的基本观点。事实上，法官制定的判例法构成了一般法的一部分，它提供了有关成文法的个别客观目的的信息以及有关整个体系的一般客观目的的信息。

---

① A.L.A. 593/86 Putshenik v. Shlissel, 41(4) P.D. 533, 539 (Bejsky, J.).
② *Morris v. Beardmore* [1981] A.C. 446, 459. 另见 Krygier, "The Traditionality of Statutes," 1 *Ratio Juris* 20 (1988)。

（七）外部来源：判例法

判例法是有关法律客观目的的重要外部信息来源。这既适用于个别客观目的，也适用于一般客观目的。

（八）外部来源：法律体系的基本价值

法官在解释任何法律时都必须考虑法律体系的基本价值观念。[1] 这些价值观源自法律制度的核心文件、政权的民主性质、个人作为自由人的地位、社会共识以及法院判例法。随着新的价值观和原则不断被添加，过时的价值观和原则不断被废弃，基本价值观和原则的清单在不断更新。法官在处理这些价值观和原则时必须非常谨慎，以免将自己的主观价值观和原则误认为是法律制度及其信条的价值观和原则。

（九）外部来源：比较法

比较法是法官确定一项立法的客观目的的重要且有效的信息来源。[2] 它既适用于特定目的（微观比较），也适用于一般目的（宏观比较）。另一个国家的民主法律体系中的类似法律可能会对理解特定目的提供启发。试图理解规范代理或租赁等法律机构的立法的核心目的也是如此。法官们不是分析外国立法的细枝末节，而是研究该法律机构在两种制度中的功能。在功能相似的情况下，外国范例可以为理解国内立法的目的提供解释上的启发。

例如，在谈判订立合同时和履行合同时考虑的诚信原则。如果该原则在两

---

[1]　W. Eskridge, "Public Values in Statutory Interpretation," 137 *U. Pa. L. Rev.* 1007 (1989).

[2]　G. Zaphiriou, "Use of Comparative Law by the Legislature," 30 *Am. J. Comp. L.* 71 (1982); D.N. MacCormick and R. Summers (eds.), *Interpreting Statutes: A Comparative Study* (1991); M. Healy, "Legislative Intent and Statutory Interpretation in England and the United States: An Assessment of the Impact of Pepper v. Hart," 35 *Stan. J. Int'l Law* 231 (1999); U. Drobnig and van Erp (eds.), *The Use of Comparative Law by Courts* (1994); H.P. Glenn, "Centennial World Congress on Comparative Law: Comparative Law and Legal Practice: On Removing the Borders," 75 *Tul. L. Rev.* 977 (2001).

个法律体系中发挥类似的作用，那么外国体系可能有助于法官制定国内诚信原则的核心目的。比较法还有助于确定表达该体系基本原则和价值观的一般目的。只有在两种制度具有共同的意识形态基础时，才会出现这种情况。

比较法可以在制定立法目的方面发挥重要作用，但法官应谨慎使用。[①] 只有当两种制度具有相似的功能、相似的基本假设和相似的目标时，才适合进行解释性启发。在满足这一条件的情况下，即使立法机关在通过法律时显然没有考虑外国法律，法官也可以使用比较法。

七、客观目的的推定

（一）关于立法一般目的的推定

目的解释将法律体系的基本价值转化为对每部法律一般目的的推定。无论法律是否明确宣布或重复这些推定，这些推定都适用。然而，旨在偏离这些目的的法律必须明确说明这一点。对目的的一般推定植根于每个法律体系所特有的宪法[②]。即使在一个法律体系中，这些观点也会随着时间的推移而改变。我将仅讨论在大多数法律体系中有效的几种目的推定。

（二）与法律中的安全性、确定性、和谐性和一致性相关的目的推定

每个现代民主法律体系都将人际关系中的安全性和确定性视为基本价值。[③] 所有的法律体系都渴望立法和谐与立法一致，[④] 尽管它们的绝对实现是不

---

① 反对使用比较法的论点，见 G. Frankenberg, "Critical Comparisons: Re-thinking Comparative Law," 26 *Harv. Int'l L.J.* 411 (1985)。

② J. Kernochan, "Statutory Interpretation: An Outline of Method," 3 *Dalhousie L.J.* 333 (1976)。

③ L. Fuller, *Anatomy of the Law* 94 (1988). 另见 K. Diplock, *The Courts as Legislators* 16 (1965). 这就是具有约束力的先例原则的基础。见 *Burnet v. Coronado Oil & K. Gas Co.*, 285 U.S. 393, 406; *Sheddon v. Goodrich*, 32 E.R. 441, 447 (1803)。

④ J. Raz, "The Relevance of Coherence," 72 *B.U. L. Rev.* 273 (1992); J. Coons, "Consistency," 75 *Cal. L. Rev.* 59 (1987)。

可能的，或许也是不可取的。因此，法律体系假定立法具有安全性、确定性、一致性与和谐性。他们假定法律的目的源于其自然语言和普通语言，并且不会与其他立法相冲突。他们假定法律不与宪法相抵触，执行法律不与主要法律相抵触，法律的不同条款之间互不抵触，法律融入一般法律。[①] 每项立法都假定公法和私法的基本理论、该体系的法学基础架构及其现行法律理论的存在和有效性。法律体系假定每项法律都基于以下基本区别：权力与权利，权利与救济，有效性与可撤销性，可撤销性与无效性，实体与程序，成年人与未成年人，自然人与法律实体，权威与自由裁量权，以及证据的可采性及其证明价值。他们假定使用具有一般含义的术语的法律意在表达这些术语在一般法中的含义；他们假定公法法律（如税收法律或刑事法律）在使用私法术语（如所有权和财产）时，应使用其私法含义。一个特别重要的推定是，法律的设计并非旨在随意或巧合地对法律进行实质性修改，并且立法机关也不会白费口舌。

规范和谐的假定意味着法律体系假定每项法律条款都在总体法律中发挥作用，没有任何条款是多余的，也不是为了立法而立法。他们假定，新法律旨在实现某个目的，要么改变现有法律，要么宣布并加强现有法律。他们假定立法的目的是制定有效的条款，赋予相同的词语相同的含义，赋予不同的词语不同的含义。当然，这些推定是可以反驳的。

（三）与伦理价值观相关的目的推定

民主建立在道德基础之上。因此，每项法律的目的都被推定是实现正义。正如席尔伯格法官所说：

> 我知道我不是法律制定者，也不是法律制定者的子女，我只是一名有血有肉的法官，我宣誓并准备按照法律的要求行事。然而，我认为，

[①] 最后一项推定还衍生出其他推定。见 A. Vermeule, "Saving Constructions," 85 *Ga. L.J.* 1945 (1997)。

当天平平衡时，当一项法律可作这样或那样的解释时，我的义务是赋予它符合行善积德戒律的含义，而不是冒犯自然正义感的含义。[①]

我只想补充一点，将正义作为解释的来源并不局限于"天平平衡"的情况。法官必须始终牢记正义。它不是唯一需要考虑的价值，其分量也不是决定性的，但我们认为法律的目的是实现自然正义规则，避免利益冲突。

（四）与社会目标相关的目的推定

民主制度的社会目标是每项立法的客观目的的一部分。每部法律的客观目的都被推定为确保国家的持续存在。[②] 每项法律的目的也被推定为维护和发展民主，促进公共利益，包括公共秩序、公共福利和公共安全。这些条件是国家或法律体系所有其他价值存在的必要条件。人权不可能在无政府状态下存在。没有秩序就没有自由。"民主不必为了证明其生命力而自杀。"

三权分立原则是最重要的社会目标之一。目的解释将这一目标转化为一种推定，即每项法律的客观目的都是维护和推进分权。因此它推定，立法的目的是让立法权掌握在立法机关手中，[③] 将行政权掌握在行政机关手中，[④] 将司法权掌握在司法机关手中。三权分立推定意味着我们还假定法律不会损害法院的判断和解释权威。另一个重要推定是，法律旨在保障司法独立和公众对司法机构的信任。每项法律都被认为是在形式上、理论上和实质上维护法治，适用于个人和公共机构，以平等的方式对每个人强制执行，防止人们掌控法律，以及避免人们绕过法律。

此外，法治的理论原则还引出了一些已经讨论过的假定。其中包括法治的实质方面，需要通过确保国内法与国际法相一致来确保国际层面上的法

---

① C.A. 260/57 *Padva v. Friedman*, 14 P.D. 427, 436.
② 这是宪法规定的。E.A. 1/65 *Yardor v. Chair of the Central Election Committee of the Sixth Knesset*, 19(3) P.D. 365, 384 (Agranat, P.). 见 E.A. 2/84 *Neemon v. Chair of Knesset Elections Committee*, 38(3) P.D. 85。
③ 因此，在没有明确法律许可的情况下，禁止承认行政部门的立法权，即非授权原则。
④ 这就是行政法中"合理范围"理论的基础。

治，① 以及本土法律的地域适用性。

（五）与正确行为模式相关的目的推定

法律规范调节人际关系，允许和禁止不同类型的人际行为。每个社会都会为其成员设定适当的行为准则。一般来说，社会通过规范人们对他人利益的控制来达到这一目的。法律规定了一个普通的、可接受的行为标准，这个标准介于人类行为所追求的理想与足以受到法律制裁的不良行为之间。"普通"行为基于合理、理性、相称、公平和诚信。这一层面的行为是社会秩序的核心。它使社会成员参与到公共生活之中。它取决于任何特定事项所涉及的价值和利益的平衡。

在此背景下，立法机关制定法律的客观目的是实现这些正确的行为模式。因此，从逻辑上推定，立法旨在实现合理的结果，避免任何不必要的违背常识的行为。法律的目的被推定为不是进行无用的活动，不是提出不切实际的要求，也不是规定不可能的事情（法律不强人所难）。立法也被认为是为了避免出现意料之外的情况或非法的情况，并避免阻碍其本身的适用。立法应避免繁文缛节、过度冗长、不必要的复杂化、制造漏洞或制造不必要的无价值的工具。一项法律在保持其有效性（宁使条款有效）的同时，应力求与宪法和其他法律相协调，如此负责该法律的行政机构则会被认为是行为合理。因此，推定立法的目的是实现相称、公平的结果。一个特别重要的推定是善意推定，这是一个反映适当行为水平的客观概念。在大多数法律体系中，善意推定是一项基本原则，贯穿于每项法律的客观目的之中。

（六）与人权相关的目的推定

在民主国家，法官在解释每项立法时都会以保护人权为基本假设。正如我在一个案例中指出的那样：

> 宪法的出发点是存在并维护基本民主权利。我们假定，立法机关（或制定法律的机构）在制定法律时，旨在维护和保障基本权利。因此，

---

① M. Hunt, *Using Human Rights Law in English Courts* (1997).

每项立法的目的都是维护而不是损害基本权利。①

　　据推测，立法旨在保护法律体系和国际法中承认的至少一项人权。这些权利因法律体系而异，但每个民主国家都假定人权受到保护。还有一种推定是，对受宪法保护的人权的不当侵犯会导致法律违宪。以色列广泛的判例法已在广泛的生活领域承认这一目的推定。合乎逻辑的推论是，如果某人或某事侵犯了人权，则推定法律会对受害者进行补偿。

（七）反对追溯适用法律的目的推定

　　大多数民主国家，比如英国、美国、加拿大、南非、法国②和以色列，都接受立法不溯及既往的推定。立法旨在指导人类行为，告诉人们什么行为是允许的，什么行为是禁止的，哪些行为具有法律效力，哪些行为不具有法律效力。法律本质上是对未来行动的指导。今天就昨天发生的行为发布指令是毫无意义的。然而，并非所有具有追溯力的法律都是违宪的。考虑制定一项将违反先前刑法的行为合法化的新法律。有什么真正的理由不追溯适用新法律吗？为什么要反对一项纠正先前法律不公正结果的法律呢？并非所有具有追溯力的立法都是消极的。我们必须在消极与积极之间取得平衡。然而，一般的推定是不允许法律具有追溯力的。然而，要确定什么是有追溯力的法律是很困难的。这方面的文献浩如烟海③，超出了本书的范围。我只注意到以下关于追

---

① C.A. 524/88 *Pri Haemek Cooperative Agricultural Association v. Sde Yaakov Workers Collective*, 45(4) P.D. 529, 561.

② 1 H. Mazeaud, J. Mazeaud, F. Chabas, *Leçons de Droit Civil* 191 (1989); 1 J. Ghestin, *Traité de Droit Civil* 262 (2d ed. 1983).

③ W.D. Slawson, "Constitutional and Legislative Considerations in Retroactive Lawmaking," 48 *Cal. L. Rev.* 216 (1960); S. Munzer, "Retroactive Law," 6 *J. Leg. Stud.* 373 (1977); E. Driedger, "Statutes: Retroactive Retrospective Reflections," 61 *Can. Bar Rev.* 264 (1978); S. Munzer, "A Theory of Retroactive Legislation," 61 *Tex. L. Rev.* 425 (1982); G. De Mars, "Retrospectivity and Retroactivity of Civil Litigation Reconsidered," 10 *Ohio N.U. L. Rev.* 253 (1983); P. Côté, "La Position Temporelle des Faits Juridiques et L'application de la Loidans le Temps," 22 *R.J.T.* 207 (1988); P. Côté, "Contribution a la theorie de la rétroactivite des lois," 68 *Can. Bar Rev.* 60 (1989); D. Shaviro, *When Rules Change: An Economic and Political Analysis of Transition Relief and Retroactivity* (2000).

溯性^①立法的定义适合我们的目的："如果立法基于未来的目的，改变了在法律适用之前已经结束的情况、已经完成或发生的活动或事件（作为或不作为）的法律地位、特征或结果，那么该立法就是具有追溯力的。"^②

我们应该避免对已经赋予的权利的追溯性进行界定。诚然，可以推定法律不会侵犯已经赋予的权利。然而，我们关注的是另一种不同的推定，即反对法律的追溯适用。该推定并不适用于赋予利益的具有追溯力的法律。但是，它适用于制定实体法和程序法的法律。并非所有新的程序法都具有追溯力。也并非所有在赋予实体权利之后或在司法程序开始之后发生的事情都对该权利或程序具有追溯力。一项新法律是否具有追溯力取决于它如何影响在旧法律支持下完成的活动。并非每一项新的程序性规定都会改变根据旧程序规则进行的活动的法律性质。将新的程序性规范适用于未决程序并不构成追溯适用，而是同时适用。但是，如果新的程序性规定改变了过去已完成的程序活动的法律效力，则构成追溯适用，应适用反对溯及既往的法律推定。

八、法律的最终目的

（一）关于主观目的和客观目的的矛盾信息

许多解释制度，包括大陆法系和普通法系中盛行的解释制度，都允许法官通过不受约束地行使自由裁量权来解决主观目的与客观目的之间的矛盾。例如，在解释的这一阶段，实用主义者告诉法官要考虑所有（主观的和客观的）信息，但没有提供额外的指导。目的解释则采取不同的方法，提供了指导行使自由裁量权的标准。我们将首先在法律主观目的的内部矛盾的背景下讨论这一指导，然后讨论其客观目的的内部矛盾。最后，我们将讨论如何解决主观目的

---

① 追溯性与溯及既往是有区别的。追溯性法律在时间上向前追溯，以改变在它通过之前已经生效的法律。溯及既往的成文法在未来生效，但却回顾过去，以改变过去发生的活动在未来的结果。

② P.C.A. 1613/91 *Arviv v. State of Israel*, 46(2) P.D. 765, 777 (Barak, J.).

和客观目的之间的矛盾。

（二）确定法律的主观目的

在有关法律的（抽象）主观目的信息相互矛盾的情况下，法官应首先对法律的自然语言和普通语言所产生的抽象主观目的给予高度重视。该目的被推定为法律的目的。立法机关被推定已成功地通过它的语言表达了它的目的。因此，当该目的与外部来源（如立法史）所产生的目的相矛盾时，法官应优先考虑法律语言本身所产生的主观目的。只有当该目的不够明确或没有提供足够的帮助时，才应以外部来源产生的抽象主观目的为准。后一种目的来源的重要性取决于其可靠性。法官不应对它的合理性做出假设。如果可以获取关于立法者实际设想的抽象主观目的的可靠信息，那么法官就应将它考虑在内，即使它与主观目的是由法律语言产生的这一推定相矛盾。如果不能获取此类信息，那么法官就应该结束对主观目的的探究，转而研究客观目的。

有时，立法意图的清晰图景会出现，但它是自相矛盾的。为了解决这些矛盾，目的解释更倾向于具体目的而非一般目的，更倾向于主要主观目的而非次要主观目的。如果天平保持平衡，法官就会考虑有关客观目的的信息，以解决僵局。事实上，法官在确定主观目的的同时，也会考虑客观目的。当"主观"天平达到平衡时，法官应在确定法律最终目的的最后阶段权衡有关客观目的和主观目的的相互冲突的信息。

（三）确定法律的客观目的：个别目的与一般目的之间的冲突

在少数情况下，有关客观目的的各种信息会相互冲突。我们首先讨论个别客观目的与一般客观目的之间可能存在的冲突，也就是说，从法律体系的基本原则中得出的客观目的推定。前者是每部法律所独有的，而后者则是所有法律共有的（规范总括）。原则上，目的解释倾向于个别目的而非一般目的。

目的解释者不会轻易判定个别目的与一般目的相矛盾，部分原因是他或她假定每项立法都符合宪法。他或她会尽一切努力避免承认矛盾，因为矛盾会使法律的有效性受到质疑。然而，意义和有效性是两码事，有时解释者别无选择，只能得出个别客观目的与一般目的相矛盾的结论。一般来说，个别客观目的会占上风，但并非总是如此。一个例外是个别目的与人权的一般目的相冲突的情况。由于民主国家非常重视人权，解释者可能会决定以一般目的为准，特别是在法律语言中没有明确地、清晰地、毫不含糊地说明个别目的的情况下。① 以色列法律发展了这一方法，正如时任法院院长梅尔·沙姆加尔所阐述的那样："除非主要［非行政］立法机关明确立法，否则不得剥夺或限制基本权利。"② 我也确立了类似的观点："不应将一项立法解释为授权侵犯基本权利，除非该授权是明确的、清晰的、毫不含糊的。"③

这种方法主要是在个别目的与有关人权的目的推定之间相矛盾的情况下发展起来的，但随着时间的推移，它已经扩展到包括额外的一般目的的推定，例如推定一项法律的目的是实现自然正义。例如，在听证权方面，以色列最高法院认为，"有必要制定一项法定条款，不是承认听证权，而是否认听证权。这种否认必须通过明确的语言进行。"④ 同样，"只有立法机关清晰明确的指示才能豁免利益相冲突的规则"⑤。要推翻立法目的是赋予司法机构司法权力这一推定，也需要同样高的标准。⑥ 要推翻每一个一般性推定，并非都需要清晰明确的语言。反映法律的安全性、确定性与和谐性的目的推定可能会被法律的隐含语言推翻。⑦ 然而，作为一般目的核心的价值观和原则的分量越重，就越倾向于要求清晰、明确、毫不含糊的语言来推翻由该一般目的产生的推定。在个

---

① C. Sunstein, "Nondelegation Canons," 67 *U. Chi. L. Rev.* 315 (2000). 桑斯坦认为，他所讨论的不同准则，用我们的话说就是目的推定，是非授权理论的体现。

② H.C. 337/81 *Mitrani v. Minister of Transportation*, 36(3) P.D. 337, 358.

③ H.C. 333/85 *Aviel v. Minister of Labor and Welfare*, 45(4) P.D. 581, 600.

④ H.C. 654/78 *Gingold v. National Labor Court*, 35(2) P.D. 649, 657 (Barak, J.).

⑤ H.C. 531/79 *Likud Party in Petach Tikvah v. Petach Tikvah Municipal Council* 34(2) P.D. 566, 574.

⑥ H.C. 403/71 *Alcourdiv. National Labor Court*, 26(2) P.D. 66, 72; H.C. 222/68 *Chugim Leumiim, Nonprofit v. Minister of Police*, 24(2) P.D. 141, 172; H.C. 294/89 *National Insurance Institute v. Appeals Committee*, 45(5) P.D. 445, 451.

⑦ 在以色列，对于这是否适用于反对追溯适用法律的推定存在一些模糊之处。

别目的和一般客观目的之间的天平处于平衡状态的边缘情况下，解释者会考虑（抽象的）主观目的，正如我们将讨论的那样。

（四）确定法律的客观目的：一般目的推定之间的冲突

我们已经讨论了关于所有立法的一般目的的各种推定之间存在冲突的情况。我们看到，法官通过分配各种推定的权重并在它们之间进行原则性的平衡（横向和纵向）来解决矛盾。各种推定的权重取决于其所代表的价值观和原则的相对重要性。这种平衡通常会产生一个清晰明确的解决方案。然而，在天平持平的情况下，法官应使用主观目的来帮助解决矛盾，我们将对此进行讨论。

（五）法律的（抽象）主观目的与其客观目的之间的冲突

我们已经到了决定性的、最困难的阶段，即法律的（抽象）主观目的与客观目的之间的冲突。当然，我们假定主观目的源于法律的语言或其外部来源。我们假定解释者没有进行猜测或推断，而是发现了一个清晰、明确和可信的主观目的。解释者既要考虑主观目的，也要考虑客观目的。他或她用客观目的在相互冲突的主观目的中做出选择；他或她用主观目的在相互冲突的客观目的中做出选择。然而，如果在明确和阐述了这两种目的之后，两者之间的矛盾仍未解决，解释者则必须以其中之一为准。

目的解释并不创造一种"裁决规则"，即这种或那种目的总是占上风。相反，它采取的是区别对待的方法。它将法律的（抽象）主观目的与其个别客观目的之间的矛盾，与法律的（抽象）主观目的与其一般客观目的之间的矛盾区别对待。在第一种情况下，目的解释倾向于主观目的。初步判断，当有明确的信息表明立法机关通过法律希望达到什么目的时，它将胜过通过法律可以达到什么目的的信息。只要不与法律体系的基本民主价值观相抵触，这种方法就能证明立法至上原则的有效性。在第二种情况下，目的解释没有普遍的偏好，因为它面临着民主本身的内部矛盾。立法至上（以及由此衍生的主观目的）与制度的基本价值（以及由此衍生的一般客观目的）相冲突。只有当（抽象）主观目的源于法律明确的语言时，我们才能通过承认"真正的"冲突来将这种紧张关系降至最低。如果我们从法律之外的来源获取主观目的，那么面对相互矛盾的客观目的时，我们可以不考虑这些来源的证明价值。我们可以为这种无视（抽象）主观目的的倾向辩护，因为这种主观目的并不是从法律本身的语言中明确产生的，而是出于民主的考虑。[①] 然而，此类情况下并不存在硬性规定。我们确定的倾向只是初步的，因为法律的类型及其本质在解决这些矛盾中发挥着重要作用，我们将在下文讨论。

（六）考虑法律类型

目的解释对矛盾的区别对待，区分了不同类型的法律，目的是确定主观目的和客观目的之间的关系。我们讨论了解决法律（抽象）主观目的与其个别客观目的之间矛盾的初步方法。一旦我们考虑到法律的类型，这种方法可能会有所改变。当（抽象）主观目的与一般客观目的相矛盾时，法律类型是决定性因素。我们列出了针对不同法律类别影响我们解决两种目的之间矛盾的部分清单。在解释一个旧文本时，我们对（个别或一般）客观目的给予极大的重视，即使它牺牲了法律明确语言所产生的主观目的。同样的情况也适用于涉及人类关系广泛领域的文本、对制度特征和社会基础产生根本性影响的文本，以及基于标准而非规则的文本。与此相反，我们验证了我们的初步方法，对于新文本、技术性文本、涉及狭义人际关系的文本以及基于规则而非标准的文本，我们赋予（抽象）主观目的极大的权重，甚至不惜牺牲（个别或一般）客观目的。

（七）主观目的和客观目的的优先顺序是否有一般规律可循？

我们能否概括出哪种目的更重要？我们是否可以说，作为一般规则，我们应该优先考虑主观目的，同时承认因文本类型而产生的例外情况？或者说，客

---

① 在处理个人目标与系统基本价值观之间的冲突时，我们也采取了类似的方法。

观目的作为一项政策，应胜过列举的例外情况？我们是否应该取消例外情况，允许这种或那种目的占上风？

我的答案是否定的。无论是否有例外，一般原则都会违背目的解释核心的宪法理解，即民主是立法至上与基本价值至上之间的微妙平衡，而基本价值的核心是人权。源自立法至上的主观目的与源自制度基本价值的客观目的之间的微妙平衡反映了这一理解。只要我们将民主理解为建立在这种平衡的基础上，我们就不应破坏不同目的之间的微妙关系。

（八）确定法律最终目的的司法自由裁量权

即使穷尽了这些指导原则，法官有时也会发现天平仍然保持平衡。这种情况可能会发生在跨越不同立法类别的法律中，反映出主观目的或客观目的的矛盾偏好。考虑一项中等年限的法律，它清晰明确的措辞产生了主观目的。自颁布以来，该制度的基本价值并未发生任何与其解释相关的变化。该法律涉及人类经验的广泛问题。它采用了规则术语。法官别无选择，只能运用自由裁量权对法律中相互矛盾的内容做出裁决。我认为，正义应作为解决这一冲突的决定性标准，但我承认，其他目的解释者可能不同意这一点。

第十五章
宪法解释

一、宪法的独特性及其对解释的影响

（一）作为超级规范的宪法

宪法是以法律规范为基础的法律文本[1]。因此，宪法的解释应与其他法律文本相同。然而，宪法位于规范金字塔的顶端，它塑造了整个历史时期的社会特征及其理想，确立了一个国家的基本政治观点，为社会价值观、目标设定、义务和趋势奠定了基础。宪法旨在长期指导人类行为，为制定法律[2]和管理国家政府建立框架。[3]它反映过去的事件，为现在奠定基础，并塑造未来。它同时是哲学、政治、社会和法律。宪法的独特性决定了对宪法的解释必须采用特殊的解释方法，[4]因为"我们正在解释的是一部宪法"。[5]加拿大最高法院首席

---

[1] T. Grey, "The Constitution as Scripture," 37 *Stan. L. Rev.* 1, 14 (1985).

[2] *Attorney General (NSW) v. Brewery Employees Union of NSW (Union Label)* (1908) 6 C.L.R. 469, 612（"它是一部宪法，是据以制定法律的机制，而不仅仅是宣布法律内容的法案"）（Higgins 法官）.

[3] A. Mason, "Trends in Constitutional Interpretation," 18 *UNSW L.J.* 237, 283 (1995).

[4] L. Tribe and M.C. Dorf, *On Reading the Constitution* (1991); 1 Bruce Ackerman, *We the People: Foundations* 90 (1991).

[5] *McCulloch v. Maryland*, 17 U.S. 316, 407 (1819) (Marshall, C.J.).

大法官迪克森（Dickson）在解释《加拿大权利与自由宪章》的首批判决中如
是说：

> 解释宪法的任务与解释法规的任务截然不同。法规规定了当前的权
> 利和义务。它易于颁布，同样也易于废除。相比之下，宪法的起草着眼
> 于未来。它的作用是为合法行使政府权力提供一个持续的框架，并在与
> 权利法案或宪章相结合的情况下，为个人权利和自由提供不懈的保护。
> 一旦颁布，其条款就不能轻易废除或修改。因此，宪法必须能够随着时
> 间的推移不断发展壮大，以适应新的社会、政治和历史现实，而这些往
> 往是宪法制定者始料未及的。司法机构是宪法的守护者，在解释宪法条
> 款时必须牢记这些考虑因素。[1]

宪法在法律体系中占有特殊地位，它所发挥的作用是其他任何法律文本都
无法比拟的。[2]

（二）宪法的独特性与目的解释

在处理宪法时，目的解释在表达宪法文本独特性的同时，也保持了它对
所有法律文本解释方法的完整性。目的解释在主观目的（宪法制定者的意图）
与客观目的（制度的意图）之间取得平衡，体现了它对宪法独特性的敏感性。
与其他法律文本一样，目的解释者从文本语言和外部资料来源中了解这些目
的。在不否定主观目的适用性的前提下，目的解释在宪法解释中更倾向于客观
目的。

---

[1] *Hunter v. Southam Inc* [1984] 2 S.C.R. 145, 156.

[2] D. Farber, "The Originalism Debate: A Guide for the Perplexed," 49 *Ohio St. L.J.* 1085, 1101 (1989).

（三）宪法的目的解释：比较法

不同国家的法律制度都承认应当根据宪法的目的来解释宪法。[1] 加拿大首席大法官迪克森在一份意见书中表达了这一原则，认为法院应对加拿大宪法（尤其是《权利与自由宪章》）进行目的解释："对《宪章》所保障的权利和自由进行定义的适当方法是目的解释。应通过分析宪章所保障的权利或自由的目的来确定其含义。"[2] 换言之，在解释宪法语言时，加拿大法院应评估宪法旨在保护的利益。[3] 德国宪法法院采取了类似的方法，在解释时对宪法条款的目的及其旨在履行的职能给予决定性的重视。[4]

二、宪法语言

（一）"庄严的概括"

宪法语言与任何其他类型的语言都没有什么不同。它是特定社会在特定时间使用的自然语言。然而，与其他法律文本相比，宪法包含更多"不透

---

[1]　见有关澳大利亚宪法解释的文献：Tucker, "Textualism: An Australian Evaluation of the Debate between Professor Ronald Dworkin and Justice Antonin Scalia," 21 *Syd. L. Rev.* 567 (1991); A. Mason, "Trends in Constitutional Interpretation," 18 *U.N.S.W. L. J.* 237 (1995); A. Mason, "The Interpretation of the Constitution in a Modern Liberal Democracy," in *Interpreting Constitutions: Theories, Principles and Institutions* 13 (C. Samford and K. Preston eds., 1996); Goldworthy, "Originalism in Constitutional Interpretations," 25 *Fed. L. Rev.* 1 (1997); Lloyns, "Original Intent and Legal Interpretation," 24 *Aus. J. Leg. Phil.* 1 (1999); J. Kirk, "Constitutional Interpretation and a Theory of Evolutionary Originalism," 27 *Fed. L. Rev.* 323 (1999); M. Kirby, "Constitutional Interpretation and Original Intent: A form of Ancestor Worship?" 24 *Melb. U. L. Rev.* 1 (2000)。

[2]　*R. v. Big M Drug Mart Ltd* [1985] 1 S.C.R. 295, 34 (emphasis in original). 参见 Re B.C. Motor Vehicle Act [1985] 2 S.C.R. 486, 499 (Lamer, J.)。

[3]　P. Hogg, *Constitutional Law of Canada* 819 (4th ed. 1997).

[4]　K.H. Friauf, "Techniques for the Interpretation of Constitutions in German Law," in *Proceedings of the Fifth International Symposium on Comparative Law* 12 (1968)："目的论方法可能是当今德国宪法最重要的解释技术……目的论方法也可被称为'功能性方法'，因为它要求某一规则在宪法背景下必须实现的功能……今天，目的论方法要求了解一项规则的当前目的和当前含义。"

明"的表述。[1] 其中包括许多可以以多种方式解释的术语，以及许多"开放式的"[2] 和不透明的宪法条款。当然，对于某些事实，所有的语言都可能是开放的、不透明的，但是宪法语言对于许多甚至大多数事实都是开放的、不透明的。这种情况有三个主要原因：第一，宪法文本表达的是国家协议。为了达成一致，各国通常必须同意不透明的和开放式的条款，这反映了他们只有在高度抽象的层面上才能达成共识。第二，宪法文本旨在确立国家的基本价值观、契约和社会观点。我们倾向于用充满价值的语言表达这些概念，传达的信息很少是清晰明确的或毫不含糊的。第三，宪法文本旨在为子孙后代规范人类行为。它眼光长远，假定观点、立场和社会行为会发生变化。它必须采用足够灵活的语言，以便于将在撰写时无法预测的新观点、立场和行为模式包含在内。否则，宪法文本在颁布之日就会过时。与此同时，宪法文本必须具有足够的明确性，以约束政府各部门，防止它们在未来的行为中违背宪法文本试图维护的观点、立场和社会行为。宪法文本的语言必须既具有刚性又具有灵活性。可作多种解释的"气阀"或开放式术语可达到这一目的。宪法以"庄严的概括"[3] 的开放式措辞定义人权。除了这些概括之外，宪法还包括"封闭式"条款，即规则而非标准。请注意，开放式或不透明的语言并不意味着不完整的语言。这一点很重要，因为当面临空白或不完整时，法官必须使用不解释性的理论来填补空白。然而，在解释的范围内，法官必须尊重宪法语言的限制。

（二）宪法语言与宪法结构

宪法语言包括明示语言和暗示语言。其语言的暗含之义与明确规定一样，都是宪法文本的一部分。它们以无形的墨水写入宪法的字里行间。解释者可从

---

[1] S. Magiera, "The Interpretation of the Basic Law," in *Main Principles of the German Basic Law* 89 (Starck ed., 1983).

[2] B. McLachlin, "The Charter: A New Role for the Judiciary," 29 *Alb. L. Rev.* 540, 545 (1990); W.J. Brennan, "The Constitution of the United States: Contemporary Ratification," 27 *S. Tex. L. Rev.* 433 (1986).

[3] *Fay v. New York* 332 U.S. 261, 282 (1947) (Jackson, J.).

宪法文本的整体结构中辨别它们。① 正如特赖布教授所指出的：

> 宪法的"结构"是（借用维特根斯坦的著名判断）文本显示但未直接言明的内容。例如，措辞、用词重复和文本组织形式（如将文本划分不同条款，或者序言和修正案的独立地位）都有助于人们了解宪法的内容，而这种内容与宪法的文字本身一样具有明显的"合宪性"。②

因此，我们从宪法规定政府三个部门（立法、行政和司法）各自的权力以及保护人权的宪法条款中推断出三权分立和司法独立的原则。还能推断出什么？我们能否从建立民主制度的宪法条款中承认政治表达自由这一隐含宪法权利？澳大利亚最高法院认为可以。③ 同样，道格拉斯（Douglas）法官也承认在美国宪法规定的人权的模糊地带中包括隐私权。④ 宪法的结构可以赋予文本字里行间的内容以隐含的意义，但不能为文本凭空添加行文。这样做就是利用不解释性理论来填补空缺。⑤ 特赖布教授声称宪法文本不仅是文字，而且是"结构所填充的空间和结构所确定的模式"。这种说法是正确的，但我们仍必须注意保留宪法（暗示）语言的局限性。

（三）语言在宪法解释中的双重作用

宪法语言与任何法律文本的语言一样，扮演着双重角色。⑥ 一方面，它设

---

① C.L. Black, Jr., Structure and Relationship in Constitutional Law (1969).

② Tribe, supra p. 15, note 38 at 40–41.

③ 这是澳大利亚承认的"默示权利法案"。

④ *Griswold v. Connecticut*, 381 U.S. 479 (1965). 关于观点分析，见 P. Kauper, "Penumbras, Peripheries, Emanations, Things Fundamental and Things Forgotten: The Griswold Case," 64 *Mich. L. Rev.* 235 (1965); L. Henkin, "Privacy and Autonomy," 74 *Colum. L. Rev.* 1410 (1974); R. Posner, "The Uncertain Protection of Privacy by the Supreme Court," 1979 *Sup. Ct. Rev.* 173; B. Henly, "'Penumbra': The Roots of a Legal Metaphor," 15 *Hast. Const. L.Q.* 81 (1987).

⑤ 我怀疑我使用的"空白"一词是否与它美国宪法文献中的含义相同（例如，道格拉斯大法官在 *Baker v. Carr*, 369 U.S. 186, 242 [1987] 中提到"宪法中的巨大空白"）。

⑥ S. Munzer and J. Nickel, "Does the Constitution Mean What It Always Meant?" 77 *Colum. L. Rev.* 1029 (1977); L. Alexander, "Modern Equal Protection Theories: A Metatheoretical Taxonomy and Critique," 42 *Ohio St. L.J.* 3 (1981).

定了解释的限度。宪法语言并不是解释者手中的黏土，可任其随意塑造。[1] 宪法既非隐喻[2] 也非无约束力的建议。[3] 另一方面，宪法的语言是其目的的来源。当然还有其他来源，但宪法语言是一个重要且可信度极高的信息来源。事实上，我们可以从宪法的外部来源了解宪法的目的，但这并不意味着我们可以赋予宪法与其明示或暗示语言不一致的含义。解释不能创造新的宪法文本。关于法官通过解释宪法来修改宪法的说法只是一种比喻。[4] 宪法文本限制但不命令的说法只适用于少数情况，即在用尽所有解释工具后，我们仍然可以从宪法语言中提取不止一种法律含义的情况，因此必须将最终决定权留给司法裁量权。在这些特殊情况下，语言提供了一个大致方向，但并没有绘制出如何到达目的地的精确地图。[5] 然而，通常情况下，宪法语言不仅规定了解释的限度，还规定了其具体内容。

三、宪法的主观目的

（一）宪法主观目的的本质

宪法的主观目的是宪法制定者试图实现的目标、利益、价值观、目的、政策和功能。尽管有文献提出了相反的观点，[6] 但我认为宪法具有法官可以识别的主观目的。如果没有这种意图，制宪者就不可能制定宪法。如果存在可信的历史信息，那么它就可以被识别出来。[7] 请注意，我们感兴趣的是抽象的意

---

① D. Laycock, "Constitutional Theory Matters," 56 *Tex. L. Rev.* 767, 773 (1987).

② F. Schauer, "An Essay on Constitutional Language," 29 *U.C.L.A. L. Rev.* 797, 801 (1982).

③ P. Brest, "The Misconceived Quest for the Original Understanding," 60 *B.U. L. Rev.* 204 (1980).

④ S. Levinson (ed.), *Responding to Imperfection: The Theory and Practice of Constitutional Amendment* (1995).

⑤ W. Harris, "Bonding Word and Polity: The Logic of American Constitutionalism," 76 *Am. Pol. Sci. Rev.* 34 (1982).

⑥ K. Greenawalt, "Are Mental States Relevant for Statutory and Constitutional Interpretation?" 85 *Cornell L. Rev.* 1609 (2000).

⑦ 关于时间流逝带来的问题，见 H.J. Powell, "Rules for Originalists," 73 *Va. L. Rev.* 659 (1987).

图，而非具体的或解释性的意图。我们感兴趣的并非宪法制定者如何设想特定权利适用于特定事实（具体意图）。[1] 他们抽象的主观意图存在于不同的抽象层面，[2] 而目的解释者会考虑所有这些层面。例如，当宪法文本规定选举应当是平等的，解释者就会问制宪者如何看待平等。他们关注的是"一人一票"，还是也考虑了机会平等？解释者不会问宪法文本的制定者是否认为某项具体的选举法规是平等主义。特定法规是否符合宪法规定取决于司法部门的解释性决定。制宪者的任何解释性决定都不具有约束力。

当然，只有在主观目的可以通过宪法语言实现的情况下，法官才应当考虑主观目的。如果我们从外部来源了解到，制宪者的意图是无法通过宪法语言来实现的，那么我们必须得出结论，即尽管他们想要实现特定的目的，但他们未能就使之成为可能的文本达成一致。不幸的是，他们没有达成目的。

（二）宪法主观目的的来源：文本整体

由于我们假定制宪者通过宪法的语言表达了他们的意图，所以宪法文本仍然是主观目的的高度可信来源。我们带着包括我们的价值观和解释方法在内的预先理解来理解宪法。这种预先理解使我们能够从我们根据抽象意图解释的语言中理解意图本身的本质。我们将文本作为一个整体来阅读，注意它的结构及其对不同条款的划分，这些条款发挥着不同的作用。制宪者对相同或不同条款的使用提供了有关其意图的信息。[3] 解释者从宪法的自然语言和普通语言以及

---

[1] M. Perry, "The Legitimacy of Particular Conceptions of Constitutional Interpretation," 77 *Va. L. Rev.* 669, 681 (1991). 另见布伦南对考虑宪法制定者具体（解释）意图的批评：W.J. Brennan, "The Constitution of the United States: Contemporary Ratiflcation," 27 *S. Tex. L. Rev.* 433 (1986)。

[2] T. Sandalow, "Constitutional Interpretation," 79 *Mich. L. Rev.* 1033 (1981).

[3] A. Amar, "Intratextualism," 112 *Harv. L. Rev.* 747 (1999); A. Amar, "Foreword: The Document and the Doctrine," 114 *Harv. L. Rev.* 26 (2000). 阿马尔确定了两个层面的兴趣，即文本和教义（或者用我的话说，目的）。在我看来，我们感兴趣的只是一个层面，可以通过从文本到教义（目的）的自由流动来获取。对阿马尔方法的批评，见 A. Vermeule and E. Young, "Hercules, Herbert, and Amar: The Trouble with Intratextualism," 113 *Harv. L. Rev.* 730 (2000)。

技术语言或特殊语言中探究主观目的。

（三）宪法主观目的的来源：宪法史

宪法是一个民族和一个国家历史的产物。因此，我们可以从宪法的历史中推导出它的主观目的，包括颁布前的历史，即孕育宪法的社会背景和法律背景。宪法史包括宪法制定程序的历史，其中包括制定宪法的制宪会议和国家批准宪法的过程。制宪会议（全体会议和委员会）的辩论草案揭示了宪法文本制定者的（明显）意图。法官还可以从宪法颁布后的发展中推断制宪者的意图，如宪法修正案，这些修正案提供了有关原始意图的信息。

四、宪法的客观目的

（一）宪法客观目的的本质

宪法的客观目的是宪法文本在民主国家中旨在实现的利益、目标、价值观、目的、政策和功能。民主法制的价值观和原则决定了其宪法的客观目的。宪法文本通过两种方式将它的客观目的紧密结合在一起：其一，宪法客观目的的本质可能来自宪法语言；其二，我们不能利用宪法来实现其语言无法承载的目的。

（二）客观目的的抽象程度

宪法的客观目的存在于不同的抽象层次。在最低层次上，它是富有想象力的重构，是宪法制定者在考虑到这一问题的情况下所设想的目的。下一个层次是询问宪法的合理制定者会设想出什么样的目的。在更高的抽象层次上，解释者是在所讨论的宪法安排的类型和性质的核心上寻求目的，换句话说，是特定宪法权利或基本政治结构的目的。在最高的抽象层次上，客观目的由该体系的基本价值观组成，这些价值观构成了该体系中包括宪法文本在内的所有法律文本的规范性保护伞。

五、客观目的的来源

（一）内部来源：宪法整体与寻求宪法一致性

宪法的结构及其不同部分之间的关系提供了有关宪法（客观上）旨在实现的功能、价值和原则的信息。加拿大的拉默大法官很好地表达了这一点，他指出："我们的宪法《宪章》必须被解释为一个体系，其中的每一个组成部分都对整体的意义有所贡献，而整体又赋予其部分以意义……法院必须将《宪章》的每一章节与其他章节联系起来进行解释。"我们认为宪法是统一的。[①] 宪法规范是更大的宪法项目的一部分。具体的宪法条款会影响我们对整个宪法的理解，反之亦然。在制定宪法文本的目的时，解释者应寻求最能促进宪法统一与和谐的目的。解释者应避免宪法的客观目的破坏宪法的统一性或者将宪法条款分割成互不关联的部分的情况。

然而，我们不应夸大宪法的统一性。社会生活并非完美无缺，宪法文本也是如此。解释不应消解宪法的统一性，但也不应在不存在统一性的地方人为地强加统一性。我们既不希望解体，也不希望过度整合。宪法的制定者们融合了政治、哲学、社会和法律观点，而这些观点并不总是反映出一致的方法。霍姆斯（Holmes）大法官正确地指出，宪法通常并不反映单一的社会或哲学观点："第十四修正案并没有颁布赫伯特·斯宾塞（Herbert Spencer）先生的《社会静力学》……［A］宪法不是为了体现一种特定的经济理论，无论是家长制以及公民与国家的有机关系，还是自由放任。"[②] 我在一个涉及尊严权范围的案件中也提出了类似的观点："人的尊严是一项复杂的原则。在制定该原则时，解释者不应试图采纳这样或那样的道德或哲学世界观。他或她也不应将人的尊严变成康德的概念或自然法观点的表达。"宪法是国家经验的总和，围绕着一个共同

---

①　见 K. Hesse, *Grundzüge des Verfassungsrechts der Bundesrepublik Deutschland* 28 (8th ed., 1975); W. Murphy, "An Ordering of Constitutional Values," 53 *S. Cal. L. Rev*. 703, 746 (1980)。

②　*Lochner v. New York*, 198 U.S. 45, 75 (1905).

的核心。受我们对宪法的了解和它所反映的国家妥协的限制的影响，我们永远不可能得到一部完美的宪法，但我们应该继续追求宪法的统一性。我们并不仅仅追求宪法条款的语义和宪法的文本内涵。我们对它们的法律意义感兴趣，因为它们是对宪法目的的一种反映（"内部实证主义"）。

（二）外部来源：其他宪法条款

宪法有时会"散落"在不同时期颁布的不同文件中。以色列的《基本法》就是如此，它历经 50 年才得以通过，并构成了以色列的宪法。多年来经过修订的宪法也是如此。目的解释将宪法的所有部分视为一个整体。① 它从单独的宪法文本或后来对单一文件的修正案中的其他条款中推导出一项宪法条款的目的。宪法规范不是孤立存在的。它是可能跨越多个宪法文本的宪法项目的一部分。所有宪法文本构成一个完整的整体，解释者可从中了解每个部分的目的。后来的宪法文本可能会影响对先前文本的理解，因为法官解释先前的条款是为了避免文本中的内部矛盾。有一个可反驳的（客观）推定，即国家宪法的各项条款之间并不矛盾。法官可能不得不修改他们对旧宪法文本的看法，以保持其与新宪法文本的一致性。

（三）外部来源：颁布后的历史

宪法颁布后的历史对于制定其客观目的非常重要。要了解一部宪法，就必须了解它所处的历史连续性，或连续性的中断和新事物的开始。正如霍姆斯大法官所说："我们必须根据我们的全部经验，而不仅仅是根据一百年前的经验来考虑我们面前的案件。"② 解释者从宪法的历史连续性中学习宪法的客观目的。③ 我们通过了解我们从何而来来了解我们自己。我们从历史中不是寻求现

---

① 关于如何解释构成《美国权利法案》的宪法修正案，见 A. Amar, *The Bill of Rights: Creation and Reconstruction* (1998)。

② *Missouri v. Holland*, 252 U.S. 416, 433 (1920)。见 *Justice Frankfurter's comments in Rochin v. California*, 342 U.S. 165, 171 (1952)。

③ T. Sandalow, "Constitutional Interpretation," 79 *Mich. L. Rev.* 1033, 1050 (1981)。

代问题的答案，而是寻求制定宪法的客观目的和现代目的的指导。

（四）外部来源：司法宪法判例法

客观目的的另一个重要外部来源是判例法。解释宪法的司法意见书不仅仅是关于特定宪法文本含义的操作指令。司法意见包含为其运作结果提供解释的一般性的组成部分。这些解释包括对宪法文本客观目的的价值概括。[①] 现代解释者并不是在先例真空的环境中工作。他或她只是普通法链条[②]中的一环，判例直接或间接地影响着他或她的工作。直接影响以"凝视决策"的形式出现；现代法官不能随意忽视关于宪法条款目的的先前司法裁决，无论他或她是否同意这些裁决。即使不具有绝对的约束力，先例也总是会影响现代法官的判决，哪怕只是作为法官需要考虑的另一个基准。先例通过赋予法官维护宪法统一的负担间接影响法官的工作。确定宪法条款目的的司法裁决会影响对类似宪法条款的解释。[③] 先前对宪法的司法解释形成了判例法的连续性，（直接或间接地）影响到目前要确定的宪法目的。当法官在相关抽象层面上考虑涉及宪法客观目的的问题时，这种影响尤为强烈。先前的裁决确定了法官处理宪法条款的抽象程度，可能会影响法官处理当前正在解释的宪法条款的抽象程度。[④] 关于解释一项宪法条款的适当抽象程度的司法判决，会影响到与先前条款间接相关的另一项条款的解释。

不同的宪法条款往往基于一个共同的原则。当法官为个别宪法条款赋予目的时，他们撰写的判决就塑造了这些条款的核心原则。这一宪法原则反过来又塑造了这些条款的目的。法律是一个系统，各个组成部分共同发挥作用。解释

---

① R. Fallon, "A Constructive Coherence Theory of Constitutional Interpretation," 100 *Harv. L. Rev.* 1189, 1202 (1987).

② Dworkin, "Law as Literature," 60 *Tex. L. Rev.* 527 (1982).

③ J. Balkin, "The Rule of Law as a Source of Constitutional Change," 6 *Const. Comm.* 21 (1989).

④ 例如，为解释言论自由条款而确立的抽象程度很可能会影响用于解释迁徙自由条款的抽象程度。美国法律承认不同程度的宪法审查。对某一宪法条款进行解释的决定可能与对另一宪法条款的审查相关，而该宪法条款规定了相同的宪法审查水平。

宪法条款的判例法在现代法官裁定宪法目的的工作中发挥着核心作用。①②

（五）外部来源：基本价值观

宪法从基本价值观中汲取生命力，而基本价值观又是确定宪法客观目的的重要工具。③ 基本价值观反映了一个社会根深蒂固的观点。④ 它们表达了一个社会的民族精神、文化遗产、社会传统及其全部历史经验。自由、人的尊严、隐私及平等等基本价值观充斥着宪法文本。这些基本价值观体现在宪法中需要解释的文字以及指导解释的客观目的中。宪法之外⑤ 的其他基本价值观也包含在宪法中，并构成其客观目的的一部分。这些价值观可能包括三权分立、司法独立、法治、维护国家及其安全、正义、公平、人际关系安全等。解释者从独立宣言等基本文件、判例法和国家的总体经验中学习这些价值观。

关于基本价值观，我想谈三点：第一，无论宪法中是否明确提及，都应依据基本价值观在解释当下的含义对它进行解释。它们反映了当代需求。⑥ 问题不在于宪法的制定者是如何理解自由的，而在于我们现代人对自由的理解。第二，当代解释者应将基本价值观理解为社会价值观中根深蒂固的基本观点，而不是其过去的趋势。解释者寻求的是"社会的长期契约"。他或她应该"揭示基本的、有价值的东西，摒弃不合时宜的东西"⑦。现代人利用宪法解释来表达他们的基本观点，即使这些观点与宪法制定者或上一代人的观点不同。第三，解

---

① 当然，要遵守偏离先例的原则。S. Reinhardt, "The Conflict between Text and Precedent in Constitutional Adjudication," 73 *Cornell L. Rev.* 434 (1988).

② L. Pollak, "'Original Intention' and the Crucible of Litigation," 57 *U. Cin. L. Rev.* 867, 870 (1989); H. Wellington, *Interpreting the Constitution* (1990).

③ 见 R. Post, Constitutional Domains 23 (1995)。

④ 在澳大利亚，这种影响的形式是在宪法解释中考虑的"社区价值观"。见 A. Mason, "The Role of a Constitutional Court in a Federation: A Comparison of the Australian and the United States Experience," 16 *Fed. L. Rev.* 1 (1986); H. Patapan, "Politics of Interpretation," 22 *Syd. L. Rev.* 247 (2000)。

⑤ T. Grey, "Do We Have an Unwritten Constitution?" 27 *Stan. L. Rev.* 983 (1975).

⑥ W.J. Brennan, "Construing the Constitution," 19 *U.C. Davis L. Rev.* 2 (1985).

⑦ *C.A. 105/92, Re'em Engineers and Contractors Ltd.* v. *City of Nazareth Ilit*, 47(5) P.D. 189, 206.

释者只应考虑通过宪法文本可以实现的基本价值。宪法文本并不是一个空洞的框架，不是每个新的价值观念都可以被填充进去，尽管它可能非常重要。语言限制解释，解释的限度就是语言的限度，这一基本原则适用于宪法解释。

（六）外部来源：比较法

比较法是关于宪法文本客观目的的信息来源。民主国家有着共同的基本价值观，法律机构在不同法律体系中发挥着相似的作用。一个法律体系赋予宪法安排的意义可以让人们了解同一安排在另一个法律体系中的目的。[①] 比较宪法有助于拓宽视野以及在不同体系间共享信息。[②] 当一个国家的宪法文本影响另一个国家的宪法文本时，这种情况显然如此。[③] 但即使一国宪法文本对另

[①] 在 Stanford 诉 Kentucky 案，492 U.S.361（1989）中，美国最高法院特别根据"标志着成熟社会进步的体面标准"，对禁止"残忍和非常规处罚"的《美国宪法》第八修正案进行了解释。见 Trop 诉 Dulles 案，356 U.S. 86, 101 (1958)。斯卡利亚大法官在该判决的脚注 1 中指出，"美国人的体面观念才是决定性的，驳回了其他国家的量刑实践与此相关的论点"。是的，判决是"美国式的"，但为了做出判决，法官应该接受来自其他国家的解释性启发，正如 Stanford 案中的反对意见所言（第 389 页），这些国家对人的生命权神圣不可侵犯以及一般人权的态度与美国相似。另见 Thompson 诉 Oklahoma 案，487 U.S. 815 (1988)；Prinz 诉 United States 案，521 U.S. 898 (1997)。

[②] A. Slaughter, "A Typology of Transjudicial Communication," 29 *U. Rich. L. Rev.* 99 (1994); G. Fletcher, "Comparative Law as a Subversive Discipline," 46 *Am. J. Comp. L.* 683 (1998); C. McCrudden, "A Common Law of Human Rights? Transnational Judicial Conversations on Constitutional Rights," in *K. O'Donovan and G. Rubbine (eds.), Human Rights and Legal History* (1999); V.C. Jackson and M. Tushnet, *Comparative Constitutional Law* (1999); Choudhry, "Globalization in Search of Justification: Toward a Theory of Comparative Constitutional Interpretation," 74 *Ind. L.J.* 819 (1999); K. Perales, "It Works Fine in Europe, So Why Not Here? Comparative Law and Constitutional Federalism," 23 *Vt. L. Rev.* 885 (1999); M. Tushnet, "The Possibilities of Comparative Constitutional Law," 108 *Yale L.J.* 1225 (1999); C. McCrudden, "A Part of the Main? The Physician-Assisted Suicide Cases and Comparative Law Methodology in the United States Supreme Court," in *C. Schneider (ed.), Law at the End of Life* (2000); E. Weinrib, "Constitutional Conceptions and Constitutional Comparativism," in *V. Jackson and M. Tushnet (eds.), Defining the Field of Comparative Constitutional Law* 23 (2002).

[③] 其中一个例子是美国宪法对日本和阿根廷等国宪法的影响。这些都是"法律移民"的例子。卡拉布雷西法官指出，"明智的父母会毫不犹豫地向子女学习"。United States 诉 Then 案，56 F. 3d 464, 469 (1995) (Calabresi, J. concurring)。然而，在应用这一原则时应谨慎行事。

一国宪法文本没有直接或间接的影响，解释性启发也有一席之地。当一部宪法提及民主价值观①或民主社会时，这当然是正确的。②然而，即使宪法并未提及所有民主国家的共同价值观，只要两国具有共同的意识形态基础和共同的基本价值观，法官也可以参考比较法③。我在一个案例中指出：

> 自建国以来，我们就从美国和英国宪法的源泉中汲取了广泛的解释灵感。这些国家在人权等许多领域的观点常常成为我们的榜样。然而，我们必须限制从它们那里汲取的灵感。因为灵感只有在有共同基础的情况下才能产生。我们只能比较有共同基础的机构、程序和观点。④

共同的民主基础是必要条件，但并非充分条件。法官应该研究外国制度的历史发展和社会结构，以找出会使解释性灵感变得毫无帮助或不合适的差异。⑤当两种制度具有共同基础时，法官可以从外国法和国际法中获得解释性灵感，尤其是从作为宪法价值基础的国际公约中获得启发。⑥这些公约会影响法院制定国家宪法文本的客观目的的方式。解释这些公约的国际法庭和外国法庭的判例法也是解释国家宪法的一个很好的灵感来源。

---

① 见《以色列基本法》第1条人的尊严和自由规定："本基本法的目标是保护人的尊严和自由，以便在本基本法中确立以色列国作为一个犹太民主国家的价值观。"

② 见《加拿大宪章》第1条，该条规定："《加拿大权利和自由宪章》保障其所规定的权利和自由，但仅限于在自由民主社会中可以证明公正的法律规定的合理限制。"另见 D. Beatty, "The Forms and Limits of Constitutional Interpretation," 49 *Am. J. Comp. L.* 79 (2001).

③ D.P. Kommers, "The Value of Comparative Constitutional Law," 9 *Marshall J. of Practices & Procedures* 685 (1976).

④ H.C. 428/86（巴拉克法官，反对意见）。在该案的反对意见中，关于总统发布审前赦免的权力问题，我拒绝从英国国王或美国总统的赦免权中寻求解释灵感。我强调了以色列总统的作用和地位与英国国王或美国总统的不同之处。

⑤ *R. v. Rahay* [1987] 1 S.C.R. 588, 639 (La Forest, J.); *R. v. Keegstra* [1990] 3 S.C.R.697, 740 (Dickson, C.J.); P. Hogg, *Constitutional Law of Canada* 827 (4th ed. 1997).

⑥ 其中最重要的有《世界人权宣言》(1953年)、《欧洲保护人权与基本自由公约》(1950年)、《消除一切形式种族歧视国际公约》(1966年)、《公民权利和政治权利国际公约》(1966年)、《经济、社会、文化权利国际公约》(1966年)和《美洲人权公约》(1969年)。

六、宪法的最终目的

（一）如何确定最终目的？

法官收集有关目的的不同类型的信息，包括从其他宪法条款、宪法史、判例法、基本价值观和比较法中收集的有关（抽象）主观目的的信息以及有关客观目的的信息。当所有信息都指向同一方向时，确定宪法文本的最终目的也就并不困难了。通常情况就是如此。然而，偶尔也会出现信息相互矛盾的情况。在这些案件中，法官应该怎么做？最终目的的确定是由法官自行决定，还是我们可以指导法官？如果可以，我们能提供哪些指导？

因为我们没有解释前的理解可以与解释后的理解进行比较，所以不存在"真正的"最终目的。然而，这并不意味着每个解释者可以随心所欲地理解宪法文本。仅仅因为我们解释宪法文本 [1]，并不意味着我们应该通过多种方式来解释。[2] 我们试图建立一个体系，这个体系让一种理解优先于另一种理解，而不是声称一种理解比另一种理解更真实。[3] 特赖布正确地指出，没有任何宪法之外的标准可以决定如何优先考虑各种解释因素。[4] 尽管如此，缺乏"真正"的含义并不妨碍寻求适当的含义。[5] 这种意义不在于宪法文本本身，而在于基于特定宪法和解释视角的宪法解释。[6] 现在，回到我们最初的问题：在寻求最终目的的过程中，目的解释如何在主观目的和客观目的的不同类型的数据之间

---

[1] S. Levinson, "Law as Literature," 60 *Tex. L. Rev.* 373, 391 (1982).

[2] W. Kaplin, "The Process of Constitutional Interpretation: A Synthesis of the Present and a Guide to the Future," 42 *Rutgers L. Rev.* 983 (1990).

[3] R. Dworkin, "The Arduous Virtue of Fidelity: Originalism, Scalia, Tribe and Nerve," 65 *Fordham L. Rev.* 1249, 1258 (1997).

[4] 见 P. Bobbitt, *Constitutional Interpretation* 178 (1991)。

[5] M. Dorf, "Integrating Normative and Descriptive Constitutional Theory: A Case of Original Meaning," 85 *Geo. L.J.* 1765 (1997).

[6] M. Tushnet, "Justification in Constitutional Adjudication: A Comment on Constitutional Interpretation," 72 *Tex. L. Rev.* 1707 (1994); S. Winter, "The Constitution of Conscience," 72 *Tex. L. Rev.* 1805 (1994); D. Patterson, "Wittgenstein and Constitutional Theory," 72 *Tex. L. Rev.* 1837 (1994); P. Bobbitt, "Reflections Inspired by My Critics," 72 *Tex.L. Rev.* 1869 (1994).

建立适当的（而非真实的）关系？

（二）目的解释的方法

目的解释要求解释者研究有关宪法文本目的的所有数据。没有从一种数据到另一种数据的过渡阶段，也没有数据的先验排序。虽然解释者在理解宪法文本时必须考虑其作者的意图，但他或她对宪法文本的理解不能仅仅局限于此。目的解释者希望综合协调各种信息，通过选择符合客观目的的抽象层次来解决主观目的的不同抽象层次之间缺乏协调的问题。在同一种过程中，解释者选择与主观目的相一致的客观目的的抽象层次。然而，当宪法的主观目的和客观目的的信息不一致时，法官该怎么办？

目的解释在宪法解释中赋予客观目的以决定性的权重。只有这样，宪法才能实现它的目的；只有这样，宪法才能在世世代代的社会变革中指导人类的行为；只有这样，宪法才能满足现代需求；只有这样，宪法才能平衡过去、现在和未来。过去指导现在，但并不奴役现在。从过去汲取生命力并交织融入至社会法律史中的基本社会观点在旧宪法文本中寻找现代的表达。[1] 布伦南大法官在以下评论中雄辩地表达了这一观点：

> 我们现任大法官以我们所能做到的唯一方式解读宪法，即作为 20 世纪的美国人。我们着眼于制定宪法时的历史和解释宪法时的历史。但最终的问题必须是，文本中的文字在我们这个时代意味着什么。因为宪法的天才之处并不在于它在已经消亡的世界中可能具有的任何静态意义，而在于其伟大原则能够适应当前的问题和当前的需求。宪法的基本原则对其他时代的智慧意味着什么，并不能成为衡量我们时代愿景的标准。同样，我们的后代将会了解到这些基本原则对我们的意义，但这也不能

---

[1] B. Wilson, "Decision-Making in the Supreme Court," 36 *U. Toronto L.J.* 227, 247(1986).

成为衡量他们时代愿景的标准。①

同样，澳大利亚最高法院的柯比大法官也说过：

> 在我们的宪法所确立的这种民主制度下，法官在做出选择时，应当以保护和促进宪法所确立的政体的基本特征的方式来赋予文字以意义。在澳大利亚，履行这一职能时无须经常瞻前顾后，也无须参照 1900 年时人们对宪法文本的普遍理解，当时宪法所针对的社会与现在大不相同。今天的理解才是最重要的。如果要提及 1900 年的话，那也应该是次要的，并主要是出于对历史的兴趣。而不是为了确立法律的限制。在我看来，我们应该始终如一地贯彻这样一种观点，即宪法自 1900 年开始就不受其制定者约束。我们的宪法属于后世的澳大利亚人民。随着时间的推移和环境的变化，对宪法的解读方式也必然会发生变化。对宪法的解读应该是为了实现宪法旨在促进和保障的善治的目的。我们的宪法属于 21 世纪，而不是 19 世纪。②

（三）宪法的主观目的不是决定性的

主观目的并非决定性因素。法官不应忽视它，但也不应在制定最终宪法目的时将它置于核心地位。许多国家的法律体系都采用这种方法。例如，加拿大最高法院在解释宪法时，对制宪者的意图只给予最低限度的重视。③ 在一个讨论加拿大宪章条款的案件中，该条款规定每个人都享有生命权、自由权和安全

---

① W.J. Brennan, "Construing the Constitution," 19 *U.C. Davis L. Rev.* 2 (1985).

② 见 Re Wakin (1999) 73 *A.J.L.R.* 839, 878 (Kirby, J.); M. Kirby, "Australian Law—After 11 September 2001," 21 *A.B.R.* 1, 9 (2001)（"鉴于正式修改宪法的难度很大，高等法院对其负责的文件进行了创造性的研究，这是件好事。如果不这样做，我们的《宪法》就只能是实现 19 世纪富有白人男性愿望的工具。幸运的是，我们做得比这更好"）。

③ P. Hogg, *Constitutional Law of Canada* 1393 (4th ed. 1997).

权，并且这些权利不能被剥夺，"除非符合基本正义原则"①，这就产生了"基本正义"是程序正义（自然正义）还是实体正义的问题。法院听取了关于主观意图是程序性的论点，即宪章的作者意识到美国对"正当程序"的争议，有意避免使用美国短语，以表明他们所指的是程序正义，而非实体正义。加拿大法院决定不重视主观意图，拉默法官的意见是：

> 根据在特别联合委员会会议上所听取的意见来解释第七条的另一个危险是，这样做实际上会使宪章所体现的权利、自由和价值观在通过的那一刻就被定格，根据不断变化的社会需求进行增长、发展和调整的可能性很小或根本没有……如果要使宪章这棵新栽的"活树"有可能随着时间的推移而成长和调整，就必须注意确保历史材料等不会阻碍其成长。②

澳大利亚最高法院在一些意见中也采取了类似的观点，③告诫人们不要把决定权交到死去的宪法制定者的手中，因为他们会在坟墓中阻碍或限制宪法条款和理论中隐含的内容。德国宪法法院也采纳了这一观点，特别是在一个案件中，法院认为没有释放可能性的强制性终身监禁不符合"人的尊严"。法院反对剥夺囚犯获得自由的任何希望，裁决驳回了宪法制定者打算将终身监禁作为

---

① 《加拿大宪章》第 7 条。

② *Re B.C. Motor Vehicle Act* [1985] 2 S.C.R. 486, 504. 另见 R 诉 Therens 案 (1985) 18 D.L.R. (4th) 655, 675; Mahe 诉 Alta 案 [1990] 1 S.C.R. 342, 369。

③ H. Patapan, "The Dead Hand of the Founders? Original Intent and the Constitutional Protection of Rights and Freedoms in Australia," 25 *Fed. L. Rev.* 211 (1997). 另见 Theophenous 诉 Herald Weekly Time Ltd. 案 (1995) 182 C.L.R. 104, 171 (Deane, J.) （"即使可以确定，宪法制定者未表达的意图是，未遵循美国模式应排除或妨碍宪法权利的含义，但他们在这方面的意图与构建条款的意图完全无关，因为这些条款的合法性在于人民的接受。此外，如果以制定宪法的人从坟墓中伸出死手来否定或限制宪法明文规定或基本教义的自然含义为依据来解释宪法，就会剥夺宪法作为一个有生命力的文书为后代服务的活力和适应性"）。

强制性刑罚以取代死刑的论点：

> 在解释《基本法》的特定条款时，无论是历史起源还是制定者的想法和意图都不具有决定性的重要意义。自《基本法》通过以来，我们对基本权利的内容、功能和效力的理解不断加深。此外，人们对终身监禁在医学、心理学和社会学方面的影响也有了更深入的了解。当前的态度对于评估终身监禁是否符合宪法非常重要。新的见解可以从人的尊严和宪政国家的原则的角度影响甚至改变对这种刑罚的评价。①

科默斯总结了德国的宪法解释方法：

> 在德国，历史起源，即制定者的意图，对解决《基本法》的含义问题很少起决定性作用。法院宣称，在宪法解释中"《基本法》特定条款的历史起源没有决定性的重要意义"。历史起源充其量只能起到辅助作用，为其他解释方法已经得出的结果提供支持。然而，当发生冲突时，基于文本、结构或目的论的论点将优先于基于历史的论点。②

这些（加拿大的、澳大利亚的、德国的）法律体系没有花费大量司法资源来考虑主观目的。③它们并不忽视主观目的，但也不将其作为主要因素，这一点与美国法律体系不同，美国法律体系的法官和法律学者对开国元勋的初衷进

---

① In *Re Life Imprisonment*, 45 BVerfGE 187 (1977). 科默斯将其译成了英文：D.P. Kommers, *The Constitutional Jurisprudence of the Federal Republic of Germany* 307 (2d ed. 1977).

② D.P. Kommers, *The Constitutional Jurisprudence of the Federal Republic of Germany* 42 (2d ed. 1977).

③ C. L'Heureux-Dube, "The Importance of Dialogue: Globalization, the Rehnquist Court and Human Rights," in *The Rehnquist Court: A Retrospective* 234 (M. Belskey ed., 2002).

行了广泛的讨论。① 美国最高法院在这个问题上存在分歧。② 美国宪法之所以陷入危机，是因为美国法律界未能就宪法制定者的意图 ③、宪法创立时对宪法的初始理解，以及通过宪法解释来理解宪法的现代观点之间的关系达成共识。加拿大和德国避免了这种冲突，我希望其他法律体系也能这样做。

目的解释并不忽视宪法解释中的主观目的，但也不赋予其突出的作用。相反，它更倾向于客观目的，这反映了法律制度在历史发展中的现代、深刻的视角。通过客观目的，宪法仍然是一种活生生的规范，而非僵化的规范。诉诸客观目的将现在从过去的奴役中解救出来。宪法解释是每一代人表达其基本观点的过程，因为这些观点是在过去的背景下形成的。这一过程并不自由。宪法条款的解释者是在特定的社会历史框架下工作的。他或她有时可能拥有自由裁量权，但这种自由裁量权在特定的价值观、传统、历史和文本体系中运作。现代解释者必须尊重过去。他或她在制定现代宪法宗旨的同时，也要与过去建立联

---

① 有关这一问题的文献浩如烟海。见 M. Perry, "The Legitimacy of Particular Conceptions of Constitutional Interpretation," 77 *Va. L. Rev.* 669 (1991); W. Kaplin, "The Process of Constitutional Interpretation: A Synthesis of the Present and a Guide to the Future," 42 *Rutgers L. Rev.* 983 (1990)。有关这段历史的调查，见 R.R. Kelso, "Styles of Constitutional Interpretation and the Four Main Approaches to Constitutional Interpretation in American Legal History," 29 *Valparaiso U. L. Rev.* 121 (1994)。

② Stevens 法官在 W. Va. Univ. Hosps. Inc. 诉 Casey, 499 U.S. 83, 112(1991) 一案中的评论；M. Dorf, "Foreword: The Limits of Socratic Deliberation," 112 *Harv. L. Rev.* 4, 4(1998)。将 Brennan 法官的评论，与 Scalia 法官的以下言论进行比较："我不担心我的旧宪法会'阻碍现代性'，因为我认为这是它的全部目的。在我看来，基本法的根本目的是使某些事项没有改变的风险，除非通过宪法修正案所要求的非同寻常的民主多数……宪法的全部目的，无论新旧，都是为了阻碍变革，或者用贬义词来说，是为了'抽象的现代性'。"A. Scalia, "Modernity and the Constitution," in *Constitutional Justice under Old Constitutions* 313, 315 (E.Smith ed., 1995).

③ 包括宪法作者有意根据其客观目的解释宪法的方法。见 H.J. Powell, "The Original Understanding of Original Intent," 98 *Harv. L. Rev.* 883 (1985); S. Sherry, "The Founders' Unwritten Constitution," 54 *U. Chi. L. Rev.* 1127 (1994); C. Lofgren, "The Original Understanding of Original Intent," 5 *Const. Commentary* 77 (1988); P. Finkelman, "The Constitution and the Intention of the Framers: The Limits of Historical Analysis," 50 *U. Pitt. L. Rev.* 349 (1989); H. Baade, "'Original Intent' in Historical Perspective: Some Critical Glosses," 69 *Tex. L. Rev.* 1001 (1991); R.N. Clinton, "Original Understanding, Legal Realism, and the Interpretation of 'This Constitution,'" 72 *Iowa L. Rev.* 1177 (1987); W.J. Michael, "The Original Understanding of Original Intent: A Textual Analysis," 26 *Ohio North. U. L. Rev.* 201 (2000)。

系，并始终沉浸在其中。宪法的最终目的是现代的，但其根源却在过去。

（四）客观目的与个人保护

斯卡利亚认为，赋予宪法语言以现代含义会削弱宪法作为保护个人免受集体侵害的来源。[①] 在他看来，如果法官根据现代世界观解释宪法，宪法就会以牺牲少数人的权利为代价，反映多数人的观点。对这种说法的一种回应是，现代的人权观并不一定意味着多数人赞成的观点。正如我们所见，目的论方法是根据基本的、根本的价值观来解释宪法的，这些价值观反映了现代社会的深层观点，而非一时的潮流。诚然，法官忽视流行趋势并表达社会深层次的观点并不总是容易的，反映历史而不是歇斯底里并非易事。然而，法官在其司法活动中始终扮演着这一角色。他们知道如何在解释宪法时避免多数人的暴政。

（五）"有生命力的宪法"与"活树"

诉诸宪法的最终目的使宪法能够应对生活中不断变化的现实。在宪法制定之初，它的作者就为这份旨在控制未来的文件奠定了基础。为避免它成为主宰，这种控制必须足够灵活以允许发展。这就是"有生命力的宪法"这一比喻的含义。宪法的生命力并不体现在将旧的宪法原则强加于新的环境之上。[②] 宪法的生命力意味着赋予旧的宪法原则以现代内容。这也是将宪法比作活树这一比喻背后的含义。[③] 请注意，这棵树是有根的。基本价值观的生命力并不是法官可以随意处置这些价值的许可证。我们绝不能以宪法解释者的主观性取代宪法制定者的主观性。基本价值观内容的演变反映了社会对国家信条的基本看法的变化。这些变化反映了历史、传统和国家共同生活的网络。它们不应影响法官的个性。

[①] A. Scalia, "Originalism: The Lesser Evil," 57 *U. Chi. L. Rev.* 849 (1989).

[②] W. Rehnquist, "The Notion of a Living Constitution," 54 *Tex. L. Rev.* 693 (1976); Robert Bork, *The Tempting of America: The Political Seduction of the Law* 163 (1990).

[③] 桑基勋爵的话在 *Edwards v. A.G. of Canada* [1930] A.C. 124, 136 (P.C.)（将宪法比作"一棵有生命的树，能够在其自然范围内生长和扩张"）。

（六）广义解释

法官应从广义的视角解释宪法。他们的解释应是宽松的 ①，而不是法律主义的或迂腐的。② 宪法为政府、政权和个人保护确立了结构。对宪法的解释应反映其广泛的作用范围。正如阿格拉纳特法官所说："当问题涉及一份为国家权力设定框架的文件时，法院应以'广义视角'看待其列举的权力。"③ 我在另一个案件中呼应了他的话，指出：

> 我们感兴趣的是对宪法基本条款的解释。我们应该以"广义视角"来解释一项基本条款……带有我们对决定生活方式的条款感兴趣的理解……我们对必须适应生活中不断变化的现实的人类经验感兴趣。④

在另一个案例中，我指出：

> 宪法的主张是，宪法条款应根据它的优先地位和决定生活方式的倾向来解释。一项基本条款不会冻结现有状况。它指导着人类经验。因此，应该从广义视角而非技术角度解释它。⑤

广义解释并不意味着以超出语言含义的方式进行解释。法官采取广义解释

---

① 见 Wilberforce 勋爵在 Minister of Home Affairs 诉 Fisher [1979] 3 All E.R.21, 25 一案中的意见（"一种宽松的解释，避免所谓的'表格式法律主义的紧缩'，适合于给予个人所提及的基本权利和自由的全部措施"）。另见迪克森法官在 R 诉 Big M Drug Mart［1985］1S.C.R. 295, 344 一案中的意见（"解释应是宽松而非法律主义的解释，旨在实现保障的目的，确保个人充分受益于宪章的保护"）。

② 见 Dixon 法官在 Australian National Airways Pty Ltd 诉 Commonwealth (1945) 71 C.L.R. 29, 81 一案中的意见（"在处理此类政府文书时，我们应避免迂腐和狭隘的解释"）。

③ F.H. 13/60, *Attorney General v. Matana*, 16 P.D. 430, 442.

④ E.A. 2/84 *Neemon v. Chair of Knesset Elections Committee*, 38(3) P.D. 306.

⑤ H.C. 428/86 *Barzilai v. State of Israel*, 40(3) P.D. 618.

将赋予宪法以实现它的（最终）目的的含义，这是一种体现历史连续性和基本现代观点的目的。这意味着一种渴望宪法统一与和谐的解释。广义解释超越了词语在其字面历史背景下的含义。它在现代基本观点的框架内，赋予宪法语言在其历史背景下的意义。霍姆斯大法官写道：

> 宪法的规定不是数学公式，它的本质在于它的形式；它们是从英国土地上移植过来的有机的、有生命力的制度。它们的意义是至关重要的，非正式的；它们的意义不是简单地通过字词和词典来收集，而是通过考虑其起源和发展脉络来收集。①

从广义上讲，宪法解释就是目的解释。法官从广义视角审视过去、现在和未来，看看自己能从语言、历史、文化和现代基本原则中学到什么。他或她在特定的时间、特定的社会中对法律采取全面的视角。广义解释不是扩大解释（或任意解释）。广义解释是指法官对宪法解释采取有目的的方法，但不预先判断该方法的结果。广义解释可能导致缩小解释或扩大解释的结果。广义解释将宪法条款置于整个背景下，将它视为国家生活的一部分，贯穿整个历史进程。

（七）确定宪法最终目的的司法自由裁量权

自从罗伯茨大法官曾天真地宣称，法官所做的一切就是"将被援引的宪法条款与被质疑的法规放在一起，并决定后者是否与前者一致"以来，宪法解释思想已经走过了漫长的道路。② 解释作用要复杂得多。在宪法解释中，正如在解释每一个法律条文时一样，法官应该有行使司法自由裁量权的空间。③ 这种

---

① *Gompers v. United States*, 233 U.S. 604, 610 (1914).
② *United States v. Butler*, 297 U.S. 61, 62 (1936).
③ B. McLachlin, "The Charter: A New Role for the Judiciary," 29 *Alb. L. Rev.* 540, 546 (1990).

空间总是有限的。[①] 法官不得将个人世界观解读进宪法文本中。[②] 他们应客观地解释宪法条款。[③] 他们解释的结果不应决定宪法原则，宪法原则必须决定他们解释的结果。这就要求法官中立地行使其自由裁量权的含义。[④] 中立性要求法官通过适用宪法原则得出解释结果，而不论他是否赞同结果。然而，我们必须认识到，有时别无选择，只能诉诸司法自由裁量权。[⑤] 法兰克福特大法官很好地表达了这一观点，他说："宪法的文字……不受其内在含义或历史、传统、先前判决的限制，因此，如果他们确实没有强迫个人法官，他们就可以自由地不是通过阅读宪法，而是通过阅读生活来获得意义。"[⑥] 在行使自由裁量权时，解释者只能在考虑到实用因素的情况下，选择对他或她来说最合适的解决方案。不同的解释者会得出不同的结果。我的建议是追求最公正的宪法解决方案。法律与正义就此相遇。还有比这更好的相遇吗？

[①] Cf. M. Tushnet, "Following the Rules Laid Down: A Critique of Interpretation and Natural Principle," 96 *Harv. L. Rev.* 781 (1983); M. Tushnet, "Critical Legal Studies and Constitutional Law: An Essay in Deconstruction," 36 *Stan. L. Rev.* 623 (1984).

[②] B. Cardozo, *The Nature of the Judicial Process* 141 (1921).

[③] *Planned Parenthood of Southeastern Pennsylvania v. Casey*, 505 U.S. 833 (1992). 见 D. Millon, "Objectivity and Democracy," 67 *N.Y.U. L. Rev.* 1 (1992); R. Bennett, "Objectivity in Constitutional Law," 132 *U. Pa. L. Rev.* 445 (1984)。

[④] H. Wechsler, "Toward Neutral Principles of Constitutional Law," 73 *Harv. L. Rev.* 1(1959).

[⑤] J.J. Moreso, *Legal Indeterminacy and Constitutional Interpretation* (1998).

[⑥] F. Frankfurter, *Felix Frankfurter on the Supreme Court: Extrajudicial Essays on the Court and the Constitution* 464 (1970).

附录 1
法律解释的结构

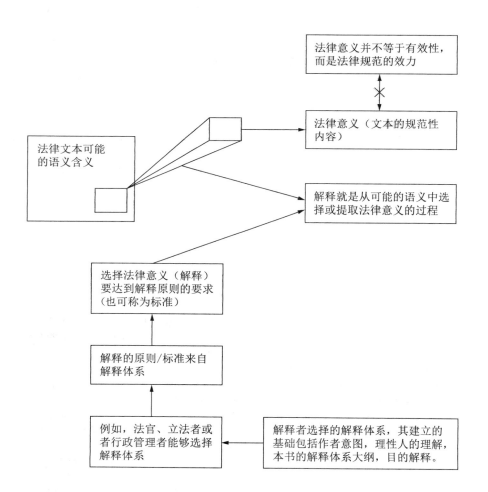

附录 2

目的解释

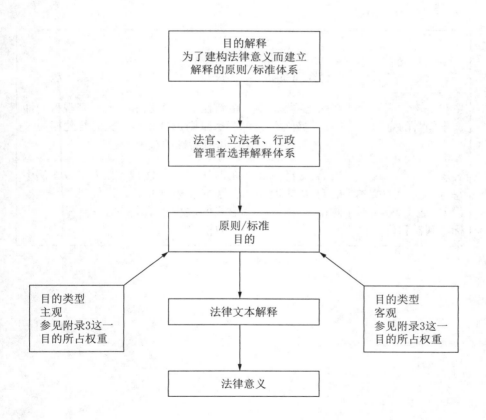

目的解释
为了建构法律意义而建立
解释的原则/标准体系

法官、立法者、行政
管理者选择解释体系

原则/标准
目的

目的类型
主观
参见附录3这一
目的所占权重

法律文本解释

目的类型
客观
参见附录3这一
目的所占权重

法律意义

附录3

主观和客观目的的权重

目　　的	文　本		
	合同和遗嘱	法　律	宪　法
主观 文本作者的意图	在大多数案例中占优势	在新法、特别法和表示原则形式的法中占有特殊的权重	当与客观目的冲突时与此相关
客观 每一个类型的文本设计要实现的目标、利益和价值	当客观目的的信息欠缺时与此相关	在旧法、一般法或者法典、表达标准形式的法中占有特殊的权重	在大多数案例中占优势

译后记

    阿哈龙·巴拉克（Aharon Barak），1936年9月16日生于立陶宛考纳斯，原名埃里克·布里克，以色列著名律师、法官和法学家，1995年至2006年担任以色列最高法院院长。在大屠杀中幸存下来后，巴拉克和他的家人于1947年移民到受托管的巴勒斯坦。他在耶路撒冷希伯来大学学习法律、国际关系和经济学，并于1958年获得法学学士学位。1958年至1960年间，他应征加入以色列国防军，在参谋长财务顾问办公室任职。退役后，他回到希伯来大学继续求学，并于1963年以优异的成绩完成了博士论文。与此同时，他开始在司法部长办公室实习。当司法部长开始处理对阿道夫·艾希曼（Adolf Eichmann）的审判时，身为大屠杀幸存者的巴拉克不愿意参与这项工作。应他的请求，他被调到州检察官办公室完成他的实习。实习结束后，他成为一名注册律师。1966年至1967年，巴拉克在哈佛大学学习。1968年，他被任命为耶路撒冷希伯来大学教授，1974年被任命为法学院院长。1975年至1978年巴拉克担任以色列司法部长，1978年至1995年担任以色列最高法院法官。从最高法院退休后，巴拉克加入了以色列荷兹利亚的瑞克曼大学（Reichman University），教授商法硕士学位课程。他还讲授法学学士课程。此外，他继续在美国耶鲁大学法学院和阿拉巴马大学讲学，并作为杰出访问学者在多伦多大学法学院讲学。1975年，38岁的巴拉克获得了以色列法律研究奖。同年，他成为以色列科学与人文学院的会员。1987 年，他被选为美国艺术与科学学院的外国荣誉会员。2003 年，他被美国布兰代斯大学授予荣誉学位。2006 年，他获得了彼得·格鲁伯基金会的正义奖，以表彰他"杰出的勇气和原则，毕生致力于促进正义和公正的法治"。2007 年，他被美国哥伦比亚大学授予荣誉学位。巴拉克出版的法学著作有：《司法自由裁量权》(Judicial Discretion)(1989)、《法律的目的解释》(Purposive Interpretation in Law)(2005)、《民主制下的法官》(The Judge in a Democracy)(2006)。

作为当今世界著名的法官与法学家，巴拉克在《法律的目的解释》一书中提出了一个全面的法律解释理论。目前，法律哲学家和法学家对宪法、法律、规则、遗嘱和合同应用不同的解释方法进行解释。巴拉克认为，目的解释方法允许法学家和学者以类似的方式处理所有法律文本，同时对重要的差异保持敏感。此外，不管目的解释是否等于一种统一的解释理论，它在单独解释每种文本方面仍然优于其他解释方法。巴拉克对目的解释理论的解释如下：所有的法律解释都必须从为给定文本建立一系列语义意义开始，然后从中得出法律意义。在目的解释中，文本的"目的"是确定哪些语义意义产生法律意义的标准。最终目的的确立，即法律意义的确立，取决于主观目的与客观目的的关系；也就是说，在文本作者的原意与理性作者的意图和解释时的法律制度之间构建一致的关系。当主观目的和客观目的一致时，这一关系很容易确立。但当他们不一致时，主观目的和客观目的所占的相对权重取决于文本的性质。例如，主观目的在解释遗嘱时占有相当大的权重；解释宪法时客观目的所占权重较大。在本书中，巴拉克以精湛的学识和对其实际应用的密切关注发展了目的解释这一理论。他自始至终地将自己的方法与文本主义者和新文本主义者（如安东宁·斯卡利亚）、实用主义者（如理查德·波斯纳）以及法律哲学家（如罗纳德·德沃金）的方法进行了对比。本书的出版，在世界法律解释领域产生了重大影响。哈佛大学教授弗兰克·迈克尔曼（Frank I. Michelman）对本书评论道："这本书提供了一位杰出的司法学者和知识分子对一个对法律至关重要的话题的集中思考和潜心研究的成果。巴拉克法官将他的方法称为'目的解释'，他以详尽的细节展示了他的陈述，这使得他的陈述令人生畏。他是一位经验丰富、杰出的法官，在高智商、学识、智慧和对审判工作的反思方面享有当之无愧的声誉——这些品质在本书中显而易见。"

目的解释是一种重要的法律解释理论与法律解释方法。当人们对法律文本进行解释时，需要考虑文本作者的目的是什么，而发现文本作者的目的有诸多方法。有学者认为，目的解释是最重要的法律解释方法。国内学者在部门法的解释论著作中，早已将目的解释作为法律解释的重要方法进行了介绍与研究，专题研究成果也有出版，如《刑法目的解释研究》(石聚航著，法律出版社 2022 年 4 月版)，《论合同目的》(杨锐著，法律出版社 2023 年 9 月版) 等，相关学术论文就更多了，在此不再列举。本书是一本系统研究法律目的解释的著作，基于作者深厚的学术素养与丰富的司法实践，我相信，本译本的出版，必将为法律解释的研究者与学习者提供一个非常广阔的理论基础与系统的专业知识。由于译者的专业基础知识与翻译水平有限，译文肯定存在不少错漏与瑕疵，文责自负，希望广大读者提出批评指正。

本书的初译分工如下：文学国（导论），刘澜坤（第一章、第二章），赵紫荆（第三章），米家怡（第四章、第五章、第六章），顾雨萌（第七章），赵畅（第八章、第九章、第十章），刘惠敏（第十一章），曾小翠（第十二章、第十三章），乐小雅（第十四章、第十五章）。全书由文学国统一校订。

上海社会科学院出版社领导与责任编辑对本书的编辑出版给予了大力支持，在此表示最诚挚的谢意！

文学国

2024 年 2 月 25 日于上海锦秋花园

图书在版编目(CIP)数据

法律的目的解释 / (以)阿哈龙·巴拉克著 ；文学
国等译 .— 上海 ：上海社会科学院出版社，2024
ISBN 978 - 7 - 5520 - 4164 - 4

Ⅰ．①法… Ⅱ．①阿… ②文… Ⅲ．①法律—研究
Ⅳ．①D90

中国国家版本馆 CIP 数据核字(2024)第 102040 号

上海市版权局著作权合同登记号 图字：09 - 2023 - 0169

法律的目的解释

著　　者：(以色列)阿哈龙·巴拉克(Aharon Barak)
译　　者：文学国 等
责任编辑：周　萌
封面设计：黄婧昉
出版发行：上海社会科学院出版社
　　　　　上海顺昌路 622 号　邮编 200025
　　　　　电话总机 021 - 63315947　销售热线 021 - 53063735
　　　　　https：//cbs.sass.org.cn　E-mail：sassp@ sassp.cn
照　　排：南京理工出版信息技术有限公司
印　　刷：上海新文印刷厂有限公司
开　　本：710 毫米×1010 毫米　1/16
印　　张：26.25
插　　页：1
字　　数：396 千
版　　次：2024 年 6 月第 1 版　2024 年 6 月第 1 次印刷

ISBN 978 - 7 - 5520 - 4164 - 4/D • 721　　　　　　定价：98.00 元